MOI
ELTON JOHN

MOI

ELTON JOHN

Traduit de l'anglais
par Anatole Muchnik et Abel Gerschenfeld

Albin Michel

*Ce livre est dédié à mon mari David
et à nos merveilleux garçons,
Zachary et Elija.*

*Un grand merci à Alex Petridis,
sans qui il n'aurait pas vu le jour.*

Prologue

C'est sur la scène du Latino Club de South Shields que j'ai pris conscience que je n'en pouvais plus. Ces *supper clubs* étaient très répandus en Grande-Bretagne dans les années soixante et soixante-dix, tous calqués sur le même modèle : des gens endimanchés, attablés, qui mangent du poulet au panier et boivent du vin dans des bouteilles habillées d'osier ; les abat-jour à franges et le papier peint floqué ; quelques numéros de cabaret et un animateur à nœud papillon. Un vrai retour dans le passé. À l'extérieur, c'était l'hiver 1967, et le rock évoluait si vite que ça donnait le tournis : le *Magical Mystery Tour* des Beatles et les Mothers of Invention, les albums *The Who Sell Out* et *Axis : Bold As Love*, Dr. John et *John Wesley Harding*. À l'intérieur du Latino, le seul indice rappelant que les swinging sixties battaient leur plein, c'est que je portais un caftan et des grelots autour du cou. Ça ne m'allait pas si bien que ça. On aurait dit le finaliste du concours de l'enfant hippie le moins convaincant de Grande-Bretagne.

Le caftan et les grelots, c'était une idée de Long John Baldry. Je jouais de l'orgue dans son groupe, Bluesology. John avait repéré que tous les groupes de rhythm and blues viraient psychédélique : un soir tu

allais voir le Big Roll Band de Zoot Money jouer du
James Brown, tu découvrais le lendemain qu'ils étaient
devenus les Dantalian's Chariot, portaient des tuniques
blanches sur scène et chantaient des chansons sur la
Troisième Guerre mondiale qui allait détruire toutes les
fleurs. Il a estimé qu'on devait suivre la tendance, sur
le plan vestimentaire en tout cas : on s'est tous acheté
un caftan, un modèle bon marché pour les musiciens
d'accompagnement, alors que John faisait faire les siens
spécialement par Take Six, sur Carnaby Street. C'est du
moins ce qu'il a cru jusqu'au jour où, en plein concert,
il a vu qu'un spectateur portait exactement le même que
lui. S'arrêtant net au beau milieu d'une chanson, il a
piqué une colère et lui a crié : « Où t'as dégotté cette
chemise ? C'est *ma* chemise ! » J'ai trouvé que ça jurait
un peu avec les grandes idées de paix, d'amour et de
fraternité universelle généralement associées au caftan.

J'étais en adoration devant Long John Baldry. C'était
un type immensément drôle, excentrique jusqu'à la moelle,
outrancièrement gay, et un musicien fabuleux, peut-être
le meilleur joueur de guitare à douze cordes qu'ait
jamais donné le Royaume-Uni. Il avait été au cœur
de l'explosion du blues britannique survenue au début
des années soixante ; il avait joué avec Alexis Korner
et Cyril Davies et aussi les Rolling Stones. C'était une
encyclopédie vivante du blues. On s'instruisait rien qu'à
le côtoyer : il m'a fait écouter tout un tas de musiques
que je n'avais jamais entendues.

Mais plus que cela, c'était un homme d'une gentillesse
et d'une générosité extraordinaires. Il avait le don de repérer le potentiel d'un musicien avant tous les autres, puis
de le couver sous son aile en prenant le temps de lui
insuffler de la confiance. C'est ce qu'il a fait avec moi,
comme il l'avait fait avec Rod Stewart, le chanteur de
Steampacket, son groupe précédent, qui comptait, en plus

de Rod et de John, Julie Driscoll et Brian Auger. Ils étaient incroyables, mais ils se sont séparés. J'ai entendu dire qu'un soir, après un concert à Saint-Tropez, Rod et Julie s'étaient disputés et que Julie avait jeté du vin rouge sur le costume blanc de Rod – pas besoin de vous dire l'effet que ça avait produit –, et c'en était fini de Steampacket. Bluesology avait alors repris la place de groupe accompagnant John dans des boîtes de blues et des clubs soul branchés aux quatre coins de l'Angleterre.

On s'est beaucoup amusés, même si John avait sur la musique certaines idées assez singulières. Nos sets étaient franchement bizarres. On commençait par du blues pur et dur : « Times Getting Tougher Than Tough », « Hoochie Coochie Man ». Une fois qu'on s'était mis le public dans la poche, John tenait à passer d'un coup à « The Threshing Machine », un genre de chanson paillarde rurale, un truc de rugbymen bourrés, comme « 'Twas On The Good Ship Venus » ou « Eskimo Nell ». John y mettait même l'accent du terroir. Après ça, il nous faisait interpréter un morceau du grand répertoire américain de la chanson – « It Was A Very Good Year » ou « Ev'ry Time We Say Goodbye » –, l'occasion pour lui de sortir son imitation de Della Reese, la chanteuse américaine de jazz. Je ne sais pas où il est allé chercher que les gens pouvaient avoir envie de l'entendre interpréter « The Threshing Machine » ou imiter Della Reese, mais le bougre n'en démordait pas, malgré des signes flagrants du contraire. À scruter le premier rang, tous ces gens venus entendre le bluesman de légende Long John Baldry, on voyait en vérité une brochette de mods[1] mâchouillant

---

1. Mods : mouvement juvénile des années soixante, qui se différencie de la majorité de la jeunesse attirée par le rock'n'roll. Les mods s'intéressent à la musique noire et créent leur propre style vestimentaire proche du dandysme. (*Toutes les notes sont d'Anatole Muchnik.*)

leur chewing-gum, parfaitement horrifiés : *Mais qu'est-ce qu'il nous fait, ce con ?* C'était tordant, mais en toute franchise, je me posais la même question.

C'est alors que la catastrophe s'est produite : Long John Baldry a fait un tube. Il aurait évidemment fallu s'en réjouir, mais « Let The Heartaches Begin » était un disque consternant, une ballade sirupeuse grand public digne de *Housewives' Choice*, l'émission de radio des ménagères. On était à des années-lumière de la musique qu'aurait voulu faire John, et c'est resté numéro un pendant des semaines, on n'entendait que ça partout. Je me suis demandé ce qui lui avait pris, mais je le savais très bien, et comment lui en vouloir ? Après des années passées à ramer, c'était la première fois qu'il gagnait trois sous. Les clubs de blues ont cessé de nous embaucher et on s'est mis à écumer les supper clubs, où ça payait mieux. On en enchaînait souvent deux dans la soirée. Personne dans ces endroits ne s'intéressait le moins du monde au rôle prééminent de John dans le boom du blues britannique ou à sa grande maîtrise de la douze cordes. Ils venaient juste voir un type qui était passé à la télévision. Il m'arrivait de me dire qu'ils n'étaient pas là pour la musique, point barre. Dans certaines boîtes, si tu dépassais le temps imparti, on te baissait le rideau sur le nez en plein morceau. Au moins, aspect positif, le public des supper clubs était plus amateur de « The Threshing Machine » que les mods.

Autre problème de « Let The Heartaches Begin », et non des moindres : Bluesology ne pouvait pas l'interpréter sur scène. Ce n'est pas qu'on refusait de le jouer. On ne *pouvait pas* le jouer, littéralement. Sur le disque figuraient un orchestre et un chœur de femmes, on aurait dit du Mantovani. Nous étions un groupe rhythm and blues de huit membres dont une section de cuivres. Il nous était impossible de restituer le son d'origine. Alors John a eu l'idée de mettre la musique sur une bande magnétique. Le moment venu, il traînait sur scène un immense magnétophone Revox, pressait *Play* et se mettait à chanter par-dessus. Pendant ce temps on se tenait là, à ne rien faire. Avec caftans et clochettes. Pendant que les gens avalaient leur poulet-frites. Une torture.

En fait, le seul intérêt de l'interprétation par John de « Let The Heartaches Begin », c'est que les femmes se mettaient à crier dès les premières syllabes. Emportées par le désir, elles délaissaient un moment leur repas pour se précipiter au pied de la scène. Là, elles attrapaient le fil du micro de John et tentaient de ramener le chanteur jusqu'à elles. C'est sans doute le genre de chose qui arrivait chaque soir à Tom Jones et lui savait comment réagir, mais Long John Baldry n'était pas Tom Jones. Il ne se vautrait pas dans l'adulation, ça le mettait même plutôt hors de lui. Il s'arrêtait de chanter et leur beuglait dessus comme un maître d'école : « SI VOUS CASSEZ MON MICRO, ÇA VOUS COÛTERA CINQUANTE LIVRES ! » Un soir, cette redoutable mise en garde n'a pas suffi. Comme elles tiraient encore sur le fil, j'ai vu John lever le bras. Puis les enceintes ont émis un terrible grondement. J'ai compris avec effroi que c'était le son d'un coup de micro sur la tête d'une fan en furie. Avec le recul, il paraît miraculeux que cette agression ne lui ait pas valu un tour au poste ou des poursuites. C'est donc devenu pour nous la grande attraction pendant « Let The Heartaches Begin » : John allait-il à nouveau matraquer l'une de ses admiratrices déchaînées ?

C'est justement pendant cette chanson, à South Shields, que j'ai eu ma révélation. Je rêvais depuis l'enfance de devenir un jour musicien. Ces rêves avaient pris diverses formes : j'étais Little Richard, ou alors j'étais Jerry Lee

Lewis, ou encore Ray Charles. Mais à aucun moment je n'avais imaginé que je me tiendrais un jour sur la scène d'un supper club de la banlieue de Newcastle, sans toucher à mon orgue Vox Continental, pendant que Long John Baldry ferait le crooner sur une bande-son tout en menaçant le public d'une amende de cinquante livres. Voilà pourtant où j'en étais. J'adorais John, mais il fallait que je fasse autre chose.

À vrai dire, les alternatives ne se bousculaient pas non plus au portillon. Je n'avais pas la moindre idée de ce que je voulais faire, ni même de ce dont j'étais capable. Je chantais et je jouais du piano, mais de toute évidence je n'étais pas fait du bois des pop stars. D'une part je n'en avais pas l'apparence – pour preuve mon inaptitude à bien porter le caftan. Et puis je m'appelais Reg Dwight, ce qui n'est pas le nom d'une pop star. « Ce soir, dans *Top of the Pops*, voici le nouveau titre de... Reg Dwight ! » Ça n'allait évidemment jamais arriver. Les autres membres de Bluesology, eux, avaient un nom digne d'être annoncé dans *Top of the Pops*. Stuart Brown. Pete Gavin. Elton Dean. Elton Dean ! Même le saxophoniste avait un nom plus convaincant que le mien, mais lui, ça ne l'intéressait pas du tout : c'était un maniaque du jazz, un gars sérieux qui rongeait son frein avec Bluesology en attendant de se trouver un quintette d'impro libre.

Je pouvais évidemment changer de nom, mais à quoi cela aurait-il servi ? Non seulement je ne me considérais absolument pas comme de la graine de pop star, mais on me l'avait carrément dit. Quelques mois auparavant, j'avais passé une audition chez Liberty Records. Ils avaient mis une annonce dans le *New Musical Express* : « LIBERTY RECORDS CHERCHE TALENTS ». Oui, mais pas mon talent à moi, en fait. J'avais été reçu par un type nommé Ray Williams, j'avais joué devant lui, on avait même enregistré

deux chansons dans un petit studio. Ray me trouvait
du potentiel, mais il était le seul dans la boîte : merci
beaucoup, on vous rappellera. Fin de l'histoire.

En fait, j'avais très précisément une solution, pas deux.
Chez Liberty, j'avais dit à Ray que j'écrivais des chansons,
du moins à moitié. Je savais composer la musique et les
mélodies, mais pas les textes. Je m'y étais essayé avec
Bluesology et le résultat me réveillait encore en sursaut la
nuit : « On ferait un sacré tandem, et je te dirais que
je t'aime. » Sans vraiment y réfléchir, ou peut-être pour
me consoler de m'avoir rejeté, Ray m'avait tendu une
enveloppe. Quelqu'un avait répondu à la même annonce
en envoyant des textes de chansons. J'ai eu l'impression
que Ray n'en avait lu aucun avant de me les passer.

Leur auteur habitait à Owmby-by-Spital, dans le Lincolnshire, pas vraiment la capitale mondiale du rock'n'roll.
Il travaillait apparemment dans un élevage de poulets, à
trimballer de la volaille morte dans une brouette. Mais
ses textes étaient plutôt bons. Ésotériques, un poil influen-
cés par Tolkien, pas très éloignés de « Whiter Shade
Of Pale », de Procol Harum. Surtout, aucun ne m'avait
fait rougir à en crever, autant dire qu'ils constituaient
un réel progrès par rapport à tout ce que j'avais pu
pondre moi-même.

En plus, j'ai constaté que j'arrivais à y mettre de la
musique, et très vite. Ils avaient un truc qui collait avec
moi. Et le type aussi avait un truc qui collait avec moi.
Il est venu à Londres, on est allés prendre un café et
on a tout de suite accroché. Bernie Taupin était en fin
de compte tout sauf un péquenot. Pour un gamin de
dix-sept ans, il était même extrêmement raffiné : cheveux longs, très beau gosse, très instruit, immense fan
de Bob Dylan. Alors on s'est mis à écrire des chansons
ensemble, ou plutôt séparément. Il m'envoyait ses textes
du Lincolnshire, j'écrivais la musique à la maison, chez

ma mère et mon beau-père à Northwood Hills. C'est comme ça qu'on en a pondu des dizaines. Certes, on n'avait pour l'heure convaincu aucun artiste de nous les acheter, et s'il avait fallu ne compter que sur ça, on aurait été fauchés. Mais hormis l'argent, qu'avions-nous à perdre ? Bernie, des brouettes remplies de poulets morts, et moi, « Let The Heartaches Begin » deux fois par soirée.

Après un concert en Écosse, en décembre, j'ai annoncé à John et à Bluesology que je les quittais. Ça s'est bien passé, sans amertume – je l'ai dit, John avait le cœur sur la main. Dans l'avion du retour, j'ai décidé de changer de nom pour de bon. Allez savoir pourquoi, je me souviens avoir pensé que c'était très urgent. Sans doute le symbole d'une page à tourner, d'un nouveau départ : exit Bluesology, exit Reg Dwight. Pressé comme je l'étais, j'ai opté pour piquer le nom d'autrui. Elton comme Elton Dean, John comme Long John Baldry. Elton John Elton John et Bernie Taupin. *Duo d'auteurs-compositeurs* Elton John et Bernie Taupin. Ça sonnait bien. Original. Frappant. J'ai annoncé ma décision à mes désormais ex-compagnons de groupe dans l'autocar de l'aéroport. Pliés de rire, ils m'ont quand même souhaité bonne chance.

Un

C'est ma maman qui m'a fait découvrir Elvis Presley. Chaque vendredi, après le travail, elle récupérait son salaire et s'arrêtait chez Siever's en rentrant, un magasin d'électroménager qui vendait aussi des disques, pour acheter un nouveau 78 tours. C'était le grand moment de la semaine, l'attente de voir ce qu'elle allait rapporter à la maison. Elle adorait sortir danser, elle aimait les big bands – Billy May et son orchestre, Ted Heath – mais aussi les grandes voix américaines : Johnnie Ray, Frankie Laine, Nat King Cole, Guy Mitchell chantant « She Wears Red Feathers And A Huly-Huly Skirt ». Mais un vendredi, elle a rapporté autre chose. Elle m'a dit qu'elle n'avait jamais rien entendu de tel, que c'était tellement formidable qu'il avait absolument fallu qu'elle l'achète. Quand elle a prononcé le nom Elvis Presley, je le connaissais déjà. Le week-end précédent, en feuilletant les magazines chez le coiffeur pendant que j'attendais mon tour, j'étais tombé sur la photo de l'homme à l'allure la plus étrange que j'aie jamais vue. Tout en lui sortait de l'ordinaire : ses vêtements, ses cheveux, même sa façon de se tenir. Comparé aux gens qui passaient devant la vitrine du coiffeur de cette bourgade de la banlieue nord-ouest de Londres nommée Pinner, il aurait aussi bien pu être tout vert avec des antennes lui sortant du front. Totalement fasciné, je n'avais pas pris la peine de lire l'article, puis, une fois rentré à la maison, j'avais oublié son nom. Mais c'était bien ça : Elvis Presley.

Maman a mis le disque, et il a tout de suite été clair que, comme son allure, la musique d'Elvis venait d'une autre planète. Par rapport à ce qu'écoutaient habituellement mes parents, c'est à peine si « Heartbreak Hotel » était encore de la musique, et mon père ne manquerait pas de passer les années suivantes à rabâcher que ça n'en était pas. J'avais déjà entendu du rock'n'roll – « Rock Around The Clock » avait été un tube en 1956 – mais « Heartbreak Hotel » ne ressemblait pas à ça non plus. C'était à la fois brut, rare, lent et inquiétant. Tout baignait dans un drôle d'écho. On ne comprenait pas un mot de ce qu'il racontait : je captais bien que sa petite amie l'avait quitté, mais après je perdais le fil. C'était quoi un « *dess clurk* » ? C'était qui, ce « *Bidder Sir Lonely* » dont il parlait tout le temps[1] ?

En vérité, quand il chantait, les mots ne comptaient pas trop, il se passait quelque chose de quasi physique. On était littéralement pris par la curieuse énergie qu'il émettait, comme si c'était contagieux, comme si, sortant du haut-parleur du meuble tourne-disque, ça se logeait directement dans ton corps. Je me considérais déjà comme dingue de musique – j'avais même ma petite collection de 78 tours, payés avec les bons d'achat de disques et les mandats postaux reçus pour mon anniversaire et à Noël. Jusqu'alors, j'avais eu pour idole Winifred Atwell, une grande dame originaire de Trinidad, débordante de jovialité, qui se présentait sur scène avec deux pianos

---

1. Dans cette chanson Elvis dit en fait « *desk clerk* » (concierge d'hôtel) et « *they'll be so lonely* » (ils seront si seuls).

– un demi-queue sur lequel elle jouait du classique et un piano droit tout miteux pour le ragtime et les chansons de pub. J'adorais son allégresse, la façon un peu affectée qu'elle avait de dire « et maintenant, je vais m'asseoir à mon *autre* piano », de s'incliner en arrière sans cesser de jouer, en regardant le public avec un immense sourire, comme si c'était le plus beau jour de sa vie. Winifred Atwell était formidable, mais jamais en l'écoutant je n'avais éprouvé *ça*. Jamais je n'avais éprouvé ça de ma vie. Avec « Heartbreak Hotel », j'ai senti que quelque chose avait changé, que plus rien ne serait jamais pareil. Et en effet, plus rien ne le serait.

Et ce n'était pas plus mal, parce que le monde réclamait vraiment du changement. J'ai grandi dans la Grande-Bretagne des années cinquante et, avant Elvis, avant le rock'n'roll, les temps étaient plutôt sinistres. Vivre à Pinner ne me dérangeait pas – je n'ai jamais été de ces rock stars consumées par le désir de quitter leur banlieue, la mienne me plaisait bien – mais c'est tout le pays qui allait mal, il était fuyant, craintif, toujours prompt à la critique. C'était un monde où les gens épiaient derrière leur rideau, le visage marqué par l'amertume où on jetait les filles à la porte de chez elles parce qu'elles s'étaient Mises Dans l'Embarras. Quand je pense à la Grande-Bretagne des années cinquante, je me revois assis sur les marches du perron, en train d'écouter le frère de ma mère, Oncle Reg, qui cherche à la convaincre de ne pas divorcer de mon père : « Tu ne peux pas faire ça ! Que va-t-on penser ? » Je l'entends encore distinctement dire : « Qu'en diront les voisins ? » Oncle Reg n'y était pour rien. C'était la mentalité de l'époque : d'une certaine façon, le bonheur passait après les apparences.

En vérité, mes parents n'auraient jamais dû se marier. Je suis né en 1947, mais j'étais encore un bébé de la guerre, sans doute conçu pendant une permission de mon père de la RAF – il s'était enrôlé en 1942, au plus fort de la Seconde Guerre mondiale, et avait choisi d'y rester une fois la guerre finie. Et mes parents étaient sans conteste un couple de la guerre. Leur histoire a des allures romantiques. Ils ont fait connaissance l'année où mon père s'est enrôlé. Âgé de dix-sept ans, il avait déjà travaillé à Rickmansworth sur un chantier naval spécialisé dans les péniches. Maman, à seize ans, avait pour nom de jeune fille Harris, et livrait du lait pour United Dairies sur une charrette à cheval, le genre de boulot que n'aurait jamais fait une femme avant la guerre. Mon père était un trompettiste amateur passionné, et c'est apparemment alors qu'il jouait avec un orchestre dans un hôtel de North Harrow, pendant sa permission, qu'il a repéré ma mère dans le public.

Mais la réalité de l'union entre Stanley et Sheila Dwight n'avait absolument rien de romantique. C'est tout simple : ils ne s'entendaient pas. Ils étaient aussi têtus et coléreux l'un que l'autre, deux délicieux traits de caractère dont j'ai l'immense joie d'avoir hérité. Je ne suis pas certain qu'ils se soient jamais aimés. Au sortir de la guerre, on se dépêchait de se marier – en janvier 1945, quand mes parents ont convolé, l'avenir était encore incertain et il fallait savoir saisir l'instant –, alors peut-être que ceci explique cela. Peut-être se sont-ils un jour aimés, ou du moins l'ont-ils cru au moment où ils se sont mis ensemble. Par la suite, c'est à peine s'ils donnaient l'impression de s'apprécier. Leurs disputes étaient permanentes.

Elles cessaient heureusement quand mon père n'était pas là, c'est-à-dire souvent. Promu capitaine d'aviation, il a régulièrement été envoyé à l'étranger, en Irak et à Aden, si bien que j'ai grandi parmi une majorité de femmes. On habitait avec Ivy, dite Nan, ma grand-mère maternelle, au 55 Pinner Hill Road – la maison où je suis né. C'était le genre de logement social qui avait éclos partout dans le pays dans les années vingt et trente : trois chambres à coucher, maison mitoyenne, façade de brique rouge au rez-de-chaussée et crépi blanc à l'étage. Il y avait bien un autre occupant masculin, mais c'est à peine si on le remarquait. Mon grand-père était mort très jeune d'un cancer, et Nan s'était remariée avec un nommé Horace Sewell, qui avait perdu une jambe à la Première Guerre mondiale. Horace avait un cœur d'or, mais ce n'était pas ce qu'on appellerait un grand bavard. Il passait le plus clair de son temps dehors, chez Wood-man's, la pépinière locale qui l'employait, ou bien dans le jardin où il faisait pousser nos légumes et nos fleurs.

Peut-être restait-il cantonné au jardin dans le seul but d'éviter ma mère, et je l'aurais très bien compris. Même quand papa n'était pas là, maman avait un caractère épouvantable. Quand je repense à mon enfance, ce sont les humeurs de ma mère qui me reviennent : ces silences insoutenables, sombres, lugubres qui s'abattaient d'un coup sur la maison ; tout le monde marchait sur des œufs et choisissait ses mots sous peine de la faire dégoupiller et de prendre une rouste. Quand elle était heureuse, elle pouvait se montrer chaleureuse, charmante, enjouée, mais elle semblait toujours avoir une bonne raison de ne pas l'être, d'entamer une dispute, et voulait avoir le dernier mot. Oncle Reg a dit un jour qu'elle déclencherait une embrouille dans une pièce vide. J'ai cru des années que c'était ma faute, qu'elle n'avait peut-être jamais voulu être mère : à peine âgée de vingt et un ans quand je suis né, elle était coincée dans un mariage qui manifestement ne fonctionnait pas et contrainte d'habiter chez sa mère par manque d'argent. Mais Tatie Win m'a dit qu'elle avait toujours été comme ça – que dans leur enfance Sheila Harris semblait en permanence accompagnée d'un nuage noir, que les autres gamins avaient peur d'elle et que ça lui plaisait bien.

Elle entretenait en tout cas des idées très tordues sur l'éducation des enfants. C'était une époque où on les mettait au pas en les battant, où il était généralement admis qu'aucun problème de l'enfant ne pouvait résister à une volée bien sentie. Ma mère était une fervente adepte de cette philosophie, dont les manifestations publiques étaient à la fois terrifiantes et humiliantes. Rien de tel pour mettre la pagaille dans votre amour-propre que de vous prendre une dérouillée devant le supermarché de Pinner sous les yeux des passants visiblement captivés. Mais certains comportements de maman avaient de quoi choquer, même à l'époque. J'ai su plus tard qu'elle m'avait appris la propreté en me frappant jusqu'au sang avec une brosse en fer si je n'allais pas au pot ; j'avais deux ans. Nan – on peut le comprendre – s'était mise très en colère en le découvrant : elles ne s'étaient plus adressé la parole pendant des semaines. Nan a aussi piqué une grosse crise quand elle a vu le remède qu'employait ma mère contre la constipation : elle me couchait sur l'égouttoir de la cuisine et me fourrait du savon au phénol dans le derrière. Si vraiment elle trouvait quelque plaisir à inspirer la crainte, elle a dû se régaler avec moi, car j'étais absolument pétrifié. Je l'aimais – c'était ma maman – mais j'ai passé mon enfance en état d'alerte permanent, à bien prendre garde de ne rien faire pour la mettre en pétard : tant que ça allait pour elle, ça allait pour moi, même si ça ne durait pas.

Rien à voir avec Nan. C'était la personne en qui j'avais le plus confiance. Elle était à mes yeux le pivot de la famille, le seul membre qui n'allait pas travailler – après la guerre, ma mère était passée de la charrette du laitier au poste de vendeuse dans plusieurs magasins successifs. Nan était l'une de ces incroyables vieilles matriarches de la classe ouvrière : les pieds sur terre, dure au labeur, gentille, drôle. Je l'idolâtrais. C'était la meilleure des cuisinières, c'est elle qui avait la main la plus verte, elle adorait boire son petit coup et faire sa partie de cartes. Elle avait eu une existence incroyablement difficile – son père ayant abandonné sa mère alors enceinte, Nan était née à l'hospice. Elle n'en parlait pas, mais cela lui avait apparemment forgé une personnalité que rien n'ébranlait jamais, pas même le jour où j'ai dévalé l'escalier en hurlant parce que je m'étais coincé le prépuce dans la braguette. Avec un soupir de lassitude, elle s'était employée à me délivrer, comme si extraire un pénis de jeune garçon d'une fermeture éclair faisait partie de ses activités quotidiennes.

Notre foyer sentait les bons petits plats et le feu au charbon de bois. Il y avait toujours quelqu'un à la porte : Tatie Win, Oncle Reg, mes cousins John et Cathryn, ou alors le type du loyer, celui de la laverie Watford Steam ou encore le livreur de charbon. Et il y avait toujours de la musique. La radio marchait quasiment en continu : *Two-Way Family Favourites*, *Housewives' Choice*, *Music While You Work*, *The Billy Cotton Band Show*. Sinon, on mettait des disques – surtout du jazz, parfois du classique.

Je pouvais passer des heures à contempler les disques, à étudier les étiquettes. Bleues pour Decca, rouges pour Parlophone, jaune vif pour MGM, HMV et RCA, avec dans le cas de ces deux dernières, pour une raison que je ne m'expliquais pas, cette image du chien qui regarde dans le gramophone. C'étaient des objets magiques ; je trouvais fascinant qu'on en tire du son en posant une aiguille dessus. Au bout d'un moment, je n'ai plus voulu d'autres cadeaux que des disques et des livres. Je me souviens de ma déception quand, descendant l'escalier, j'ai vu un jour un gros paquet enrubanné. *Mon Dieu, ils m'ont acheté un Meccano.*

Et puis on avait un piano qui appartenait à ma grand-mère. Tatie Win en jouait, et j'ai fini par m'y mettre aussi. Beaucoup de légendes circulaient dans la famille concernant mes prodigieux talents devant un clavier, la plus commune étant qu'à l'âge de trois ans, sur les genoux de Win, j'avais immédiatement attrapé d'oreille la mélodie de la *Valse des patineurs.* Je ne sais pas du tout si c'est vrai, mais il est sûr que j'ai joué du piano très jeune, vers mon entrée en primaire, à Reddiford. Je jouais des hymnes comme «All Things Bright And Beautiful», des choses que j'avais entendues au rassemblement[1]. Je suis né avec de l'oreille, comme d'autres avec une mémoire photographique. Il me suffisait d'entendre un morceau une fois pour être capable de le reproduire au piano parfaitement, ou presque. J'ai commencé à prendre des cours à sept ans, avec une dame nommée Mrs Jones. Bientôt, mes parents m'invitèrent à jouer «My Old Man Said Follow The Van» ou «La Polka du tonneau de bière» aux réunions de famille et aux mariages. Malgré tous les disques que nous avions à la maison et tout ce qui passait à la radio, je crois bien que ce sont les bonnes vieilles rengaines qu'on préférait reprendre en chœur.

Chaque fois que mon père rentrait en permission, le piano s'avérait bien utile. C'était un homme caractéristique des années cinquante en cela qu'il tenait toute manifestation d'émotion, excepté la colère, pour le signe d'une irrémédiable faiblesse de caractère. Il n'était pas très tactile, il ne vous disait jamais qu'il vous aimait. Mais il aimait la musique, et quand il m'entendait au

---

1. Dans les écoles anglaises, les élèves sont rassemblés le matin pour écouter les annonces du jour ou pour prier.

piano, j'avais droit à un « bien joué », peut-être un bras autour des épaules, un soupçon de fierté, une impression d'approbation. J'étais provisoirement dans ses petits papiers. Et il était pour moi d'une importance vitale d'y rester. S'il m'inspirait légèrement moins de terreur que ma mère, c'est seulement parce qu'il n'était pas là aussi souvent. À l'époque de mes six ans, maman a pris la décision de nous emmener loin de Pinner et de quitter sa famille pour s'installer avec mon père dans le Wiltshire – il avait été affecté à la base de Lyneham, près de Swindon. Je n'en ai pas beaucoup de souvenirs. Je sais que j'ai aimé jouer à la campagne, mais je me souviens aussi d'avoir été un peu perdu, déboussolé par le changement, et que ça m'a fait décrocher à l'école. On n'y est pas restés très longtemps – maman a probablement compris assez vite que c'était une erreur – et, une fois revenus à Pinner, j'ai eu le sentiment que papa était désormais un visiteur, qu'il ne vivait pas avec nous.

Mais lors de ses visites, les choses changeaient. D'un coup apparaissaient un tas de nouvelles règles sur tout. Je me faisais gronder si j'envoyais le ballon dans les fleurs, mais aussi si je mangeais mon céleri de La Mauvaise Façon. La Bonne Façon de manger du céleri, au cas improbable où cela vous intéresserait, consistait semble-t-il à ne pas émettre de craquement trop sonore en mordant dedans. Il m'a frappé un jour parce que, soi-disant, je ne retirais pas ma veste d'école comme il fallait ; je crains malheureusement d'avoir oublié La Bonne Façon de retirer une veste d'écolier, compétence pourtant apparemment vitale. La scène a mis Tatie Win dans un tel état qu'elle s'est ruée en larmes hors de la pièce pour aller tout raconter à Nan. Probablement échaudée par les épisodes du pot de chambre et de la constipation, Nan lui a dit de ne pas s'en mêler.

Alors, que se passait-il au juste ? Pas la moindre idée.

Comme dans le cas de ma mère, j'ignore ce qui tour-
mentait mon père. Peut-être était-ce le fait d'appartenir à
l'armée, où il y a aussi des règles pour tout. Peut-être
était-il un peu jaloux, se sentait-il mis à l'écart de la
famille du fait de ses absences, et ces règles étaient sa
façon de s'imposer en tant que chef de famille. Peut-
être avait-il lui-même été élevé ainsi, mais ses parents
– Grand-père Edwin et Grand-mère Ellen – n'avaient
pourtant pas l'air particulièrement durs. Ou bien, peut-
être que mes parents avaient l'un et l'autre du mal
avec les enfants simplement par manque d'expérience. Je
n'en sais rien. Ce que je sais, c'est que la patience de
mon père était extrêmement limitée et qu'il semblait ne
pas comprendre la fonction de la parole. Il ne réagissait
jamais avec calme, ne disait jamais « allez, viens t'asseoir ».
Il explosait. Le Fichu Caractère des Dwight. La calamité
de mon enfance, mais aussi la calamité de toute ma
vie une fois qu'il est devenu clair que c'était héréditaire.
Que j'aie été génétiquement prédisposé à dégoupiller, ou
que je l'aie inconsciemment appris par l'exemple, ça aura
été extrêmement pénible pour moi et pour tous ceux
qui m'ont côtoyé pendant l'essentiel de ma vie d'adulte.

Sans maman et papa, j'aurais eu une enfance parfaitement normale, voire ennuyeuse, typique des années
cinquante : la marionnette Muffin the Mule à la télé et
les matinées pour enfants du samedi au cinéma Embassy
de North Harrow ; les comiques The Goons à la radio
et les tartines de saindoux avec le thé du dimanche
soir. Hors de la maison, j'étais parfaitement heureux. À
onze ans, je suis entré à la Pinner County Grammar
School, où j'ai été un élève remarquablement ordinaire.
Personne ne m'a harcelé, et je n'ai harcelé personne.
Je n'étais pas bûcheur, mais je n'étais pas un mauvais
garçon non plus, je laissais ça à mon ami John Gates,
l'un de ces gosses qui passent leur vie en colle ou à

attendre devant le bureau du directeur, sans que toute
la gamme des punitions qu'on lui inflige n'ait jamais
le moindre effet sur son comportement. J'étais un peu
rondouillard, mais je n'étais pas trop mauvais en sport
– sans risque non plus que je devienne un athlète de
renom. Je jouais au football et au tennis, à tout sauf
au rugby, car mon gabarit me valait d'être toujours mis
dans la mêlée, où mon rôle consistait surtout à recevoir
des coups de pied dans les noix de la part du pilier
adverse. Merci bien, très peu pour moi.

Mon meilleur ami s'appelait Keith Francis, mais il faisait
partie d'une bande de copains, garçons et filles, que je
vois encore aujourd'hui. J'organise parfois des réunions
chez moi. La première fois, j'étais vraiment dans tous
mes états en les attendant : cinquante ans ont passé, je
suis célèbre, j'habite dans une grande maison, que vont-ils
penser de moi ? Mais pas de problème, ils sont arrivés,
et on se serait aussitôt cru en 1959. Personne n'avait
vraiment changé, et John Gates avait toujours dans l'œil
cette lueur un peu inquiétante.

J'ai mené pendant des années une existence où il
ne se passait à peu près rien. Le fait saillant de cette
époque a été le voyage scolaire à Annecy, où on a logé
chez nos correspondants français et beaucoup rigolé à la
vue des 2 CV Citroën, qui ne ressemblaient à rien de
ce qu'on pouvait voir sur les routes britanniques – les
sièges avaient l'air de chaises longues. Il y a aussi eu
ce jour des vacances de Pâques où, pour des raisons
qui se perdent dans la brume du temps, Barry Walden,
Keith et moi avons décidé de nous rendre à Bourne-
mouth à vélo. J'ai commencé à douter du bien-fondé de
cette idée quand je me suis aperçu que leurs montures,
contrairement à la mienne, étaient pourvues de vitesses :
il a fallu que je pédale comme un demeuré dans les
côtes pour ne pas me faire semer. La seule ombre au

tableau, c'était l'ennui mortel qui gagnait mes amis quand je me mettais à parler de disques. Je ne me contentais pas d'en faire la collection. Chaque fois que j'en achetais un, je le répertoriais dans un cahier. Je consignais les titres des faces A et B et tout ce que racontait l'étiquette : auteur, compositeur, éditeur, producteur. Puis j'apprenais tout ça par cœur, au point de devenir une encyclopédie musicale ambulante. Si l'on avait le malheur de me demander en toute innocence pourquoi l'aiguille sautait quand on écoutait « Little Darlin' » des Diamonds, j'en profitais aussitôt pour expliquer à la cantonade que c'était parce que « Little Darlin' » des Diamonds était un disque Mercury, distribué au Royaume-Uni par Pye, et que Pye était le seul label à sortir des 78 tours en vinyle, le dernier cri, plutôt qu'en gomme-laque, tellement désuète, et que les aiguilles pour la gomme-laque n'étaient pas faites pour le vinyle.

Mais je n'irais surtout pas me plaindre de la monotonie de ma vie d'alors – c'est comme ça que je l'aimais. Tout était tellement épuisant à la maison que je trouvais étrangement bienvenue cette existence ennuyeuse aussitôt la porte franchie, d'autant plus lorsque mes parents ont décidé de réessayer de vivre ensemble à plein temps. Je venais d'entrer à l'école de Pinner County. Mon père avait été muté à la base de Medmenham, dans le Buckinghamshire, et on s'est tous installés dans une maison de Northwood, à une dizaine de minutes de Pinner, au 111 Potter Street. On y est restés trois ans, le temps de confirmer une fois pour toutes que le ménage ne fonctionnait pas. Dieu que c'était glauque : les disputes constantes, ponctuées de silences glaciaux. Pas un instant de répit. Quand on passe sa vie à attendre la prochaine éruption de colère de sa mère, ou que son père annonce qu'on a eu le malheur d'enfreindre une nouvelle règle, on finit par ne plus du tout savoir quoi faire : l'incertitude de ce qui va arriver vous remplit d'effroi. Je me suis donc mis à manquer terriblement d'assurance, j'avais peur de mon ombre. Pour couronner le tout, je me suis cru en quelque sorte responsable de la situation conjugale de mes parents, car leurs disputes portaient souvent sur moi. Mon père me hurlait dessus, ma mère intervenait, et une engueulade colossale sur la bonne façon de m'élever éclatait. Ça me mettait plutôt mal à l'aise avec moi-même, et cela se traduisait par un manque de confiance en moi concernant mon physique, ce qui m'a poursuivi jusque tard dans l'âge adulte. Pendant des années et des années, je n'ai pas supporté mon reflet dans un miroir. Je haïssais vraiment ce que j'y voyais : j'étais trop gros, trop petit, mon visage était bizarre, mes cheveux se refusaient systématiquement à ce que je leur demandais, notamment de ne pas tomber trop prématurément. L'autre effet durable de tout cela, c'était la peur de la confrontation. Ça m'a gêné des décennies entières. Il m'est arrivé de m'enliser dans de mauvaises relations, d'affaires ou personnelles, par crainte de faire des vagues.

Ma réaction, quand les choses deviennent trop tendues, a toujours été d'aller me réfugier à l'étage et de fermer la porte à clé, et c'est exactement ce que je faisais lors des disputes parentales. Je filais dans ma chambre, où tout était toujours impeccablement rangé. Je ne collectionnais pas que les disques, mais aussi les illustrés, les livres, les magazines. J'étais méticuleux en tout. Quand je n'étais pas en train de reporter dans mon cahier les informations au sujet d'un nouveau single, je recopiais les classements des chansons du *Melody Maker*, du *New Musical Express*, du *Record Mirror* et de *Disc*, puis j'en faisais la moyenne afin d'obtenir mon hit-parade personnel des hit-parades. J'ai toujours été un malade des statistiques. Aujourd'hui encore je me fais envoyer ces classements tous les jours, celui des radios aux États-Unis, le box-office du cinéma et des pièces de Broadway. La plupart des artistes ne font pas ça, ça ne les intéresse pas. Il m'arrive dans une conversation d'en savoir plus que mon interlocuteur sur le succès de son propre single, ce qui est quand même dingue. Mon excuse officielle, c'est qu'il faut que je me tienne au courant parce que je possède aujourd'hui une société qui fait des films et manage des artistes. La vérité, c'est que je le ferais aussi si j'étais employé de banque. Je suis tout bonnement un poil obsessionnel.

Un psychologue dira sans doute que j'ai cherché dans l'enfance à mettre un peu d'ordre dans une vie rendue chaotique par les allées et venues de mon père, les réprimandes et les disputes. Je n'avais aucune emprise sur tout ça, pas plus que sur les humeurs de ma mère, mais j'en avais sur les objets de ma chambre. Ils ne pouvaient me faire aucun mal. Ils étaient rassurants. Je leur parlais, je faisais comme s'ils avaient des sentiments. Si jamais j'en cassais un, ça me contrariait beaucoup, comme si j'avais tué quelque chose. Au cours d'une de leurs disputes, ma mère a lancé à la tête de mon père un disque qui s'est brisé en mille morceaux. C'était « The Robin's Return », par Dolores Ventura, une pianiste australienne de ragtime. Je me rappelle avoir pensé : « Comment pouvez-vous faire ça ? Comment pouvez-vous casser une chose aussi belle ? »

Ma collection de disques a littéralement explosé à l'arrivée du rock'n'roll. D'autres changements excitants se préparaient, on voyait à certains signes que la vie évoluait, qu'on sortait de la grisaille de l'après-guerre, même dans la banlieue nord-ouest de Londres : il y a eu l'arrivée sous notre toit d'un téléviseur et d'une machine à laver, ou encore l'apparition dans Pinner Street d'un café, ce qui était le comble de l'exotisme – jusqu'à ce qu'ouvre à Harrow un restaurant servant de la cuisine chinoise.

Mais ces changements-là se faisaient par à-coups, petit à petit, sur plusieurs années. Le rock'n'roll était tout sauf ça. Il est arrivé de nulle part, si rapidement qu'on n'a d'abord pas eu conscience que tout avait changé. À ce moment-là, la musique pop, c'était encore ce bon vieux Guy Mitchell avec « Where Will The Dimple Be[1] » ou Max Bygraves chantant une chanson à propos de brosses à dents. C'était bien propret, très cucul la praline et ça s'adressait aux parents, une génération qui ne voulait rien entendre de trop agité ou de trop choquant : elle en avait eu sa dose pendant la guerre. Et voilà qu'on se retrouvait avec Jerry Lee Lewis et Little Richard, des types parfaitement inintelligibles, comme s'ils chantaient avec la bouche pleine de mousse, et qui suscitaient chez nos parents une véritable haine. Même ma mère, pourtant amatrice d'Elvis, a décroché avec Little Richard. « Tutti Frutti » n'était à ses oreilles que du bruit désagréable.

Le rock'n'roll était une bombe qui n'en finissait plus de détoner : l'enchaînement d'explosions est devenu si dense, si rapide, qu'on avait du mal à comprendre ce qu'il se passait. On a soudain vu se succéder des disques incroyables. « Hound Dog », « Blue Suede Shoes », « Whole Lotta Shakin' Goin' On », « Long Tall Sally », « That'll Be The Day », « Roll Over Beethoven », « Reet Petite ». Il a fallu que je me trouve un petit boulot le samedi pour tenir la cadence. Par bonheur, Mr Megson, de Victoria Wine, avait besoin de quelqu'un pour ranger les bouteilles de bière vides et empiler les caisses dans l'arrière-boutique. Je crois m'être vaguement dit que j'allais pouvoir mettre de l'argent de côté, mais j'aurais dû savoir que c'était perdu d'avance : la boutique voisine de Victoria Wine était le magasin de disques. Mr Megson aurait tout aussi bien pu mettre directement

---

1. Mais où sera donc la fossette ?

dans leur tiroir-caisse le billet de dix shillings qu'il me payait. C'était révélateur de ce que serait à jamais mon attitude envers les achats : je ne suis simplement pas doué pour garder mes sous en poche quand je tombe sur quelque chose que j'ai envie d'acheter.

Soixante ans plus tard, il est très difficile d'expliquer à quel point le rock'n'roll a été révolutionnaire et choquant. Il n'y avait pas que la musique, mais toute la culture qui allait avec, les fringues, les films, l'attitude. C'était la première fois qu'une chose appartenait vraiment aux ados, nous était exclusivement adressée, nous distinguait de nos parents et nous laissait penser qu'on allait pouvoir *accomplir* quelque chose. C'est difficile aussi d'expliquer combien la génération d'avant a pu mépriser le rock'n'roll. Prenez toutes les fois où, depuis cette époque, l'apparition d'un nouveau style de musique a déclenché une panique morale – que ce soit le punk ou le gangsta rap, les mods et les rockers, même le heavy metal –, additionnez-les et multipliez le tout par deux : voilà le scandale qu'a provoqué le rock'n'roll à son arrivée. Il a suscité une vraie putain de *haine*. Et cette haine n'était chez personne plus vive que chez mon père. Il détestait évidemment la musique en elle-même – ce qu'il aimait, lui, c'était Frank Sinatra –, mais surtout, il exécrait l'effet qu'elle avait sur la société, tout cela lui semblait dangereux sur le plan moral : « Regarde-moi cette façon de s'habiller, de se comporter, à tortiller des hanches et à montrer leur nouille. Pas question que tu sois comme eux. » Si par malheur je me laissais gagner par le phénomène, ça ferait de moi un débauché. Au cas où vous l'ignoreriez, un débauché était un genre de petit délinquant – un escroc à la petite semaine, qui magouille ici et là, échafaude de petites arnaques. Sans doute déjà alerté du risque que je déraille par mon incapacité à manger convenablement le céleri, il était absolument persuadé que le rock'n'roll me mènerait à la déchéance ultime. Le seul nom d'Elvis ou de Little Richard suffisait à le lancer dans une diatribe enfiévrée où il était beaucoup question de mon inévitable transformation en débauché : apparemment, j'allais passer sans m'en apercevoir de l'écoute béate de « Good Golly Miss Molly» au recel de bas nylon ou à la pratique du bonneteau dans la grand-rue de Pinner.

Cela dit, l'éventualité que cela m'arrive était très faible – certains moines bénédictins sont plus dissolus que je ne l'étais à l'adolescence – mais mon père n'a pas voulu prendre de risques. À mon entrée au collège, en 1958, il sautait aux yeux que les gens commençaient à s'habiller différemment, mais on m'a expressément interdit de porter quoi que ce soit qui puisse suggérer quelque lien avec le rock'n'roll. Keith Francis faisait sensation avec ses pompes Winklepickers à la pointe si longue qu'on aurait dit qu'elles entraient en classe quelques minutes avant lui. Moi, je m'habillais encore comme une version miniature de mon père. Mes chaussures faisaient tristement la même longueur que mes pieds. Le signe distinctif le plus voisin d'une rébellion vestimentaire, c'étaient mes lunettes, ou plutôt le fait que je les portais beaucoup. Elles n'étaient censées me servir que pour lire au tableau noir. Mais, sous l'emprise de l'illusion démente qu'elles me donnaient un faux air de Buddy Holly, je ne les quittais presque jamais, et ça n'a pas manqué de me bousiller la vue pour de bon. Et de m'obliger à les porter en permanence.

Ma vision défaillante a aussi eu des conséquences inattendues en matière d'exploration sexuelle. Je ne me souviens pas des circonstances précises dans lesquelles mon père m'a surpris en train de me masturber. Je crois que j'étais en train de me débarrasser des indices incriminants plutôt qu'au beau milieu de l'acte proprement dit, mais je me rappelle nettement que je n'étais pas aussi accablé que j'aurais dû l'être, en grande partie parce que je n'avais pas vraiment conscience de ce que je faisais. Mon éveil sexuel a vraiment été très tardif. Ces choses ne m'ont pas trop intéressé avant la vingtaine bien tassée, même si je n'ai pas ménagé mes efforts par la suite pour rattraper le temps perdu. Mais à l'école, j'écoutais mes copains en parler et ça me laissait vraiment songeur : «Ouais, je l'ai emmenée au ciné, je lui ai touché les nénés.» Comment ? Pourquoi ? Mais qu'est-ce que ça peut bien vouloir dire ?

Alors je pense que, ce jour-là, je devais être en train d'éprouver une sensation plaisante plutôt qu'en pleine manifestation frénétique d'une sexualité bourgeonnante. Toujours est-il que mon père m'a attrapé et a aussitôt dégainé l'argument archirebattu selon lequel Si Je Continuais Comme Ça j'allais devenir aveugle. Tous les garçons du pays ayant évidemment reçu le même avertissement, ils ont compris que c'était du flan et l'ont allègrement ignoré. Mais moi, ça m'est resté dans la tête. Et si c'était vrai ? Je m'étais déjà abîmé les yeux à vouloir ressembler à Buddy Holly ; peut-être que j'allais à présent finir le travail. Autant ne pas prendre de risques. Vous trouverez un tas de musiciens pour vous dire toute l'influence qu'a eue Buddy Holly dans leur vie, mais je suis sans doute le seul qui puisse dire que Buddy Holly a involontairement mis un terme à ses branlettes, sauf si Holly a vraiment surpris un jour Big Bopper en pleine besogne au cours d'une tournée ou un truc comme ça.

Malgré toutes ces règles sur mes vêtements et ces mises en garde sur mon irrépressible descente dans la criminalité, il était trop tard pour que mon père m'empêche de me mêler de rock'n'roll. J'étais déjà dedans jusqu'au cou. Au cinéma, j'ai vu *Amour frénétique* et *La Blonde et moi*. J'ai commencé à me rendre aux concerts.

Nous étions toute une bande de l'école qui allait chaque semaine au Harrow Granada : Keith, Kaye Midlane, Barry Walden, Janet Richie et moi, les fidèles les plus assidus, et puis un dénommé Michael Johnson, le seul type aussi obsédé de musique que moi. On aurait même dit, parfois, qu'il savait des choses que j'ignorais. C'est lui qui, deux ou trois ans plus tard, se pointerait en classe avec un exemplaire de « Love Me Do », le disque de parfaits inconnus appelés les Beatles, dont il affirmait qu'ils allaient devenir le truc le plus énorme depuis Elvis. J'ai trouvé qu'il en rajoutait vraiment beaucoup jusqu'à ce qu'il me le fasse écouter, et j'ai compris qu'il n'avait peut-être pas tort : une nouvelle obsession musicale venait de naître.

Le billet d'entrée au Granada coûtait deux shillings et six pence, ou alors cinq shillings pour les places de luxe. De toute façon ça valait le coup, parce que chaque spectacle était une succession de chanteurs et de groupes. On voyait dix artistes dans la soirée : deux chansons chacun, puis la tête d'affiche, qui en jouait quatre ou cinq. Tout le monde finissait par y venir tôt ou tard. Little Richard, Gene Vincent, Jerry Lee Lewis, Eddie Cochran, Johnny and the Hurricanes. Si jamais quelqu'un n'honorait pas le Harrow Granada de son passage, on pouvait toujours prendre le métro jusqu'à Londres : c'est là, au Palladium, que j'ai vu Cliff Richard and the Drifters avant que sa formation n'adopte le nom des Shadows. Dans nos banlieues, d'autres salles, plus petites, ont commencé à faire venir des groupes : la South Harrow British Legion, le Kenton Conservative Club. On voyait facilement deux ou trois concerts par semaine, pour peu qu'on en ait les moyens. Chose curieuse : je ne me rappelle pas avoir vu un seul mauvais concert ni même être rentré déçu, alors qu'il y en a forcément eu de très médiocres. Le son était probablement atroce.

Je suis à peu près certain qu'en 1960 la South Harrow British Legion n'était pas équipée d'une sono capable de restituer toute la puissance brute, sauvage du rock'n'roll.

Quand mon père n'était pas là, je jouais des chansons de Little Richard et de Jerry Lee Lewis. C'étaient mes véritables idoles. Il n'y avait pas que leur style de jeu, déjà fabuleux en soi, belliqueux, comme s'ils agressaient le clavier. Il y avait aussi cette façon de jouer debout, de balancer le tabouret d'un coup de pied et de bondir sur le piano. Jouer du piano était désormais aussi spectaculaire, aussi sexy et scandaleux que jouer de la guitare ou chanter. Jamais je n'avais imaginé une telle chose possible, ni en être capable un jour.

J'étais suffisamment motivé pour aller donner quelques concerts dans des clubs de jeunes du coin, avec un groupe nommé The Corvettes. Ça ne volait pas très haut, les autres membres étaient eux aussi encore à l'école – en lycée professionnel à Northwood – et ça n'a duré que quelques mois : on nous payait le plus souvent en Coca-Cola. Mais j'ai soudainement su ce que je voulais faire dans la vie, et ça ne correspondait pas trop aux projets de mon père, qui me voyait entrer dans l'armée de l'air ou dans une banque. Je ne l'aurais jamais dit tout haut, mais j'ai secrètement décidé qu'il pouvait se carrer ses projets où je pense. Peut-être qu'en fin de compte le rock'n'roll m'avait bien jeté sur la pente de la rébellion tant redoutée par papa.

Ou peut-être qu'on n'a tout simplement jamais rien eu de commun lui et moi, si ce n'est le football. Tous mes bons souvenirs d'enfance avec mon père y sont liés : il venait d'une famille de supporters. Deux de ses neveux étaient joueurs professionnels à Fulham, dans le South West London – Roy Dwight et John Ashen. Parfois, il m'emmenait les voir sur le terrain à Craven Cottage, à l'époque où Jimmy Hill jouait intérieur droit et Bedford Jezzard était le buteur maison. Roy et John, même en dehors du terrain, avaient à mes yeux une aura incroyable ; j'étais toujours un peu intimidé en leur présence. À la fin de sa carrière, John est devenu un homme d'affaires très roublard, piqué de voitures américaines – quand il passait nous voir à Pinner avec sa femme, Bet, il garait son invraisemblable Cadillac ou Chevrolet devant chez nous. Quant à Roy, c'était un joueur formidable, un ailier droit, transféré un jour à Nottingham Forest, club avec lequel il a participé à la finale de la FA Cup en 1959. J'ai regardé le match à la maison, avec un stock d'œufs en chocolat que j'avais spécialement mis de côté à Pâques pour l'occasion. Je n'ai pas *mangé* ce chocolat, je me le suis *fourré* dans la bouche, en proie à l'hystérie la plus totale. Je ne pouvais pas croire ce que je voyais à la télé. Roy a ouvert le score après dix minutes. Il était depuis quelque temps aux portes de la sélection nationale mais là, il venait à coup sûr de sceller son destin : mon cousin – *un vrai membre de ma famille* – allait porter les couleurs de l'Angleterre. C'était aussi sidérant que les goûts de John en matière automobile. Quinze minutes plus tard, on sortait Roy sur une civière. Il s'était fracturé la jambe en taclant et c'est *ça* qui a scellé son destin. Sa carrière s'est arrêtée ce jour-là. Malgré tous ses efforts, il n'est jamais redevenu le joueur qu'il était. Il a fini prof d'EPS dans une école de garçons du South London.

Mon père soutenait l'équipe nettement moins séduisante, moins impressionnante, de Watford. J'avais six ans la première fois qu'il m'a emmené au match. Ils se débattaient au bas du classement de ce qu'on appelait alors la troisième division sud, c'est-à-dire le dernier échelon de la ligue de football avant l'exclusion pure et simple. En fait, juste avant que je me mette à les suivre, ils avaient été si mauvais qu'ils avaient bel et bien cessé de faire partie de la ligue de football ; on les a autorisés à y revenir quand ils en ont fait la demande. Leur terrain, situé sur Vicarage Road, était à l'image du club. Il n'y avait que deux tribunes couvertes très anciennes, très branlantes et très petites. L'endroit servait aussi de champ de courses de lévriers. Si j'avais eu un poil de jugeote, j'y aurais regardé de plus près, considéré l'état physique de l'équipe et choisi de soutenir un club qui sache jouer au foot. Je me serais épargné vingt années de souffrances ininterrompues, ou presque. Mais ce n'est pas comme ça que fonctionne le football, ni qu'il est censé le faire d'ailleurs. C'est dans le sang : Watford était l'équipe de mon père ; Watford était donc mon équipe.

Et de toute façon peu m'importait le terrain ou le fait qu'on s'y gèle, tout comme le classement désespérant du club. J'ai immédiatement adoré ça. Le frisson du premier spectacle sportif en chair et en os, l'excitation de prendre le train pour Watford et de traverser la ville jusqu'au stade, les marchands de journaux qui venaient à la mi-temps annoncer le score des autres rencontres, le rituel consistant à toujours occuper le même endroit dans les gradins, un coin près de la tribune Shrodells nommé The Bend, le Virage. C'était comme une drogue à l'effet addictif immédiat. J'étais aussi mordu de foot que je l'étais de musique : quand dans ma chambre je ne compilais pas mon hit-parade des hit-parades, je découpais dans mes illustrés le classement du championnat, je le collais au mur et je veillais à ce que tout soit toujours bien tenu à jour. Cette addiction-là, je ne l'ai jamais combattue, parce que je n'en ai pas eu envie et parce qu'elle était héréditaire, je la tenais de mon papa.

À onze ans, ma prof de piano a appuyé ma candidature à la Royal Academy of Music, située au cœur de Londres. J'ai réussi l'examen et, pendant les cinq années suivantes, mes samedis se sont partagés entre l'étude de la musique classique le matin et Watford l'après-midi. Je préférais l'après-midi au matin. Il régnait alors à la Royal Academy of Music comme une atmosphère de peur. Tout était intimidant à souhait : l'immense bâtiment edwardien de Marylebone Road, l'auguste tradition de production de compositeurs et de chefs d'orchestre, le fait que tout ce qui n'était pas musique classique y soit expressément interdit. Ça ne ressemble plus du tout à cela aujourd'hui : quand je m'y rends à présent, je vois un lieu rempli de joie, où les élèves sont incités à s'éclater à faire de la pop ou du jazz, ou à écrire leurs propres compos en marge de leur formation classique. Mais à l'époque, la simple évocation du rock'n'roll à l'académie aurait été sacrilège, comme se pointer à l'église et annoncer au vicaire qu'on aimerait très sincèrement rendre un culte à Satan.

La Royal Academy avait ses bons moments. J'ai eu une excellente professeure nommée Helen Piena, j'ai adoré chanter dans la chorale et vraiment pris mon pied avec Mozart, Bach, Beethoven et Chopin, les trucs mélodieux. Mais c'était parfois aussi très barbant. J'étais un élève paresseux. Certaines semaines, si j'avais oublié de faire mes devoirs, je séchais, tout simplement. Je téléphonais de la maison, me déclarais malade en déguisant ma voix et – pour que ma mère ne s'aperçoive de rien – je prenais le train jusqu'à Baker Street. Après quoi je restais assis dans une rame du métro. Pendant trois heures et demie, je faisais des tours et des tours sur la ligne circulaire en lisant des livres d'horreur dans la série *The Pan Book Of Horror Stories* au lieu de bûcher mon Bartók. Je savais que je ne voulais pas devenir musicien classique. D'abord, je n'avais pas le niveau. Je n'ai pas les mains qu'il faut : mes doigts sont courts pour un pianiste. Regardez les photos de concertistes, ils ont tous des mains comme des tarentules. Et de toute façon, ce n'est pas ce que je recherchais dans la musique – que tout soit régenté, la bonne note au bon moment avec le bon sentiment, sans aucune place pour l'improvisation.

Il y a une certaine ironie dans le fait que des années plus tard on m'ait nommé docteur *honoris causa* de la Royal Academy – je n'ai jamais obtenu de distinction au temps où j'y étudiais. En même temps, cela n'a rien d'ironique du tout. Jamais je n'irais dire que la Royal Academy a été pour moi une perte de temps. Je suis très fier d'en avoir été l'élève. J'ai donné des galas de bienfaisance et récolté des fonds pour leur payer un nouvel orgue, participé à des tournées en Grande-Bretagne et aux États-Unis avec leur orchestre philarmonique et j'y finance chaque année huit bourses d'études. Étudiant, j'y ai croisé une foule de gens avec qui je finirais par travailler des années plus tard, une fois devenu Elton John : le producteur Chris Thomas, l'arrangeur Paul Buckmaster, la harpiste Skaila Kanga et le percussionniste Ray Cooper. Et tout ce que j'y ai appris a imprégné ma musique : l'esprit de collaboration, la structure des accords et la bonne façon d'assembler une chanson. Ça m'a donné envie de composer en y mettant plus de trois ou quatre accords. Si vous écoutez l'album *Elton John*, et à peu près tous ceux que j'ai faits ensuite, l'influence de la musique classique et de la Royal Academy y est toujours perceptible quelque part.

J'y étais encore élève quand mes parents ont enfin divorcé. Il faut leur concéder qu'ils avaient tout tenté pour que ça marche, malgré le fait évident qu'ils ne se supportaient pas ; je soupçonne qu'ils cherchaient à m'apporter de la stabilité. C'était la chose à ne surtout pas faire, mais au moins ont-ils essayé. Puis, en 1960, mon père a été affecté à Harrogate, dans le Yorkshire, et c'est pendant qu'il y était que maman a rencontré quelqu'un. L'affaire était réglée.

Maman et moi nous sommes installés avec son nouveau partenaire, Fred, peintre et décorateur. C'était une passe très difficile sur le plan financier. Divorcé lui aussi, Fred avait une ex-épouse et quatre enfants, alors on ne roulait vraiment pas sur l'or. On habitait un horrible appartement à Croxley Green, où le papier peint tombait en lambeaux et l'humidité formait des taches sur les murs. Fred travaillait très dur. En plus de ses chantiers de décorateur, il faisait le laveur de carreaux et plusieurs petits boulots : tout pour qu'on ait de quoi remplir le frigo. Ils en ont bavé, lui et ma mère. Et Oncle Reg avait dit vrai : le divorce faisait incontestablement à l'époque l'objet de stigmatisation.

Mais je me réjouissais de celui de mes parents. Fini les disputes quotidiennes. Maman avait obtenu ce qu'elle voulait – se débarrasser de mon père – et, pendant quelque temps au moins, ça l'a transformée. Elle était heureuse, et son bonheur faisait le mien. Il y avait moins de sautes d'humeur, moins de remarques. Et puis j'aimais beaucoup Fred. C'était un type généreux, le cœur sur la main, facile à vivre. Il a économisé pour m'acheter un vélo avec un guidon de course. Il a trouvé marrant que je dise son nom à l'envers et que je l'appelle Derf, le surnom lui est resté. Il n'y avait plus de restrictions sur les vêtements que je portais. J'ai appelé Derf « mon beau-père » des années avant que maman l'épouse.

Et plus que tout, Derf aimait le rock'n'roll. Maman et lui m'ont vraiment soutenu dans mon parcours de musicien. Je suppose que maman y trouvait une petite satisfaction supplémentaire dans le fait que ça mette mon père en fureur, mais quoi qu'il en soit, elle était ma plus grande fan. Et c'est Derf qui m'a obtenu ma première prestation payée, en tant que pianiste au Northwood Hills

Hotel, qui n'était pas du tout un hôtel mais un pub. Derf y buvait une pinte quand il a entendu le tenancier dire que le pianiste des lieux avait démissionné, alors il lui a proposé de me prendre à l'essai. J'ai joué tout ce qui me venait à l'esprit. Des chansons de Jim Reeves, Johnnie Ray, Elvis Presley, «Whole Lotta Shakin' Goin' On». Et puis les trucs d'Al Johnson. Ils adoraient ça, Al Johnson, mais pas autant que les vieilles chansons de pub anglaises que tout le monde reprenait en chœur : «Down At The Old Bull And Bush», «Any Old Iron», «My Old Man», tout ce qu'entonnait ma famille après quelques verres. La paye était vraiment bonne. Le fixe n'était que d'une livre par soirée, trois fois par semaine, mais Derf venait toujours avec moi et passait une pinte vide dans le public. Il m'arrivait de me faire quinze livres dans la semaine, une très belle somme pour un gamin de quinze ans au début des années soixante. Ça m'a permis de mettre de côté et de m'acheter un piano électrique – un Pianet de chez Hohner – et un micro pour mieux me faire entendre dans le brouhaha du pub.

Ce job de pianiste au pub m'a rapporté de l'argent, mais il a eu un autre rôle important : il m'a beaucoup endurci en tant qu'interprète, car le Northwood Hills Hotel n'était pas le plus salubre des établissements de Grande-Bretagne, loin de là. Je jouais dans le bar ouvert à tous, pas dans le salon privé d'à côté, plus chic, et presque tous les soirs, après un certain nombre de verres, on avait droit à une bagarre. Je ne parle pas d'une altercation verbale, mais d'une vraie baston : les verres qui volent, les tables renversées. Au début, je m'efforçais de continuer à jouer, espérant naïvement que la musique adoucirait un peu les mœurs. Si un petit coup de «Bye Bye Blackbird» ne produisait pas l'effet escompté, j'allais retrouver un groupe de gens du voyage qui venaient souvent donner un coup de main au pub.

Je m'étais lié d'amitié avec l'une de leurs filles – elle m'avait même invité à dîner dans leur caravane – et ils veillaient à ce que rien ne m'arrive pendant la mêlée générale. Et si jamais ils n'étaient pas présents, il me restait un dernier recours, qui consistait à me hisser jusqu'à la fenêtre à côté du piano pour déguerpir et revenir plus tard quand les choses se seraient calmées. Tout cela était terrifiant, mais ça m'a donné beaucoup de force mentale sur scène. Je connais des artistes qui se sont décomposés après un mauvais concert devant un public ingrat. J'ai moi aussi donné de mauvais concerts devant des publics ingrats, mais ça ne m'a jamais trop atteint. Tant que je n'ai pas à m'interrompre pour filer par la fenêtre en craignant pour ma peau, c'est mieux qu'à mes débuts.

Dans le Yorkshire, mon père a rencontré une femme nommée Edna. Ils se sont mariés et sont allés s'installer dans l'Essex où ils ont ouvert un magasin de journaux. Sans doute cela l'a-t-il rendu plus heureux – ils ont eu quatre garçons, qui tous l'adoraient – mais ça ne l'a pas changé avec moi. Comme s'il ne savait pas se comporter autrement en ma présence. Il est resté distant, strict, toujours à se plaindre de la terrible influence du rock'n'roll, toujours consumé par l'idée que j'allais devenir un débauché et amener la disgrâce sur le nom des Dwight. Prendre l'autocar de la ligne verte jusqu'en Essex pour aller le voir était forcément une corvée. J'ai arrêté d'aller aux matchs de Watford avec lui : j'avais l'âge de fréquenter le Virage par moi-même.

Papa a certainement piqué une grosse colère en apprenant que je comptais laisser tomber l'école sans passer le bac au profit d'un boulot dans la musique. Il pensait sincèrement que ce n'était pas un avenir pour un garçon détenteur du brevet des collèges. Le pompon, c'est que j'avais trouvé le job par le biais de son neveu : mon

cousin Roy, celui du but en finale de la FA Cup,
resté en bons termes avec ma mère après le divorce.
Les footballeurs avaient manifestement beaucoup de liens
avec le monde de la musique, et il avait lui-même
parmi ses copains un dénommé Tony Hiller, directeur
général des éditions musicales Mills Music, avec pignon
sur Denmark Street, la réplique britannique de la Tin
Pan Alley new-yorkaise, la rue des éditeurs de musique.
J'ai appris par Roy qu'un poste s'était libéré au service des paquets – ce n'était pas grand-chose, ça payait
quatre livres par semaine, mais au moins j'aurais un
pied dans la place. Et je savais de toute façon que
mes chances de décrocher le bac étaient nulles. Entre
la Royal Academy, mes velléités de jouer du piano à la
Jerry Lee Lewis et mes fuites régulières par la fenêtre
du Northwood Hills Hotel, mes résultats scolaires avaient
quelque peu décliné.

Je dis qu'il a dû piquer une grosse colère, parce
que je ne me souviens pas du tout de sa réaction.
Je sais qu'il a écrit à maman pour lui demander de
m'en empêcher, mais vous imaginez bien ce que ça a
donné : elle était aux anges. Tout le monde avait l'air
de se réjouir pour moi – maman, Derf, et même mon
directeur d'école, ce qui tenait plus ou moins du miracle.
Mr Westgate-Smith était un homme austère, très strict.
J'étais terrifié quand je suis allé le voir pour lui faire
part du job en question, mais il s'est montré merveilleux.
Il a dit qu'il savait combien j'aimais la musique, qu'il
était au courant que je fréquentais la Royal Academy et
qu'il me laisserait partir si je lui promettais de travailler
dur et de pleinement m'investir dans mon projet. J'étais
stupéfait, mais il le pensait vraiment. Il aurait tout aussi
bien pu refuser : je serais parti malgré tout, mais je
l'aurais fait sous un nuage gris. Il s'est au contraire
montré enthousiaste. Des années plus tard, après que j'ai

rencontré le succès, il m'a écrit plusieurs fois pour me dire toute sa fierté.

Et puis, de façon assez perverse, l'attitude de mon père m'a aussi aidé. Il n'a jamais changé d'avis sur mon choix de carrière. Il ne m'a jamais félicité. Récemment, sa femme Edna m'a écrit pour me dire qu'à sa façon il était fier de moi, mais totalement incapable de l'exprimer. Or, le fait qu'il ne l'exprime pas m'a précisément instillé le désir de lui montrer que j'avais fait le bon choix. Ça m'a motivé. Je me disais que plus j'aurais de succès, plus ça lui montrerait son erreur, qu'il l'admette ou pas. Aujourd'hui encore, je crois que je continue à vouloir prouver quelque chose à mon père, alors qu'il est mort depuis 1991.

Deux

Le timing ne pouvait être plus précis : j'ai commencé mon premier boulot à Denmark Street au moment même où Denmark Street entamait son déclin définitif. Dix ans plus tôt, c'était encore le cœur de l'industrie musicale britannique, les auteurs et les compositeurs venaient y vendre leurs chansons aux éditeurs qui les revendaient ensuite aux artistes. Puis les Beatles et Bob Dylan étaient arrivés et tout avait changé. Plus besoin de l'aide d'auteurs-compositeurs professionnels, ils l'étaient eux-mêmes. Beaucoup de groupes sont apparus avec un auteur-compositeur dans leurs rangs : les Kinks, les Who, les Rolling Stones. C'était clairement la nouvelle façon de procéder. Cela laissait encore juste assez de travail pour Denmark Street – tous les nouveaux groupes n'étaient pas capables d'écrire leurs propres morceaux, et il restait des cohortes d'interprètes et de crooners grand public qui continuaient de s'approvisionner à la même source –, mais on sentait que c'était la fin d'une ère.

Mon emploi chez Mills Music avait lui-même un petit côté suranné. Aucun rapport avec la pop. Ça consistait à empaqueter des partitions de fanfare et à les apporter au bureau de poste en face du théâtre Shaftesbury. Je n'étais même pas dans le bâtiment principal : le service des paquets se trouvait à l'arrière. Le manque total de glamour de la situation est devenu particulièrement flagrant le jour où la star de l'équipe de Chelsea, le milieu de terrain Terry Venables, a soudain déboulé une après-midi avec quelques coéquipiers. Ils avaient la presse à leurs trousses – un scandale avait éclaté parce qu'ils étaient sortis boire après un match malgré les instructions de l'entraîneur – et ils avaient considéré que mon nouveau lieu de travail ferait une excellente cachette. Ils connaissaient bien Mills Music – encore des copains footeux, comme mon cousin Roy – et s'étaient clairement dit que le service des paquets serait le dernier endroit de Londres où l'on irait chercher quelqu'un de connu.

Ça ne m'a pas empêché de m'y amuser comme un fou. J'avais un pied dans le milieu de la musique, et malgré son déclin, Denmark Street conservait à mes yeux une part de sa magie. Le glamour n'était certes plus celui d'antan, mais c'était du glamour quand même. Il y avait des magasins de guitares et des studios d'enregistrement. On déjeunait au café Gioconda ou au Lancaster Grill de Charing Cross Road, où l'on ne croisait jamais de gens célèbres – leur clientèle était modeste – mais on y sentait un fourmillement : ça grouillait d'espoir, de promesses, d'éternels aspirants, de gens désirant se faire remarquer. De gens comme moi, sans doute.

À Pinner, maman, Derf et moi avons quitté notre location de Croxley Green, celle au papier peint qui pelait et aux taches d'humidité, pour un nouveau logement à quelques kilomètres, à Northwood Hills, pas très loin du pub dont je m'échappais si souvent par la fenêtre. De l'extérieur, Frome Court avait l'air d'une maison mitoyenne ordinaire de banlieue, mais l'espace à l'intérieur était divisé en deux appartements de deux chambres à coucher. Le nôtre était le 3A. On s'y sentait chez soi, contrairement à celui d'où nous venions, qui avait tout

d'une pénitence infligée à ma mère et à Derf pour
avoir divorcé : vous avez mal agi, alors voilà où vous
allez vivre. Quant à moi, je jouais du piano électrique
– celui que je m'étais acheté – dans un nouveau groupe
monté par Stuart Brown, un autre ancien des Corvettes.
Avec Bluesology, ça devenait beaucoup plus sérieux. On
avait de l'ambition : Stuart était vraiment beau gosse, il
se savait appelé à devenir une star. On avait un saxophoniste. On a monté un répertoire à partir d'obscurs
blues de Jimmy Witherspoon et J. B. Lenoir, qu'on a
rodé dans un pub de Northwood nommé The Gate. On
avait même un manager, un bijoutier de Soho nommé
Arnold Tendler : notre batteur, Mick Inkpen, était son
employé. Arnold était un gentil petit homme désireux
de se lancer dans les affaires musicales et qui a eu la
grande infortune de miser sur Bluesology parce que Mick
l'avait convaincu de venir nous voir en concert. Il a
investi tout son argent dans du matos et des tenues de
scène – le même tricot à col roulé, le même pantalon
et les mêmes chaussures pour tous – sans en tirer aucun
retour, sauf à considérer comme tel nos sempiternelles
jérémiades dès que quelque chose allait de travers.

On a commencé à donner des concerts à droite et à
gauche dans Londres et Arnold a financé l'enregistrement
d'une maquette en studio, dans un cabanon préfabriqué
à Rickmansworth. Par un genre de miracle, il a réussi
à remettre la maquette à Fontana Records. Plus miraculeux encore, ils en ont extrait un single, une chanson
que j'avais écrite – la seule à vrai dire –, intitulée
« Come Back Baby ». Ça n'a pas suscité l'ombre d'un
frémissement. Elle est passée une ou deux fois à la
radio, probablement sur une de ces stations pirates peu
recommandables et disposées à programmer n'importe quoi
pour peu que le label lâche un billet. Un jour, il s'est
murmuré que ma chanson allait passer dans l'émission

hebdomadaire *Juke Box Jury*, et on s'est tous agglutinés devant le poste. Elle n'est pas passée dans *Juke Box Jury*. Alors on a sorti un autre single, toujours écrit par moi, « Mr. Frantic ». Cette fois, on n'a même pas eu la rumeur d'un passage dans *Juke Box Jury*. Ça a juste fait *pschitt*.

Vers la fin de 1965, on a été embauchés par Roy Tempest, un agent dont la spécialité était de faire venir en Grande-Bretagne des artistes noirs américains. Il y avait dans son bureau un aquarium rempli de piranhas, et ses manières en affaires étaient aussi redoutables que leurs dents. S'il n'arrivait pas à faire traverser l'Atlantique aux Temptations ou aux Drifters, il trouvait dans Londres une poignée de chanteurs noirs inconnus, leur achetait des costards et mettait sur pied une tournée des boîtes de nuit en les présentant sous le nom des Temptin' Temptations ou des Fabulous Drifters. À la moindre protestation, il feignait l'ignorance. « Évidemment que ce ne sont pas les Temptations ! Ce sont les Temptin' Temptations ! Rien à voir ! » Ainsi Roy Tempest a-t-il inventé le concert-hommage.

D'une certaine manière, Bluesology a pu trouver son compte auprès de lui. Au moins les artistes pour lesquels nous avons été embauchés en tant que groupe d'accompagnement étaient authentiques : Major Lance, Patti LaBelle and the Blue Belles, Fontella Bass, Lee Dorsey. Et puis ça m'a permis d'arrêter d'empaqueter des partitions de fanfare et de gagner ma vie en tant que musicien professionnel. En fait ça n'a pas vraiment été un choix, jamais je n'aurais pu concilier mes horaires d'employé avec le calendrier de dates établi par Roy Tempest. Mais la paye était exécrable. Quinze livres par semaine pour le groupe tout entier, et dont il fallait déduire les frais d'essence, de nourriture et d'hébergement : quand on jouait trop loin de Londres pour rentrer après le concert,

on se payait un B & B à cinq shillings la nuit. Je suis
sûr que les vedettes qu'on accompagnait ne gagnaient pas
beaucoup plus que nous. C'était un boulot éreintant. On
avalait des kilomètres et des kilomètres de route, soir
après soir. On a fait les grands clubs régionaux : l'Oasis
à Manchester, le Mojo à Sheffield, le Place à Hanley,
le Club A Go Go à Newcastle, le Clouds à Derby.
On a fait les boîtes branchées de Londres : Sybilla's,
le Scotch of St James, où les Stones et les Beatles
venaient écluser des whisky-Coca, et le Cromwellian,
avec son très remarquable barman, Harry Heart, presque
aussi célèbre que les pop stars qu'il servait. Harry était
extrêmement maniéré, il parlait le polari[1] et conservait
sur le comptoir un mystérieux vase rempli d'un liquide
transparent. Le voile se levait aussitôt qu'on lui offrait
un verre : « Un gin tonic s'il te plaît, et sers-t'en un
aussi, Harry. » Il répondait « Ouiii, merci chéri, c'est du
tout bon, droit dans le pot alors ». Et il versait une
dose de gin dans le vase, qu'il siroterait toute la soirée
entre deux clients. Le vrai mystère, c'est qu'un homme
engloutissant un grand vase de gin sec chaque soir tienne
sur ses jambes jusqu'au bout de la nuit.

On a joué dans les boîtes les plus bizarres. Il y avait
à Harlesden un lieu qui était manifestement le salon
d'un particulier, un autre à Spitalfields où, sans que
je me l'explique encore aujourd'hui, ils avaient installé
un ring de boxe en guise de scène. On a beaucoup
joué dans des boîtes noires, et on aurait dû trouver ça
intimidant – une bande de garçons blancs des banlieues
résidentielles venus jouer de la musique noire à un
public noir – mais ça n'a jamais été le cas. D'abord,

---

1. Polari : de *parlare*, en italien. Argot parlé en Angleterre, entre
autres, par le monde du spectacle et de la nuit ou la communauté gay.

le public paraissait sincèrement apprécier la musique. Et puis quand on a passé son adolescence à essayer de jouer « La Polka du tonneau de bière » à un public trop occupé à se mettre sur la gueule, on ne craint plus grand-chose.

En fait, la seule fois où j'ai senti un vrai malaise, c'est à Balloch, à la sortie de Glasgow. En arrivant dans la salle, on a constaté que la scène était à près de trois mètres de hauteur, et compris assez vite qu'il s'agissait en fait d'une mesure de sécurité : on empêchait ainsi le public d'y grimper pour étriper les musiciens. Cette option de divertissement leur étant retirée, les spectateurs se contentaient de s'étriper entre eux. À peine arrivés, ils s'alignaient de chaque côté de la salle. La première note était manifestement le signal convenu pour l'ouverture des festivités. Brusquement, les pintes se mettaient à voler et les coups de poing à pleuvoir. Ce n'était plus tant un concert avec baston qu'une petite émeute avec accompagnement d'orchestre R'n'B. À faire passer les samedis soir de Northwood Hills pour la cérémonie d'ouverture du Parlement.

On donnait deux concerts par soirée, presque tous les jours – parfois plus quand on cherchait à arrondir nos revenus en jouant pour notre compte. Un samedi, Roy nous avait programmés dans un club américain à Lancaster Gate à 14 heures, après quoi nous avons grimpé dans la camionnette pour Birmingham, où nous attendaient deux prestations – au Ritz puis au Plaza. Enfin, on est remontés dans la camionnette pour rentrer à Londres et jouer au Cue, la boîte de Count Suckle à Paddington, où Roy nous avait là encore programmés. Le Cue était vraiment la boîte noire d'avant-garde où la soul se mêlait au ska, l'un des premiers lieux à Londres où l'on n'embauchait pas seulement des artistes US, mais aussi ceux venus des îles. Cependant, en toute franchise, le souvenir le plus fort que je garde de l'établissement n'est pas ce cocktail révolutionnaire de musique américaine et jamaïcaine, mais bien son buffet de délicieux friands à la viande des Cornouailles. Le plus obsessionnel des musiciens peut lui aussi voir ses priorités légèrement bousculées à 6 heures du mat quand il a une dalle à hurler.

Parfois, Roy Tempest s'emmêlait magistralement les pinceaux dans ses programmations. Il a fait venir les Ink Spots croyant que, puisqu'ils étaient un groupe vocal noir américain, ils faisaient forcément de la soul. Il s'agissait en vérité d'une harmonie vocale d'un autre âge, d'avant le rock'n'roll. Dès qu'ils se mettaient à chanter les vieilles bluettes « Whispering Grass » ou « Back In Your Own Back Yard », le public s'évaporait – les chansons étaient merveilleuses, mais pas vraiment ce que voulaient entendre les gamins dans un club de soul. C'était à vous fendre le cœur. Jusqu'au jour où on a joué au Twisted Wheel de Manchester. Le public était tellement féru de musique, tellement connaisseur de l'histoire de la musique noire, qu'il a parfaitement capté le truc. Les gens avaient apporté le 78 tours de leurs parents pour le faire signer par les Ink Spots. À la fin, le groupe a littéralement été porté en triomphe dans la boîte. On parle beaucoup du swinging London des sixties, mais ces gamins du Twisted Wheel étaient vraiment dans le coup, infiniment plus branchés que n'importe qui d'autre dans le pays.

À vrai dire, peu m'importaient la maigreur de la paye, l'emploi du temps insensé ou les concerts foirés ici ou là. Le rêve était devenu réalité. Je jouais avec des artistes dont je collectionnais les disques. Mon préféré, c'était Billy Stewart, un colosse venu de Washington signé chez Chess Records. C'était un chanteur épatant, qui avait fait de son surpoids un genre d'avantage. Ses chansons ne parlaient que de ça : « Elle m'a dit sa fierté et sa joie, d'aimer un gros garçon comme moi. » Ses colères étaient célèbres – on racontait qu'un jour une secrétaire, chez Chess, avait tardé à lui ouvrir la porte : il avait exprimé son irritation en sortant un pistolet pour exploser la poignée d'un coup de feu – et sa vessie ne l'était pas moins, comme nous le découvririons bientôt. Sur la route, si Billy demandait qu'on s'arrête pour une envie pressante, autant annuler tous nos projets de la soirée. Il y en avait pour des heures. Le son provenant des buissons était invraisemblable : on aurait dit que quelqu'un remplissait une piscine à la lance d'incendie.

Jouer avec de tels artistes avait un côté terrifiant, et pas seulement parce qu'ils dégainaient au quart de tour contre tout ce qui les énervait. C'est surtout ce pur talent qu'ils avaient qui fichait le trac. En même temps, quelle école ! Il n'y avait pas que la qualité des voix, c'étaient d'incroyables amuseurs. Leur façon de bouger, ce qu'ils racontaient entre les chansons, leur manière de manipuler un public, leurs tenues. Ils avaient du style, du panache. Ils avaient parfois d'étranges caprices – allez savoir pourquoi Patti LaBelle insistait par exemple pour gratifier chaque soir le public d'une version de « Danny Boy » – mais il suffisait de les observer sur scène pendant une heure pour apprendre tout un tas de ficelles du métier. Je trouvais impensable qu'ils ne soient ici appréciés que par un public d'initiés. Ils avaient très bien marché en Amérique, mais en Grande-Bretagne, des pop stars blanches s'étaient empressées de reprendre leurs morceaux pour invariablement en tirer plus de succès. Wayne Fontana and the Mindbenders étaient les grands récidivistes de la chose : ils avaient réenregistré « Um Um Um Um Um Um » de Major Lance et « A Groovy Kind Of Love » de Patty LaBelle, et très largement dépassé les ventes des originaux. Billy Stewart

avait fait un flop avec « Sitting In The Park », mais
Georgie Fame en avait fait un tube. On voyait que
ça irritait profondément ces artistes, et ça se comprend.
D'ailleurs, j'ai pris toute la mesure de cette irritation
quand un mod dans le public du Ricky-Tick de Windsor
a eu le malheur de crier pour faire le malin : « On
veut Georgie Fame », pendant que Billy Stewart chantait
« Sitting In The Park ». Je n'ai jamais vu un tel gabarit se déplacer aussi vite. Billy a sauté de la scène et
s'est lancé à la poursuite du coupable dans la foule. Le
gamin a détalé en craignant littéralement pour sa vie, ce
qui n'était pas absurde, vu qu'il s'était soudain retrouvé
dans le collimateur d'un chanteur soul d'un bon quintal
et demi chatouilleux de la gâchette.

En mars 1966, Bluesology est allé à Hambourg – on
a trimballé nos instruments sur le ferry, puis dans le
train – pour jouer au Top Ten Club, dans la Reeperbahn. L'endroit était réputé pour avoir accueilli les
Beatles avant la gloire. Ils logeaient au dernier étage du
bâtiment quand ils avaient enregistré leur premier single
avec Tony Sheridan. Cinq ans après, les lieux n'avaient
pas changé. Les groupes étaient toujours hébergés au
dernier étage. La rue était toujours jalonnée de bordels
avec les prostituées en vitrine, et le club nous faisait
toujours jouer cinq heures par soirée, en alternance avec
un autre groupe : une heure eux, une heure nous,
pendant que le public allait et venait constamment. On
imaginait bien les Beatles mener cette vie-là, et pas seulement parce que les draps, au dernier étage, n'avaient
pas l'air d'avoir été changés depuis le passage de John
et Paul.

On y a joué en tant que Bluesology, mais aussi en
accompagnement d'une chanteuse écossaise nommée Isabel
Bond, expatriée de Glasgow en Allemagne. Cette brune
à l'air si doux était tordante : c'était la femme la plus

grossière que j'aie jamais rencontrée. Elle chantait de grands classiques en modifiant les paroles pour les rendre cochonnes. C'est à ma connaissance la seule chanteuse capable de caser « fais-moi une branlette » dans la ballade « Let Me Call You Sweetheart ».

Mais que j'étais ingénu ! C'est à peine si je buvais des boissons alcoolisées, et le sexe ne m'intéressait toujours pas, en grande partie parce que je m'étais débrouillé pour atteindre l'âge de dix-neuf ans sans vraiment savoir ni comprendre de quoi il retournait. À part l'affirmation discutable de mon père selon laquelle la masturbation rendait aveugle, personne ne m'avait jamais informé de ce qu'il fallait faire, de ce qu'on attendait de nous. Je n'avais pas la moindre idée de ce qu'était la pénétration, et encore moins une pipe. Du coup, je suis sans doute le seul musicien britannique des années soixante à avoir travaillé dans la Reeperbahn et à en être revenu avec sa virginité intacte. Me voilà dans l'un des antres de débauche les plus connus d'Europe, où tous les vices et toutes les tentations imaginables vous sont servis sur un plateau, et le truc le plus osé que je fais, c'est m'acheter un pantalon pattes d'eph au grand magasin. Rien d'autre ne m'intéressait que jouer et faire les boutiques de disques allemandes. J'étais complètement absorbé par la musique. Et d'une ambition incroyable.

Je savais au fond que Bluesology n'irait pas loin. On n'était pas assez bons, c'était flagrant. On avait renoncé aux blues obscurs au profit des chansons soul que jouaient tous les groupes britanniques de R'n'B au milieu des sixties – « In The Midnight Hour », « Hold On I'm Coming ». Il était évident que The Alan Brown Set ou The Mike Cotton Sound jouaient ces chansons mieux que nous. Il y avait de meilleurs chanteurs que Stuart et évidemment de bien meilleurs organistes que moi. J'étais pianiste, je voulais marteler le clavier comme Little

Richard, mais si vous essayez de faire ça sur un orgue, vous ne parviendrez qu'à ficher votre journée en l'air. Je n'avais pas les bases techniques que réclame cet instrument. Le pire, c'était le Hammond B-12 qui logeait sur la scène du Flamingo Club de Wardour Street. C'était un immense machin en bois, on avait l'impression de jouer de la commode. Il y avait des interrupteurs et des manettes partout, des tirettes et des pédales que Stevie Winwood et Manfred Mann maniaient avec adresse pour en obtenir des hurlements, des chants, des envolées. Moi, je n'osais pas y toucher parce que j'ignorais totalement à quoi ça servait. Même le petit Vox Continental sur lequel je jouais toujours était pour moi un champ de mines technologique. L'une de ses touches restait parfois enfoncée, et c'est arrivé en plein set au Scotch of St James. J'étais tranquillement en train de jouer « Land Of A Thousand Dances » quand, d'un coup, on aurait dit que la Luftwaffe revenait bombarder Londres. Pendant que le groupe continuait d'aligner les morceaux, je m'attelais de mon côté à débloquer la touche, totalement pris de panique. J'en étais à envisager d'appeler police secours quand Eric Burdon, le chanteur des Animals, est monté sur scène. Le bonhomme possédait clairement le savoir technique qui me faisait défaut – Alan Price, qui jouait des claviers dans les Animals, était un génie du Vox Continental. Burdon a fichu un grand coup de pied dans l'appareil et ça a marché.

Il a hoché la tête et dit : « Ça arrive tout le temps à Alan », et il est parti.

Nous n'étions donc pas aussi bons que les groupes qui faisaient la même chose que nous, et les groupes qui faisaient la même chose que nous n'étaient eux-mêmes pas aussi bons que ceux qui écrivaient leurs propres chansons. Le jour d'un concert au Cedar Club de Birmingham, on est arrivés en avance, pendant qu'un autre groupe répétait encore. C'était The Move, un quintette local manifestement à l'orée de grandes choses. Leur show était d'enfer, leur manager avait la tchatche et le guitariste, Roy Wood, savait écrire des chansons. On s'est faits discrets et on les a regardés. Ils étaient vraiment épatants, mais surtout, les compos de Roy Wood sonnaient encore mieux que les reprises. On ne pouvait certainement pas en dire autant des quelques pauvres morceaux que j'avais écrits pour Bluesology. Franchement, je ne l'avais fait que parce que j'y étais forcé : à la veille de l'une de nos très rares séances d'enregistrement, il nous fallait au moins quelque chose à nous. Je n'y avais pas investi mon âme ni mes tripes, et ça se sentait. Mais je me souviens en regardant The Move d'avoir eu comme une révélation. *Ça m'a tout l'air d'être la voie à suivre. C'est ça que je dois faire.*

En fait, j'aurais peut-être quitté Bluesology plus tôt si Long John Baldry n'avait pas déboulé dans le paysage. On a joué avec lui parce qu'on était au bon endroit au bon moment. Bluesology faisait quelques dates dans le sud de la France quand Long John Baldry s'est retrouvé sans orchestre pour le Papagayo de Saint-Tropez. Il a d'abord pensé remonter un groupe à l'image de Steampacket, avec Stuart Brown, un chanteur nommé Alan Walker – à mon avis, sa présence tenait surtout au fait que Baldry en pinçait pour lui – et une fille fraîchement débarquée des États-Unis, Marsha Hunt, comme première voix féminine. Quant à Bluesology, ce serait leur orchestre d'accompagnement, du moins après de légères retouches : deux musiciens qui ne convenaient pas à John ont été remerciés et remplacés. Ce n'est pas vraiment ce que j'avais envie de faire. Je pensais que cette formation était pour John une réelle régression. Je savais que Julie Driscoll et Rod avaient été vraiment excellents. J'avais vu Rod jouer avec John au Kenton Conservative

Club, quand le groupe s'appelait encore The Hoochie Coochie Men et que j'étais écolier ; ils m'avaient soufflé. Et enfin Brian Auger, qui était un pur musicos : pas le genre d'organiste à avoir besoin que le chanteur des Animals vienne sur scène en plein concert lui offrir un coup de pied salvateur.

Je n'étais donc pas totalement convaincu. La formation avec Alan Walker et Marsha Hunt n'a pas duré : Marsha avait beaucoup d'allure, c'était une grande fille noire splendide, mais pas une immense chanteuse. Toutefois, avec Long John Baldry, la chose prenait immédiatement un autre tour. Si jamais vous trouvez que votre existence vire à la routine, qu'elle se fait un poil monotone, je vous recommande de partir en tournée avec un chanteur de blues gay de deux mètres, totalement excentrique et très porté sur la bouteille. Vous verrez soudain les choses s'animer.

J'ai tout bonnement adoré la compagnie de John. Il venait me chercher à Frome Court dans sa camionnette, où il avait installé un tourne-disque, et m'avertissait de sa présence en sortant la tête par la fenêtre et en hurlant : « REGGIE ! » Sa vie était manifestement émaillée d'incidents, souvent liés à son penchant pour la boisson, dont j'ai vite compris que c'était de l'autodestruction : c'est devenu flagrant quand on a joué au Links Pavilion, à Cromer, où il s'est mis dans un tel état après le spectacle qu'il est tombé en costume blanc dans un ravin. Cela dit, je n'avais pas du tout conscience qu'il était gay, et je comprends avec le recul que ça paraisse invraisemblable. Voilà un type qui se faisait appeler Ada, parlait d'autres hommes en disant « elle » et passait son temps à vous faire des rapports détaillés sur sa vie sexuelle : « J'ai un nouveau copain qui s'appelle Ozzie, chéri, il fait la toupie sur ma queue. » Mais je le répète, j'étais vraiment très ingénu, je ne savais absolument pas ce qu'être gay voulait dire, et j'étais à des années-lumière d'imaginer que cela puisse s'appliquer à moi. Je me disais : « Comment ça, il fait la toupie *sur ta queue* ? Comment ? Pourquoi ? Mais de quoi tu me parles ? »

Tout cela était certes très amusant, ça ne changeait rien au fait que je ne voulais pas être organiste, je ne voulais pas être musicien d'accompagnement et je ne voulais pas jouer dans Bluesology. Et c'est ce qui m'a conduit jusque dans les nouveaux locaux de Liberty Records, tout près de Piccadilly, où, en guise d'introduction à mon audition, j'ai énoncé la litanie de mes malheurs : l'impasse dans laquelle se trouvait Bluesology, l'horreur du circuit des cabarets, le magnétophone et son rôle dans notre légendaire non-interprétation de « Let The Heartaches Begin ».

Derrière son bureau, Ray Williams hochait la tête avec commisération. Il était très blond, très beau, très bien sapé et très jeune. Tellement jeune d'ailleurs qu'il n'avait pas le pouvoir de signer le moindre contrat. Toute décision revenait à ses chefs. Peut-être m'auraient-ils signé si je n'avais pas choisi de leur jouer « He'll Have To Go » de Jim Reeves. Je m'étais dit que tout le monde leur chantait probablement un truc du genre « My Girl » ou une chanson de la Motown, alors autant me démarquer du lot. Et j'aime vraiment cette chanson. J'étais à l'aise en la chantant : je l'utilisais toujours pour finir de me mettre dans la poche le public de Northwood Hills. Si j'avais un peu réfléchi, j'aurais imaginé que ça n'allait pas soulever beaucoup d'enthousiasme auprès de types en train de lancer un label de rock progressif. Liberty avait signé The Bonzo Dog Doo-Dah Band, The Groundhogs et The Idle Race, un groupe psychédélique emmené par Jeff Lynne, futur fondateur d'Electric Light Orchestra. La dernière chose qu'ils recherchaient, c'est une resucée de Jim Reeves façon banlieue de Londres.

Mais tout bien pesé, peut-être que leur chanter « He'll Have To Go » était précisément la chose à faire. Si j'avais réussi mon audition, Ray ne m'aurait probablement pas remis l'enveloppe contenant les textes de Bernie. Et s'il ne m'avait pas remis les textes de Bernie, je ne peux vraiment pas imaginer ce qui serait arrivé, mais j'y ai très souvent réfléchi, parce que c'est un sacré tour du destin. Je dois aussi signaler que le bureau de Ray était un foutoir sans nom. Il y avait des piles de bandes magnétiques et des centaines d'enveloppes entassées partout : le label n'avait pas seulement reçu la candidature de tous les musiciens et auteurs en herbe de Grande-Bretagne, mais aussi celle du moindre tordu tombé sur l'annonce de recherche de talents. Il me semble que Ray a attrapé une enveloppe n'importe où, au hasard, histoire que je ne reparte pas les mains vides, que la réunion n'ait pas été totalement vaine – je ne me souviens même pas s'il l'avait ouverte avant de me la tendre. Cette enveloppe contenait pourtant mon avenir : tout ce qui m'est arrivé depuis en découle. Allez donc chercher à comprendre sans attraper des migraines.

Qui sait, peut-être aurais-je rencontré un autre partenaire d'écriture, ou intégré un nouveau groupe, et même fait mon chemin de musicien malgré tout. Mais je sais que ma carrière et ma vie auraient été très différentes, très certainement bien pires – je ne vois pas comment ça aurait pu être mieux – et vous ne seriez pas là en train de lire ces lignes.

Les premières chansons qu'on a écrites ensemble Bernie et moi n'ayant pas intéressé Liberty Records, Ray nous a proposé de signer auprès d'une maison d'édition qu'il venait de monter. Il n'y aurait d'argent à gagner que si on vendait des chansons, ce qui, pour l'heure, n'avait apparemment aucune importance : Ray croyait sincèrement en moi. Il a même tenté de m'accoler de nouveaux paroliers, mais ça ne fonctionnait pas aussi bien qu'avec Bernie. Les autres voulaient qu'on travaille ensemble, qu'on écrive simultanément la musique et les paroles, et j'en étais incapable. Il me fallait les mots devant moi, noir sur blanc, pour que vienne la chanson. Il me fallait cette étincelle, cette inspiration. Or, quand je lisais un texte de Bernie, il se passait quelque chose d'un peu magique, ça me donnait envie de composer. C'est arrivé dès que j'ai ouvert l'enveloppe, dans le métro qui me ramenait de Baker Street, et ça ne s'est pas démenti depuis.

Les chansons nous venaient vraiment toutes seules. Elles valaient mieux que tout ce que j'avais pu écrire jusque-là, ce qui – admettons-le – n'est pas un exploit. En vérité, seules certaines de nos chansons valaient mieux que tout ce que j'avais pu écrire en solo jusque-là. On en produisait deux types. Il y avait celles qu'on pensait pouvoir vendre, à Cilla Black, par exemple, ou à Engelbert Humperdinck : de grandes ballades larmoyantes ou de la pop guimauve sautillante. Celles-là étaient atroces – il m'arrivait de frissonner en me disant que nos chansons mélo n'étaient pas si éloignées du très décrié « Let The Heartaches Begin » – mais quand on veut gagner sa vie en tant qu'auteur-compositeur mercenaire, il faut ce qu'il faut. Ces stars de la variété grand public étaient notre cœur de cible. Une cible qu'on loupait à chaque fois. Le nom le plus prestigieux auquel on ait réussi à vendre une chanson était l'acteur Edward Woodward, qui faisait à l'occasion de petits extras en tant que crooner de ces dames. L'album s'appelait *This Man Alone*, comme une triste prémonition de l'audience qu'il rencontrerait.

Et puis il y avait les chansons qu'on avait envie

d'écrire, influencées par les Beatles, les Moody Blues, Cat Stevens, Leonard Cohen, tout ce qu'on achetait chez Musicland, le magasin de disques de Soho que Bernie et moi avons tellement fréquenté que le personnel en était venu à me demander de filer un coup de main derrière le comptoir quand l'un d'eux voulait aller déjeuner. C'était le bouquet final de l'ère psychédélique, alors on a écrit beaucoup de choses saugrenues aux paroles évoquant des pissenlits et des ours en peluche. En fait, on s'essayait aux styles des autres pour constater qu'aucun ne nous correspondait vraiment, mais c'est le chemin à suivre pour découvrir sa voix propre, et c'était un chemin amusant. Tout était amusant. Bernie s'était installé à Londres et notre amitié s'était épanouie. On s'entendait si bien que j'ai vu en lui le frère que je n'avais pas eu, sentiment renforcé par le fait qu'on a dormi, un temps, dans les lits superposés de ma chambre à Frome Court. On passait nos journées à écrire : Bernie tapait les textes à la machine dans la chambre, il me les apportait au piano dans le salon, puis il retournait vite dans la chambre alors que je commençais à les mettre en musique. Il ne fallait pas qu'on se trouve dans la même pièce en train d'écrire mais, à part ça, on était tout le temps fourrés ensemble, au magasin de disques, au cinéma. Le soir, on allait voir des concerts ou on traînait dans les boîtes fréquentées par des musiciens, à regarder Harry Heart engloutir ses vases entiers de gin, à bavarder avec d'autres jeunes aspirants remplis d'espoir. On a connu un drôle de petit bonhomme qui – fidèle à l'esprit *flower power* de l'époque – s'était rebaptisé Hans Christian Anderson. Toute la magie mystico-féerique que recelait ce pseudonyme s'est évaporée dès qu'il a ouvert la bouche pour laisser entendre son très lourd accent du Lancashire. Il a fini par reprendre le prénom de Jon, et c'est devenu le chanteur de Yes.

On enregistrait nos chansons, d'une catégorie comme de l'autre, dans un tout petit studio quatre pistes installé dans les locaux de Dick James Music, New Oxford Street, où était administrée la maison d'édition de Ray : l'endroit est devenu célèbre parce que c'est là que les Troggs ont été enregistrés à leur insu pendant onze minutes en train de se balancer des insultes alors qu'ils essayaient d'écrire une chanson – « Tu dis que de la merde ! » « Putain de batteur à la con... je l'emmerde ! » – c'est la fameuse *Troggs Tape*. Caleb Quaye était l'ingénieur du son maison, un multi-instrumentiste au joint toujours fumant entre les doigts. Il était très branché, et il tenait à ce qu'on ne l'oublie jamais. Il passait la moitié du temps à s'esclaffer pour des choses que Bernie et moi avions dites, ou faites, ou portées, et qui trahissaient notre ringardise absolue. Mais, comme Ray, il semblait croire à ce que nous faisions. Quand il n'était pas en train de se bidonner par terre ou d'essuyer ses larmes de rire, il consacrait à nos chansons plus de temps et d'attention qu'on n'en attendait de lui. Contrevenant au règlement de l'entreprise, on y travaillait jusqu'au bout de la nuit, sollicitant les services de quelques musiciens que connaissait Caleb, testant des arrangements et des idées de production en cachette, une fois tous les employés de DJM rentrés chez eux.

On y a vécu des moments palpitants, jusqu'au jour où on s'est fait pincer par le directeur général de la boîte. J'ai oublié comment il avait su que nous étions là – je crois qu'en passant dans la rue en voiture, quelqu'un a vu de la lumière et cru à un cambriolage. Craignant de perdre son emploi, Caleb a choisi, peut-être par désespoir, de faire écouter à Dick James le fruit de nos bidouillages. Et Dick James ne nous a pas jetés dehors, ni Caleb ni nous, il nous a au contraire proposé d'éditer nos chansons. Il nous verse-

rait une avance sur honoraires de vingt-cinq livres par
semaine : dix pour Bernie et quinze pour moi – mes
cinq livres supplémentaires parce que je jouais du piano
et je chantais sur les maquettes. J'étais désormais libre
de quitter Bluesology et de me concentrer sur l'écriture, et ça correspondait très précisément à mes envies.
On est sortis de son bureau sur un petit nuage, trop
abasourdis pour s'emballer.

La seule ombre à ce nouvel arrangement, c'est que
Dick nous voyait un avenir dans les ballades et la pop
guimauve. Il travaillait avec les Beatles, dont il gérait la
maison d'édition, Northern Songs, mais c'était au fond
un éditeur à l'ancienne, un digne représentant de la Tin
Pan Alley. Sa boîte, DJM, était un drôle de montage.
La moitié de la société lui ressemblait : âge mûr, plus
issu du showbiz juif que du rock'n'roll. L'autre moitié
était plus jeune, plus branchée, comme Caleb ou Stephen,
le fils de Dick, ou encore Tony King.

Tony King travaillait pour une nouvelle société nommée AIR, depuis un bureau qu'il louait au deuxième
étage. AIR était une association de producteurs de disques
indépendants montée par George Martin lorsqu'il s'était
aperçu de la maigreur des émoluments que lui versait
EMI pour sa contribution aux disques des Beatles, et
Tony s'occupait des éditions et de la promotion. C'est
peu de dire que Tony détonnait dans les locaux de DJM.
Ce type aurait attiré les regards au beau milieu d'une
invasion martienne. Il portait des costumes signés des
couturiers londoniens les plus en vogue, des pantalons de
velours orange, des trucs en satin. Il se nouait des tas
de breloques autour du cou et, voletant sur sa nuque,
un ou plusieurs foulards anciens de sa collection. Il se
teignait des mèches en blond. C'était un fou obsessionnel
de musique, qui avait travaillé pour les Rolling Stones
et Roy Orbison. Il était pote avec les Beatles. Comme

Long John Baldry, il était ouvertement gay et se fichait pas mal que ça se sache. Il traversait les bureaux en flottant plus qu'en marchant : « Désolé d'être à la bourre, chéri, le téléphone s'est emberlificoté dans mes colliers. » Un type vraiment drôle. J'étais totalement fasciné. Plus encore : je voulais lui ressembler. Je voulais avoir son style, être aussi scandaleux, aussi original que lui.

Ses goûts vestimentaires ont commencé à déteindre sur moi, ce qui n'a pas manqué de me valoir quelques sourcils levés. Je me suis laissé pousser la moustache. J'ai acheté un manteau afghan, mais le modèle bon marché. La peau de bique n'ayant pas été parfaitement tannée, ça puait si fort que ma mère m'a interdit d'entrer avec dans la maison. N'ayant pas les moyens de fréquenter les mêmes boutiques que Tony, j'ai acheté des longueurs de tissu à rideaux orné de motifs de Oui-Oui et demandé à une couturière copine de maman qu'elle m'en fasse une chemise. Sur les publicités pour mon premier single, « I've Been Loving You », je porte un manteau de fausse fourrure et un trilby léopard.

Allez savoir pourquoi, la vision de ma petite personne attifée de ce saisissant accoutrement n'a pas incité des légions d'acheteurs à se ruer dans les magasins quand le single est sorti, en mars 1968. Le bide a été total. Ça ne m'étonnait pas. Je n'étais même pas déçu. Je ne cherchais pas vraiment à faire une carrière solo – je voulais juste écrire des chansons – et mon contrat discographique était plus ou moins dû à un concours de circonstances. Stephen, le fils de Dick, avait présenté les maquettes de nos chansons à plusieurs labels dans l'espoir qu'un de leurs artistes les enregistre, or quelqu'un chez Philips avait bien aimé ma voix, et je me suis retrouvé en train de signer un accord portant sur plusieurs singles. Je n'étais pas convaincu, mais j'ai joué le jeu parce que j'y voyais un moyen de faire entendre ce que nous écrivions, Bernie et moi. On commençait vraiment à s'améliorer dans notre travail. On était inspirés par le style americana très retour aux sources de The Band, et par une vague de nouveaux auteurs-compositeurs américains comme Leonard Cohen, que nous découvrions dans le bac des imports chez Musicland. Leur influence a produit une sorte de déclic dans notre écriture. On s'est mis à créer des choses qui n'avaient pas l'air de pastiches. Écoutant en boucle l'une de nos chansons, « Skyline Pigeon », j'ai été tout excité de constater que ça ne ressemblait décidément à rien de connu – on avait enfin pondu une chose bien à nous.

Mais après avoir très assidûment recherché, et manifestement trouvé, la chanson la plus ennuyeuse de mon catalogue, Dick James a choisi de me lancer avec celle-là, « I've Been Loving You ». Il avait déterré un morceau parfaitement indéfinissable dont Bernie n'avait même pas écrit les paroles et qu'on aurait plutôt destiné à un crooner grand public. Sans doute faut-il y voir le naturel très Tin Pan Alley de Dick qui revenait au galop. Ce n'était pas le bon choix, de toute évidence, mais je n'avais pas envie de me disputer avec lui. Dick était une légende de Denmark Street qui travaillait avec les Beatles, il nous avait offert un contrat et m'avait embauché pour plusieurs disques alors qu'il aurait dû nous jeter tous les deux à la rue. La pub affirmait que c'était une « prestation d'exception pour un "premier" disque », que j'étais « la grande révélation de 1968 », avant de conclure « ON VOUS AURA PRÉVENUS ». Le public britannique n'aurait pas réagi autrement si on l'avait prévenu que chaque exemplaire du disque avait été rincé à l'eau d'égout ; la grande révélation de 1968 est revenue à la case départ.

C'est là que ma vie s'est encore compliquée un peu plus, de façon imprévue. Je me suis fiancé à une femme nommée Linda Woodrow. On s'était rencontrés en 1967, lors d'un concert de Bluesology au Mojo de Sheffield. C'était une amie du DJ des lieux, un gars d'à peine plus d'un mètre cinquante qui se faisait appeler *the Mighty Atom*, l'Atome redoutable. Linda était grande, blonde et de trois ans mon aînée. Elle ne travaillait pas. J'ignore d'où lui venait son argent – j'ai supposé que sa famille était riche – mais c'était une femme financièrement indépendante. Elle était douce et s'intéressait à ce que je faisais. Quelques propos à la sortie du concert avaient débouché sur un dîner dont j'ai soupçonné qu'il était peut-être galant, puis un autre, et elle a fini par venir me voir à Frome Court. C'était une drôle de relation. Ça n'avait pas grand-chose de physique, et on n'a jamais fait l'amour, ce que Linda interprétait comme un comportement chevaleresque et romantique plutôt que comme un manque d'intérêt ou de volonté de ma part : il n'était pas encore trop inhabituel en 1968 qu'on ne couche pas avant le mariage.

Sexuelle ou pas, la relation a suivi son cours. Linda a décidé de s'installer à Londres et d'y trouver un appartement. Elle en avait les moyens, alors on pouvait emménager ensemble. Avec Bernie pour locataire.

Je mentirais si j'affirmais que rien de tout cela ne me dérangeait, notamment quand Linda s'est mise à exprimer des réserves à l'égard de la musique que j'écrivais. Grande admiratrice d'un crooner américain nommé Buddy Greco, elle m'a clairement dit que je serais bien avisé de le prendre pour modèle. Mais je n'ai eu aucun mal à occulter ces côtés dérangeants. L'idée de quitter Frome Court me plaisait bien. Et je pense que je faisais ce que faisaient à mes yeux les gens à vingt ans – s'installer avec quelqu'un.

C'est ainsi que nous avons atterri dans un appartement à Islington, dans Furlong Road, moi, Bernie, Linda et son chihuahua, Caspar. Elle a pris un emploi de secrétaire et la conversation s'est mise à tourner de plus en plus souvent autour de nos fiançailles. Il était à présent difficile d'ignorer les signaux d'alarme qui fusaient de partout, car mon entourage ne cessait d'en émettre. Ma mère y était farouchement opposée et on peut se faire une bonne idée de ce qu'en pensait Bernie à la lecture de la chanson que lui inspirerait un jour cette époque, « Someone Saved My Life Tonight ». Pas tout à fait un hymne à la gloire des innombrables qualités de Linda, dépeinte en « reine dominatrice [...] assise comme une princesse perchée sur sa chaise électrique[1] ». Bernie ne l'aimait pas du tout. Elle allait nuire à notre musique avec ses histoires de Buddy Greco. Il la trouvait autoritaire – ça le mettait hors de lui qu'elle lui ait fait décrocher, on se demande pourquoi, le poster de Simon et Garfunkel qu'il avait au mur de sa chambre.

Mon caractère obstiné et mon aversion pour la confrontation m'ont amené à faire totalement abstraction de ces alertes. On s'est fiancés le jour de mes vingt et un ans – je ne sais plus lequel des deux en avait fait la demande. Une date de mariage a été fixée. Des préparatifs ont été entamés. La panique m'a gagné. Le plus évident, le plus simple, aurait été d'être sincère. Mais c'était impensable – expliquer à Linda ce que j'éprouvais vraiment était au-dessus de mes forces. Alors au lieu de ça, j'ai fait mine de me suicider au gaz.

Bernie, qui est venu à ma rescousse, prendrait désormais un malin plaisir à m'en rappeler les circonstances précises. Quelqu'un qui cherche vraiment à se tuer le fait dans la solitude, de façon à ne pas être interrompu ; il agit en pleine nuit, à l'écart des autres. Moi, je l'ai fait au beau milieu de l'après-midi, dans un appartement plein

---

1. « *Dominating queen [...] sitting like a princess perched on her electric chair.* »

de monde : Bernie était dans sa chambre, Linda faisait une sieste. Non seulement j'avais mis un oreiller au fond du four pour y reposer ma tête, mais j'avais veillé à régler le débit au plus bas et à bien ouvrir toutes les fenêtres de la cuisine. Malgré quelques secondes un peu dramatiques quand Bernie m'a ramassé, il n'y avait pas dans la pièce assez de monoxyde de carbone pour tuer une guêpe. Je m'attendais à provoquer un terrible coup de tonnerre, suivi de la prise de conscience par Linda que mon désespoir suicidaire tenait à l'infélicité dans laquelle me plongeait la perspective de notre mariage. Je n'ai provoqué qu'une vague perplexité. Pire, Linda a manifestement pensé que si j'étais déprimé, c'était parce que « I've Been Loving You » n'avait pas marché. C'était de toute évidence le moment idéal pour tout lui dire. Je n'ai rien dit du tout. La tentative de suicide est passée, le mariage est resté au programme. On s'est mis à chercher un appartement ensemble à Mill Hill.

Il a fallu que ce soit Long John Baldry qui me dise en toutes lettres ce que je savais déjà. On était restés bons amis après mon départ de Bluesology, au point que je lui avais demandé d'être mon témoin de mariage. L'idée que je puisse me marier a paru secrètement l'amuser, mais il a accepté. On s'est donné rendez-vous au Bag O' Nails, dans Soho, pour mettre au point les détails. Bernie m'accompagnait.

John avait l'air bizarre dès son arrivée, comme préoccupé. Aucune idée de ce que ça pouvait être. Probablement une histoire personnelle. Peut-être qu'Ozzie avait refusé de faire la toupie sur sa queue, ou un de ces trucs qu'ils se faisaient en privé. Après quelques verres il a fini par vider son sac, sans vraiment mâcher ses mots.

« Oh, et puis merde, a-t-il explosé. Qu'est-ce que tu fous en ménage avec une femme ? Réveille-toi, tu sens le parfum des roses ? Tu es gay. Tu aimes Bernie plus que tu ne l'aimes elle. »

Un ange est passé. Je savais qu'il avait raison, au moins en partie. Je n'aimais pas Linda, pas assez en tout cas pour l'épouser. J'aimais Bernie. Ce n'était pas sexuel, mais c'était mon meilleur ami dans le monde. J'étais incontestablement plus soucieux de notre collaboration musicale que de ma fiancée. Mais gay ? Rien n'était moins sûr, notamment parce que je n'étais pas encore certain de ce qu'être gay impliquait, même si quelques conversations sans détour avec Tony King m'avaient ouvert un brin l'esprit. Peut-être au fond que je l'étais. Peut-être que ça expliquait toute l'admiration que j'éprouvais pour Tony – ce n'est pas seulement que je voulais m'approprier sa façon de s'habiller et sa sophistication mondaine, je percevais en lui quelque chose de moi.

Ça invitait clairement à réfléchir. Mais au lieu de ça, j'ai riposté. John était ridicule. Il était ivre – pour ne pas changer – et faisait tout un plat à propos de rien du tout. Il était impensable que j'annule le mariage. Tout était prévu. On avait même commandé le gâteau.

Mais John n'a rien voulu entendre. Il m'a tenu tête. Si je persistais dans mon projet, je bousillerais ma vie et celle de Linda. J'étais un sacré con, d'une lâcheté qui méritait des beignes. La conversation s'est animée, l'émotion a pris le dessus, des têtes se sont tournées. Les tables voisines s'en sont mêlées. On était au Bag O'Nails, alors il n'y avait là que des pop stars, ce qui a donné à la scène une teinte surréaliste. Cindy Birdsong, des Supremes, a mis son grain de sel – je la connaissais depuis Bluesology, quand elle faisait partie des Blue Belles de Patti LaBelle. Puis, Dieu sait pourquoi, P. J. Proby est intervenu. J'aimerais bien vous raconter ce qu'avait à dire cet enfant terrible de la pop du milieu des sixties, ce pourfendeur de pantalons[1] à queue-de-cheval, à propos de mon prochain mariage, de son éventuelle annulation et, surtout, du fait que j'étais ou non homosexuel, mais à ce stade j'étais déjà très, très saoul, alors les détails sont un peu flous, mais il a dû y avoir un moment où j'ai admis que John avait raison, au moins au sujet du mariage.

Dans mon souvenir, le reste de la soirée est fait d'instantanés. On marche au petit matin dans la rue en direction de l'appartement – bras dessus bras dessous avec Bernie, qui me soutient moralement –, on titube contre une voiture et on renverse les poubelles. Dispute épouvantable avec Linda, qui menace au passage de se suicider. Échanges à voix basse à travers la porte close de Bernie – il s'est éclipsé juste après notre arrivée – sur la possibilité que Linda mette réellement fin à ses jours. Nouveaux échanges à la porte de Bernie, je lui demande s'il veut bien m'ouvrir pour que je dorme par terre.

Le lendemain, une autre dispute, et coup de fil désespéré à Frome Court. « *They're coming in the morning with a truck to take me home*[2] », écrit Bernie dans « Someone Saved My Life Tonight ». On va appeler ça de la licence poétique. Il n'y a pas eu de « ils » ni de camion : juste Derf et sa petite fourgonnette de décorateur. En revanche, on nous a bel et bien emmenés chez nous, Bernie et moi. Retour aux lits superposés de Frome Court. Bernie a collé au mur son poster de Simon et Garfunkel. Aucun de nous n'a jamais revu Linda.

---

1. Chanteur américain de variété qui avait scandalisé la Grande-Bretagne parce que son pantalon s'était décousu lors de deux concerts distincts, lui valant une interdiction de passer à la télévision.

2. « Ils viennent dans la matinée avec un camion pour m'emmener chez moi. »

Trois

Notre retour à Frome Court devait être provisoire, le temps de trouver un endroit à nous. On a peu à peu compris qu'en vérité nous y resterions un bon moment. Nous n'irions nulle part pour la bonne raison que nous n'en avions pas les moyens. Et nous n'en avions pas les moyens parce que les chanteurs du pays refusaient toujours catégoriquement d'enregistrer nos chansons. Une fois de temps en temps, on apprenait que tel ou tel manager ou producteur s'intéressait à l'une de nos œuvres. On prenait espoir et puis… rien. Les refus s'empilaient. Cliff vous fait savoir que non, désolé. J'ai bien peur que Cilla ne trouve pas que ça lui corresponde parfaitement. Non, Octopus ne veut pas de « When I Was Tealby Abbey ». Octopus ? C'est qui, ça, *Octopus* ? Je ne savais strictement rien d'eux, si ce n'est qu'ils n'aimaient pas nos chansons. On se faisait rembarrer par des gens dont on n'avait jamais entendu parler.

Rien n'avançait. Rien n'arrivait. Difficile de ne pas se décourager, mais l'un des avantages de notre résidence à Frome Court, c'est qu'on avait toujours maman sous la main pour m'arracher au désespoir par sa méthode exclusive et brevetée. Ça commençait par la proposition

sans rire de renoncer à ma carrière musicale pour aller
travailler dans une boutique du coin : « Tu as le choix,
tu sais. Il y a une place au pressing, si tu veux. »
Le pressing ? Hmmm. Aussi réjouissante que paraisse
une existence tout entière vouée au maniement de gros
sèche-linge, je crois finalement que je vais me borner
encore quelque temps à écrire des chansons.

Alors au lieu de déménager, on a essayé de donner à
notre chambre aux lits superposés l'aspect d'un lieu de
vie digne de deux hommes adultes. Je me suis inscrit à
un club de livres du *Reader's Digest* et j'ai peu à peu
garni nos étagères d'éditions reliées cuir de *Moby Dick*
et de *David Copperfield*. On a acheté une chaîne stéréo
et deux casques trouvés dans le catalogue Littlewoods
– on a pu se les offrir en payant par traites –, et une
affiche de Man Ray chez Athena, dans Oxford Street.
Puis on est entrés dans la boutique d'à côté, India Craft,
où on a pris des bâtonnets d'encens. Allongés sur le
sol, le casque sur les oreilles, notre dernière acquisition
à Musicland sur la platine et l'air chargé de volutes
odorantes, Bernie et moi avons pu nous convaincre un
instant que nous étions des artistes vivant la bohème à
l'avant-garde de la contre-culture. Du moins jusqu'à ce
que le charme soit rompu par les tambourinements de
ma mère à la porte, qui voulait savoir ce que c'était
que cette fichue odeur et, tant qu'on y était, qu'est-ce
qu'on voulait manger ce soir.

Je gagnais un peu plus d'argent que Bernie parce que
Tony King avait fait jouer ses relations aux studios Air et
Abbey Road pour me caser comme musicien de séance.
On touchait trois livres de l'heure pour une séance de
trois heures, payables en espèces quand c'était à Abbey
Road. Mieux encore, selon le règlement du syndicat des
musiciens, il suffisait que la session dépasse d'une minute
la durée prévue pour qu'on soit payés une session et

demie : à peu près les quinze livres que je gagnais en une semaine à DJM. La cerise sur le gâteau, c'est quand je tombais sur Shirley Burns et Carol Weston, les secrétaires du studio Air. Elles étaient fabuleuses, toujours partantes pour échanger des potins, toujours promptes à glisser mon nom quand elles entendaient parler d'un job. Quelque chose en moi ayant apparemment titillé leur instinct maternel, elles me filaient en douce leurs tickets-restaurants. J'aurais donc droit en plus à un repas gratuit – le paradis !

Indépendamment de l'argent, le travail de session était une expérience formidable. Un musicien de studio ne peut pas faire le difficile. Quand il y a du boulot, quel qu'il soit, tu prends. Il faut travailler vite et sortir le grand jeu, parce que tes camarades de séance sont parmi les meilleurs musiciens du pays. « Intimidant » n'est pas le premier qualificatif qu'on aurait appliqué aux Mike Sammes Singers, qui faisaient les chœurs pour tout le monde – on aurait dit des taties entre deux âges tout droit sorties du dîner dansant d'un club de golf. Mais aussitôt qu'il s'agissait de chanter avec elles, la crainte de Dieu s'abattait sur toi, par la simple excellence qu'elles mettaient dans tout ce qu'elles faisaient.

Et mieux valait savoir s'adapter, parce qu'on te faisait travailler sur des musiques incroyablement variées. Un jour c'étaient des chœurs pour Tom Jones, le lendemain c'était un disque de comédie avec The Scaffold, des arrangements de piano pour les Hollies ou la recherche d'une version rock du thème de *Zorba le Grec* pour The Bread and Beer Band, un projet de Tony King qui n'a jamais décollé. On rencontrait sans arrêt des gens, on prenait des contacts : musiciens, producteurs, arrangeurs, personnel de maison de disques. J'étais un jour en pleine séance avec The Barron Nights quand Paul McCartney a soudain débarqué dans le studio. Il s'est assis dans la cabine, où il est resté un petit moment à écouter. Puis il s'est mis au piano, il a annoncé que c'était sur ça qu'il était en train de travailler dans un studio voisin, et il nous a joué « Hey Jude » pendant huit minutes. Cela n'a pas manqué de mettre assez crûment en lumière l'écart existant avec ce qu'étaient en train de faire The Barron Knights – un disque qui se voulait novateur sur la participation imaginaire de l'humoriste Des O'Connor aux Jeux olympiques.

Certaines sessions étaient géniales parce que la musique l'était au départ, mais d'autres l'étaient précisément parce que la musique était nulle. Je suis intervenu dans tout un tas d'albums de reprises pour un label nommé Marble Arch : des versions de tubes du moment exécutées à la hâte, publiées sur des compilations intitulées *Top of the Pops*, *Hit Parade* ou *Chartbusters*, vendues pour trois francs six sous en supermarché. Chaque fois qu'on évoque le fait que j'y ai participé, on se dit que ma carrière devait être au plus bas, on imagine invariablement le pauvre artiste attendant de percer, réduit à chanter anonymement les chansons d'autrui pour gagner sa croûte. Ça donne sans doute cette impression avec le recul, mais ce n'est pas du tout ce que j'ai vécu sur le moment, car on a passé les séances de ces albums pliés en deux.

Les instructions que nous donnait Alan Caddy, le producteur, étaient surréalistes – c'était une suite de demandes complètement farfelues. « Tu peux chanter "Young, Gifted and Black[1]" ? » Hum. Pas sûr que la chanson conserve vraiment tout son sens si elle est chantée par un lascar blanc de Pinner, mais je veux bien essayer. « On va faire "Back Home" maintenant – il faudrait que ça sonne comme si c'était toute l'équipe d'Angleterre de la Coupe du monde. » OK, on n'est que trois, dont une

---

1. « Jeune, doué et noir ».

femme, alors ça ne sera peut-être pas la copie totalement conforme de l'original, mais c'est vous le chef. Un jour, on m'a demandé de chanter comme Robin Gibb, des Bee Gees, un super chanteur au style unique avec une espèce de vibrato nasal trémulant. J'en étais incapable, sauf si je me saisissais physiquement de ma gorge et la secouais en chantant. C'était une vraie trouvaille, mais elle a plongé mes camarades dans une hilarité indescriptible. J'étais là, à pousser des hululements, les mains agrippées au gosier, faisant mon possible pour ne pas lever les yeux vers l'autre bout du studio, où David Byron et Dana Gillespie se tenaient mutuellement les côtes en pleurant de rire.

Pour vous dire à quel point j'ai apprécié ces séances d'enregistrement d'albums de reprises, ce prétendu nadir artistique de ma vie professionnelle : j'y suis retourné après le décollage de ma carrière solo. Juré, je n'invente rien. « Your Song » était écrite, l'album *Elton John* était dans les bacs, j'étais passé à *Top of the Pops*, sur le point de m'envoler pour ma première tournée américaine, mais je me suis fait une joie de retourner au studio aligner des versions de pacotille de « In The Summertime » et « Let's Work Together » pour un épouvantable album vendu en grande surface. Comme toujours, on s'est amusés comme des fous.

Les liens que j'entretenais avec Tony King allaient bien au-delà de ces séances. Il possédait un formidable cercle d'amis, un vrai petit gang, composé pour l'essentiel d'hommes gays travaillant dans la musique. Des producteurs de disques, des employés de la BBC, des promoteurs, des représentants, et un Écossais nommé John Reid, jeune, ambitieux, rempli d'assurance et très drôle. Il faisait son chemin dans le secteur musical à une vitesse incroyable. Il a fini par être nommé directeur de Tamla Motown au Royaume-Uni pour s'occuper des Supremes, des Temptations et de Smokey Robinson, une mission de prestige que Tony immortaliserait avec toute la solennité requise en affublant à jamais John du surnom de Pamela Motown.

Les copains de Tony n'étaient pas particulièrement débridés ni tapageurs – ils ne hantaient pas les boîtes gays de Londres, mais faisaient des dîners, allaient ensemble au restaurant ou au pub – et leur compagnie me ravissait. C'étaient des gens sophistiqués, intelligents et très, très drôles : j'adorais leur humour archithéâtral. Plus j'y réfléchissais, plus je trouvais quand même bizarre de me sentir à ce point dans mon élément en leur présence. Je n'étais pas un solitaire, j'avais toujours eu beaucoup d'amis – à l'école, avec Bluesology, à Denmark Street – mais là, il y avait autre chose, un sentiment d'appartenance. J'étais comme l'un des enfants, dans *Mary Poppins*, soudainement confronté à un monde magique. Douze mois après l'annonce par un John Baldry passablement bourré à tous les clients du Bag O' Nails que j'étais gay, je me suis dit qu'il avait vu juste.

Et comme pour confirmer la chose, ma libido a tout à coup décidé de montrer son nez, comme un retardataire énervé débarquant à une fête censée avoir commencé dix ans plus tôt. J'entrais manifestement à vingt et un ans dans une sorte d'adolescence tardive. Une foule de béguins inavoués pour les hommes se sont soudain révélés pour ce qu'ils étaient : de l'attirance pour les hommes. Déjà, il est apparu clairement que le sens de l'humour et la profonde connaissance de la soul américaine n'étaient pas les seules choses qui me fascinaient chez John Reid. Évidemment, je ne passais jamais à l'acte. Je n'aurais pas su comment faire. Je n'avais jamais consciemment dragué qui que ce soit. Jamais mis les pieds dans une boîte gay. Pas la moindre idée de ce qu'on fait pour emballer quelqu'un. Quoi dire ? «Tu veux venir au cinéma avec

moi, et peut-être ensuite sortir ta bite ? » C'est surtout
ça que je retiens de mon éveil à la sexualité. Pas l'angoisse, pas le tourment, juste l'envie de faire l'amour, et
la trouille bleue de ne pas du tout savoir m'y prendre,
de tout faire de travers. Je n'ai même pas dit à Tony
que j'étais gay.

Et de toute façon, je n'avais pas que ça en tête non
plus. Un matin, Bernie et moi avons été convoqués à
DJM par Steve Brown, qui venait de remplacer Caleb
à la tête du studio. Il avait écouté les chansons que
nous avions enregistrées, et c'était à ses yeux une perte
de temps.

« Il faut que vous arrêtiez ces âneries. Vous n'êtes pas
vraiment doués pour ça. En fait – il a hoché la tête,
emporté par son navrant propos – vous êtes un cas
désespéré. Vous ne ferez jamais carrière là-dedans. Vous
en êtes totalement incapables. »

J'étais effondré. Fabuleux, cette fois on y est, le pressing
de Northwood Hills me tend les bras. En fait, peut-être
pas : il y avait toujours les séances de studio. Mais
Bernie ? Le pauvre bougre allait se retrouver Gros-Jean
comme devant à Owmby-by-Spital, à pousser des brouettes
de poulets morts, avec pour toute trace de cette fugace
incursion dans la musique un single qui avait fait un
flop et dont il n'était même pas l'auteur, et une lettre
de refus d'obscurs inconnus nommés Octopus. Et on
n'avait pas fini de payer la chaîne stéréo.

Alors que mon esprit galopait, j'ai soudain pris conscience
que Steve Brown n'avait pas cessé de parler. Il disait à
présent quelque chose à propos de « Lady What's Tomor-
row », l'une de nos œuvres, que nous n'avions même pas
essayé de vendre. C'était dans le trip Leonard Cohen,
et ça n'allait clairement pas intéresser Cilla Black. Mais
voilà que Steve Brown, lui, semblait l'être.

« Il faut que vous écriviez d'autres chansons comme

ça, a-t-il poursuivi. Vous devez faire ce dont vous avez envie, pas ce qui, d'après vous, va se vendre. Je vais parler à Dick, voir si on peut enregistrer un disque. »

Un peu plus tard, au pub, Bernie et moi cherchions à comprendre ce qui venait d'arriver. D'un côté, je n'avais pas d'immenses ambitions de carrière solo. De l'autre, l'occasion d'arrêter d'écrire des mélos et de la pop guimauve était trop tentante. Et la mise sur le marché d'albums d'Elton John nous semblait pouvoir constituer une excellente vitrine pour les chansons qui nous plaisaient. Plus nos chansons étaient entendues, plus il y avait de chances qu'un autre artiste, célèbre de préférence, veuille enregistrer l'une d'elles.

Il n'y avait qu'un problème. Le deal avec Philips portait sur des singles : ils voulaient le petit frère de « I've Been Loving You », pas un album entier. Alors Steve Brown a enregistré un autre morceau que Bernie et moi avions écrit en suivant ses instructions de ne pas chercher à donner dans le commercial et de faire ce qui nous plaisait. Ça s'appelait « Lady Samantha », et on a eu l'impression de franchir un palier. Certes, à ce stade de ma carrière, réaliser un single que je pouvais écouter sans laisser échapper un cri d'horreur constituait en soi une réelle avancée, mais « Lady Samantha » était même plutôt une bonne chanson. On était aux antipodes de « I've Been Loving You », c'était plus lourd, plus branché, plus convaincu. Sorti en janvier 1969, le titre est devenu ce qu'on appelait un « succès des platines », façon bien élevée de dire qu'il passait beaucoup à la radio, mais que personne ne l'achetait.

Après cet échec, on a appris que Philips ne souhaitait pas renouveler notre contrat : bizarrement, ils n'étaient pas très chauds pour financer l'album d'un artiste qui jusqu'à présent leur avait fait perdre de l'argent. Dick James a vaguement parlé de le sortir à son compte, de

créer un label à part entière plutôt que de concéder
des licences à d'autres maisons de disques, mais il était
surtout très branché sur le concours de l'Eurovision. À
sa grande délectation, l'une de nos tentatives de chanson grand public, celles auxquelles on était censés avoir
renoncé, était pressentie pour une éventuelle candidature
du Royaume-Uni. Lulu allait chanter six chansons dans
son émission de télé et le public britannique voterait pour
en choisir une. C'est peu dire que Bernie a fraîchement
accueilli la nouvelle. Il était consterné. L'Eurovision n'était
pas encore cette litanie d'instants embarrassants qu'elle
est devenue, mais Pink Floyd et Soft Machine ne se
bousculaient pas non plus pour y participer. Pire, bien
que son nom figure parmi les auteurs, Bernie n'avait
en réalité aucune part dans la chanson. J'avais écrit les
paroles tout seul. Ça recommençait comme avec « I've
Been Loving You ». Retour à la case départ.

Les pires craintes de Bernie se sont concrétisées quand
on a regardé l'émission de Lulu, à Frome Court. Notre
chanson – *ma* chanson – nous a semblé totalement
insignifiante, quelconque, mais c'était déjà mieux que ce
qu'on pouvait dire de ses concurrentes. Tous semblaient
s'être passé le mot de venir avec l'idée la plus atroce.
Il y avait un truc pour Bavarois cuités se tapant les
cuisses à la fête de la bière ; une autre chanson cherchait désespérément l'osmose parfaite entre big band et
bouzouki ; une troisième s'intitulait « Marche » et ne parlait
pas de randonnées mais bien de marches militaires, la
fanfare dans l'arrangement ne laissant aucun doute à ce
sujet. Steve Brown avait raison. On n'était vraiment pas
faits de ce bois-là, et notre chanson est arrivée dernière
dans les votes du public. C'est le truc teuton qui l'a
emporté. Ça s'appelait « Boom Bang-A-Bang ».

Le lendemain, on a découvert en arrivant à DJM un
article du *Daily Express* qui expliquait aimablement que

notre chanson avait perdu parce qu'elle était à l'évidence la plus mauvaise de toutes. De guerre lasse, Dick a admis que le moment était peut-être venu de cesser de faire perdre du temps à tout le monde et de s'atteler à un album bien à nous. Si Philips refusait de le publier, il embaucherait un type pour la promo et la presse, et lancerait son propre label.

Alors on s'est enfermés dans le petit studio de DJM, avec Steve Brown à la production et Clive Franks au magnéto. C'est Clive qui avait enregistré la fameuse *Troggs Tape* ; des années plus tard, il coproduirait plusieurs de mes albums et c'est encore aujourd'hui l'ingénieur du son de mes concerts. Tous ensemble, on s'est carrément lâchés sur les nouvelles chansons. Effets psychédéliques, clavecin, solos de guitare à l'envers par Caleb, flûtes, bongos, panoramiques stéréo, interludes d'impro jazz, fins surprises où le morceau part en fading puis revient d'un coup, Clive qui sifflote. Si on prête l'oreille, on entend même le son du lavabo de la cuisine qu'on avait décroché et qu'on traînait jusque dans le studio. On aurait peut-être dû parfois jouer la modération, mais ce n'est pas comme ça qu'on raisonne quand on enregistre son premier disque. Une petite voix te dit qu'il n'y en aura peut-être jamais de suivant, alors autant tout essayer quand l'occasion se présente. Mais Dieu qu'on s'est amusés, quelle aventure ! L'album s'est appelé *Empty Sky*. Il est sorti le 6 juin 1969 sur DJM, le nouveau label de Dick. Je me souviens d'avoir écouté la chanson éponyme en me disant que je n'avais rien entendu de mieux de ma vie.

Empty Sky n'a pas bien marché – à peine quelques milliers d'albums vendus – mais je sentais malgré tout que ça bougeait, très lentement. Si les critiques n'étaient pas formidables, elles étaient prometteuses, ce qui était déjà préférable à s'entendre dire par le *Daily Express* qu'on ne valait même pas « Boom Bang-A-Bang ». Juste après la sortie de l'album, on a reçu un coup de fil nous informant que Three Dog Night avait inclus une reprise de « Lady Samantha » dans son nouvel album. Three Dog Night ! Des Américains ! Un vrai groupe de rock américain avait enregistré l'une de nos chansons ! Pas un artiste de variété pour l'émission du samedi soir de BBC1, pas un participant à l'Eurovision : un groupe branché de rock américain qui avait du succès. Bernie et moi avions casé une chanson sur un album qui serait classé parmi les vingt meilleures ventes aux États-Unis.

Et puis *Empty Sky* m'a doté d'un répertoire, ce qui m'a permis de faire de la scène. Nos premières apparitions ont été pour le moins timorées. Je prenais les musiciens que j'avais sous la main – généralement Caleb et son nouveau groupe Hookfoot –, et j'étais tendu : la dernière fois que j'étais monté sur une scène, Long John Baldry avait déballé son magnétophone à bandes et j'avais rêvé que la terre m'engloutisse avec mon caftan. Mais j'ai pris de l'assurance, les prestations se sont améliorées et, quand j'ai monté mon propre groupe, ça a vraiment décollé. J'avais rencontré Nigel Olsson et Dee Murray en traînant dans les locaux de DJM. Nigel jouait dans un groupe nommé Plastic Penny, qui avait fait un tube en 1968 et, chose incroyable, acheté l'une des chansons que Bernie et moi nous efforcions encore de vendre un an plus tôt. On a vu comme un symbole de notre infortune le fait qu'elle figure dans un album paru au moment précis où Plastic Penny quittait le feu des projecteurs et voyait sa carrière couler à pic. Dee, de son côté, avait joué dans The Mirage, un groupe psychédélique qui sortait single sur single depuis des années sans que ça mène jamais nulle part. C'étaient des musiciens formidables, on a tout de suite accroché. Dee était un incroyable bassiste ; Nigel, un batteur de l'école Keith Moon et Ginger Baker, un showman dont l'instrument occupait l'essentiel du studio de répétition, et qui avait fait inscrire son nom sur les peaux de sa double grosse caisse. Ils savaient chanter l'un et l'autre. On pouvait se passer de guitariste. À nous trois, on avait un son énorme, très brut. Et puis la formation en trio offre une vraie liberté : celle de sortir des sentiers battus. Peu importait qu'on ne restitue pas sur scène tous les subtils arrangements de l'album : on pouvait s'étendre et improviser, faire des solos, transformer les chansons en medley, se lancer d'un coup dans une vieille reprise d'Elvis ou une version de « Give Peace A Chance ».

J'ai alors commencé à me préoccuper un peu de mon allure sur scène. Je voulais être le leader, mais j'étais coincé derrière un piano. Pas moyen de me promener comme Mick Jagger ni de démolir mon instrument comme Jimi Hendrix ou Pete Townshend : l'expérience m'apprendrait plus tard dans la douleur que si tu t'emballes au point d'entreprendre de fracasser un piano en le précipitant du haut de la scène, tu as moins l'air d'un farouche dieu du rock que d'un petit déménageur qui passe une sale journée. Alors j'ai repensé aux pianistes que j'avais aimés dans mon enfance, à la façon dont ils communiquaient leur enthousiasme sans quitter leur vieille planche de deux mètres cinquante, comme je l'appelais affectueusement[1]. J'ai revu Jerry Lee Lewis envoyer valdinguer son tabouret et sauter sur son clavier, Little Richard bondir sur ses pieds et s'incliner en arrière, ou Winifred Atwell se tourner vers le public avec un grand sourire. Chacun a eu son influence sur mon jeu de scène. J'ai découvert qu'il est sacrément difficile de jouer du piano debout comme Little Richard quand on a les bras aussi courts que moi, mais j'ai persévéré. On ne ressemblait

---

1. « Nine-foot plank ».

à personne d'autre avec notre son, on se démarquerait aussi par notre apparence. Sans doute se passait-il tout un tas de choses dans la pop au tournant des années soixante et soixante-dix, mais j'étais à peu près certain qu'on était le seul *power trio* emmené par un pianiste s'efforçant d'associer l'outrance et l'agressivité du premier rock'n'roll à la bonhomie de Winifred Atwell.

Au fil des concerts dans les lycées et dans les salles hippies comme le Roundhouse, on s'est décoincés et notre musique s'est améliorée, surtout quand on a inclus au répertoire la dernière livraison de nos compos. J'avoue ne pas toujours être le meilleur juge de mon propre travail – c'est bien moi qui ai un jour clamé aux quatre vents que « Don't Let The Sun Go Down On Me » était une chanson trop mauvaise pour que je consente à ce qu'elle paraisse jamais, nous y reviendrons – mais là, j'ai bien vu que ces chansons étaient d'un tout autre calibre que ce que nous avions produit jusqu'alors. Elles étaient venues facilement – Bernie a écrit le texte de « Your Song » un matin au petit déjeuner à Frome Court, il me l'a passé et j'ai pondu la musique en quinze minutes chrono – parce que d'une certaine façon le gros du boulot était déjà fait. Notre style était la résultante des heures passées à écrire ensemble, des concerts avec Nigel et Dee qui m'avaient donné de l'aplomb, des années à traîner des pieds à la Royal Academy, des nuits de tournée dans les boîtes avec Bluesology. Des chansons comme « Border Song » ou « Take Me To The Pilot » avaient un côté funk, une âme dont je m'étais imprégné en accompagnant Patti LaBelle et Major Lance, mais on y décelait aussi une influence classique qui s'était insinuée en moi à coups de samedis matin le nez sur Chopin et Bartók.

Ces chansons étaient issues de notre chambre à Frome Court. Lorsqu'on les avait écrites, deux artistes se succédaient sur notre petite chaîne stéréo de chez Littlewoods. Il y avait le duo rock-soul Delaney and Bonnie. J'étais complètement gaga de la façon dont Leon Russell les accompagnait aux claviers. On aurait dit qu'il s'était incrusté dans mon cerveau et avait découvert très précisément ce que je voulais faire au piano avant que je ne le sache moi-même. Il réussissait à fondre en un style unique, complètement naturel, tout ce qui me plaisait – le rock'n'roll, le blues, le gospel, la country.

L'autre, c'était The Band. On se passait leurs deux premiers albums en boucle. Comme le jeu de piano de Leon Russell, leurs chansons allumaient un flambeau qui nous montrait la voie, la façon de faire ce qu'on cherchait à faire. « Chest Fever », « Tears Of Rage », « The Weight », voilà ce qu'on crevait d'envie d'écrire. Bernie était dingue de leurs paroles. Il adorait depuis tout petit les rudes histoires de l'Ouest, précisément celles que racontait The Band : « *Virgil Caine is the name and I served on the Danville train, 'til Stoneman's cavalry came and tore the tracks up again*[1]. » Des musiciens blancs faisaient de la soul sans reprendre « In The Midnight Hour » ni livrer une pâle copie de ce que faisaient les artistes noirs. Une vraie révélation.

On a passé les maquettes des nouvelles chansons à Dick, et ça l'a soufflé. Malgré les faibles ventes d'*Empty Sky*, il a voulu qu'on fasse un autre album. Mieux, il allait nous donner six mille livres pour le produire. Remarquable acte de foi. C'était à l'époque une somme inouïe pour un album, surtout s'agissant d'un artiste qui n'avait encore à peu près rien vendu. Je ne doute pas un instant de la confiance que plaçait Dick en nous,

---

1. « Je m'appelle Virgil Caine et j'ai travaillé dans le train de Danville, jusqu'au jour où la cavalerie de Stoneman est venue arracher les rails. »

mais je pense qu'on lui a aussi un peu forcé la main. Bernie et moi nous étions liés d'amitié avec Muff Winwood, le frère de Stevie, qui travaillait chez Island Records et habitait pas très loin de Frome Court – je crois même qu'on l'a croisé un jour dans le train de Pinner. On débarquait chez lui une ou deux fois par semaine avec une bouteille de Mateus rosé et une boîte de chocolats pour sa femme Zena – *très* sophistiquée –, et on jouait au baby-foot ou au Monopoly en soutirant à Muff quelques conseils sur le métier. Il a vraiment été emballé par nos nouvelles chansons, au point de vouloir nous faire signer chez Island, un label beaucoup plus important et plus en vogue que DJM. Dick aura appris qu'il avait un concurrent, et c'est peut-être ce qui l'a décidé à sortir son chéquier.

Quoi qu'il en soit, cela nous a permis de sortir de DJM et de nous trouver un vrai studio, le Trident, à Soho. Steve Brown a proposé que nous fassions appel à un producteur extérieur, Gus Dudgeon, qui venait de travailler sur *Space Oddity* de David Bowie, un album dont nous adorions tous le son. On avait les moyens de s'offrir une section de cordes et les services de Paul Buckmaster, un arrangeur qui avait travaillé lui aussi sur cet album. Quand Paul a débarqué, il avait un petit côté d'Artagnan – cheveux longs, raie au milieu, bouc et grand chapeau. On l'a trouvé légèrement excentrique, mais c'était une première impression erronée. Paul n'était pas *légèrement* excentrique. Il l'était au point de passer pour authentiquement cinglé. Debout devant l'orchestre, il faisait des sons avec la bouche pour indiquer ce qu'il attendait des musiciens : « Je suis incapable de décrire ce que je veux, mais j'aimerais que vous fassiez un son qui ressemble à ça. » Et ils y arrivaient très précisément. Un génie.

Ces sessions ont baigné du début à la fin dans une

étrange magie. Gus, Steve, Paul et moi avions tout planifié – les morceaux, le son, les arrangements – et tout s'est parfaitement enchaîné. C'est à peine si j'avais déjà touché un clavecin quand on en a loué un pour « I Need You To Turn To » ; l'instrument est extrêmement ardu, mais je me suis débrouillé. Terrifié à l'idée de jouer avec tout un orchestre, je me suis rassuré en me racontant que cette fois c'était la bonne, que quelque chose allait enfin éclore de tout ça : les boîtes miteuses avec Long John Baldry et son magnéto, les séances de studio, Derf qui faisait la manche au Northwood Hills Hotel, Bernie et moi détalant de Furlong Road, fuyant Linda et ses rêves de faire de moi Buddy Greco : tout aboutissait à ce moment-là. Et ça a marché. L'enregistrement de l'album a été bouclé en quatre jours.

On a senti qu'on avait produit quelque chose de bien, quelque chose qui allait nous amener au niveau supérieur. Et ça s'est avéré. À sa sortie, en avril 1970, *Elton John* a reçu de formidables critiques, le disc-jockey John Peel l'a passé à la radio et l'album est même entré dans le bas des classements. On a commencé à avoir des propositions de concerts en Europe. Chacune de nos expéditions sur le continent a été l'occasion d'un truc bizarre. À Paris, un petit malin nous a mis à l'affiche avec Sérgio Mendes et Brazil 66. Le public venu entendre de la bossa-nova a manifesté sa joie devant cette occasion d'élargir ses horizons musicaux en nous huant. À Knokke, en Belgique, on a découvert en arrivant qu'on n'était pas là pour un concert, mais pour un concours télévisé. En Hollande, on est allés faire une télé et au lieu de nous demander de jouer, ils ont tenu à me filmer dans un parc en train de mimer « Your Song » dans un micro, entouré d'acteurs jouant les paparazzis en train de me mitrailler, allez comprendre. Le clip passe encore de temps en temps à la télé. Je donne l'impression d'être totalement furieux, prêt à frapper quelqu'un – ce qui est assez fidèle à ce que j'éprouvais, mais pas vraiment adapté à une douce ballade à propos d'amours naissantes.

De retour au pays, toutefois, un petit buzz était incontestablement en cours. En août, on a joué au Krumlin Festival, dans le Yorkshire, une manifestation qui avait tout pour virer à la catastrophe. Ça se passait dans un champ, au milieu de la lande. Il faisait un froid de canard, il pleuvait et c'était très mal organisé. La scène n'était pas entièrement montée alors que le festival était censé commencer, ce qui a donné aux groupes le temps de se chicaner à propos de l'ordre de passage. Comme je n'avais aucune envie de participer à ça, on est allés au charbon, on a distribué du brandy au public et on a mis le feu pendant qu'Atomic Rooster et les Pretty Things se chamaillaient en coulisse pour savoir lesquels étaient les plus connus. J'ai commencé à repérer des visages célèbres lors de nos concerts londoniens – le bruit circulait dans le milieu qu'on valait le détour. Deux semaines avant Krumlin, Pete Townshend, des Who, et Jeff Beck étaient venus nous voir au Speakeasy, le nouveau repaire de la crème du showbiz londonien après le Cromwellian et le Bag O' Nails. On nous a invités à *Top of the Pops* pour jouer « Border Song » : notre passage n'a pas beaucoup poussé la vente du single, mais Dusty Springfield s'est présentée dans la loge et s'est proposée de mimer les chœurs pendant qu'on jouerait. J'en étais baba. Écolier, j'avais fait le déplacement jusqu'à Harrow pour la voir sur scène avec The Springfields, j'avais traîné près de la sortie des artistes, rien que pour l'apercevoir : elle était passée en jupe mauve et haut lilas, d'un chic inouï. Je m'étais inscrit à son fan-club au début des années soixante et j'avais des posters d'elle dans ma chambre.

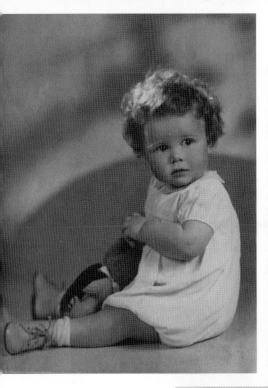

(en haut à gauche)
Âgé d'un an, en 1948.

(en haut à droite)
Avec ma mère, Sheila Dwight,
dans le jardin de ma grand-
mère, 55 Pinner Hill Road.

(à droite) Devant le palais
de Buckingham avec ma mère
et mon grand-père,
Fred Harris, en juin 1950.

Il me suffisait d'entendre une fois
une mélodie pour m'asseoir au piano et la
reproduire parfaitement d'oreille.

(à gauche) Mon père et moi, dans l'un des rares moments où il n'est pas en train de se lamenter des effets désastreux de Little Richard sur ma moralité.
(à droite) Moi, remarquablement ordinaire, au collège de Pinner County.

Bluesology, en 1965. Photo qui illustrait la partition de notre single « Come Back Baby », publiée dans l'espoir insensé que d'autres que nous allaient la chanter.

(*à gauche*) Le frère que je n'ai jamais eu. Bernie, avec mon cousin Paul, et la moustache que j'aurai l'heureuse idée de ne pas garder. Maman, Tatie Win et Tatie Mavis sont au fond.
(*à droite*) Frome Court, où Bernie et moi avons habité
avec maman et Derf, dans l'appartement à l'étage.

Avril 1969, devant ma Hillman Husky récemment acquise.

L'arrangeur de génie Paul Buckmaster fait étalage de tout son style lors des séances d'enregistrement de l'album *Elton John*, en 1970.

Bernie et moi, photographiés à l'été 1970 à des fins promotionnelles, alors que le nouvel album commence à faire un peu de buzz.

Le Troubadour, 1970. Si cela n'avait tenu qu'à moi, je serais aussitôt rentré à la maison et n'y aurais jamais joué.

Le soir où tout a changé. Sur la scène du Troubadour avec ma combinaison jaune et mon T-shirt étoilé.

Mon idole. Avec Leon Russell à New York, en 1970. Imaginez ces yeux vous dévisageant du début à la fin du concert de votre vie.

Sharon et Beryl. Moi et John Reed, jeunes et amoureux, en 1972.

Bryan Forbes m'a beaucoup appris en matière d'art. Ici, on me voit clairement me lancer dans de nouvelles explorations culturelles dans sa librairie de Virginia Water.

Dans les coulisses du Shaw Theatre avec la princesse Margaret et son époux,
Lord Snowdon. La princesse m'invitera un soir avec mon groupe à un dîner mémorable.

Dee, moi, Davey et Nigel au château d'Hérouville en 1972. On remarquera
mon sens de la décontraction vestimentaire pour les sessions d'enregistrement.

Le seul obstacle qui se dressait sur notre chemin, c'était Dick : il s'était mis en tête qu'on devait aller jouer en Amérique. Il avait réussi à fourguer l'album à un label US nommé Uni Records – une branche de MCA – et nous rabâchait à l'envi qu'ils avaient été emballés, qu'ils voulaient qu'on fasse quelques dates dans des boîtes. Je n'y voyais aucun intérêt et je le lui ai dit. Ça commençait à frémir en Grande-Bretagne. Les concerts étaient super, l'album se vendait correctement et Dusty Springfield m'avait à la bonne. Bernie et moi écrivions une chanson après l'autre – on était déjà en train de maquetter l'album suivant. Pourquoi briser cet élan en partant aux États-Unis, où j'étais un parfait inconnu ?

Plus j'insistais, plus Dick se montrait catégorique. C'est alors que j'ai reçu une bouée de sauvetage. Après le concert au Speakeasy, Jeff Beck m'avait invité à lui rendre visite dans son studio de répétition à Chalk Farm pour faire le bœuf. Son agent a ensuite pris rendez-vous chez DJM. Jeff voulait nous embaucher, Dee, Nigel et moi, comme groupe pour l'accompagner dans sa tournée américaine. J'aurais droit chaque soir à un moment en solo pour jouer mes propres morceaux. C'était une proposition incroyable. Jeff Beck était l'un des plus grands guitaristes que j'aie jamais vus. Son dernier album, *Beck-Ola*, avait fait un malheur. Certes, on ne toucherait que dix pour cent de la recette, mais dix pour cent de la recette de Jeff Beck, c'était déjà largement mieux que ce qu'on gagnait. Et surtout, on allait être vus. Ce seraient de grandes salles, et on y jouerait mes chansons – on n'y figurerait pas comme de parfaits inconnus, mais en tant que groupe de Jeff Beck, pas dans une première partie que personne ne remarquerait, mais au beau milieu du concert.

J'étais prêt à signer des deux mains quand Dick a dit

à l'agent de Beck qu'il pouvait se mettre ses dix pour cent où je pense. *Ça va pas, non ?* J'ai essayé d'attraper son regard pour lui faire comprendre qu'il serait bien inspiré de fermer immédiatement son clapet. Lui ne m'a pas regardé. L'agent a dit que c'était à prendre ou à laisser. Dick a haussé les épaules.

« Je vous annonce dès aujourd'hui, a-t-il dit, que d'ici six mois Elton John gagnera deux fois plus d'argent que Jeff Beck. »

Hein ? Dick, sombre imbécile. Fallait-il vraiment dire ça ? Typiquement le genre de déclaration à te suivre toute ta carrière. Je me voyais déjà, cinq ans plus tard, toujours à hanter les petits clubs, moi, le Type Qui Allait Gagner Deux Fois Plus Que Jeff Beck. L'agent s'est éclipsé – sans doute pressé d'aller raconter dans le métier que Dick James était tombé sur la tête – et Dick est resté absolument droit dans ses bottes. Je n'avais pas besoin de Jeff Beck. Il fallait que j'aille en Amérique sous mon propre nom. Les chansons de l'album étaient formidables. Le groupe assurait grave sur scène. Le label américain était à fond derrière nous. Ils allaient se démener pour notre promotion. Un jour je le remercierais.

De retour à Frome Court, j'en ai discuté avec Bernie. Il m'a dit de voir ça comme des vacances. On allait visiter des endroits qu'on ne connaissait qu'à travers la télé ou le cinéma – 77 Sunset Strip, la demeure des Beverly Hillbillies. On irait à Disneyland. On ferait les magasins de disques. Et puis le label américain allait se mettre en quatre. On serait sûrement attendus à l'aéroport par une limousine. Peut-être même une Cadillac, qui sait ? Une Cadillac !

Et nous voilà plissant les yeux sous le soleil de Los Angeles, en petit comité – Bernie et moi, Dee et

Nigel, Steve Brown et Ray Williams, désigné manager par DJM, Bob, notre roadie, et David Larkham, auteur de la pochette d'*Empty Sky* et d'*Elton John*. Ensuqués par le décalage horaire, on regardait avec perplexité le bus londonien rouge vif qui stationnait devant l'aéroport LAX. Un bus londonien rouge vif, barré de l'inscription : ELTON JOHN EST ARRIVÉ. Un bus londonien rouge vif dans lequel notre attaché de presse américain, Norman Winter, nous invitait joyeusement à grimper. Bernie et moi avons échangé un regard déçu : Eh merde ! Tu parles d'une limousine !

On ne prend pas toute la mesure de la lenteur des bus London Routemaster tant qu'on n'a pas fait à leur bord le trajet menant de LAX à Sunset Boulevard. On a mis deux heures et demie, parce que le machin ne dépassait pas les cinquante kilomètres-heure, mais aussi parce qu'il a fallu prendre l'itinéraire panoramique – les bus à impériale n'étaient pas admis sur l'autoroute. J'ai vu du coin de l'œil Bernie s'affaisser dans son siège, des fois que Bob Dylan ou un membre du Band nous dépasserait en se foutant de lui.

Ce n'est vraiment pas comme ça que j'avais imaginé notre arrivée en Californie. Si ce n'était les palmiers que j'apercevais par la fenêtre et le fait que le bus était plein d'Américains – le personnel d'Uni Records –, j'aurais tout aussi bien pu me trouver dans le 38 en direction de Clapton Pond. C'était la première fois que j'avais l'occasion de constater tout ce qui distingue les maisons de disques britanniques de leurs homologues américaines. En Grande-Bretagne, ton label aura beau t'aimer, s'impliquer à fond dans la préparation de ton album, une certaine réserve viendra toujours atténuer tout ça, un penchant national pour la litote et l'humour pince-sans-rire. Ce n'était clairement pas le cas aux États-Unis : l'enthousiasme était perpétuel, l'énergie très différente. Jamais on

ne m'avait parlé comme le faisait à présent Norman
Winter : « Ça va être immense, on a fait des pieds et
des mains, Odetta va venir au concert, Bread va venir
au concert, les Beach Boys vont venir au concert, ça
va être dingue. » Personne non plus ne m'avait jamais
parlé *autant* que le faisait à présent Norman Winter : sa
bouche n'avait pas cessé de remuer depuis qu'il s'était
présenté à nous dans le hall des arrivées. C'était à la
fois déconcertant et étrangement grisant.

En plus, tout ce qu'il disait se révélait strictement
exact. Norman Winter et son service promo avaient bel
et bien fait des pieds et des mains, incité les magasins
de disques de la ville à mettre l'album en piles et des
affiches partout, bourré le planning d'interviews, invité
des paquets de stars au concert. Quelqu'un avait même
convaincu Neil Diamond, lui aussi artiste chez Uni, de
monter sur scène me présenter au public. Sur l'affiche,
mon nom figurait plus haut que celui de David Ackles,
du grand n'importe quoi.

« Mais David Ackles est sur Elektra », a faiblement protesté Bernie en se rappelant Frome Court et les heures
passées à écouter son premier disque, nos commentaires
sur l'ambiance côte Ouest incroyablement cool d'Elektra,
le label dirigé par le grand Jac Holzman, la maison
des Doors, de Love, de Tim Buckley et de Delaney
and Bonnie.

C'était le travail fantastique d'une équipe passionnée et
dévouée qui avait mobilisé jusqu'au dernier gramme de
son savoir-faire pour créer le buzz. Ils avaient miraculeusement transformé en véritable événement le concert d'un
inconnu dans une boîte d'une capacité de trois cents
personnes. Et il est indiscutable que cet entrain a eu
sur moi un effet ricochet. Jusque-là, j'avais été dubitatif
à l'idée de venir jouer en Amérique. À présent, j'étais
absolument terrifié. Sur l'invitation de Ray, tout le monde

est allé faire un tour à Palm Springs, mais je suis resté seul à l'hôtel ; il fallait absolument que je me concentre sur une affaire très urgente : paniquer pour le concert. Plus je cédais à la panique, plus la colère me gagnait. Comment osent-ils aller s'éclater à Palm Springs alors qu'ils devraient être là avec moi à se faire inutilement un sang d'encre ? N'ayant personne sous la main après qui gueuler, j'ai appelé Dick James à Londres et c'est lui qui a pris. Je rentrais en Angleterre. Là, tout de suite. Ils pouvaient se carrer leur concert et leur liste truffée de stars et leur présentation par Neil Diamond dans le cul. Il a fallu que Dick sorte son grand numéro de tonton rassurant pour me persuader de ne pas faire ma valise sur l'instant. J'ai décidé de rester, et j'ai partagé le temps qui me séparait du concert entre les magasins de disques et les bouderies à chaque fois que quelqu'un osait évoquer Palm Springs.

J'ai deux souvenirs très nets de notre premier concert au Troubadour. Le premier, c'est que les applaudissements à mon entrée en scène avaient un petit côté bizarre : il s'y mêlait un genre de murmure d'étonnement, comme si le public s'était attendu à quelqu'un d'autre. Et je pense qu'il y avait en effet un peu de ça. La pochette d'*Elton John* est sombre, ténébreuse. Au dos, les musiciens sont relax, assez hippies – moi je porte un T-shirt noir et un gilet en crochet. Et c'est bien ce qu'ils s'attendaient à voir : un auteur-compositeur-interprète introspectif un peu ténébreux. Sauf qu'en allant faire provision de fringues deux semaines avant de partir aux États-Unis, j'étais passé chez Mr Freedom, une boutique de Chelsea dont on commençait à beaucoup parler : lâchant la bride à son imagination, le couturier, Tommy Roberts, créait des vêtements tout droit sortis des bandes dessinées. La vitrine était tellement tapageuse que j'ai tourné en rond des heures sur le trottoir avant d'oser entrer. Une fois dedans, Tommy Roberts a été si accueillant, si enthousiaste qu'il m'a convaincu d'acheter une sélection de nippes que Tony King lui-même n'aurait pas assumées en public. En les portant, je me suis senti transformé, comme si j'exprimais un aspect de ma personnalité que j'avais maintenu secret, le désir de provoquer, d'en faire des tonnes. Je suppose que ça découlait en droit fil du jour où, enfant, j'étais tombé sur la photo d'Elvis chez le coiffeur de Pinner. J'aimais ce choc qu'on éprouve à la vue d'une star qui fait dire : *Qu'est-ce que c'est que ça ?* Les vêtements de Mr Freedom ne scandalisaient pas par leur côté sexuel ou menaçant, mais parce qu'ils étaient hors du commun, plus drôles que le monde environnant. J'adorais ça. D'ailleurs, avant de monter sur scène au Troubadour, je les ai tous mis. Et en guise de compositeur-interprète introspectif hippy, le public a vu débarquer un type en salopette jaune vif, T-shirt à manches longues couvert d'étoiles et lourdes bottes de chantier, jaune vif elles aussi, et ornées de grandes ailes bleues. Pas vraiment le look du compositeur-interprète hypersensible des années soixante-dix aux États-Unis. Pas vraiment le look de quiconque ayant à peu près toute sa tête dans les années soixante-dix aux États-Unis.

Mon second souvenir très distinct est d'avoir scruté le public pendant qu'on jouait et de m'être rendu compte, avec un sacré choc, que Leon Russell était au deuxième rang. Je n'avais repéré aucune des stars de la galaxie supposément présentes, mais lui, pas moyen de le louper. Avec sa grande crinière argentée et sa longue barbe encadrant un visage dur, impassible, il avait une sacrée allure. Je n'ai pas pu en décoller mon regard, même si ça me fichait une frousse terrible. Jusqu'alors le concert s'était bien passé – Dee et Nigel sonnaient bien compact, on commençait à se détendre et à étirer un peu les morceaux. Mais là, brusquement, je me suis retrouvé sur les nerfs, comme à l'hôtel le jour de la sortie à Palm Springs. Tels ces rêves atroces où tu es à l'école en plein examen et tu t'aperçois que tu n'as ni pantalon ni slip : c'est le concert le plus important de ta carrière et tu vois d'un coup dans le public ton idole qui te fixe, le visage de marbre.

Il fallait que je me ressaisisse. Il fallait que je trouve quelque chose à faire pour oublier que Leon Russell me regardait. Je me suis levé d'un bond et j'ai envoyé valser mon tabouret d'un coup de pied. Là, genoux fléchis, j'ai martelé le clavier à la manière de Little Richard. Puis je me suis laissé tomber, j'ai pris appui au sol sur une main et continué de jouer de l'autre, la tête sous le piano. Après quoi je me suis relevé puis j'ai rué en arrière, jusqu'à me retrouver à l'horizontale, les deux mains sur le clavier. À en juger par la réaction du public, personne ne s'était attendu à ça non plus.

Plus tard, dans la cohue de la loge, je suis resté un moment hébété. Ça s'était vraiment très bien passé. Les Britanniques étaient dans tous leurs états. Norman Winter parlait si vite et avec une telle ferveur que j'ai compris que, sur le chemin de l'aéroport, il s'était montré au top de la retenue et du laconisme. Les gens d'Uni Records m'amenaient tout plein de monde désireux de me serrer la main. Des journalistes. Des célébrités. Quincy Jones. L'épouse de Quincy Jones. Les enfants de Quincy Jones. Il était manifestement venu en famille. Tout ce qui m'entrait par une oreille sortait par l'autre.

Et soudain, je me suis figé. Par-dessus l'épaule d'un énième parent de Quincy Jones, j'ai aperçu Leon Russell dans l'encadrement de la porte. Il s'est frayé un chemin jusqu'à moi. Son visage était toujours aussi dur et impassible : pas vraiment l'air d'un bonhomme qui vient de passer la soirée de sa vie. Merde. Je suis démasqué.

Il va aller raconter partout quelle arnaque je suis. Il va leur dire à quel point je suis nul au piano.

En me serrant la main, il m'a demandé comment j'allais. Il avait une voix douce et traînante, dans le style de l'Oklahoma. Puis il a dit que le concert avait été super et m'a proposé de partir en tournée avec lui.

Les jours suivants se sont enchaînés comme dans un rêve étrange, fiévreux. On a joué plusieurs fois au Troubadour, bondé à chaque fois, génial à chaque fois. D'autres célébrités sont venues. Je piochais tous les soirs des trucs de plus en plus extravagants au fond de mon sac de fringues Mr Freedom, au point de finir un soir par me retrouver, devant un parterre de rock stars et de créateurs de tendances de Los Angeles, en petit short moulant argenté, jambes nues et avec un T-shirt barré de l'inscription ROCK AND ROLL en sequins. Leon Russell s'est à nouveau montré dans les loges, il m'a révélé son remède maison contre le mal de gorge, comme si on était de vieux amis. Uni Records nous a tous emmenés à Disneyland, et je me suis acheté des piles de disques chez Tower Records, sur Sunset Strip. Le *L.A. Times* a publié une critique du rédacteur en chef de la section musique, Robert Hilburn. Ça commençait par : « Réjouissons-nous. Le rock, qui avait ces derniers temps tendance à somnoler, s'est trouvé une nouvelle star. C'est Elton John, un Anglais de vingt-trois ans, dont le premier concert mardi soir au Troubadour a été, à tous points de vue, magnifique. » Putain de bordel de merde. Bob Hilburn, c'était colossal ! Je savais qu'il était venu au concert, mais j'ignorais complètement qu'il écrirait ça. Ray Williams a aussitôt croulé sous les propositions de tourneurs américains. On a décidé de prolonger notre séjour et d'ajouter quelques dates, à San Francisco et à New York. Je donnais interview sur interview.

L'album *Elton John* squattait la bande FM. Une station de Pasadena, KPPC, a acheté une pleine page de pub dans le *Los Angeles Free Press*, me remerciant littéralement d'être venu en Amérique.

Chacun sait que la notoriété, surtout lorsqu'elle est soudaine, est un phénomène creux, superficiel et dangereux, dont les sombres pouvoirs séducteurs ne remplaceront jamais l'amour ni l'amitié véritables. Mais si vous êtes quelqu'un d'extrêmement timide, désespérément en quête de confiance – quelqu'un qui a passé une bonne partie de son enfance à se rendre aussi invisible que possible pour ne pas déclencher les accès d'humeur de maman ni la colère de papa –, je peux vous garantir que se faire saluer par le *L.A. Times* comme l'avenir du rock'n'roll, et célébrer par une ribambelle de vos idoles musicales, est un puissant remède. Pour le prouver, voici Elton John, puceau de vingt-trois ans, qui jamais n'a dragué qui que ce soit de sa vie, au soir du 31 août 1970. Je me trouve à San Francisco, quelques jours avant mon prochain concert. Je passe la soirée au Fillmore, où je suis venu voir le groupe britannique de folk rock Fairport Convention – rescapé comme moi du cataclysme diluvien qu'avait été le Krumlin Festival – et je rencontre le propriétaire des lieux, le légendaire Bill Graham, qui me presse d'accepter de jouer dans sa salle new-yorkaise, le Fillmore East. Sauf que là, je n'ai pas du tout la tête à penser à Fairport Convention ni à Bill Graham. J'ai décidé que ce soir j'allais séduire quelqu'un. Ou me laisser séduire. Ce sera l'un ou l'autre, peu importe, mais c'est une certitude.

J'avais appris que John Reid était lui aussi de passage à San Francisco, pour les dix ans de Motown Records. Depuis que Tony King nous avait présentés, je l'avais croisé deux ou trois fois chez EMI. Les faibles signaux que j'avais émis alors – si tant est que j'aie vraiment

cherché à en émettre – étaient passés totalement ina-
perçus. Il devait se dire que je venais seulement pour
dépouiller sa collection de singles soul ou lui remettre
des exemplaires de mes propres albums. Mais ça, c'était
avant. Ragaillardi par les événements de la semaine, j'ai
trouvé où il logeait et je l'ai appelé. Le souffle court,
je lui ai raconté ce qui était arrivé à Los Angeles puis,
avec tout le détachement du monde, je lui ai proposé
qu'on se voie. J'étais descendu au Miyako, un joli petit
hôtel japonisant près du Fillmore. Pourquoi ne viendrait-il
pas boire un verre un de ces soirs ?

Le concert de Fairport s'est terminé. Je suis allé dans
les loges saluer le groupe, on a bu deux ou trois
verres et bavardé un peu, puis je me suis excusé et je
suis parti seul au Miyako. Je n'étais pas rentré depuis
longtemps quand le téléphone a sonné : « il y a un
M. Reid pour vous à la réception ». Mon Dieu. Cette
fois, ça y est.

Quatre

Tout s'est enchaîné très vite après cette nuit à San Francisco. Une semaine plus tard, j'étais à Philadelphie pour des interviews quand John, déjà rentré en Angleterre, m'a téléphoné pour me dire qu'il avait croisé Tony King à la BBC. Il lui avait raconté notre histoire et fait part de nos plans. Tony était passé de la stupéfaction – « Reg ? Reg est *gay* ? Vous emménagez ensemble au sens de vraiment *emménager ensemble* ? » – à l'hilarité absolue quand il avait appris que je souhaitais que notre relation reste discrète. « Comment ça, Reg voudrait que ça ne se sache pas trop ? C'est avec *toi* qu'il sort ! N'importe quel pékin ayant jamais posé le pied dans un club gay de Londres sait qui tu es ! Autant accrocher à sa fenêtre un putain de néon avec marqué JE SUIS GAY. »

Si je voulais jouer la discrétion, c'est parce que je n'étais pas sûr de la façon dont réagiraient les gens en l'apprenant. En vérité, je n'avais pas à m'inquiéter. Tout le monde parmi mes amis ou mes collaborateurs s'en fichait royalement. Bernie, le groupe, Dick James et Steve Brown : ils semblaient surtout soulagés que j'aie enfin perdu mon pucelage. Et hors de ces milieux, personne ne semblait effleuré un instant par l'idée que je puisse de près ou de loin être quoi que ce soit d'autre qu'hétéro. Il semble invraisemblable aujourd'hui que personne n'ait jamais levé le sourcil devant les tenues que je portais et les choses que je faisais sur scène, mais le monde n'était alors pas le même. L'homosexualité n'était plus un délit en Grande-Bretagne que depuis trois ans : le grand public n'avait de la question qu'une connaissance et une compréhension rudimentaires. Pendant notre tournée aux États-Unis, toutes les groupies légendaires de ces années-là – les Plaster Casters ou Sweet Connie de Little Rock – se pointaient dans les loges, à la grande joie du groupe et des techniciens. Moi, je me disais : «Attends, qu'est-ce que vous faites là ? Vous n'êtes quand même pas venues *pour moi*, si ? Quelqu'un a bien dû vous prévenir, non ? Et même si personne ne l'a fait, je viens de monter sur scène dans les bras d'un bodybuilder, couvert de la moitié du stock mondial de strass, de sequins et de plumes de marabout : ça ne vous évoque vraiment *rien du tout* ?» Il faut croire que non. Je suis assez vite passé maître dans l'art de m'enfermer aux toilettes pour échapper à leurs attentions.

Si jamais quelqu'un de mon entourage a trouvé bizarre que je m'installe aussi rapidement avec John, je n'en ai rien su. Or, cette précipitation dans ma relation avec lui n'était qu'un signe avant-coureur de la personne que j'étais vraiment : le genre de type qui tombe fou d'amour dès la première rencontre et se met aussitôt à élaborer des projets d'avenir. Incapable de distinguer un béguin d'une réelle passion, je voyais déjà la barrière blanche du jardin et les éternités de béatitude conjugale auprès d'une personne avant même de lui avoir adressé la parole. Plus tard, une fois devenu vraiment très connu, le problème a pris des proportions épouvantables pour moi comme pour tous ceux qui ont été l'objet de mon affection. Je leur demandais avec insistance de tout plaquer pour me suivre en tournée, et ça virait immanquablement à la catastrophe.

Mais pour l'heure, j'étais vraiment amoureux de John – avec la force, la candeur, l'ingénuité de la première fois. Et je venais de découvrir le sexe. S'installer ensemble n'était pas absurde. D'autant plus si on considérait ma situation en termes de logement : hétéro ou gay, comment veux-tu entretenir une relation sexuelle épanouie avec quelqu'un quand tu squattes la chambre d'amis chez ta maman et que ton coauteur essaye de s'endormir dans le lit du dessous ?

À mon retour des États-Unis, on s'est mis à chercher ensemble un appartement à louer. On a trouvé notre bonheur dans des immeubles appelés Water Gardens, près d'Edgware Road : une chambre à coucher, une salle de bains, un séjour et une cuisine. Pour sa part, Bernie s'est provisoirement installé avec Steve Brown. Lui aussi avait rencontré l'amour en Californie, une dénommée Maxine, qui était de la fameuse sortie à Palm Springs. Tu m'étonnes qu'il avait tenu à y aller.

Les derniers à qui je l'ai annoncé, ce sont ma mère et Derf. J'ai laissé passer quelques semaines après le déménagement, sans doute parce que je m'en faisais une montagne. Je me suis enfin décidé le soir précis où John et moi étions censés aller voir Liberace au London Palladium. On avait les billets, mais j'ai dit à John d'y aller seul, il fallait que j'appelle maman ce soir-là et pas un autre. J'étais nerveux, mais ça s'est bien passé. J'ai annoncé à ma mère que j'étais gay et elle n'a pas paru surprise pour un sou : « Mais nous le savons. Nous le savons depuis longtemps. » À l'époque, j'ai mis cette clairvoyance sur le compte des pouvoirs surnaturels intangibles de l'intuition maternelle, mais avec le recul, je me dis qu'elle et Derf ont peut-être eu des soupçons le jour où, participant au déménagement de mes affaires au Water Gardens, ils n'avaient pu que constater que je partageais avec un homme un appartement où il n'y avait qu'une seule chambre à coucher.

L'idée que je sois gay n'emballait pas particulièrement maman – elle a dit quelque chose sur le fait que je me condamnais à une existence solitaire, ce qui ne semblait pas très pertinent puisque j'étais justement en couple – mais au moins elle ne m'a pas renié et n'a pas fait l'autruche. Et puis, curieusement, en rentrant à la maison, John m'a donné l'impression d'avoir passé une soirée beaucoup plus éprouvante que la mienne. Il se trouve qu'au beau milieu du concert, Liberace avait inopinément annoncé la présence dans le public d'un invité très particulier, un nouveau chanteur merveilleux, appelé à devenir une grande star : « ... et je sais qu'il est parmi nous ce soir, alors je vais lui demander de se lever et de vous saluer, parce qu'il est fabuleux... Elton John ! » Pensant que je rechignais à me montrer par modestie, Liberace avait insisté... « Allez, Elton, ne sois pas timide, le public veut te rencontrer. Mesdames et messieurs, vous voulez rencontrer Elton John, n'est-ce pas ? Croyez-moi, ce type va devenir un géant, faisons-lui un tonnerre d'applaudissements pour le convaincre de se montrer », tandis qu'un gros projecteur fouillait en vain l'orchestre. D'après John, Liberace avait insisté pendant des plombes, le temps que la curiosité initiale du public tourne à l'irritation manifeste devant mon refus d'apparaître. Pendant ce temps, le seul type dans la salle qui sache où se trouvait vraiment Elton John a cru devenir le premier humain à mourir cliniquement de honte. Liberace, au bout d'une éternité, avait fini par renoncer. John m'a dit qu'il n'avait pas cessé de sourire, mais qu'on avait perçu dans sa façon de lancer la *Rhapsodie hongroise* de Liszt comme un soupçon d'envie de meurtre.

Quand je n'étais pas en train de saboter les concerts

de Liberace pour cause de coming out, je menais une vie paradisiaque. Je pouvais enfin être la personne que j'étais, ne plus avoir peur de moi-même, ne plus avoir peur du sexe. Et si je vous dis que John m'a initié à la débauche, c'est au sens le plus tendre du monde. Comme l'avait souligné Tony, John connaissait vraiment tous les lieux gays, les boîtes et les pubs. On allait à la Vauxhall Tavern, voir la grande drag-queen Lee Sutton – « Je m'appelle Lee Sutton, DSM, OBE, *Dirty Sex Maniac, On The Bed With Everybody*[1] » – ou au Sombrero, dans Kensington High Street. On donnait des dîners avec d'autres musiciens. Un soir, après qu'on était allés le voir jouer, Neil Young est venu chez nous et à 2 heures du matin, après quelques verres, il nous a fait écouter son nouvel album, pas encore paru. Déjà alertés qu'une fête s'improvisait chez nous par le tintamarre qu'avait fait ma copine Kiki Dee, bien éméchée, en rentrant de plein fouet dans une porte vitrée alors qu'elle tenait sur un plateau toutes nos flûtes à champagne, les voisins n'ont pas caché leur délectation d'avoir la primeur du prochain Neil Young. Telle est donc la première version que j'ai entendue du classique « Heart Of Gold », un arrangement tout à fait unique pour piano, voix et tambourinements de voisins implorant Neil Young de la fermer.

Ma carrière a soudain décollé. On n'était pas aussi connus en Grande-Bretagne qu'aux États-Unis, mais à notre retour, une nouvelle détermination nous animait. Tant de gens là-bas nous avaient honorés, consacrés, qu'on se savait sur la bonne voie. L'écho des événements de

---

1. Les sigles DSM et OBE correspondent respectivement à *Distinguished Service Medal* (Médaille de distinction pour services rendus) et *Order of the British Empire* (Ordre de l'Empire britannique), mais leur réinterprétation par Lee Sutton signifie « vilaine obsédée sexuelle » et « sur le lit avec tout le monde ».

Los Angeles étant parvenu en Grande-Bretagne, la presse a soudain manifesté son intérêt. Un magazine hippie, *Friends*, m'a envoyé un journaliste pour une interview. Je lui ai fait écouter deux morceaux déjà en boîte pour *Tumbleweed Connection*, le prochain album, et il a écrit un papier aussi enthousiaste que celui de Robert Hilburn : «Je crois qu'avec son parolier, il a des chances de devenir le meilleur, et certainement le plus apprécié des compositeurs d'Angleterre et, tôt ou tard, du monde.» On a joué au Royal Albert Hall, en première partie de Fotheringay, le groupe de Sandy Denny, l'ancienne chanteuse de Fairport Convention. Comme le public du Troubadour, le groupe s'attendait à trouver en moi un compositeur-interprète hypersensible – ça aurait idéalement complété ce qu'ils faisaient eux-mêmes, c'est-à-dire du folk rock contemplatif – mais ils ont eu droit à du rock'n'roll, des fringues Mr Freedom et des appuis renversés sur le clavier. Impossible pour eux de passer après ça : on transpirait l'adrénaline et la confiance. Évidemment, une fois cette adrénaline retombée, quand j'ai pris conscience de ce qu'on avait fait, je me suis senti terriblement gêné. Sandy Denny était l'une de mes idoles, une voix extraordinaire. C'était son grand concert de présentation et je le lui avais saccagé. Complètement mortifié, je suis furtivement rentré à la maison avant qu'ils montent sur scène.

N'empêche que le moment semblait idéal. Les années soixante étaient passées, les Beatles s'étaient séparés, et une nouvelle vague d'artistes arrivait à éclosion en même temps : moi, Rod Stewart, Marc Bolan, David Bowie. Malgré de grandes différences musicales, nous étions à certains égards les fruits du même arbre. Londoniens issus des classes populaires, nous avions tous traversé les années soixante à ronger notre frein, à nous épuiser sur le même circuit de boîtes de nuit sans jamais

vraiment arriver là où on voulait. Et on se connaissait
tous pour s'être croisés dans les coulisses des boîtes de
R'n'B ou pendant des concerts au Roundhouse. Je n'ai
jamais été très copain avec Bowie. J'aimais beaucoup sa
musique, et on a échangé quelques mots ici et là, lors
d'un passage au Sombrero avec Tony King ou même à
un dîner au Covent Garden alors qu'il répétait pour la
tournée Ziggy Stardust, mais il y avait toujours chez lui
ce côté distant, sur son quant-à-soi, du moins en ma
présence. J'ignore sincèrement ce que c'était, mais il y
avait clairement un problème. Des années plus tard, il
m'a régulièrement envoyé des piques dans ses interviews
– « traînée du rock'n'roll » est la plus célèbre, mais il
faut admettre qu'il était plein de coke quand il l'a dit.
   J'adorais en revanche Marc et Rod. Ils étaient aux
antipodes l'un de l'autre. Marc semblait tombé d'une
autre planète, il y avait en lui un truc venu d'ailleurs,
comme s'il n'était que de passage sur la Terre. Ça s'entendait dans sa musique. « Ride A White Swan » passait
en boucle à la radio à l'époque de notre installation
aux Water Gardens, et ça ne ressemblait à rien d'autre,
impossible de dire d'où ça sortait. Comme lui. Haut en
couleur – hétéro mais ultra-efféminé –, d'une gentillesse
et d'une douceur incroyables. Son ego était manifestement
considérable, mais il ne paraissait jamais se prendre au
sérieux pour autant. Il se débrouillait pour être à la fois
charmant et mytho au dernier degré. Il te disait l'air
de rien des trucs invraisemblables : « Chéri, j'ai vendu
un million de disques ce matin. » Je pensais : Marc,
personne dans l'histoire de la musique n'a jamais vendu
un million de disques en une matinée, alors toi… Mais
il avait un côté tellement séduisant, tellement attachant
que personne ne lui disait jamais ces choses-là. On
avait plutôt tendance à le suivre dans son délire : « Un
million, Marc ? Bravo ! C'est formidable ! »

Rod, je le connaissais depuis des années, ne serait-ce que par le lien avec Long John Baldry, mais je ne l'ai vraiment découvert que lorsqu'il a repris « Country Comfort », l'une des nouvelles chansons que j'avais fait entendre au journaliste de *Friends*. Il a modifié les paroles, et je m'en suis abondamment plaint dans la presse : « On dirait qu'il les a improvisées sur le tas ! Il n'aurait pas davantage trahi l'original s'il avait chanté "The Camptown Races" ! » Ça a donné le ton de notre amitié. On a beaucoup de choses en commun. On aime tous les deux le football et on collectionne les œuvres d'art. Ayant grandi après la guerre dans une famille modeste, on n'a pas été très discrets, dirons-nous, dans notre façon de jouir des fruits du succès. Mais ce qui nous réunit, c'est l'humour. Pour un type dont l'obsession immémoriale pour les blondes aux jambes interminables est bien connue, Rod a un sens de l'humour étonnamment maniéré. Quand on s'est mis à s'affubler de noms de drags dans les années soixante-dix, Rod s'est fait un plaisir d'être de la partie. Moi, c'était Sharon, John était Beryl, Tony était Joy, et Rod était Phyllis. On a passé près de cinquante ans à se vanner ouvertement et à se jouer des tours pendables. Quand la presse s'est interrogée sur ma calvitie et la possibilité que je porte une moumoute, Rod a sauté sur l'occasion pour m'envoyer un cadeau, un de ces vieux casques sèche-cheveux sous lesquels se mettaient les vieilles dames chez le coiffeur. Pressé de lui rendre la pareille, je lui ai fait livrer un déambulateur orné d'une guirlande lumineuse. Aujourd'hui encore, si je vois que son album se vend mieux que le mien, je sais que je ne vais pas tarder à recevoir un e-mail : « Salut Sharon, juste un petit mot pour te dire que je suis vraiment désolé que ton disque ne figure même pas dans le Top 100, chéri. C'est triste, quand on pense que le mien fait un malheur, bisous, Phyllis. »

Nos blagues ont atteint leur paroxysme au début des années quatre-vingt, quand Rod jouait à Earl's Court. Pour la promo, ils avaient fait flotter au-dessus de l'établissement un immense ballon avec son visage. Alors que je passais ce week-end-là à Londres, je l'ai vu de la fenêtre de ma chambre d'hôtel. Là encore, l'occasion était trop belle. J'ai appelé mon agence et ils ont engagé un tireur pour l'abattre : le ballon aurait atterri sur le toit d'un bus à impériale aperçu du côté de Putney. Au bout d'une heure, le téléphone a sonné. C'était Rod, furax de cette disparition : « Où est passé mon putain de ballon ? C'est toi, pas vrai ? Quelle vache ! Quelle salope ! »

Un an plus tard, je jouais à l'Olympia et les promoteurs avaient suspendu en travers du boulevard une grande banderole, qui a mystérieusement été décrochée aussitôt après. L'appel m'informant du sabotage est venu de Rod, qui m'a paru très au fait des détails de l'incident :

« Désolé pour ta banderole, chéri. Il paraît qu'elle n'a pas tenu cinq minutes. Je parie que tu n'as même pas eu le temps de la voir. »

Peu après notre installation aux Water Gardens, j'étais de retour en Amérique pour une nouvelle tournée. C'est un pays immense, dont la majeure partie se fiche pas mal que le *L.A. Times* ait vu en toi l'avenir du rock'n'roll. Il faut mettre le bleu de chauffe, aller au charbon, montrer à tout le monde ce dont tu es capable. Et puis on avait un nouvel album à promouvoir : *Tumbleweed Connection* était déjà là, enregistré en mars 1970, présent dans les bacs du Royaume-Uni dès le mois d'octobre. Ça se passait comme ça, à l'époque. Il ne fallait pas trois ans pour pondre un disque. On enregistrait vite fait, ça sortait tout de suite, on gardait la cadence, il fallait que ça reste spontané. Ça convenait bien à ma

façon de travailler. Je déteste perdre du temps en studio. Je suppose que ça me vient de mon époque de
musicien de sessions, ou des enregistrements nocturnes
de maquettes chez DJM : on travaillait toujours contre
la montre.

On a sillonné les États-Unis, le plus souvent en première partie de Leon Russell, des Byrds, de Poco, des
Kinks ou encore de Derek and the Dominos, le *nouveau*
groupe d'Eric Clapton. L'idée venait d'Howard Rose, mon
imprésario, et c'était très bien vu : ne sois pas tête
d'affiche, joue les seconds couteaux, donne envie aux gens
de venir te revoir toi. Chacun des artistes dont on a fait
la première partie s'est montré avec nous d'une gentillesse
et d'une générosité incroyables, mais on a trimé dur. On
montait chaque soir sur scène avec la ferme intention
de leur voler la vedette. Ça se passait super bien, on
en ressortait persuadés d'avoir explosé la tête d'affiche,
et chaque soir la tête d'affiche nous mettait une grosse
claque. On raconte partout que Derek and the Dominos
étaient une véritable zone sinistrée par l'héroïne et la
picole, mais à les voir sur scène cet automne-là on ne
l'aurait pas cru. Ils étaient tout bonnement phénoménaux.
Sur le côté de la scène, je prenais mentalement plein
de notes concernant leur prestation. La star du groupe
était Eric Clapton, mais c'est le clavier, Bobby Whitlock,
que je ne lâchais pas des yeux. Débarqué de Memphis,
il avait appris le métier autour des studios Stax et
jouait avec un profond feeling gospel très imprégné de
l'âme du Sud. J'ai retrouvé en tournant avec eux ou
avec Leon ce que j'avais connu en accompagnant Patti
LaBelle ou Major Lance avec Bluesology : tu regardes
tes aînés et tu apprends.

Il nous restait encore beaucoup de chemin à faire, mais
il est clairement apparu sur cette tournée que les gens se
passaient le mot. On a dîné à Los Angeles avec Danny

Hutton de Three Dog Night, et il a dit en passant que Brian Wilson voulait nous rencontrer. C'est vrai ? J'avais été un grand fan des Beach Boys dans les années soixante, mais leur carrière avait fini en eau de boudin et Brian Wilson était devenu un personnage mystérieux, mythique – d'affreux ragots le disaient reclus, fou, ou les deux. Jamais de la vie, nous a rassurés Danny, il adore ce que vous faites, il aimerait beaucoup que vous alliez le voir.

Alors on s'est rendus dans sa maison de Bel-Air, une demeure de style espagnol avec interphone à la grille. Danny a annoncé qu'il était là avec Elton John. Silence de mort. Puis une voix, reconnaissable entre mille, celle de la tête pensante des Beach Boys, s'est mise à chanter le refrain de «Your Song» : «*I hope you don't mind, I hope you don't mind.*» On n'avait pas atteint la porte que Brian Wilson surgissait devant nous en chair et en os. Il avait l'air très bien – peut-être un poil plus enveloppé que sur la pochette de *Pet Sounds*, mais rien à voir avec l'ermite détraqué qu'évoquaient les commérages. On a dit bonjour. Après nous avoir regardés fixement, il nous a rendu notre salut d'un hochement de tête. Puis il a de nouveau chanté le refrain de «Your Song» et il nous a invités à monter voir ses enfants, qui étaient au lit en train de dormir. Il les a réveillés. «C'est Elton John!» a-t-il lancé avec enthousiasme. Ses filles, on le comprend, étaient légèrement décontenancées. Il leur a chanté le refrain de «Your Song» : «*I hope you don't mind, I hope you don't mind.*» Puis il l'a rechanté pour nous. À ce stade, l'excitation d'entendre l'un des vrais génies de la musique pop me sortir le refrain de «Your Song» commençait à s'estomper. Le sentiment m'a pris que la soirée serait longue et pénible. Je me suis tourné vers Bernie et on a échangé un regard assez particulier, un regard mêlant la peur, la confusion et la peine à se retenir d'exploser de rire devant l'incongruité de la situation, un regard qui disait : *Mais qu'est-ce que c'est que cette histoire de dingues ?*

Ce regard, on a été de plus en plus souvent amenés à se l'échanger au cours des derniers mois de 1970. On m'a un jour invité à une fête chez Mama Cass Elliot, dans Woodrow Wilson Drive, à Los Angeles ; c'était le repaire des musiciens de Laurel Canyon, où Crosby, Stills et Nash avaient formé leur groupe et où David Crosby avait présenté à ses amis sa dernière trouvaille, une fille qui écrivait et interprétait elle-même ses textes et ses musiques, une dénommée Joni Mitchell. À mon arrivée, ils étaient tous là. On aurait dit que les pochettes de mes albums de Frome Court s'étaient animées : *Mais qu'est-ce que c'est que cette histoire de dingues ?*

On a croisé Bob Dylan au Fillmore East et il s'est arrêté, s'est présenté, puis il a dit à Bernie qu'il avait adoré les paroles d'une chanson de *Tumbleweed* intitulée « My Father's Gun » : *Mais qu'est-ce que c'est que cette histoire de dingues ?*

On était en coulisse après un concert à Philadelphie quand la porte de la loge s'est ouverte d'un coup et cinq types sont entrés sans s'annoncer. Impossible de confondre The Band avec un autre groupe : ils étaient tout droit sortis de la pochette du disque qu'on avait écouté en boucle en Angleterre. Quand Robbie Robertson et Richard Manuel se sont mis à nous expliquer qu'ils avaient pris un jet privé depuis le Massachusetts pour venir au concert, j'ai essayé de toutes mes forces de faire comme s'il était parfaitement normal que The Band prenne l'avion du Massachusetts pour venir me voir sur scène, croisant au passage le regard de Bernie, qui cherchait lui aussi désespérément à la jouer relax. Un an plus tôt, on rêvait ensemble d'essayer d'écrire comme eux, et les voilà devant nous qui demandaient à écouter notre nouveau disque : *Mais qu'est-ce que c'est que cette histoire de dingues ?*

Il n'y a pas que The Band, qui voulait nous voir. Albert Grossman et Bennett Glotzer, leurs agents, le voulaient aussi. C'étaient l'un et l'autre des légendes du show-business américain, surtout Grossman, un type réputé féroce qui s'occupait de Bob Dylan depuis le début des années soixante. Confronté au fait que Janis Joplin – qui faisait partie de ses clients – devenait accro à l'héroïne, sa réaction n'avait pas été d'intervenir, mais de prendre une assurance-vie au nom de la chanteuse. Sans doute avaient-ils eu vent que je n'avais plus de manager. Ray Williams était un type extra, je lui devais beaucoup, sa fidélité était sans faille – il avait même nommé sa fille Amoreena, comme une chanson de *Tumbleweed Connection* –, mais après la première tournée américaine, j'en avais discuté avec le groupe et nous pensions tous qu'il n'était pas le manager dont nous avions besoin. Grossman et Glotzer ne l'étaient pas davantage, et ça, je l'ai tout de suite compris. On aurait dit les personnages d'un film, un film qui aurait été descendu en flammes pour avoir dressé un portrait caricatural à l'extrême de deux managers du showbiz américain, forts en gueule et agressifs. Il ne s'agissait pas moins de personnes bien réelles, et leurs efforts conjoints pour me récupérer m'ont carrément effrayé. Tant que le poste serait à pourvoir, ils ne me lâcheraient pas la grappe.

« Je vais te suivre partout jusqu'à ce que tu signes avec moi », m'a dit Glotzer.

Il ne plaisantait pas. J'ai cru qu'il allait me falloir une injonction d'éloignement pour m'en débarrasser. La tactique de l'enfermement aux toilettes est soudain redevenue très tentante.

C'est peut-être pendant que je fuyais Bennett Glotzer que m'est venue l'idée de faire de John mon agent.

Plus j'y pensais, plus ça se tenait. John était jeune, ambitieux, débordant d'adrénaline. Il avait grandi dans le milieu ouvrier de Paisley dans les années cinquante et soixante, et ça l'avait suffisamment endurci pour résister à toutes les rudesses du showbiz. Nous étions en couple, ce qui signifiait qu'il aurait toujours mes intérêts à cœur. C'était un harceleur-né, doué d'une tchatche formidable, excellent dans son travail. Il ne se contentait pas de connaître la musique, il avait du flair. Un peu plus tôt cette année-là, il avait su convaincre Motown de sortir en single un titre de Smokey Robinson and the Miracles vieux de trois ans, et « Tears Of A Clown » est devenu numéro un des deux côtés de l'Atlantique. Les ventes ont été si fortes qu'elles ont contraint Smokey Robinson à mettre en suspens ses projets de retraite.

Tout le monde a trouvé mon idée excellente, John compris. Il a quitté EMI et Motown à la fin de l'année, pris un bureau dans les locaux de Dick James – officiellement employé par DMJ dans un premier temps pour servir de liaison entre l'entreprise et moi – et le tour était joué. Pour fêter ça, on a remplacé ma Ford Escort par une Aston Martin. C'était ma première folie, le premier signe que la musique me rapportait vraiment de l'argent. C'est à Maurice Gibb, des Bee Gees, qu'on l'a achetée, c'était donc une authentique voiture de star : une DB6 violette, tape-à-l'œil, belle comme tout. Mais pas pratique pour un sou, ainsi qu'on l'a découvert quand il a fallu aller chercher Martha and the Vandellas à leur descente d'avion à Heathrow. C'était l'une des dernières missions de John pour Motown, et on a fièrement exhibé notre Aston Martin aux chanteuses, qui ont paru très impressionnées jusqu'au moment où elles ont compris qu'il allait falloir qu'elles s'entassent à l'arrière. Les concepteurs avaient manifestement consacré plus d'attention à la poésie des lignes et des contours du véhicule qu'à la capacité des sièges arrière à accueillir un trio soul légendaire. Tant bien que mal, elles ont fini par réussir à se caser. Peut-être la célèbre Charm School de la Motown leur avait-elle donné des cours de contorsion. Sur le chemin du retour, sur l'A40, j'ai jeté un œil dans le rétroviseur : on aurait dit l'heure de pointe dans le métro de Tokyo là-derrière. Attends, Martha and the Vandellas se serraient comme des sardines sur la banquette de mon Aston Martin... Il y a encore douze mois, quand je conduisais une Ford Escort très nettement dépourvue de superstars de la Motown à l'arrière, l'idée même aurait été absurde. Mais après l'année qui venait de s'écouler, l'absurdité était un concept tout relatif.

Cela dit, je n'avais pas le temps de m'attarder à contempler les changements survenus dans ma vie. J'avais bien trop de travail pour ça. On a passé l'année 1971 en tournée : d'abord plusieurs allers-retours entre l'Amérique et la Grande-Bretagne, ensuite le Japon, la Nouvelle-Zélande et l'Australie. On était devenus tête d'affiche, mais on suivait encore le conseil d'Howard Rose en jouant dans des salles un peu plus petites que celles qu'on aurait pu remplir, ou rien qu'un soir dans une ville où on aurait fait deux fois salle comble. Même chose au pays : on a continué à jouer dans les facs et les petits lieux rock alors que depuis longtemps les grandes salles étaient à notre portée. Le procédé est malin : ne pas être trop gourmand, développer sa carrière de façon progressive, du Howard tout craché. Toujours intelligent et de bon conseil : il reste mon agent à ce jour. J'ai vraiment eu de la chance, pour mes débuts en Amérique, de bénéficier de tels collaborateurs. Un jeune artiste britannique offrait une proie facile pour les requins du cru, mais je suis tombé sur des gens qui m'ont accueilli comme un membre de leur famille : cela ne vaut pas seulement pour Howard, mais aussi pour mon éditeur David Rosner et sa femme Margo.

Quand je n'étais pas sur scène, j'étais en studio. Quatre de mes albums ont paru aux États-Unis en 1971 : *Tumbleweed Connection* n'est sorti là-bas qu'en janvier de cette année-là, il y a eu en mars la bande originale d'un film intitulé *Friends* – un succès modeste, mais supérieur à celui du film lui-même qui a fait un bide complet –, puis en mai un disque live enregistré l'année précédente, *11-17-70*, et *Madman Across The Water* en novembre. On a enregistré *Madman* en quatre jours. On en avait prévu cinq, mais Paul Buckmaster nous a fait perdre une journée, parce que après avoir passé la nuit précédant les séances à peaufiner les arrangements – sans doute avec un peu de soutien chimique –, il a renversé une bouteille d'encre sur la seule partition existante, devenue totalement illisible. J'étais fou de rage. C'était une faute ruineuse, et on a cessé de travailler ensemble pendant plusieurs décennies. Mais j'ai aussi été très impressionné, sans l'avouer, qu'il ne mette que vingt-quatre heures à tout réécrire. Même quand il merdait, Paul trouvait un moyen de vous rappeler qu'il était un génie.

Et j'adore *Madman Across The Water*. À l'époque, il a beaucoup mieux marché aux États-Unis, où il est entré dans le Top Ten, qu'en Grande-Bretagne où il a pla-fonné à la quarante et unième place. Ce n'est pas un album très commercial, il n'inclut pas de mégatube, et les chansons sont bien plus longues et plus complexes que tout ce que j'avais écrit jusque-là. Certains textes de Bernie constituaient une espèce de journal de l'année écoulée. L'une des chansons, « All The Nasties », était à propos de moi, elle demandait ouvertement ce qu'il adviendrait si je faisais publiquement mon coming out : « *If it came to pass that they should ask, what would I tell them ? Would they criticize behind my back ? Maybe I should let them*[1]. » Personne, absolument personne n'a relevé ce que j'étais en train de chanter.

Un autre événement s'est produit pendant l'enregistrement de *Madman*. Gus Dudgeon avait fait venir un certain Davey Johnstone pour jouer de la guitare acoustique et de la mandoline sur deux ou trois titres. Le bonhomme m'a beaucoup plu – écossais, dégingandé et très franc du collier, son goût en matière de musique était en outre excellent. J'ai entraîné Gus à l'écart pour lui demander s'il trouverait judicieux que Davey intègre le groupe. Ça faisait un moment que j'envisageais d'augmenter notre trio d'un guitariste. Gus jugeait l'idée mauvaise. Davey était un musicien formidable, mais il ne jouait que de la guitare sèche : à ce qu'en savait Gus, il n'avait jamais touché de guitare électrique de sa vie. Il jouait dans un groupe nommé Magna Carta, qui versait dans le folk bucolique, et le répertoire d'Elton John ne comptait pas beaucoup de pièces dans ce goût-là.

L'argument était très convaincant, mais je l'ai ignoré et ai offert la place à Davey malgré tout. Si ces dernières années m'avaient appris quelque chose, c'est bien que seule compte parfois l'intuition. On a beau travailler dur, planifier avec le plus grand soin, tout repose finalement sur un feeling, sur un coup d'instinct ou un coup du sort. Et si je n'avais pas répondu à l'annonce de Liberty ? Et si j'avais réussi l'audition et qu'on ne m'ait jamais proposé les textes de Bernie ? Et si Steve Brown ne s'était pas pointé chez DJM ? Et si Dick n'avait pas eu la certitude que je devais partir aux États-Unis alors que ça paraissait stupide ?

C'est donc avec Davey qu'on est partis enregistrer l'al-

---

1. « Et s'ils venaient à poser la question, que leur dirais-je ? Médiraient-ils de moi dans mon dos ? Ne vaudrait-il pas mieux les laisser dire ? »

bum suivant en France, au château d'Hérouville. J'avais chamboulé pas mal de choses – c'était la première fois que j'enregistrais un album avec mon groupe de scène plutôt qu'avec des requins de studio, la première fois que Davey touchait à une guitare électrique, la première fois qu'on avait les moyens d'enregistrer à l'étranger, dans un studio résidentiel – mais j'étais très confiant. Juste avant le départ pour la France, j'ai légalement adopté le nom d'Elton John. Elton *Hercules* John. J'avais toujours trouvé un peu ridicule d'utiliser un deuxième prénom, alors autant y aller à fond : j'ai emprunté celui-là au cheval du chiffonnier de la sitcom *Steptoe and Son*. J'en avais surtout assez que, dans les magasins, la caissière reconnaisse ma tête et ne fasse pas le lien avec le nom sur mon chéquier. En vérité, c'était plus symbolique que pratique – je laissais enfin Reg Dwight derrière moi, à jamais, légalement, et je devenais pleinement celui que je devais être. Les choses s'avéreraient plus compliquées, mais ça m'a fait du bien sur le moment.

J'adorais l'idée de travailler dans un château, malgré la réputation qui entourait celui-là, que l'on disait hanté. Les autochtones s'étaient surtout lassés de la clientèle du studio après le séjour qu'y avaient fait les Greatful Dead, et notamment le concert gratuit qu'ils avaient offert aux habitants du village voisin, au cours duquel ils avaient jugé opportun d'ouvrir l'esprit de la France rurale en agrémentant les boissons du public d'un peu de LSD. Le bâtiment, un manoir du XVIIIe siècle, n'en était pas moins magnifique – on a même fini par l'évoquer dans le titre de l'album : *Honky Château* – et je trouvais stimulant d'avoir à écrire les morceaux sur place.

Je ne suis pas le type de musicien qui se promène sans cesse avec des mélodies plein la tête. Je ne me rue pas sur le piano en pleine nuit quand l'inspiration m'appelle. Je ne pense même pas à la composition quand je ne suis pas en train de m'y livrer. Bernie écrit les textes, il me les donne, je les lis, je joue un accord et parfois quelque chose s'impose, me passe à travers les doigts. La muse, Dieu, la chance : appelez ça comme vous voudrez, je n'ai pas la moindre idée de ce que c'est. Je sais juste dès le départ où va m'emmener la mélodie. Il arrive qu'une chanson ne soit pas plus longue à composer qu'à écouter. C'est le cas de « Sad Songs (Say So Much) » : je me suis assis, j'ai lu le texte et je l'ai jouée, à peu près telle qu'elle figure sur l'album. Parfois, c'est plus long. Si au bout d'une quarantaine de minutes je ne suis pas satisfait de la direction que ça prend, je laisse tomber et je passe à autre chose. Il y a certains textes de Bernie pour lesquels je n'ai jamais trouvé de musique satisfaisante. Comme cette chanson merveilleuse intitulée « The Day That Bobby Went Electric », sur le jour où il a entendu Dylan chanter « Subterranean Homesick Blues » ; je ne lui ai pas trouvé de mélodie qui me convienne, malgré quatre ou cinq tentatives. Mais je ne sais pas ce qu'est l'angoisse de la page blanche, il n'est jamais arrivé que je m'asseye devant un texte de Bernie et que rien ne vienne. J'ignore pourquoi. Je ne saurais l'expliquer et n'ai aucune envie de le faire. À vrai dire, j'adore que ce soit inexplicable. Toute la beauté de la chose réside justement dans sa spontanéité.

Bernie a donc apporté sa machine à écrire au château et, hors du studio proprement dit, on a aussi disposé quelques instruments dans la salle à manger. Bernie écrivait son texte et il me le déposait sur le piano. Je me levais tôt, je descendais à la salle à manger, je jetais un œil à ce qu'il avait trouvé et j'y mettais de la musique en prenant le petit déj. Le premier matin, j'en avais ficelé trois avant que le groupe descende

manger : « Mona Lisas And Mad Hatters », « Amy » et
« Rocket Man ».

Une fois Davey convaincu qu'on ne le faisait pas marcher et que j'avais vraiment écrit trois chansons pendant
sa grasse matinée, il a attrapé sa guitare et m'a demandé
de rejouer « Rocket Man ». Et là, il n'y a pas mis de
solo ni rien de ce qu'aurait mis un guitariste ordinaire.
Il a pris un bottleneck et s'est mis à jouer des notes
éparses, solitaires, qui gravitaient autour de la mélodie
puis s'en éloignaient. Fabuleux. Je vous l'ai dit : tout
tient parfois à l'intuition, il faut s'en remettre au sort.

Le reste du groupe était tellement habitué à jouer
ensemble qu'il se produisait entre nous des moments de
télépathie : l'instinct leur dictait précisément quoi faire
d'un morceau, sans qu'il y ait à prononcer un mot.
Magnifique sensation, assis dans la salle à manger du
château, que d'écouter une chanson prendre forme, d'essayer une idée pour immédiatement découvrir que c'était
la bonne. Il est arrivé dans ma vie que mes chansons
soient mon refuge, la dernière chose qui fonctionne quand
tout le reste part à vau-l'eau, mais là, je ne fuyais rien
du tout. J'avais vingt-quatre ans, du succès, j'étais posé
et amoureux. Et puis, cerise sur le gâteau, le lendemain
c'était relâche et j'allais à Paris, bien décidé à *piller* la
boutique Saint Laurent.

Cinq

En 1972, John et moi avons quitté Londres pour Virginia Water, dans le Surrey, troquant notre petit appartement contre un lieu un peu plus spacieux : on a acheté un pavillon avec trois chambres à coucher, piscine et salle de jeux dans les combles. J'ai baptisé le lieu Hercules, pour que ça colle avec mon deuxième prénom. Bernie et Maxine, qui s'étaient mariés en 1971, avaient une maison dans les environs ; maman et Derf, enfin mariés eux aussi, se sont installés plus loin dans notre rue, ils pouvaient garder un œil sur notre pavillon en notre absence. Ce petit coin de l'Angleterre ayant reçu le surnom de « ceinture des agents de change », on aurait pu croire que c'était une banlieue ennuyeuse, mais il n'en était rien. Notamment parce que Keith Moon vivait à dix minutes de là : cela dotait clairement l'existence d'une part d'imprévu. Keith était formidable, mais sa consommation de substances semblait l'avoir privé de toute notion du temps. Il débarquait à l'improviste à deux heures et demie du matin, totalement pété – le plus souvent accompagné de Ringo Starr, autre résident du coin – et l'air sincèrement surpris de nous tirer du lit. Ou alors il se pointait dans notre allée à 7 heures du matin le jour de Noël, dans sa Rolls Royce, capote ouverte, l'autoradio hurlant les grands succès des Shadows. « Mon garçon ! Regarde ma nouvelle voiture ! Viens faire un tour ! Non, tout de suite ! Viens comme ça, en robe de chambre ! »

Parmi mes fréquentations à Virginia Water, la plus intéressante n'avait aucun lien avec le milieu de la musique. J'ai rencontré Bryan Forbes le jour où, en quête de lecture, j'ai mis le pied dans la librairie qu'il tenait en ville. Il s'est présenté, disant qu'il croyait me reconnaître. Ce n'était pas invraisemblable, mes extravagances vestimentaires ne se limitant plus désormais à la scène. Pour une après-midi d'emplettes dans une petite bourgade résidentielle du Surrey, je portais en toute simplicité un manteau de fourrure orange vif et des bottines à semelles compensées de vingt centimètres. Sauf que ce n'était pas moi qu'il reconnaissait : j'ai compris au fil de la conversation qu'il me prenait pour l'un des Bee Gees.

Une fois établi que je n'étais pas l'un des frères Gibb, on s'est très bien entendus. Bryan était fascinant. Ancien acteur, il se consacrait à l'écriture de scénarios et de romans, mais aussi à la mise en scène, et il en viendrait à diriger un studio. Il avait épousé l'actrice Nanette Newman, et ils connaissaient à eux deux quasiment tout le monde, aussi bien les légendes d'Hollywood que des écrivains ou des stars du petit écran. Vous étiez en Amérique, vous évoquiez en passant un désir ancien de rencontrer David Niven ou Groucho Marx, et Bryan vous arrangeait le coup ; c'est comme ça que j'ai obtenu l'affiche d'un film des Marx Brothers avec la mention « À John Elton de la part de Marx Groucho » : il ne comprenait pas que mon nom soit, selon ses termes, « à l'envers ». C'est drôle, mais j'ai repensé à Groucho des années plus tard, au palais de Buckingham, le jour où j'ai été anobli, parce que c'est ce qu'a annoncé le chambellan à la reine : « Sir John Elton ! »

Un dimanche après-midi, tandis que John et moi mangions un morceau devant notre pavillon, on a vu une femme d'une soixantaine d'années aux faux airs de Katharine Hepburn remonter notre allée à vélo. C'était bien Katharine Hepburn : « Je suis chez Bryan Forbes – il m'a dit que je pouvais profiter de votre piscine. » Absolument sidérés, John et moi n'avons pu faire mieux qu'acquiescer. Cinq minutes plus tard, elle réapparaissait en maillot de bain en se plaignant de la présence d'une grenouille morte dans l'eau. Me voyant hésiter sur la façon de l'en retirer – je suis assez délicat pour ce genre de choses –, elle a sauté dans l'eau et pris la bestiole dans les mains. Je lui ai demandé comment elle pouvait supporter de la toucher.

« Le caractère, jeune homme », a-t-elle répliqué durement.

Quand on vous invitait à déjeuner chez les Forbes, vous pouviez vous retrouver assis entre Peter Sellers et Dame Edith Evans à écouter leurs anecdotes, ou découvrir en arrivant que la reine mère était parmi les invités. Bryan connaissait la famille royale : il était président du National Youth Theatre, qui comptait la princesse Margaret parmi ses marraines. Il s'est avéré que la princesse Margaret adorait la musique et la compagnie des musiciens. Elle m'inviterait même un jour à souper au palais de Kensington avec le groupe après un concert au Royal Festival Hall, et ce serait l'occasion d'une scène terriblement embarrassante, non du fait de la princesse – elle était vraiment adorable, très amicale avec tout le monde – mais de son époux, lord Snowdon. Leur mariage battait de l'aile, c'était de notoriété publique – la presse rapportait constamment des rumeurs d'infidélité de l'un ou de l'autre –, mais nous ne nous serions jamais attendus à l'incident de ce soir-là. Faisant irruption en plein repas, il lui a aboyé : « Où est mon putain de dîner ? » Il s'est ensuivi une énorme dispute, et la princesse a quitté la salle en pleurs. Le groupe et moi sommes restés sagement assis, sidérés, et indécis sur la conduite à suivre. Où l'on voit que la vie au sein du groupe d'Elton John est tout sauf ordinaire : les musiciens se détendent généralement après un concert en fumant un joint, en séduisant des groupies ou en saccageant leur chambre d'hôtel. Nous, on regarde la princesse Margaret et lord Snowdon se faire des scènes de ménage.

Mais ce n'était pas seulement les personnes que Bryan connaissait, il y avait aussi toutes les choses qu'il savait et son don pour la pédagogie : patient et prodigue de son temps, sophistiqué dans ses goûts mais pas pédant pour un sou, il était avide de faire apprécier ce qu'il appréciait lui-même. Il m'a initié à l'art, et c'est sous son influence que je suis devenu collectionneur. Ça a commencé par des affiches Art nouveau et Art déco, très tendance au début des années soixante-dix – Rod Stewart en faisait la collection lui aussi –, puis il y a eu les peintres surréalistes comme Paul Wunderlich. Je me suis mis à acheter des lampes Tiffany et des meubles Bugatti. Bryan a aussi éveillé mon intérêt pour le théâtre et m'a recommandé des livres. On est devenus très proches, au point de partir en vacances ensemble : John et moi, Bryan, Nanette et leurs filles, Emma et Sarah. On louait une maison en Californie pendant un mois, et les amis passaient nous rendre visite.

Nanette s'est révélée une excellente camarade de shopping, activité dont j'étais devenu friand dès que j'avais gagné trois sous. Bon, ce n'est pas tout à fait vrai. J'ai toujours aimé ça, depuis tout petit. Quand je repense à mon enfance à Pinner, ce sont les magasins que je vois : les bobines colorées de fil à coudre de la mercerie où ma grand-mère achetait ses fournitures de tricot, l'odeur des cacahuètes fraîches à l'entrée du Woolworths, la sciure au sol du Sainsburys, où Tatie Win tenait le rayon crémerie. J'ignore pourquoi, mais tous ces lieux avaient sur moi un effet fascinant. J'ai toujours adoré collectionner les choses et faire des cadeaux, bien plus qu'en recevoir. Petit, ce que je préférais à Noël, c'était réfléchir à ce que j'allais offrir à ma famille : de l'après-rasage pour mon père, un chapeau de pluie pour ma grand-mère, peut-être un petit vase pour maman, comme ceux du kiosque près de la station de Baker Street, sur le chemin de la Royal Academy of Music.

Évidemment, le succès m'a permis de donner à cette passion une tout autre dimension. On était tellement chargés quand on rentrait de Los Angeles que le supplément pour excédent de bagages était aussi cher que le billet d'avion. Il suffisait que j'apprenne que Tatie Win avait le moral à zéro pour appeler un concessionnaire et lui faire livrer une voiture neuve. J'ai entendu au fil des ans tout un tas de psys m'expliquer que c'est un comportement obsessionnel, addictif, ou que je cherche à acheter l'affection des gens par des cadeaux. Sauf le respect que je dois aux représentants du corps psychiatrique, c'est à mon sens un ramassis de foutaises. Je ne cherche pas à m'acheter l'affection des gens. Je prends simplement beaucoup de plaisir à faire en sorte qu'ils se sentent inclus, ou à leur signifier que je pense à eux. J'adore la tête que font les gens quand on leur offre quelque chose.

Pas besoin qu'un psy vienne me dire que les biens matériels ne remplacent ni l'amour ni le bonheur. J'ai passé suffisamment de nuits affreuses et solitaires dans des maisons remplies jusqu'au plafond de beaux objets pour l'avoir compris tout seul depuis belle lurette. Et je ne conseille à personne de s'en aller faire les boutiques en pleine descente après trois jours de cocaïne non-stop, sauf à vouloir se réveiller le lendemain en présence de tout un tas de sacs remplis de merdes qu'on n'a aucun souvenir d'avoir achetées. Ou, dans mon cas, se faire réveiller par un coup de fil m'informant que j'ai acheté un tramway. Pas un modèle réduit. Un vrai. Un combiné Melbourne classe W2 à porte centrale, la voix au bout du fil m'expliquant qu'il doit être expédié d'Australie en Grande-Bretagne, où il ne sera livrable à mon domicile que suspendu à deux hélicoptères Chinook.

Je suis donc le premier à reconnaître qu'il m'est arrivé de prendre, carte de crédit en main, des décisions précipitées. Sans doute ne m'en serais-je pas plus mal sorti dans la vie sans avoir de tramway dans mon jardin, ni la réplique en fibre de verre grandeur nature d'un tyrannosaure dont je me suis empressé de débarrasser Ringo Starr au bout d'une très longue nuit : Ringo cherchait à vendre sa maison, mais la présence du mastodonte semblait dissuader les acquéreurs potentiels. Pourtant, d'aussi loin que je me souvienne, j'ai toujours trouvé un curieux réconfort dans le fait de collectionner les choses, qu'il s'agisse de disques, de photos, de fringues ou d'objets d'art. Et c'est resté une constante de ma vie, dans les hauts comme dans les bas. J'y ai trouvé une source de réconfort et de plaisir quand je me sentais abandonné et à la dérive, mais aussi quand je me sentais aimé, assouvi, posé. Je suis loin d'être le seul : le monde est rempli de fous des petits trains électriques, de philatélistes et de collectionneurs de vinyles. Moi, j'ai la chance d'avoir assez d'argent pour pousser la chose un peu plus loin que la plupart. J'ai travaillé dur pour le gagner, et si certains trouvent excessive ou ridicule ma manière de le dépenser, cela ne regarde qu'eux et je n'en tire pas la moindre culpabilité. S'il s'agit d'une addiction, force est de reconnaître qu'il m'est arrivé dans la vie d'être dépendant à des choses bien plus nocives que l'achat de vaisselle ou de photographies. Ça m'apporte de la joie. Vous savez, j'ai mille bougies dans un placard de ma maison d'Atlanta, je me doute bien que c'est abuser, mais laissez-moi vous dire que jamais de votre vie vous n'avez ouvert un placard sentant aussi bon.

Ma manie des achats n'est pas la seule chose à avoir grimpé d'un cran. Tout est devenu plus grand, plus fort, plus excessif. Bernie et moi n'avions pas conçu « Rocket Man » comme un immense tube – on se considérait comme des artistes d'albums – mais ça l'est pourtant devenu : numéro deux en Grande-Bretagne, bien mieux qu'aucun de nos singles jusqu'alors, et triple platine aux USA. On avait accouché par hasard d'un autre type de produit, et le succès de cette chanson a transformé notre public. Soudain sont apparues aux spectacles des filles hurlantes au premier rang ou à l'entrée des artistes, s'agrippant en larmes à notre voiture. C'était vraiment bizarre, comme si elles étaient parties pour voir les Osmonds ou David Cassidy mais s'étaient retrouvées à notre concert à la suite d'une erreur d'aiguillage.

Je travaillais dur, peut-être trop, mais j'étais pris dans un élan irrésistible qui m'emportait malgré l'épuisement et me faisait dépasser toutes les vicissitudes. À l'été 1972, juste avant d'entrer en studio enregistrer *Don't Shoot Me, I'm Only The Piano Player*, j'ai attrapé une mononucléose infectieuse. J'aurais dû repousser les séances le temps de me remettre sur pied, mais je suis allé au château d'Hérouville et je les ai péniblement enchaînées en carburant à l'adrénaline. On ne dirait pas, à écouter l'album, que j'étais malade : le type qui chante « Daniel » et « Crocodile Rock » paraît en parfaite santé. Quelques semaines après, je repartais en tournée. Je ne cessais de peaufiner le spectacle, de le rendre toujours plus excessif et scandaleux. J'ai sollicité des costumiers professionnels – d'abord Annie Reavey, puis Bill Whitten et Bob Mackie – en leur donnant carte blanche, si délirantes que soient leurs idées : toujours plus de plumes, de paillettes, des couleurs plus vives, des semelles plus hautes. Tu as créé une tenue couverte de balles multicolores attachées par des élastiques et qui luisent dans le noir ? Combien de balles ? Tu ne veux pas en mettre plus ? J'aurai du mal à jouer du piano avec ? J'en fais mon affaire.

L'idée m'est alors venue d'appeler « Legs » Larry Smith, un ancien du Bonzo Dog Doo-Dah Band, pour qu'il se joigne à la tournée. À la base, Legs était batteur, mais son autre grand talent, c'était les claquettes. On l'avait déjà fait venir à l'enregistrement de *Honky Château* pour en ajouter sur une chanson intitulée « I Think I'm Going To Kill Myself », et je lui ai demandé de faire un numéro sur scène. Son show s'est élaboré au fil de la tournée. Legs arrivait avec un casque de moto et une longue traîne de robe de mariée. Puis il s'est mis à débouler flanqué de deux nains habillés en Marines US, sous un déluge de confettis. Et on a fini par faire ensemble un numéro où nous mimions « Singing In The Rain », dialogue compris. Accoudé à mon piano, Larry soupirait : « Ah ça, Elton, j'aimerais tant jouer comme toi. Je parie que ça t'attire tous les garçons. » Comme toujours, personne n'a sourcillé.

J'ai été jusqu'à inviter Larry à se joindre à nous quand on m'a proposé de participer au gala télévisé Royal Variety Performance, ce qui n'a pas manqué de faire tout un tas d'histoires. Ô surprise, l'organisateur du spectacle, Bernard Delfont, refusait catégoriquement qu'un type portant une traîne de mariée et un casque de moto fasse des claquettes devant la reine mère. Je lui ai dit d'aller se faire foutre, que je ne jouerais pas sans Larry, et il a cédé. J'ai trouvé que c'était le meilleur moment de la soirée, hormis le fait d'avoir partagé ma loge avec Liberace. Il avait clairement oublié, ou alors il me l'avait pardonné, le lapin que je lui avais posé deux ans plus tôt à son spectacle au London Palladium, et il était à présent tout simplement divin, l'incarnation absolue du showbiz. Il avait apporté des malles et des malles de fringues. Je considérais mon propre style comme plutôt tapageur – je portais un costard en lurex à rayures multicolores, avec semelles compensées et chapeau haut de forme assortis –, mais comparé à son coin de loge, le mien ressemblait à un rayon très vieux jeu de chez Marks and Spencer. Il avait un costume constellé de petites ampoules qui s'allumaient quand il s'asseyait au piano. Il m'a signé un autographe – de son paraphe en forme de piano – puis il a passé l'après-midi à me sortir une succession d'anecdotes impayables sur un ton d'une invraisemblable théâtralité. Le mois précédent, m'a-t-il raconté, la plateforme hydraulique censée le hisser depuis le sous-sol jusqu'à la scène avait rendu l'âme à mi-chemin ; consciencieux jusqu'à la moelle, il avait alors passé quarante minutes à faire le show pour un public n'apercevant que sa tête.

La question de ma propre façon d'entrer en scène me travaillait de plus en plus, car c'était le seul moment du spectacle où j'étais parfaitement mobile, pas collé à mon piano. C'est au Hollywood Bowl en 1973 que j'ai atteint mon sommet. La scène avait pour fond une immense fresque me représentant en haut-de-forme et queue-de-pie, flanqué de danseuses de revue. Pour commencer, Tony King est entré présenter Linda Lovelace, qui était alors la plus grande star du porno. Puis une succession de sosies ont descendu le grand escalier lumineux bordé de palmiers au fond de la scène : la reine d'Angleterre, Batman et Robin, le monstre de Frankenstein, le pape. Enfin, j'ai fait mon apparition sur le thème de la Twentieth Century Fox, portant ce que j'appelle l'Incroyable Tenue des Bâtonnets de Fromage[1], couverte de plumes blanches de marabout – le pantalon comme la veste – et avec chapeau assorti. Au fil de ma descente, cinq pianos à queue s'ouvraient, affichant les lettres E.L.T.O.N.

Au cas où quelqu'un aurait trouvé ça un peu trop mesuré et subtil, quatre cents blanches colombes étaient censées s'envoler de l'intérieur des pianos à queue. J'ignore si elles dormaient ou si elles étaient trop effrayées pour sortir, mais aucune n'a montré le bout du bec. Alors que je bondissais sur mon propre piano, j'ai eu la surprise de me voir rejoint sur scène par John Reid, qui, à en juger par son air furax, avait pris cette grève des volatiles pour un affront personnel, comme si ces oiseaux contestaient ouvertement ses capacités d'organisateur ; et par un Bernie, plus penaud, qui courait frénétiquement d'un piano à l'autre pour en extraire les colombes et les lancer en l'air.

Les chorégraphies, les plumes de marabout, les colombes qui s'envolent – ou pas –, les pianos à queue qui déploient mon nom... le groupe n'était pas très fan de tout ça, Bernie non plus. Il trouvait que ça détournait l'attention de la musique. Moi, je pensais que je me forgeais une personnalité sans équivalent dans le rock. Et puis je m'amusais. Cela a donné lieu à des désaccords cocasses. Quand le meilleur duo d'auteurs-compositeurs de l'époque se chamaille en coulisse au Santa Monica Civic, ce n'est pas pour des questions d'argent ou de direction musicale, mais pour savoir s'il faut ou pas que j'entre en scène avec un père Noël lumineux accroché devant la zigounette. Bernie n'avait pas toujours complètement tort. Les costumes produisaient bel et bien un effet sur la musique. J'avais une paire de lunettes qui formait le mot ELTON, avec tout plein d'ampoules. Le poids

---

1. *The Incredible Cheese Straw Outfit.*

combiné des lunettes et du pack de batteries alimentant les ampoules m'écrasait les narines, du coup on aurait dit que je chantais en me pinçant le nez. Cela dit, je doute que ça ait amenuisé l'impact émotionnel de ses paroles amoureusement ciselées.

Le concert au Hollywood Bowl a été un véritable événement, il a servi de lancement pour l'album suivant, *Goodbye Yellow Brick Road*. Son enregistrement avait été assez proche de la torture, du moins à l'aune de mes habitudes. On avait jeté notre dévolu sur les Dynamic Sounds Studios, à Kingston, en Jamaïque : il était très chic à l'époque d'aller faire son album dans un coin exotique, pas en Europe. Dynamic Sounds était un choix évident. Bob Marley y avait travaillé. Cat Stevens aussi. Les Rolling Stones y avaient enregistré *Goats Head Soup*. Mais on a constaté en arrivant qu'une usine de pressage de disques était annexée au studio et que son personnel était en grève. Les types ouvraient les fenêtres du minibus nous amenant de l'hôtel et nous projetaient des débris de verre à la sarbacane, ce qui avait le don de nous faire sortir du véhicule en un clin d'œil. Dans le studio proprement dit, rien ne fonctionnait. Tu demandais à changer de micro et on te répondait en acquiesçant lentement de la tête : « On peut peut-être en avoir un autre dans... trois jours ? » C'était sans espoir. J'ignore comment les Rolling Stones ont pu y réaliser tout un album. Peut-être que Keith était tellement défoncé que trois jours d'attente pour un micro passaient comme une vingtaine de minutes.

On a fini par renoncer. De retour à l'hôtel, on a appelé pour réserver des séances au château d'Hérouville. En attendant de trouver un vol, le groupe traînait au bord de la piscine, apparemment très occupé à tenter de battre un record mondial de consommation de marijuana. À notre arrivée au château, on avait accumulé tellement de chansons que *Goodbye Yellow Brick Road* est devenu un double album. À sa sortie, son décollage nous a tous pris de court. L'album est à bien des égards plutôt sombre, ses chansons évoquent la tristesse et la déception, on y croise des alcooliques, des prostituées et des assassins, ou encore une lesbienne de seize ans qui trouve la mort dans le métro. Mais il a continué à se vendre et à se vendre jusqu'à ce que je finisse par ne plus comprendre qui encore pouvait bien l'acheter. Je ne dis pas ça à la légère : j'ignorais vraiment qui étaient ses acheteurs. La maison de disques américaine me poussait à sortir « Benny And The Jets » en single et je résistais bec et ongles : c'est une chanson curieuse, qui ne ressemble à rien de ce que j'ai fait et dure cinq minutes, alors pourquoi ne pas simplement sortir « Candle In The Wind », comme en Grande-Bretagne ? C'est là qu'ils m'ont dit que ça passait en boucle sur toutes les radios noires de Detroit. À sa sortie, le single a grimpé directement au sommet du classement soul de la revue *Billboard* : voir mon nom parmi les titres d'Eddie Kendricks, Gladys Knight ou Barry White avait quelque chose d'irréel. Je n'étais peut-être pas le premier artiste blanc à qui ça arrivait, mais sans aucun doute le premier venu de Pinner.

Mon succès était tel que j'ai fait ma tournée américaine à bord du *Starship*, un vieux Boeing 720 commercial converti en somptueux autocar de tournée à l'usage exclusif du gratin du rock'n'roll des années 1970. Il se racontait des horreurs à propos des fêtes données à son bord par Led Zeppelin. J'étais moins embêté par ce qu'ils avaient fait à l'intérieur qu'à l'extérieur de l'avion : l'engin était peint en violet et doré, on aurait dit une grosse boîte de chocolats Milk Tray avec des ailes. Pas de problème, il y avait moyen de le faire relooker à notre convenance. On l'a donc repeint en rouge et bleu, avec des étoiles blanches. D'un bien meilleur goût.

À l'intérieur, il y avait un bar décoré de papier alu orange et or placé devant un grand miroir, ainsi qu'un orgue, des tables, des banquettes et une télé avec un magnétoscope, sur lequel ma mère a tenu à regarder *Gorge profonde* – «Tout le monde ne parle que de ça, n'est-ce pas? De quoi s'agit-il, alors?» – pendant le déjeuner. Led Zeppelin a certainement accompli dans cet avion mille et une choses inavouables, mais je suis sûr qu'ils n'ont jamais passé une heure d'affilée à rire des cris d'épouvante d'une femme d'âge respectable face aux prouesses de Linda Lovelace : «Mon Dieu, mais qu'est-ce qu'elle fait, là? Je ne veux pas regarder! Mais comment peut-elle?»

Il y avait une chambre à coucher à l'arrière, avec une douche, une fausse cheminée et des tables de nuit en plexiglas. On pouvait s'y réfugier et y faire l'amour. Ou du boudin, comme j'étais en train de le faire un soir quand mon attachée de presse américaine, Sharon Lawrence, est venue frapper à ma porte en me suppliant de sortir : «Reviens au bar, on a une surprise pour toi.» Je l'ai envoyée chier. Elle a insisté. J'ai continué à l'envoyer chier. Elle a fini par fondre en larmes – «Il faut que tu viennes au bar! Il le faut! Il le faut!» –, alors, furieux, j'ai ouvert la porte et consenti à la rejoindre, multipliant en chemin les soupirs, les yeux levés au ciel et les «putain de bordel, tu ne peux pas me foutre la paix non». Arrivé au bar, j'ai vu Stevie Wonder, assis à l'orgue, prêt à jouer pour moi. Il a lancé : «Happy Birthday!» On n'aurait pas été à quarante mille pieds d'altitude, j'aurais souhaité que la terre s'ouvre et m'engloutisse.

Vu de l'extérieur, tout semblait aller pour le mieux : les tournées s'allongeaient et devenaient plus spectaculaires, les disques se vendaient si bien que certains journalistes commençaient à me qualifier de plus grand artiste pop du monde. John avait complètement repris ma gestion : son contrat signé avec DJM en 1971 étant arrivé à terme, il avait quitté les locaux et créé sa propre agence artistique. On avait aussi ouvert avec Bernie et Gus Dudgeon notre propre maison de disques, baptisée Rocket : l'idée n'était pas de publier mes albums, mais de dénicher des talents et de leur donner leur chance. Il nous est arrivé d'être meilleurs dénicheurs que développeurs : on n'a pas su faire marcher un groupe nommé Longdancer, malgré la présence dans ses rangs d'un guitariste, un ado nommé Dave Stewart, qui avait indéniablement quelque chose, comme il le démontrerait des années plus tard avec Eurythmics. Mais on a eu nos réussites également. On a signé Kiki Dee, que John et moi connaissions depuis des années : c'était la seule artiste blanche de l'écurie Motown à l'époque où John y travaillait. Elle enregistrait des singles depuis le début des années 1960, sans rencontrer le succès, jusqu'à ce qu'on sorte sa version d'« Amoureuse », une chanson de Véronique Sanson qui avait fait un bide au Royaume-Uni, mais avait attiré l'attention de Tony King, qui l'avait proposée à Kiki.

Sous la surface, toutefois, les choses commençaient à mal tourner. On a passé les premières semaines de l'année 1974 à enregistrer au Caribou Ranch, un studio perché dans les Rocheuses, qui donnerait son nom à l'album, *Caribou*. Avec l'altitude, chanter pouvait être difficile, et c'est la raison de la crise que j'ai piquée pendant l'enregistrement de « Don't Let The Sun Go Down On Me ». Une fois que j'ai annoncé que je détestais la chanson, que je renonçais à l'enregistrer et qu'il fallait l'envoyer à Engelbert Humperdinck – « et s'il n'en veut pas, dites-lui de la refiler à Lulu ! Elle pourra toujours en tirer une face B ! » –, on m'a reconduit de force dans la cabine et j'ai fini la prise. Après quoi j'ai hurlé à Gus Dudgeon que je la détestais encore plus à présent qu'elle était terminée et que je le tuerais de mes mains s'il osait la mettre sur l'album. À part ça, c'était formidable, Caribou. Le studio était beaucoup plus sophistiqué que celui du château. On était logés dans de belles cabanes de rondins truffées d'antiquités – le lit où je dormais avait supposément appartenu à Grover Cleveland, qui fut président des États-Unis au xixᵉ siècle. Il y avait une salle de projection, et les musiciens qui passaient par Denver ou Boulder venaient y faire un saut. Stevie Wonder, qui m'avait de toute évidence pardonné l'incident à bord du *Starship*, s'est pointé un jour, et il a enfourché un scooter des neiges, insistant pour le piloter lui-même. Pour répondre tout de suite à votre question : non, je n'ai pas la moindre idée de comment Stevie Wonder a pu piloter un scooter des neiges dans les Rocheuses du Colorado sans se tuer ni tuer personne, mais il l'a bel et bien fait.

Un soir, alors que nous terminions la séance, je suis entré dans une pièce derrière le studio et j'ai vu John qui trifouillait quelque chose sur la table. Il y avait une paille et de la poudre blanche. J'ai demandé ce que c'était, il m'a répondu que c'était de la cocaïne. Je lui ai demandé ce que ça faisait, et il a dit : « Oh, ça fait que tu te sens bien. » Alors je lui ai demandé si je pouvais en avoir et il a dit oui. Ma première ligne m'a donné un haut-le-cœur. J'ai détesté la sensation que ça faisait au fond de la gorge, ce drôle de mélange d'engourdissement induit par la drogue elle-même et de sécheresse poudreuse due aux saloperies avec lesquelles elle était coupée. J'avais beau avaler ma salive, pas moyen de m'en débarrasser. Je suis allé aux toilettes et j'ai vomi. Pour aussitôt revenir dans la pièce où se trouvait John et lui demander une autre ligne.

Mais qu'est-ce qui m'a pris ? J'avais goûté, j'avais détesté, ça m'avait fait vomir – alors ? Si ce n'est pas un message de Dieu qui cherche à te dire de laisser tomber... à part un déluge apocalyptique ou une crise de furoncles, on voit mal quelle mise en garde aurait pu être plus claire. Pourquoi n'ai-je pas laissé tomber ? Mais le fait de vomir n'a pas dissipé l'effet de la coke, et ça m'a bien plu. La poussée de confiance, l'euphorie, le sentiment soudain de pouvoir s'ouvrir, de ne plus se sentir embarrassé ou intimidé, de pouvoir parler à tout le monde. Tout ça n'était bien sûr que du pipeau. Je débordais naturellement d'énergie, j'étais curieux de tout, j'avais de l'humour et soif d'apprendre : je n'avais pas besoin qu'une drogue me pousse à parler avec les gens. Si tant est que la cocaïne m'ait apporté quelque chose, c'est bien un excès de confiance, au point que ça s'est retourné contre moi. Si je n'avais pas été gavé de coke jusqu'aux yeux quand les Rolling Stones se sont pointés dans le Colorado et m'ont proposé de les rejoindre sur scène, je me serais peut-être contenté de faire « Honky Tonk Women », saluer le public et tirer ma révérence. Mais j'ai trouvé que ça se passait tellement bien que j'ai décidé de rester, tapant l'incruste jusqu'au bout du set, sans prendre la précaution de demander aux Stones s'ils voulaient d'un clavier auxiliaire. J'ai attribué un moment les coups d'œil insistants que me lançait Keith Richards à son admiration pour le génie de mes apports improvisés à leur œuvre. Après plusieurs morceaux, toutefois, mon cerveau a fini par décoder que son expression ne trahissait pas nécessairement la plus profonde appréciation musicale. Il avait quand même l'air d'un type à deux doigts de commettre un acte de barbarie sur un musicien qui abusait de son hospitalité. Je me suis vite éclipsé, remarquant au passage le regard de Keith qui laissait entendre qu'on en reparlerait, et j'ai jugé préférable de ne pas trop traîner à la fête d'après concert.

Cela dit, je trouvais dans la cocaïne autre chose que des sensations. Elle avait un certain cachet. C'était dans le vent et exclusif. On devenait le membre d'une petite clique, d'une élite s'adonnant secrètement à une activité audacieuse, dangereuse et illicite à la fois. C'est assez minable, mais ce côté-là m'attirait beaucoup. J'avais la réussite, la notoriété, mais je n'étais pas un mec cool. Déjà au sein de Bluesology j'étais le binoclard de service, celui qui n'avait pas une gueule de pop star, qui ne portait jamais de fringues à la mode, le ringard qui traînait dans les magasins de disques pendant que les autres passaient leur temps à baiser et à prendre des drogues. Or la cocaïne me donnait ce côté cool : les échanges subtilement codés pour savoir qui en avait ou qui en voulait – qui faisait ou ne faisait pas partie de la clique –, les visites en douce aux toilettes des boîtes ou des bars. Tout cela était évidemment aussi du pipeau. J'appartenais déjà à un club. Depuis les premiers instants de ma carrière solo, je n'avais reçu des autres artistes qu'amour et gentillesse. À peine avais-je posé le pied à Los Angeles que les musiciens que j'adorais, que je vénérais – des gens qui n'avaient un jour été qu'un nom mythique sur la pochette et l'étiquette d'un disque – s'étaient bousculés pour m'offrir leur amitié et leur aide. Mais quand il s'est enfin présenté, le succès est venu si vite que malgré tous ces bras tendus, je ne me sentais pas tout à fait à ma place, comme si je n'étais pas du sérail.

Il s'avérerait aussi que prendre une ligne de coke puis immédiatement en redemander, c'était moi tout craché. Je n'ai jamais été le type d'accro incapable de sortir du lit sans s'être fait son premier rail, ou qui en a besoin tous les jours. Mais quand je m'y mettais, pas moyen d'arrêter avant d'être absolument certain qu'il n'en restait pas le moindre petit trait dans les environs. J'ai vite pris conscience qu'il fallait qu'un autre que moi – un assistant personnel ou un roadie – s'occupe de la chose : non pas que je me sois considéré comme trop important ou que j'aie eu peur de trimballer le matos moi-même, mais si tu me laissais le stock de la soirée, il n'en restait plus à l'heure du thé. J'avais pour la cocaïne un appétit incroyable, suffisamment en tout cas pour faire jaser dans les cercles où j'évoluais. Un vrai exploit, si l'on considère que j'étais une rock star dans le Los Angeles des années soixante-dix. Ça aurait dû me donner à réfléchir, et je crains fort que les seize années qui ont suivi n'aient été émaillées d'incidents qui auraient fait réfléchir n'importe quel être rationnel – n'importe qui, sauf moi. C'était bien là le problème. Puisque je consommais de la coke, je n'étais plus un être rationnel. On se dit que ça va, on en veut pour preuve que ça ne nuit pas à sa carrière. Mais il n'est pas possible de prendre de telles quantités de cocaïne et de garder les idées claires, une pensée saine. On devient déraisonnable, irresponsable, imbu de soi, on fait ses propres lois. Ce sera à ma façon sinon rien. C'est une horrible putain de drogue.

Je venais de faire le plus mauvais choix de ma vie, mais sur le moment je n'en ai rien su. En revanche, mes problèmes relationnels avec John m'ont sauté à la figure. J'ai dit plus haut toute ma naïveté concernant les relations entre gays. J'ignorais notamment que John pouvait trouver parfaitement admissible de coucher avec d'autres personnes dans mon dos. Les relations ouvertes sont beaucoup plus fréquentes parmi les gays que parmi les hétéros, mais ce n'est pas à cela que j'aspirais. J'étais amoureux. Il l'a bien compris, mais ça ne l'a pas rendu moins volage, seulement plus cachottier. Il y a eu des scènes profondément humiliantes. John a disparu au cours d'une fête chez le metteur en scène John Schlesinger à Los Angeles. À sa recherche, je suis monté à l'étage et je l'ai trouvé au lit avec un autre. Un jour ma mère m'a appelé pendant une tournée pour me raconter qu'en passant chez nous, à Virginia Water, elle était tombée sur une partouze donnée par John en mon absence. Je lui demandais des explications, une immense dispute éclatait, ça se tassait, et il se remettait à faire exactement la même chose. Pire, il a trouvé une nouvelle déclinaison de l'infidélité, dans le seul but manifeste de me rendre encore plus hystérique. J'ai découvert qu'à la première d'un film il avait emballé une célèbre actrice de la télé et entamé une liaison avec elle. *Elle*. Voilà qu'il baisait des femmes, maintenant. Face à ce cas de figure, j'étais désarmé.

Ça a duré, duré, et c'était d'une tristesse infinie. Je passais la moitié de mon temps à pleurer sur son comportement, mais absolument rien ne changeait. Pourquoi ne pas l'avoir quitté alors ? En partie par amour. J'étais vraiment tombé raide dingue de John, et quand ça t'arrive avec quelqu'un d'infidèle, tu lui trouves éternellement des excuses, tu te racontes que cette fois il se repent vraiment et que ça va aller. Et, à sa façon, John m'aimait sincèrement. Il était juste incapable de garder sa queue dans son froc dès qu'on le laissait dix minutes.

Je suis aussi resté parce qu'il m'effrayait. Son tempérament pouvait rapidement le rendre violent, surtout s'il avait bu ou pris de la coke. Certaines de ses crises de rage étaient parfois involontairement comiques. J'appelais les bureaux Rocket et demandais à lui parler : « Ah, il n'est pas là. Il a pété un câble et essayé de jeter une machine à écrire électrique dans l'escalier. Sauf que comme elle était encore branchée à la prise, ça n'a pas trop fonctionné. Et ça l'a mis encore plus en pétard, alors il a licencié tout le personnel et il est sorti en trombe. On se demandait juste s'il fallait qu'on rentre chez nous ou pas. » Mais le plus souvent, ça n'avait rien de drôle. J'ai vu John menacer quelqu'un avec un verre cassé lors d'une fête donnée par Billy Gaff, le manager de Rod Stewart. Un jour, il a frappé le portier d'un hôtel de San Francisco pour une embrouille de stationnement. Il a fichu un coup de poing à un ingénieur du son devant une salle remplie de journalistes américains venus couvrir le lancement de *Goodbye Yellow Brick Road*. Pendant notre tournée néo-zélandaise de 1974, il a jeté un verre de vin au visage du type de la promo du label parce que la fête donnée en mon honneur était à court de whisky. Comme une journaliste locale cherchait à s'interposer, il lui a collé un coup de poing dans la figure. Plus tard le même soir, à une autre fête, il s'est disputé avec un autre journaliste à propos de l'incident précédent, auquel je n'avais en fait pas assisté. John a traversé la salle à toute vitesse, l'a renversé par terre et s'est mis à le rouer de coups de pied.

Le lendemain, nous avons tous deux été arrêtés et inculpés pour violences physiques. On m'a acquitté et réclamé cinquante dollars de frais de justice ; j'ai payé et fui la Nouvelle-Zélande le plus vite possible. Sans John, dont la demande de libération sous caution avait été rejetée et qui a fini par écoper de vingt-huit jours au centre pénitentiaire de Mount Eden. Je suis rentré sans l'attendre. Son comportement était impardonnable mais, à l'époque, certains managers rock un peu durs en affaires se comportaient en authentiques voyous – il n'y a qu'à voir Peter Grant et Led Zeppelin – et, pendant que j'attendais son coup de fil hebdomadaire du samedi soir, j'ai réussi à me fabriquer une version des événements dans laquelle c'était lui l'offensé : il avait agi pour prendre ma défense, et d'ailleurs la journaliste l'avait traité de pédé avant qu'il ne lui tape dessus – comme si ça justifiait quoi que ce soit.

Il a fallu que John finisse un jour par taper sur *moi* pour que je me réveille. C'est arrivé le soir où nous donnions une soirée costumée. Je ne me souviens pas du sujet de la dispute, sans doute le dernier épisode du long feuilleton des infidélités de John, mais ça a commencé avant même l'arrivée des invités et ça n'a plus cessé ensuite de s'envenimer. Il y a eu des cris, des portes ont claqué et le magnifique miroir Art déco que nous avait offert Charlie Watts, des Rolling Stones, a volé en éclats. Puis John m'a traîné jusque dans la salle de bains et donné un coup de poing au visage, fort. J'ai reculé en titubant. Sous le choc, je n'ai pas riposté. Il est sorti et je me suis vu dans la glace. Je saignais du nez et j'avais une plaie au visage. Je me suis nettoyé et la fête a continué comme si de rien n'était. Tout le monde s'est éclaté – Derf était venu travesti, Tony, enduit d'or de la tête aux pieds, à la Shirley Eaton dans *Goldfinger*. Mais il s'était passé quelque chose, et en moi le déclic s'est enfin produit. Je ne trouvais plus d'excuses au comportement de John. Je ne pouvais pas rester avec un type qui levait la main sur moi.

Je ne crois pas que John se soit attendu à ce que je lui annonce que c'était terminé. Et même après son déménagement dans une maison sur Montpelier Square à Knightsbridge, quand maman et Derf m'ont aidé à chercher un endroit à moi – je n'avais pas le temps de faire des visites –, je crois bien qu'il m'aimait encore. J'avais l'impression que si je l'avais rappelé il serait venu dans la minute. Sauf que je ne voulais plus de lui. Je voulais qu'il reste mon manager, mais toutes les autres facettes de notre relation ont changé. L'équilibre des pouvoirs a basculé : il avait jusqu'alors été la personnalité dominante du couple ; après notre rupture, j'ai gagné en confiance et je me suis affirmé. S'il a élargi sa clientèle – il n'y avait pas seulement des musiciens, mais aussi des humoristes, comme Billy Connolly et Barry Humphries –, nos rapports professionnels ont continué à fonctionner parce que je connaissais son habileté et la qualité de son oreille. Un matin, dans les bureaux de South Audley Street, il a voulu me faire écouter un truc de ses nouveaux protégés, qui, selon lui, allait faire un malheur dans le monde entier. On a écouté et j'ai secoué la tête, incrédule.

« Tu ne penses pas sérieusement sortir ça ? »

Il a grimacé. « C'est quoi le problème ?

– Déjà, ça dure pas loin de trois heures. Ensuite, c'est le truc le plus surfait que j'aie jamais entendu de ma vie. Et le titre est lui aussi parfaitement ridicule. »

Ça n'a pas remué John. « Je t'assure, ça sera l'un des plus grands disques de tous les temps », a-t-il poursuivi en relevant l'aiguille du tourne-disque qui venait de nous faire entendre « Bohemian Rhapsody ».

OK, je suis passé à côté de la plus célèbre chanson de Queen, mais Freddie Mercury, lui, m'a tout de suite tapé dans l'œil. Je l'ai adoré dès la seconde où je l'ai vu. Conformément à la tradition, il a eu droit à son nom drag : Melina, comme l'actrice grecque Melina Mercouri. Il était tout bonnement superbe. D'une intelligence et d'une audace extraordinaires. Gentil, généreux, attentionné, mais aussi hilarant au dernier degré. Mon Dieu, en boîte avec lui et Tony King – ils étaient très amis –, on passait la nuit à hurler de rire. Personne n'était à l'abri, pas même les membres de Queen : « Non mais t'as vu la guitariste, chéri ? Mrs May ? T'as vu ce qu'elle porte sur scène ? Des sabots ! Des putains de sabots ! Mais qu'est-ce que j'ai fait pour me retrouver sur scène avec une guitariste en putains de sabots ? »

Il n'épargnait pas non plus Michael Jackson, qu'il

appelait Mahalia, un surnom qui, je pense, faisait beaucoup moins la joie de l'intéressé que la sienne. Michael s'était attiré les foudres de Freddie en le saoulant avec sa ménagerie, et Freddie avait fait du récit de l'épisode un numéro digne de ses meilleurs moments sur scène. « Oh, chéri ! Quel épouvantable lama ! Tout ce chemin jusqu'en Californie pour aller voir Mrs Jackson… Elle m'emmène dans le jardin et bing, le lama. Et voilà qu'elle me demande de l'aider à le ramener dans son enclos ! J'étais en costume blanc et je me suis mis de la boue partout, alors à un moment j'ai fini par lui crier : "Bordel de merde, Mahalia, dégage ton putain de lama de mes pattes !" » Et d'ajouter, avec un frisson théâtral, « Oh là là, quel cauchemar, chéri. »

Six

J'ai fait la connaissance de John Lennon par l'intermédiaire de Tony King qui s'était installé à Los Angeles en tant que directeur général d'Apple Records aux USA. Ou plus exactement, j'ai fait la connaissance de John Lennon alors qu'il était en train de danser avec Tony King. Rien de très extraordinaire à cela, si ce n'est qu'on n'était pas en boîte de nuit, qu'il n'y avait pas de musique et que Tony était travesti de la tête aux pieds en reine Élisabeth II. La scène se déroulait chez Capitol Records – où se trouvait le bureau de Tony – lors du tournage d'un spot télé pour le nouvel album de John, *Mind Games*, et, pour des raisons n'appartenant qu'à John, c'est ce concept qui avait été retenu.

J'ai instantanément été séduit. Ce n'était pas seulement un Beatles – donc une de mes idoles –, c'était un Beatles qui trouvait judicieux de promouvoir son nouvel album en dansant avec un type fagoté comme la reine, bordel. J'ai senti qu'on allait être copains comme cochons. Et je ne me suis pas trompé. Dès le premier échange, j'ai eu l'impression qu'on se connaissait depuis toujours.

On a commencé à beaucoup se fréquenter, à chaque fois que j'étais aux States. Il venait de quitter Yoko Ono et vivait à Los Angeles avec May Pang. Je sais bien qu'on juge cette période de sa vie particulièrement confuse et pénible, mais en toute franchise je n'en ai jamais vu chez lui le moindre signe. J'ai vaguement entendu parler de séances avec Phil Spector où il était complètement parti en vrille, ou encore d'une nuit de fureur où il avait tout cassé chez le producteur Lou Adler. Je voyais bien une part de noirceur chez certaines de ses fréquentations : Harry Nilsson était un brave type, un chanteur et un compositeur au talent fou, mais au premier verre de trop il devenait une tout autre personne ; mieux valait alors se tenir sur ses gardes. Et c'est sûr, John et moi on a pris beaucoup de drogues ensemble et passé des soirées de dingues – ce pauvre Dr John aurait pu en témoigner s'il était encore parmi nous. On était allés voir Harry en concert au Troubadour et il avait invité John sur scène. John était tellement bourré qu'à la fin il jouait de l'orgue avec les coudes. Et c'est à moi qu'on a demandé de l'évacuer de la scène.

En fait, il n'était pas nécessaire de sortir pour passer une soirée de folie avec John. Un soir, à New York, on s'était enfermés dans ma suite au Sherry-Netherland, bien décidés à venir à bout de notre tas de coke, quand quelqu'un a frappé à la porte. J'ai tout de suite pensé que c'était la police : quand tu es bourré de cocaïne et qu'on frappe à ta porte de façon impromptue, tu penses forcément à la police. John m'a fait signe d'aller voir. J'ai regardé par le judas. Ma réaction a été un mélange de soulagement et d'incrédulité. J'ai chuchoté : « John, c'est Andy Warhol. »

Secouant la tête, John a passé son pouce en travers de la gorge. « Pas question, merde. Ne réponds pas !

– Quoi ? ai-je répondu en chuchotant toujours, comment ça "ne réponds pas" ? C'est *Andy Warhol*. »

On a de nouveau frappé. John a levé les yeux au ciel. « Il a encore son putain d'appareil photo avec lui ? »

J'ai à nouveau regardé, et hoché la tête. Andy ne se séparait jamais de son Polaroid.

« OK, a fait John. Tu tiens vraiment à ce qu'il nous prenne en photo alors que tu as des stalactites de coke qui te pendent du nez ? »

Il fallait bien admettre que non. « Alors putain, ne réponds pas », a conclu John avant de retourner à ses occupations, s'efforçant d'ignorer les coups à la porte du plus célèbre peintre pop du monde.

Mais franchement, je n'ai jamais rencontré chez John ce côté méchant, intimidant, destructeur dont on parle, cet esprit cinglant, acerbe. Loin de moi l'intention de dresser l'éloge funèbre d'un saint, je sais évidemment qu'il avait aussi ça en lui, mais je ne l'ai jamais observé directement. Il n'a manifesté devant moi que gentillesse, bienveillance et drôlerie, à tel point que je lui ai présenté ma mère et Derf. On est sortis dîner et quand John est allé aux toilettes, Derf a jugé amusant de retirer son dentier et de le déposer dans le verre de John : le sens de l'humour de John avait quelque chose de contagieux qui poussait parfois les gens à se comporter comme ça. Qu'il était drôle ! Où que je sois avec lui – ou, mieux encore, avec lui et Ringo –, on ne faisait que rire, rire et rire encore.

On est devenus tellement proches que le jour où Cynthia, son ex-femme, a voulu amener leur fils Julian à New York pour qu'ils se voient, John nous a demandé à Tony et à moi de leur servir d'accompagnateurs pendant le voyage. On a donc fait la traversée à bord du *France*, vénérable et magnifique paquebot, pour son dernier trajet de Southampton à New York. La plupart des membres de mon groupe et leurs partenaires avaient embarqué avec nous. Les passagers nous regardaient un peu de travers – il y avait ces Américaines riches et énormes qui disaient à mon passage des choses du genre : « Il paraît qu'il est connu ; en tout cas, moi, je n'ai jamais entendu parler de lui » – mais il faut admettre que j'avais les cheveux vert pétant et que mes valises étaient pleines à craquer de costumes Tommy Nutter d'un tape-à-l'œil à hurler, je ne pouvais donc pas trop me plaindre qu'on me remarque, en bien ou en mal. Ma cote a encore baissé quand j'ai gagné au bingo, notamment parce que je me suis laissé emporter en m'égosillant : « BINGO ! » J'ai appris par la suite que si tu gagnes au bingo à bord du *France*, la bonne façon de le signaler consiste à susurrer avec classe et discrétion le mot « *house* ». Mouais, pas vraiment le bingo qu'on apprend du côté de Pinner, ma chère.

Tout ça m'était bien égal. Je m'éclatais comme un fou entre les parties de squash et les spectacles épouvantables du cabaret, qui, pour d'obscures raisons, finissaient toujours par une vibrante reprise en chœur de « Hava Nagila ». Au milieu de la traversée, j'ai reçu à bord un appel m'informant que mon dernier album, *Caribou*, paru en juin 1974, était disque de platine. J'étais justement en train d'en composer la suite. Bernie m'avait apporté une série de textes évoquant nos premières années : les morceaux formaient un tout qui retraçait le récit de notre histoire. C'était très beau. Il y avait des chansons sur l'écriture de chansons. Des chansons sur le fait que personne ne veuille de nos chansons. Une sur ma stupide tentative de suicide de Furlong Road et une autre sur l'étrange relation que nous avions nouée lui et moi. Celle-là s'appelait « We All Fall In Love Sometimes ». Elle me faisait monter les larmes aux yeux parce qu'elle touchait vraiment juste. Je n'avais pas d'attirance physique pour Bernie, mais je l'aimais comme un frère, c'était le meilleur ami que j'aie jamais eu.

Avec des textes comme ça, la musique s'écrivait toute seule, et tant mieux parce qu'on ne me laissait la salle de musique qu'une ou deux heures par jour, pendant le déjeuner, la pianiste classique du bord l'occupant le reste du temps. Dès que j'arrivais, elle s'en allait dans de grandes manifestations d'altruisme fatigué rejoindre la salle au-dessus, où elle se remettait aussitôt à jouer. Elle était parfois accompagnée d'un chanteur d'opéra, la vedette d'un des numéros de l'épouvantable cabaret précédemment évoqué. Je passais alors les deux heures suivantes à jouer bien fort pour couvrir le son venant d'en haut. Et c'est comme ça qu'a été écrit *Captain Fantastic And The Brown Dirt Cowboy*, en composant chaque jour un morceau – parfois deux – à l'heure du repas, au son d'une pianiste vexée qui martelait son clavier à l'étage du dessus. Et il fallait tout garder en mémoire, je n'avais pas de magnétophone.

À New York, nous sommes descendus à l'hôtel Pierre, sur la Cinquième Avenue. John Lennon, qui occupait la suite au-dessus de la nôtre, a appelé. Il voulait nous faire écouter les mises à plat de son nouveau disque. Et me demander de jouer sur deux titres, « Surprise Surprise » et « Whatever Gets You Thru The Night ». Le second sentait le tube à plein nez, une impression qui s'est confirmée deux nuits plus tard, au studio Record Plant East, tout près de Times Square. On avait pour ingénieur du son Jimmy Iovine, qui allait devenir l'un des grands patrons mondiaux du business musical, mais John produisait lui-même son album et il travaillait très vite. On croit toujours que John Lennon était du genre à s'éterniser dans les expérimentations de studio – réputation qui lui vient de *Sergeant Pepper* et de « Strawberry Fields » –, mais c'était en vérité un rapide qui se lassait vite, et ça m'allait comme un gant. Quand on a eu fini, j'étais certain qu'il tenait un numéro un. John, lui, n'y croyait pas : Paul en avait eu, George en avait eu, Ringo en avait eu, mais John, jamais. Alors je lui ai proposé un pari : si la chanson atteignait la première place des ventes, il monterait sur scène avec moi. Je voulais juste le voir jouer en public, chose qu'il n'avait quasiment pas faite depuis la séparation des Beatles, si ce n'est pour une ou deux apparitions dans tel ou tel gala de bienfaisance, et encore.

Il faut lui accorder qu'il n'a pas cherché à se défiler quand «Whatever Gets You Thru the Night» est bel et bien devenue numéro un, pas même après avoir fait un saut avec Tony à l'un de mes concerts à Boston pour voir dans quoi il s'était embarqué. Pour le rappel, quand j'étais remonté sur scène vêtu d'un truc qui ressemblait à une petite boîte de chocolats en forme de cœur à laquelle était agrafée une chasuble, John s'était tourné vers Tony, un peu consterné : «Mon Dieu, alors c'est ça, le rock'n'roll, aujourd'hui ?»

Ça ne l'a pas empêché d'accepter de se joindre à nous au Madison Square Garden le soir de Thanksgiving 1974, mais à condition qu'on s'assure que Yoko Ono ne viendrait pas : ils étaient encore en froid. Évidemment, Yoko s'est pointée malgré tout – ce qui, disons-le, est du Yoko tout craché – mais Tony a veillé à lui donner des places non visibles depuis la scène. Avant le concert, elle a fait remettre à John une fleur de gardénia, qu'il a accrochée à sa boutonnière pour la porter sur scène. Je me suis demandé si c'était ça qui l'avait rendu nerveux à ce point avant le spectacle ou simplement la perspective de retrouver le public, toujours est-il que, soudain pris de terreur, il a vomi. Il a même cherché à convaincre Bernie de monter sur scène avec lui, évidemment sans succès : Bernie a toujours détesté les projecteurs, et même un Beatles désespéré n'y pouvait rien.

De toute ma carrière, je n'ai jamais vu de foule faire

une telle ovation qu'au moment où je l'ai présenté. Ça n'en finissait plus. Et je comprenais parfaitement ce qu'ils éprouvaient. C'était aussi grisant pour eux que pour moi et le groupe. Qu'un personnage de ce calibre partage la scène avec nous, c'était sans doute pour chacun le sommet d'une carrière. On a enfilé les trois chansons en un clin d'œil et c'était fini. Il est revenu pour le rappel, avec Bernie cette fois, et tous deux ont joué du tambourin sur « The Bitch Is Back ». Fabuleux.

Yoko est venue en coulisse après le concert. On a tous atterri à l'hôtel Pierre – John, Yoko, Tony, John Reid et moi. Pendant qu'on prenait un verre dans notre box, comme si la situation n'avait pas été assez singulière comme ça, sorti de nulle part Uri Geller s'est installé à notre table et s'est mis à tordre toutes les cuillers et les fourchettes qui lui tombaient sous la main. Puis il s'est lancé dans son numéro de télépathie. C'était vraiment une drôle de journée, mais au bout du compte elle avait rabiboché John et Yoko, qui allaient mettre en route Sean – dont je suis le parrain – et se retirer dans une vie de plénitude domestique au Dakota Building. Ça me faisait plaisir pour John, même si en termes de plénitude domestique j'aurais personnellement imaginé mieux que le Dakota. L'immeuble, dans son architecture même, avait un côté vraiment sinistre. J'avais des frissons rien qu'à le regarder. Ce n'est évidemment pas par hasard que Roman Polanski l'avait choisi pour le tournage de *Rosemary's Baby*.

L'enregistrement de *Captain Fantastic* s'est avéré aussi facile que sa composition. Les séances ont filé au galop : de retour au studio Caribou à l'été 1974, on a aligné les morceaux dans leur ordre d'apparition sur le disque, comme si on racontait l'histoire au fur et à mesure. On a enregistré deux singles aussi, une reprise de « Lucy In

The Sky With Diamonds » sur laquelle John joue de la guitare et fait les chœurs, et « Philadelphia Freedom », l'une des très rares chansons dont j'aie passé commande à Bernie. Je le laissais toujours écrire sur ce qu'il voulait – on savait que les commandes n'étaient pas trop notre fort depuis le temps où on s'était acharnés à pondre des tubes pour Tom Jones ou Cilla Black – mais Billie Jean King m'avait demandé un morceau pour son équipe de tennis, les Philadelphia Freedoms. Impossible de refuser, j'adorais Billie Jean. On s'était connus deux ou trois ans auparavant dans une fête à LA, et elle était devenue l'une de mes meilleures amies. Le rapprochement peut sembler étrange, mais elle avait à mes yeux beaucoup de points communs avec John Lennon. Ils étaient l'un comme l'autre vraiment habités, gentils, ils adoraient rire, et voulaient l'un comme l'autre utiliser leur réputation pour faire avancer les choses. John était politiquement engagé, Billie était une immense féministe de la première heure, militante des droits des gays, des droits des femmes dans le sport et en particulier dans le tennis. Les mégastars actuelles du tennis féminin peuvent la remercier à genoux, car c'est elle qui a eu le cran de dire après avoir remporté l'US Open : « Si vous n'attribuez pas aux femmes la même récompense financière qu'aux hommes, je ne participerai pas à votre tournoi l'an prochain. » Je l'aime à en mourir.

Bernie, on peut le comprendre, n'était pas très emballé à l'idée d'écrire sur le tennis – le sujet n'est pas franchement inspirant pour une chanson pop –, alors il s'est plutôt focalisé sur la ville de Philadelphie. Ça fonctionnait très bien, parce qu'on a produit le morceau sous l'influence du son local : les O'Jays, MFSB, Harold Melvin and the Blue Notes, des choses que j'avais entendues dans les clubs gays de New York comme le Crisco Disco, Le Jardin et 12 West. J'adorais ces boîtes, bien qu'on m'ait un jour refusé l'entrée à Crisco Disco. D'autant que j'étais ce soir-là avec Divine, la drag-queen de légende. Je sais, je sais : Elton John et Divine refoulés à l'entrée d'un club gay ? Mais c'est parce qu'il portait un caftan et moi une veste aux couleurs vives, alors on nous a dit qu'on était trop habillés : « Putain, mais vous vous croyez à Halloween ou quoi ? »

Ce n'est pas pour draguer qu'on allait dans ces boîtes, pas moi en tout cas. J'y allais pour danser, et s'il y avait quelqu'un au bout de la nuit, tant mieux. Pas de drogues, si ce n'est peut-être du poppers. Pas besoin. La musique suffisait : « Honey Bee » de Gloria Gaynor. « I'll Always Love My Mama » des Intruders. Des disques fabuleux, vraiment exaltants, une musique téméraire. Gene Page, l'arrangeur de tous les albums de Barry White, s'étant à ma demande chargé des cordes sur « Philadelphia Freedom », on a trouvé le son et le style qu'on cherchait. Et on a sans doute mis dans le mille, parce que deux mois après sa sortie, les gars de MFSB reprenaient le morceau et donnaient son titre à leur nouvel album.

D'abord « Philadelphia Freedom » est devenu disque de platine en Amérique, puis *Captain Fantastic* a été le premier album de l'histoire à entrer directement en première position dans les charts US. En 1975, j'étais partout. Pas seulement à la radio : *partout*. J'étais dans les arcades de jeux – Bally avait créé un flipper « Captain Fantastic ». J'étais sur les chaînes de télé noires : premier artiste blanc jamais invité dans *Soul Train*, où le toujours très décontracté Don Cornelius m'a interviewé, et il a craqué sur la dernière création Tommy Nutter que j'avais sur le dos : « Ho frangin, mais où t'as dégotté ce costard ? »

Mais j'avais encore envie de changement. J'ai décidé de remanier le groupe en me séparant de Dee et de Nigel. C'est moi qui les ai appelés. Ils ont plutôt bien pris la nouvelle – Dee était plus contrarié que Nigel, mais

il n'y a eu ni contestation ni rancœur de leur part.
Ça les a certainement blessés, ils étaient là depuis des
années et on était au sommet de notre parcours. Mais
à l'époque j'avais l'esprit tourné vers l'avenir et j'étais
intimement convaincu qu'il fallait rafraîchir notre son, le
rendre à la fois plus funky et plus puissant. J'ai fait
venir le guitariste Caleb Quayle et le batteur Roger Pope,
qui avaient joué sur *Empty Sky* et *Tumbleweed Connection*,
et deux musiciens de séance américains, James Howard
Newton et Kenny Passarelli, aux claviers et à la basse.

J'ai aussi fait passer une audition à un autre guitariste américain, mais ça n'a pas marché. D'une part, la
mayonnaise n'a pas vraiment pris sur le plan musical,
et d'autre part, il a horrifié le groupe en racontant le
plaisir qu'il éprouvait à enculer des poulets puis à les
décapiter. Il paraît que ça leur provoque une contraction
du sphincter qui te fait jouir. Je n'arrivais pas à déterminer si c'était sa vie sexuelle ou son sens de l'humour
qui était profondément détraqué. Le rock'n'roll n'a pas
beaucoup de règles, mais quand même quelques-unes :
suis ton instinct musical profond, lis toujours ce qui
est écrit en tout petit avant de signer et, autant que
possible, ne prends pas dans ton groupe de mec qui
décapite des poulets pendant qu'il les encule. Ou même
un mec qui prétend le faire. Dans un cas comme dans
l'autre, ça va finir par te taper sur les nerfs si tu dois
partager une chambre d'hôtel avec lui.

Une nouvelle complication est survenue. Bernie et
Maxine s'étaient séparés, et elle avait une liaison avec
Kenny Passarelli, si bien que mon nouveau bassiste couchait avec l'épouse de mon parolier. Bernie en souffrait
évidemment beaucoup, mais ma propre vie était déjà
bien assez agitée pour que j'aille me mêler des relations
des autres.

J'ai emmené le groupe répéter à Amsterdam. On a

super bien travaillé – c'était un sacré groupe –, mais les jours de repos, c'était le bazar absolu : en fait, on était aussi un sacré groupe en termes de consommation de drogues. Tony King est venu avec Ringo Starr et on a tous embarqué à bord d'une péniche pour une promenade sur les canaux de la ville, qui a vite dégénéré en mégafestival de drogues. Dieu quelle débauche ! Je crains que la grande subtilité esthétique du Grachtengordel nous ait quelque peu échappé ce jour-là, occupés que nous étions à prendre de la coke et à nous souffler mutuellement la fumée des pétards dans la bouche. Raide défoncé, Ringo a même demandé à se faire embaucher dans notre groupe. C'est en tout cas ce qu'on m'a rapporté par la suite – je ne l'ai pas entendu. S'il l'a dit, il l'a sans doute oublié la minute d'après.

Parmi les raisons qui me poussaient à prendre tant de drogues, il y avait une peine de cœur. J'étais tombé amoureux d'un hétéro qui ne me le rendait pas. J'ai passé tellement de temps à pleurer dans ma chambre au son de « I'm Not In Love » de 10CC que Tony King a fini par faire fabriquer un faux disque d'or pour me le remettre : à Elton John pour la millionième écoute de « I'm Not In Love ».

En vérité, depuis ma séparation d'avec John, ma vie personnelle était plus ou moins désastreuse. Je m'éprenais sans cesse d'hommes hétéros, je me lançais systématiquement dans des quêtes impossibles. Ça pouvait durer des mois et des mois, à me persuader qu'aujourd'hui, oui, l'un d'eux allait enfin téléphoner pour m'annoncer : « Tiens, à propos, je t'aime », alors que tous avaient clairement établi que ça n'arriverait jamais.

Ou alors je repérais un type à mon goût dans un bar et j'en tombais amoureux avant même de lui avoir adressé la parole ; on allait faire notre vie ensemble, et je nous imaginais un avenir merveilleux. C'était toujours le même type d'homme. Blond aux yeux bleus, beau gosse et plus jeune que moi, pour que je puisse l'entourer d'une espèce d'amour paternel – sans doute le type d'amour dont je pensais avoir manqué durant l'enfance. En fait, ça ne relevait pas tant de la drague que de la prise d'otage. « Bon, tu vas lâcher tout ce que tu es en train de faire, venir sur la route et parcourir le monde en avion avec moi. » Je leur achetais la montre, les chemises et la voiture de rigueur, mais au bout d'un moment ces garçons n'avaient plus d'autre raison d'être que de m'accompagner, or, comme j'étais occupé, ils se retrouvaient sur la touche. Je n'en avais pas conscience à l'époque, mais par mon attitude, je les privais de leur propre existence. Et après trois ou quatre mois comme ça, ils m'en voulaient, je les trouvais ennuyeux et ça finissait dans les larmes. Alors j'envoyais quelqu'un me débarrasser d'eux et ça recommençait. C'était un comportement absolument lamentable : l'avion de l'un décollait de l'aéroport quand celui du suivant arrivait sur le tarmac.

Les temps étaient décadents et beaucoup d'autres pop stars agissaient de même – il est arrivé à Rod Stewart de signifier à une fille que c'était fini en se contentant de lui laisser un billet d'avion sur le lit, il ne mérite pas non plus de prix de galanterie. Mais au fond de moi, je savais que c'était mal, forcément.

Pourtant, il me fallait à tout prix une parure au bras, quelqu'un à qui parler. Je ne supportais pas d'être seul. Jamais un instant de solitude, de réflexion. Il fallait que je sois entouré. J'étais incroyablement immature. Le garçonnet de Pinner Hill Road était toujours tapi au fond de moi. Les événements, les spectacles, les disques, le succès, c'était formidable, mais dès que je m'en éloignais, je cessais d'être un adulte, je redevenais un ado. Je n'étais pas Elton, j'étais Reg. Et Reg était toujours en proie au doute, physiquement complexé et dégoûté de lui-même. Le soir venu, je n'avais pas envie de rentrer avec lui. Si je le faisais, sa détresse pouvait devenir dévorante.

Un soir, alors qu'on enregistrait avec le nouveau groupe au studio Caribou, j'ai fait une overdose de Valium en allant me coucher. Douze comprimés. Je ne me souviens pas vraiment de ce qui m'y a poussé, probablement encore une histoire d'amour qui virait à la catastrophe. À mon réveil, le lendemain, pris de panique, j'ai dévalé les escaliers et appelé Connie Pappas, une collaboratrice de John Reid, et lui ai raconté ce que j'avais fait. J'étais en train de lui parler quand j'ai perdu connaissance. James Newton m'a entendu m'effondrer et m'a remonté dans ma chambre. On a fait venir le médecin qui m'a prescrit des cachets pour les nerfs. Avec le recul, on peut trouver ça étonnant, s'agissant d'un patient qui vient de tenter d'en finir en avalant justement des cachets pour les nerfs, mais ça a dû fonctionner, puisqu'on a mené les séances à leur terme.

C'est au Wembley Stadium de Londres que le nouveau groupe a fait sa première apparition sur scène, le 21 juin 1975. Il s'agissait moins d'un concert que d'un festival s'étalant sur une journée, le Midsummer Music. J'ai fait la programmation moi-même : il y avait à l'affiche un groupe de l'écurie Rocket nommé Stackridge, Rufus avec Chaka Khan, Joe Walsh, les Eagles et les Beach Boys. Tous ont été formidables. Le public les a adorés. Pour mon set, le clou du spectacle, on a joué l'intégralité de *Captain Fantastic And The Brown Dirt Cowboy*, les dix chansons, du début à la fin. C'était le plus grand concert de ma vie. Tout était parfait – le son, les premières parties, même la météo. Et le désastre a été complet.

Voilà un truc que j'ai appris. Si jamais tu décides de monter sur scène juste après les Beach Boys – dont la prestation comprend à peu près tous les grands succès du répertoire le plus incroyable et le plus adoré de l'histoire de la musique pop –, c'est vraiment une très, très mauvaise idée d'aligner dix nouvelles chansons que personne ne connaît dans le public vu que l'album n'est sorti que depuis deux semaines. Ce n'est malheureusement qu'après trois ou quatre morceaux de notre représentation que j'ai senti comme une pointe de nervosité dans la foule, comme quand des enfants s'impatientent lors d'un rassemblement particulièrement long. Mais on a tracé. Ça sonnait fabuleusement bien : je l'ai dit, on était un sacré groupe. Des gens ont commencé à s'en aller. J'étais terrifié. Aucun public ne m'avait échappé depuis des lustres. Les sensations que j'avais éprouvées dans les boîtes quand Long John Baldry insistait pour qu'on joue « The Threshing Machine » ou pour faire son imitation de Della Reese revenaient au galop.

Le truc évident à faire dans ce cas aurait été de renverser la vapeur et de me mettre à aligner les tubes. Mais c'était impossible. D'abord, il y allait de mon intégrité artistique. Ensuite, j'avais fait tout un speech sur scène pour annoncer qu'on allait jouer l'album entier. Je n'allais pas d'un coup lancer « Crocodile Rock » à mi-parcours. Merde. Il fallait boire le calice jusqu'à la lie. J'imaginais déjà les critiques, et on ne jouait que depuis une demi-heure. On a continué. Les morceaux sonnaient vraiment bien. Les gens s'en allaient toujours. J'ai pensé à la grande fête prévue à la fin, avec plein de stars censées avoir été éblouies par ma prestation : Billie Jean, Paul McCartney, Ringo Starr. Super. Tout bonnement merveilleux. Me voilà en train de me ramasser dans les grandes largeurs devant 82 000 spectateurs *et la moitié des Beatles*.

Les tubes ont fini par venir, mais c'était trop tard et très insuffisant, comme l'ont fort justement signalé les critiques. De retour en Amérique, on avait appris une leçon sur les risques que suppose l'intégrité artistique et sur le fait que, si grand soit ton succès, tu n'es jamais à l'abri de tomber sur le cul.

Mes séjours aux États-Unis se sont multipliés, à tel point qu'il est devenu logique de louer une maison à LA. J'en ai trouvé une tout en haut de Tower Grove Drive et, finalement, je l'ai achetée. C'était un bâtiment de style colonial espagnol construit pour la star du cinéma muet John Gilbert. C'est là qu'il habitait lors de sa liaison avec Greta Garbo. Il y avait dans le jardin une cabane près de la cascade ; on disait que Garbo y passait la nuit quand elle avait envie d'être seule.

Le quartier était agréable, même si une maison dans les parages a brûlé peu après mon arrivée. Le feu aurait pris parce que le propriétaire fumait de la cocaïne, ce que je jugeais très condamnable. Si tu chauffais tes drogues, ça faisait de toi un camé, or, par quelque logique aux circonvolutions remarquablement complexes, j'étais arrivé à la conclusion que ce n'était évidemment pas mon cas, malgré certains indices prouvant le contraire. Je passais une nuit à carburer à la coke, puis je n'y touchais plus pendant six mois. Je n'étais donc pas accro. J'allais bien.

C'était une belle maison, et j'ai embauché une certaine Alice pour y faire le ménage et gérer mes gueules de bois. J'ai garni l'endroit de tout ce que je ramassais ici et là – Art nouveau, Art déco, meubles Bugatti, lampes Gallé, Lalique, affiches invraisemblables – mais je n'en occupais que trois pièces : ma chambre, la salle télé et celle de billard. En fait, cette dernière me servait surtout à séduire mes conquêtes. Billard-déshabilleur ! Ça marchait apparemment à tous les coups, surtout après quelques lignes de coke.

Et c'est sans doute l'une des raisons pour lesquelles je prenais beaucoup de coke. Pour moi, c'était un aphrodisiaque, ce qui peut sembler étrange parce que en général c'est plutôt mauvais pour l'érection, mais pas dans mon cas. Si j'en prenais suffisamment, je pouvais tenir pendant des jours. Ça me mettait dans tous mes états, et j'aimais bien ce côté magique : avec la coke, je faisais des trucs que je n'aurais jamais eu le courage de faire sinon. Ça désinhibe complètement. Parfois même les hétéros. Une ou deux lignes dans le nez et ils se lancent dans des trucs inimaginables pour eux. Avec probablement des regrets le lendemain – ou alors, dans certains cas, ils en redemandent.

En fait, la chose en tant que telle ne m'intéressait que moyennement. J'étais un mateur, un voyeur. Je mettais en scène mes perversions, avec deux ou trois types qui faisaient des trucs pendant que je regardais. C'est comme ça que je prenais mon pied, en demandant à des types qui normalement n'auraient jamais couché ensemble de le faire. Mais je n'étais pas un participant actif, je regardais, je prenais des Polaroid, j'organisais. Le seul truc, c'est qu'il ne fallait pas toucher à ma maison, alors, quand ça se terminait sur la table de billard, je criais : « Faites gaffe au feutre, bordel ! », ce qui cassait plutôt l'ambiance. C'est sans doute mon manque d'intérêt pour l'acte lui-même qui m'a permis d'échapper au sida. Autrement, je serais sans doute mort.

Ma maison de Tower Grove Drive est devenue l'endroit où tout le monde se retrouvait après une soirée en ville pour prolonger la fête. Au milieu des années soixante-dix, Los Angeles était la capitale mondiale de l'industrie du disque. Il y avait des boîtes gays époustouflantes, comme l'After Dark et le Studio One. La première était une discothèque assez underground, et la seconde offrait un spectacle de cabaret. J'y ai vu Eartha Kitt, une de mes idoles quand j'étais gamin, mais pas son concert. Je suis allé la saluer en coulisses avant le spectacle, et tout ce qu'elle a trouvé à me dire, c'est : « Tiens, Elton John. Je n'ai jamais aimé ce que tu fais. » Ah bon ? Merci bien pour cette franche appréciation de mon travail, mais je pense que je vais rentrer à la maison.

Quand Dusty Springfield est venu en ville, je l'ai emmené voir les Thunderbirds, une équipe de roller derby. C'était kitsch au possible, tout était arrangé, comme au catch. Les lesbiennes adoraient ces bandes de gouines en patins à roulettes qui se couraient après pour se crêper le chignon. Il y avait des dîners et des soirées plus dingues les uns que les autres. Un jour, Franco Zeffirelli m'a confié que ses proches l'appelaient Irène. Une autre fois on a dîné avec Simon et Garfunkel, puis on a joué aux charades. Ou plutôt, on a essayé, parce qu'ils étaient vraiment mauvais. La seule chose pour leur défense, c'est qu'il y avait pire qu'eux. Le nul des nuls, c'était Bob Dylan, qui n'y comprenait vraiment rien. Il était incapable de dire combien de syllabes un mot comportait ou avec quoi il rimait. L'un des plus grands paroliers de l'histoire, le grand homme de lettres du rock, n'était pas fichu de compter les syllabes d'un mot, ni de proposer une rime acceptable ! Il était tellement affligeant que j'ai fini par lui lancer des oranges. Mais ça, je ne m'en souviens pas vraiment : c'est un Tony King hilare qui me l'a raconté. Pas exactement ce qu'on a envie d'entendre au téléphone quand on se réveille avec la gueule de bois : « Bonjour, chéri, te souviens-tu d'avoir jeté des oranges à la tête de Bob Dylan hier soir ? » Merde, alors…

Los Angeles avait un côté sombre, inquiétant. Six ans avaient passé depuis l'assassinat de Sharon Tate et ses invités par la bande de Charles Manson, mais le souvenir en plombait encore l'atmosphère. Personne ne se sentait en sécurité, même à l'abri dans une grande villa de Berverly Hills. Aujourd'hui, elles sont toutes gardées par des vigiles et des caméras de surveillance, mais à l'époque personne ne pouvait s'offrir ça, pas même un ancien Beatles, à tel point qu'un matin, je me suis réveillé avec une fille assise au bord du lit en train de me regarder. Je ne pouvais pas me lever, parce que je dors nu, juste lui hurler de foutre le camp. Sans rien dire, elle a simplement continué à me fixer du regard, ce qui était encore pire que si elle avait dit quelque chose. Ma gouvernante a réussi à la mettre à la porte. On n'a jamais compris comment elle était entrée, et ça me faisait complètement flipper.

Mais il en fallait moins que le harcèlement d'une fan pour prendre conscience du côté sombre de Los Angeles. Un soir, je suis allé écouter les Average White Band au Troubadour. Le groupe était tellement formidable que je suis monté sur scène faire le bœuf avec eux, entraînant derrière moi Cher et Martha Reeves. Ensuite, j'ai invité tout le monde dans un restaurant appelé « Le Restaurant », où la nourriture était excellente et où certains excès étaient tolérés : on y avait célébré l'anniversaire de John Reid, et la direction n'avait pas moufté quand un ami de John s'était pointé sur le cheval qu'il comptait lui offrir – qui a aussitôt lâché une grosse merde. On a traîné avec les Average White Band jusqu'à 6 heures du matin. Ces jeunes Anglais sur le point de devenir un phénomène mondial, qui jouaient tous les soirs au Troubadour et n'en revenaient pas de casser la baraque avaient un côté très mignon : ils me faisaient penser à moi cinq ans auparavant. Deux jours plus tard, John Reid m'a annoncé que leur batteur, Robbie, était mort. La veille, ils s'étaient rendus dans une soirée quelque part dans les collines d'Hollywood et un connard leur avait donné de l'héroïne qu'ils avaient prise en pensant que c'était de la cocaïne. Robbie est mort dans sa chambre d'hôtel, quelques heures plus tard.

Ça aurait pu arriver n'importe où ailleurs, bien sûr, mais sa mort résumait bien LA. C'était l'endroit où le cliché éculé sur les rêves qui deviennent réalité n'a rien d'une fiction. Cette ville avait fait de moi une star, j'y avais été fêté par mes idoles, j'y avais même pris le thé en compagnie de Mae West (laquelle, à mon grand enchantement, avait lancé de sa voix lascive : « Mon spectacle préféré, une pièce remplie d'hommes ! » – ce qui laissait présager une soirée quelque peu décevante pour elle, puisque les hommes en question étaient John Reid, Tony King et moi). Mais si tu ne gardais pas la tête sur les épaules, si tu tournais dans la mauvaise rue, si tu fréquentais les mauvaises personnes, cette ville pouvait te dévorer tout cru.

Tom Watson, le maire de Los Angeles, avait décrété que la semaine du 20 au 26 octobre 1975 serait la « semaine Elton John ». Je devais, entre autres festivités, assister à l'inauguration d'une étoile à mon nom sur le célèbre « Walk of Fame » de Hollywood Boulevard, juste devant le cinéma Gramm's Chinese Theater. Et je devais donner deux concerts au Dodgers Stadium devant 55 000 personnes à chaque fois. J'avais déjà joué devant des publics plus importants – ils étaient 82 000 à Wembley, avant de se mettre à quitter les lieux parce qu'ils en avaient assez – mais les dates du Dodgers Stadium représentaient pour moi un point culminant. J'allais être le premier artiste à s'y produire depuis 1966, et ce concert des Beatles resté dans les annales parce que, faute d'un personnel de sécurité suffisant, une mini-émeute avait éclaté. Depuis ce jour, le propriétaire du stade refusait d'accueillir des concerts de rock. Et puis c'était une sorte de retour au bercail, puisque ma carrière avait décollé au Troubadour, cinq ans plus tôt.

J'ai affrété un Boeing 707 de la PanAm pour faire

venir ma mère, Derf, ma grand-mère, un paquet d'amis
anglais et les gens de Rocket, ainsi que des journalistes
et une équipe conduite par l'animateur Russell Harry,
qui tournait un documentaire sur moi. Je les ai accueillis sur le tarmac avec Tony King et une flottille de
Rolls Royce et de Cadillac, l'accueil que j'aurais aimé
recevoir en arrivant la première fois en Amérique plutôt
qu'un putain de bus à impériale. J'en faisais sans doute
trop, mais il s'agissait de ma famille. Je voulais qu'ils
voient ça, qu'ils s'éclatent comme jamais, qu'ils soient
fiers de moi.

La « Elton John Week » a défilé à toute allure. Ma
famille a visité Disneyland et les studios Universal. John
Reid a organisé une soirée sur son yacht, le *Madman*,
pour célébrer le lancement de *Rock Of The Westies*. En
revanche, l'inauguration de mon étoile sur le Walk of
Fame, qui aurait dû être un événement grandiose, s'est
révélée un peu ringarde. Je portais une veste vert fluo
de Bob Mackie constellée des noms de stars du Walk
of Fame et un chapeau melon assorti. Je suis arrivé à
bord d'une voiturette de golf plaquée or avec, sur le
capot, un nœud papillon surmonté d'une immense paire
de lunettes lumineuses. Je veux bien admettre que je
ne suis pas un parangon de modération vestimentaire
sur scène, mais il y a quand même des limites. Une
vidéo de la cérémonie existe sur YouTube. On devine à
l'expression de mon visage un certain manque d'enthousiasme. Je ne sais pas si vous avez déjà eu l'occasion
de fendre une foule de fans déchaînés à bord d'une
voiturette de golf dorée décorée d'un nœud papillon et
d'une énorme paire de lunettes lumineuses, le tout sous
le regard des médias du monde entier, mais si ce n'est
pas le cas, je vous assure que c'est une expérience qui
frôle la torture.

Comme j'étais mal à l'aise, j'ai essayé de détendre

l'atmosphère en faisant des grimaces pendant les discours
et en sortant des plaisanteries quand on m'a demandé
de prononcer quelques mots – « Je déclare ouvert ce
supermarché ! » – mais je n'avais qu'une seule envie : en
finir. On m'a assuré plus tard que c'était la première
fois qu'il y avait tant de fans pour une inauguration du
Walk of Fame. C'est simple, la police avait dû bloquer
Hollywood Boulevard.

Le lendemain, j'ai invité ma famille à venir déjeuner
à Tower Grove Drive. Comme *Captain Fantastic*, *Rock Of
The Westies* est entré directement à la première place des
charts US. Personne – ni Elvis ni les Beatles – n'avait
fait ça jusqu'alors, et moi je venais de le faire deux
fois de suite à six mois d'intervalle. J'avais vingt-huit
ans, j'étais la plus grande star de la pop mondiale et
je m'apprêtais à donner les concerts les plus prestigieux
de ma carrière. Ma famille et mes amis étaient à mes
côtés pour partager ma réussite. J'ai donc tenté à nouveau de me suicider.

Je ne sais pas ce qui m'a pris. On déjeunait tranquillement au bord de la piscine, je me suis levé
pour monter dans ma chambre, et je me suis bourré
de Valium. Puis je suis redescendu dans ma robe de
chambre et j'ai lancé à la cantonade que je m'étais gavé
de cachets car j'avais décidé de mourir. Et j'ai sauté
dans la piscine.

Je ne sais pas combien de comprimés j'avais avalés,
sans doute moins que ce que j'avais pris aux Studios
Caribou – ce qui prouve bien que je n'avais au fond
aucune intention de mettre fin à mes jours. C'est devenu
encore plus flagrant lorsque j'ai senti que ma robe de
chambre me tirait vers le fond. Pour quelqu'un qui venait
de claironner sa décision d'en finir, j'ai soudain manifesté
une étonnante volonté de ne pas me noyer. J'ai nagé
frénétiquement vers le bord. Quelqu'un m'a aidé à sortir.

Je me souviens clairement d'avoir entendu ma grand-mère s'exclamer : « Oh ! » Puis, avec une pointe très nette d'agacement dans la voix – la voix d'une vieille dame du peuple qui comprend que ses vacances de rêve en Californie vont tourner court –, elle a conclu : « Bon ben y a plus qu'à rentrer à la maison maintenant. »

Je n'ai pas pu m'empêcher de rigoler. Peut-être que c'était exactement ce que j'avais besoin d'entendre. Je cherchais à ce qu'on me plaigne, mais j'ai eu droit à : « Il fallait absolument que tu te conduises comme un petit con, hein ? »

C'était très juste : qu'est-ce qui me prenait de me conduire comme un petit con ? Est-ce que je cherchais à attirer l'attention ? Bien sûr ça paraît insensé : ma ville d'élection venait d'organiser une semaine de festivités en mon honneur. J'allais jouer devant 110 000 personnes et une équipe de télévision tournait un documentaire sur moi. Comment être plus au centre de toutes les attentions ? C'était évidemment autre chose que je réclamais. Je voulais que ma famille sache que, même si ma carrière marchait du tonnerre, quelque chose ne tournait pas rond : Vous pensez que tout roule pour moi, que j'ai une vie de rêve ? Vous vous trompez. Je ne pouvais pas leur avouer que je me gavais de cocaïne car ils n'auraient pas compris, ils ne savaient pas ce que c'était. Je n'avais pas le cran de leur dire : « Je vais très mal. J'ai besoin d'amour », parce qu'il ne fallait pas qu'on voie la moindre faille dans mon armure. J'étais trop fier – et j'avais trop peur de sa réaction – pour dire à ma mère : « Maman, j'ai vraiment besoin de te parler, je ne vais pas bien. J'ai besoin d'aide, dis-moi ce que je dois faire. » Au lieu de quoi j'ai fermé le couvercle de la cocotte-minute, et elle a fini par exploser, d'où cette ridicule mise en scène de tentative de suicide. C'est comme ça avec moi : tout ou rien. Ma famille n'y était pour rien, j'étais l'unique responsable, mais j'étais incapable d'admettre que ma vie était loin d'être parfaite. En fait, elle était lamentable.

Un médecin est venu. J'ai refusé de me faire hospitaliser pour un lavage d'estomac, alors il m'a donné un truc dégueulasse qui m'a fait vomir. Je me suis tout de suite senti mieux : « C'est bon, ça va aller. De toute façon, il n'y a pas le choix, j'ai deux concerts à donner. » Ça a l'air ridicule, dit comme ça – et ça l'est – mais je me suis très rapidement relevé de mon lit de mort : bon, OK, j'ai essayé de me foutre en l'air, c'est quoi la suite du programme ? Si les gens ont trouvé ça bizarre, ils ne m'en ont rien dit. Vingt-quatre heures plus tard, je montais sur la scène du Dodger Stadium.

Ces concerts ont été un triomphe. Moi, les concerts, ça me fait toujours ça, aujourd'hui encore : quand je monte sur scène, tous mes problèmes s'évanouissent. À l'époque, je me sentais devenir quelqu'un d'autre. C'était le seul moment où j'avais le sentiment de maîtriser ce que je faisais.

Les deux ont été un véritable événement. Cary Grant est venu me voir en coulisses, il était incroyablement beau. Les chanteurs de gospel du Southern California Community Choir de James Cleveland m'ont accompagné. Billie Jean King est montée sur scène faire les chœurs sur « Philadelphia Freedom ». J'avais obtenu que les agents de sécurité soient vêtus d'uniformes délirants, des combinaisons lilas avec des fioritures. Le plus grand marchand de voitures d'occasion de Californie, un certain Cal Worthington, est monté sur scène en tenant un lion en laisse, ne me demandez pas pourquoi, mais ça n'a fait qu'ajouter au délire général. Même Bernie a fait une apparition. Je l'ai présenté au public, du jamais vu.

Je portais un uniforme des Dodgers à paillettes, dessiné par Bob Mackie. J'ai grimpé sur le piano et fait des moulinets avec une batte de base-ball. J'ai tapé tellement fort sur le clavier que j'avais les doigts en sang. On a joué trois heures et j'en ai adoré la moindre minute. Si je sais faire le show, c'est parce que j'ai passé des années à jouer dans des clubs, derrière Major Lance ou avec Bluesology, parfois pour à peine vingt pèlerins : j'ai de la bouteille, mes concerts sont toujours au niveau. Mais parfois les choses se déroulent encore mieux qu'on ne l'imaginait : on se met à jouer, et on sait que rien ne peut nous arriver. C'est comme si on avait les mains déconnectées du cerveau, même pas besoin de se concentrer, on est libre comme l'air, on fait ce qu'on veut. C'est pour ces moments-là qu'on existe, et au Dodger Stadium ça s'est passé comme ça les deux fois. Le son était parfait, la météo aussi. Je me souviens d'avoir physiquement senti sur scène l'adrénaline couler dans mes veines.

J'étais au top, et j'étais assez malin pour savoir que ça ne durerait pas éternellement, du moins pas avec cette intensité. À ce niveau, le succès ne dure jamais : si génial qu'on soit, nos disques ne seront pas toujours numéro un. Il y a forcément quelqu'un ou quelque chose qui prend la place. On s'y prépare, on s'y attend, et moi, ça ne m'a jamais fait peur. J'ai presque été soulagé lorsque « Grow Some Funk Of Your Own », le deuxième single tiré de *Rock Of The Westies*, n'a pas fait un carton. D'une part, j'étais épuisé : épuisé d'être en tournée, épuisé de donner des interviews, épuisé par la catastrophe qu'était ma vie personnelle. Et puis mon but n'avait jamais été de cartonner avec des singles. J'étais un créateur d'albums, de disques comme *Tumbleweed Connection* et *Madman Across The Water*. Sans le vouloir, j'étais devenu une machine à hits, tube après tube après tube, aucun n'ayant été composé à cette fin.

La seule fois où j'ai écrit une chanson dans l'idée

d'en faire un hit, c'était à la fin de 1975. On était en vacances à la Barbade avec une bande de copains : il y avait Bernie et Tony King, ainsi que Kiki Dee, et tout un tas d'autres gens. J'ai eu envie d'écrire un duo pour Kiki et moi. On s'est attelés à la tâche avec Bernie, et il en est sorti deux morceaux. L'un s'intitulait « I'm Always On The Bonk » : « *I don't know who I'm fucking, I don't know who I'm sucking but I'm always on the bonk*[1]. » L'autre, c'était « Don't Go Breaking My Heart ». J'ai composé la mélodie au piano, j'ai trouvé le titre, et Bernie a fini le boulot. Cette chanson, il la détestait et je peux difficilement lui en vouloir – Bernie n'a jamais aimé la pop superficielle. Mais il a quand même été forcé d'admettre qu'elle avait plus de potentiel commercial que « I'm Always On The Bonk ».

---

1. « Je ne sais pas qui je baise, je ne sais pas qui je suce, mais je suis toujours entre deux plans cul. »

Sept

J'ai fini par donner mon accord à une interview pour *Rolling Stone* parce que je m'ennuyais à crever. Il n'y avait pas de journalistes sur la tournée mondiale Elton John de 1976. Inutile de faire de la promo dans la presse puisque les concerts affichaient complet depuis le premier jour. Mais je me trouvais coincé depuis deux semaines dans ma suite du Sherry-Netherland à New York – on donnait une série de concerts au Madison Square Garden – et entre deux shows j'errais comme une âme en peine.

Difficile de mettre le nez dehors. On était en plein mois d'août, il faisait une chaleur accablante et une foule de fans campait devant l'hôtel. Quand je réussissais à leur échapper, je déclenchais une émeute, où que j'aille. J'avais carrément vu de vieilles dames se faire piétiner devant mes yeux par des fans déchaînés, pas vraiment de quoi me rendre fier d'être une célébrité. Mais j'essayais tout de même de m'occuper. J'étais allé voir ou avais reçu tous les gens que je connaissais à New York, j'étais sorti en boîte au 12 West et j'avais participé à une émission de la radio WNEW. Ils m'avaient offert du champagne, une générosité qu'ils ont dû regretter aussitôt que je me suis mis à raconter aux auditeurs, en toute franchise, ce que je pensais du critique de rock John Rockwell, qui avait pondu un article négatif sur mon compte : « Je parie qu'il sent des pieds. Je parie qu'il a de la morve au nez. » J'ai aussi fait du shopping, mais j'ai compris les limites de la thérapie par la consommation après avoir acheté une pendule qui marquait l'heure en exhibant un pénis en bois au lieu du coucou traditionnel. J'en ai fait cadeau à John Lennon lorsque je lui ai rendu visite. Tout à fait le genre de truc dont aurait besoin quelqu'un qui n'avait besoin de rien. En matière de shopping, John et Yoko jouaient dans la même division que moi. Les six appartements qu'ils occupaient au Dakota étaient pleins à craquer d'œuvres d'art inestimables, d'antiquités et de vêtements hors de prix, au point qu'un jour je leur ai envoyé une carte postale sur laquelle j'avais écrit les paroles d'« Imagine » revues à ma sauce : « *Imagine six apartments, it isn't hard to do, one is full of fur coats, another's full of shoes*[1]. » Bon sang, ils étaient même propriétaires de troupeaux de bétail – des vaches Holstein primées. Des années plus tard, j'ai demandé à Yoko si elle avait toujours ses vaches. Elle a haussé les épaules et m'a répondu : « Je m'en suis débarrassée. Trop de *meuuuh* ! »

Une fois offert mon coucou à bite à John Lennon, je ne savais vraiment plus quoi faire, ou plutôt je ne voulais rien faire qui comporte le risque d'envoyer une autre petite vieille à l'hôpital. J'ai donc glandé à l'hôtel. Le groupe n'avait certainement pas envie de glander avec moi, vu que je les avais virés l'avant-veille, juste avant de monter sur scène.

La tournée avait été étrange. D'un point de vue commercial, je n'avais pas à me plaindre, et par moments

---

1. « Imagine six appartements, ce n'est pas difficile, l'un est rempli de manteaux de fourrure, un autre, de chaussures. »

c'était même sympa. Kiki Dee nous avait accompagnés pour chanter avec moi « Don't Go Breaking My Heart » qui, en dépit des réserves de Bernie, était numéro un des deux côtés de l'Atlantique cet été-là. En Grande-Bretagne, on avait fait la tournée en voiture et un peu de tourisme entre deux représentations, en s'arrêtant ici et là pour manger une glace ou déjeuner dans un pub. Aux États-Unis, les concerts avaient été des trucs gigantesques, avec vedettes de cinéma en coulisses, et un spectacle dément dans le Massachusetts pour célébrer le bicentenaire de la révolution américaine (je m'étais déguisé en statue de la Liberté). Divine s'était pointé en guest star et s'était déhanché aux quatre coins de la scène bien qu'un de ses talons se soit cassé à la seconde où il avait fait son entrée.

Et puis, j'ai rencontré Elvis Presley dans sa loge du Capitol Center, à Landover, dans le Maryland, où je devais moi-même me produire le surlendemain. Bernie et ma mère m'accompagnaient. Maman m'avait fait connaître sa musique, à moi de lui faire rencontrer le bonhomme en personne. On nous a conduits dans une loge pleine à craquer : j'étais habitué aux rock stars qui ne peuvent se déplacer sans leur meute, mais je n'avais jamais rien vu de tel. Il y avait des cousins, des vieux potes de Memphis, des gens dont le boulot semblait être de lui passer des verres pleins et des serviettes. J'ai réussi à fendre la foule pour lui serrer la main, et ce que j'ai vu m'a brisé le cœur. Il avait un air profondément désespéré, quelque chose ne tournait pas rond. Il était énorme, le teint tout gris, et dégoulinant de sueur. Il avait à la place des yeux deux orifices noirs inexpressifs. Ses gestes étaient ralentis, comme s'il se réveillait d'une anesthésie. Un filet de teinture noire coulait de ses cheveux sur son front. Il était complètement absent, à peine cohérent.

Notre rencontre a été brève et d'un formalisme ridicule. J'étais à la fois ébloui et catastrophé, ce qui n'a pas vraiment facilité la conversation. Quant à Elvis... Savait-il seulement qui j'étais ? D'ailleurs, avait-il la moindre idée de quoi que ce soit ? En tout cas, s'il savait qui j'étais, il n'était pas ravi de me voir. C'était de notoriété publique : Elvis n'aimait pas la concurrence – on disait que, lorsqu'il avait rencontré Richard Nixon à la Maison-Blanche, il avait passé son temps à dénigrer les Beatles. Quinze jours plus tôt, son ex-femme Priscilla m'avait demandé une faveur : leur fille, Lisa Marie, était une de mes fans, est-ce que j'accepterais de la rencontrer pour son anniversaire ? On avait pris le thé ensemble. Peut-être que ça l'avait contrarié.

Je lui ai demandé s'il allait jouer « Heartbreak Hotel ». Pour toute réponse j'ai eu droit à un grognement qui devait vouloir dire non. Je lui ai demandé un autographe, et j'ai vu qu'il tremblait horriblement quand il a saisi le stylo. Sa signature était un gribouillis illisible. Ensuite, on a assisté au concert. De temps à autre, une étincelle, un flash, donnait un aperçu fugace de l'immense artiste qu'il avait été. Ça durait le temps d'un vers ou deux d'une chanson, puis c'était fini. Je me souviens surtout qu'il distribuait des écharpes à des femmes dans le public. Il avait été célèbre pour les magnifiques écharpes en soie qu'il offrait sur scène, un geste grandiose digne du King. Mais les temps avaient changé, et les écharpes étaient maintenant bon marché, en nylon, on voyait qu'elles ne dureraient pas longtemps. Pas plus qu'Elvis, d'ailleurs, comme me l'a fait remarquer ma mère :

« Dans un an, il est mort », a-t-elle décrété en sortant. Elle ne se trompait pas.

Au cours des semaines suivantes, je n'ai pas cessé de revivre notre rencontre dans ma tête. Ce qui me tracassait, ce n'était pas seulement le fait de l'avoir trouvé si mal en point, même si c'était déjà impensable en soi qu'Elvis m'inspire de la pitié le jour où je le rencontrerais enfin ; c'était surtout que je ne savais que trop de quelle façon il s'était mis dans cet état, cloîtré, isolé. Trop de temps passé à s'emmerder dans des hôtels de luxe. Trop de petites vieilles renversées par une meute de fans en délire. Peut-être avait-il fini par décider que le monde extérieur n'en valait pas la peine.

La tournée était une réussite, mais je connaissais tout ça par cœur : les stades, le *Starship*, les célébrités, les mêmes morceaux joués soir après soir. Je venais d'enregistrer un nouvel album, un double intitulé *Blue Moves*, qui ne devait sortir qu'à l'automne, et j'avais tiré la leçon du concert de Wembley : ce n'était pas une bonne idée d'imposer de nouvelles chansons à son public. D'autant plus pour un album comme *Blue Moves*, assez expérimental et jazzy. J'adore cet album, j'en suis très fier, mais les chansons étaient complexes, pas évidentes à jouer et d'une tonalité plutôt sombre et introspective : Bernie s'épanchait à propos de sa rupture avec Maxine et ma musique collait bien aux textes. J'ai même écrit certaines paroles, comme le début de « Sorry Seems To Be The Hardest Word », résultat de ma dernière histoire d'amour désastreuse avec un hétéro : « *What can I do to make you love me ? What can I do to make you care ?* » C'était un album puissant, mais pas vraiment le fruit du travail de deux types respirant la joie de vivre et la vitalité.

C'était ça, le problème de cette tournée. Les vacances à la Barbade avaient été un grand moment mais ce n'était plus qu'un lointain souvenir. Sur le plan émotionnel, j'étais revenu à la case départ, au même point que lorsque je m'étais jeté dans la piscine à LA. Maman et Derf m'avaient déniché une nouvelle maison, appelée Woodside[1]. Le nom était certes charmant pour une immense villa pseudo-georgienne dans le Vieux Windsor dotée d'un terrain de quinze hectares, mais je ne savais pas trop si la demeure l'était aussi puisque je n'y avais pratiquement pas mis les pieds depuis mon emménagement. J'avais juste eu le temps de demander à Derf de monter des étagères pour ma collection de disques et d'installer une petite ménagerie dont les pensionnaires étaient un lapin nommé Clarence, un perroquet nommé Ollie et un mainate nommé Roger, qui, allez savoir pourquoi, avait appris à dire « Casse-toi ! », ce qui lui a donné l'occasion de se faire remarquer le jour où la princesse Margaret est venue déjeuner à la maison. Dès les premiers jours, Roger avait envoyé paître tout le monde, alors j'ai suivi son conseil : il y avait encore des chansons à enregistrer, des tournées à organiser ailleurs.

Même si j'aimais toujours autant me produire en public, j'étais au bout du rouleau. Je faisais des convulsions, des sortes de crises d'épilepsie, pas trop fréquentes mais suffisamment nombreuses pour que ça m'inquiète. J'ai passé un scanner et, d'après le neurologue, mon cerveau avait l'air normal ; si je lui avais raconté ce que je me fourrais dans le pif, il n'aurait eu aucun mal à poser un diagnostic. Bernie n'était pas dans un état beaucoup plus reluisant. Depuis sa séparation, s'il n'avait pas une bière à la main, c'est qu'il l'avait posée le temps de s'enfiler un rail de coke. Je lui ai dit qu'il pouvait écrire pour d'autres artistes que moi, s'il en avait envie, non pas parce que ça ne collait plus entre nous, professionnellement ou personnellement ; je pensais seulement qu'un changement de décor nous ferait peut-être du bien, à lui comme à moi.

Les choses ont atteint un point critique lors de l'avant-

1. « L'orée du bois ».

dernier concert au Madison Square Garden. En coulisses, j'ai dit au groupe que je ne pouvais plus continuer comme ça. Je leur verserais un an de cachets à titre d'indemnités, mais les tournées, c'était fini pour un moment. À la fin du concert, j'ai vaguement annoncé que j'allais me mettre au vert. Pourtant, à peine l'avais-je dit que je ne savais plus si je le pensais vraiment. D'un côté, je n'en pouvais plus de sillonner le monde. J'étais persuadé que c'était la source de tous mes problèmes, la raison de mon épuisement, la raison pour laquelle mes histoires d'amour étaient vouées à l'échec, la raison pour laquelle j'étais malheureux. De l'autre, j'adorais toujours autant jouer en public. J'étais sur la route depuis l'âge de dix-huit ans. C'était mon métier. Je ne savais rien faire d'autre. Comment allais-je occuper mon temps ? Regarder Derf monter des étagères ? Écouter un mainate me dire toutes les dix minutes de me casser ?

J'étais plongé dans ces réflexions quand un journaliste envoyé par *Rolling Stone* s'est présenté à l'hôtel. Il s'appelait Cliff Jahr et ça faisait des semaines qu'il me harcelait pour que je lui accorde une interview. J'ignorais que Cliff était un gay assumé, et qu'il s'était donné pour but de faire toute la lumière sur ma sexualité. Je ne pense pas qu'il y voyait un geste politique – à l'époque, le fait d'admettre qu'on était gay n'était pas censé être un coup fatal porté à une société répressive. C'était juste un pigiste en mal de scoop.

J'ai appris plus tard que Cliff avait élaboré tout un plan pour me tirer les vers du nez. Quand il prononcerait un certain mot, le photographe quitterait la pièce et Cliff déploierait toute sa ruse pour me faire avouer mes plus noirs secrets. Mais son stratagème s'est avéré inutile. J'ai abordé le sujet avant qu'il ne m'ait posé la moindre question précise. Il m'a juste demandé si j'étais amoureux de quelqu'un, ce qui n'était probablement pas la question à me poser à ce moment-là, sauf si on avait quelques heures à perdre et très envie de se farcir mes lamentations sur la catastrophe qu'était ma vie personnelle. Je rêvais de rencontrer quelqu'un qui m'aimerait comme je l'aimerais. Je me suis demandé à voix haute, d'un air vaguement désabusé, si au fond les relations avec les femmes n'étaient pas plus durables que les histoires que j'avais eues avec des hommes. Cliff a été pris de court et, ce qui est tout à son honneur, il m'a tout de suite proposé d'éteindre son magnéto pour que je puisse parler en off. Je lui ai dit que ce n'était pas la peine, allons-y et tant pis. En vérité, ça ne me semblait pas un sujet brûlant. Mes proches savaient depuis des années que j'étais gay. Tout le show-biz était au courant de mon histoire avec John Reid. Et Cliff Jahr lui-même ne pouvait être complètement dupe, vu que je venais de lui raconter comment on s'était fait refouler du Crisco Disco avec Divine. Les indices étaient nombreux et concordants : je fréquentais une boîte gay portant le nom d'une marque connue de lubrifiant anal en compagnie de la drag-queen la plus célèbre de la planète. L'info selon laquelle je n'étais pas hétéro ne pouvait pas vraiment être un coup de tonnerre dans un ciel serein.

Il m'a demandé si j'étais bisexuel et j'ai répondu oui. Vous pouvez croire ce que vous voulez et penser que je cherchais à noyer le poisson, mais j'avais bien eu une histoire avec une femme et j'en ai eu d'autres après. Ensuite, il m'a demandé si Bernie et moi avions été ensemble, et j'ai répondu non. Quand il a lâché le nom de John Reid, j'ai menti en répondant que je n'avais jamais connu de véritable histoire d'amour avec quiconque. Je n'allais certainement pas dévoiler à *Rolling Stone* qui était gay et qui ne l'était pas. J'ai déclaré que selon moi on avait le droit de coucher avec qui on voulait. Et j'ai ajouté : « La ligne rouge, c'est les chèvres. »

C'est à cet instant précis que John Reid a pointé le bout de son nez pour vérifier que tout se passait bien. C'était peut-être un hasard, ou alors il avait écouté derrière la porte, il s'était mis à flipper et avait décidé d'intervenir quand j'avais commencé à parler de zoophilie en plaisantant. Peut-être que les chèvres étaient aussi sa propre ligne rouge à lui. Je l'ai rassuré, tout se passait bien. C'était d'ailleurs vrai : je ne ressentais ni soulagement, ni nervosité, ni fierté, ni rien de tout ce qu'on est censé ressentir en faisant son coming out pour le grand public. Ça ne me faisait ni chaud ni froid. Je ne me triturais plus l'esprit à propos de mon orientation sexuelle depuis des années, alors le qu'en-dira-t-on, ça m'était bien égal.

Mon entourage ne voyait pas les choses du même œil. Non qu'on m'ait dit quoi que ce soit directement. L'argent que je faisais gagner à tout le monde imposait le respect, et personne n'aurait osé la moindre remarque, car cela aurait pu faire ressurgir notre vieil ami, le Fichu Caractère des Dwight. Quand l'article est sorti, j'ai eu l'impression que John Reid et ma compagnie de disques américaine étaient inquiets et se demandaient si ces révélations n'auraient pas un effet catastrophique sur ma carrière.

Les choses ont fini par se tasser, et l'étendue véritable des dégâts est apparue : il n'y en avait pas. Quelques tordus ont écrit à *Rolling Stone* pour dire qu'ils priaient pour moi et qu'ils espéraient que ma perversion ne me vaudrait pas de rôtir en enfer. Aux États-Unis, quelques stations de radio ont décidé de ne plus diffuser ma musique mais, sans vouloir paraître arrogant, je m'en moquais éperdument. Je me disais que ma carrière continuerait d'avancer cahin-caha, sans leur aide. On a raconté que l'article de *Rolling Stone* avait fait chuter mes ventes, mais celles de mes albums avaient déjà commencé à baisser. Si *Rock Of The Westies* avait été numéro un, il s'était quand même moins bien vendu que *Captain Fantastic*.

En Grande-Bretagne, le *Sun* a annulé un concours où des exemplaires de *Blue Moves* étaient mis en jeu, sous prétexte qu'il n'y avait pas de femme sur la couverture – qui reprenait un splendide tableau de ma collection, signé Patrick Procktor, représentant des hommes assis dans un parc. À leurs yeux, ça en faisait un redoutable outil de propagande homosexuelle dont il fallait protéger le public. Si j'ai bien compris leur logique, un lecteur du *Sun* voyant un tableau représentant des hommes dans un parc risquait de jeter son alliance à la poubelle, abandonner femme et enfants et se précipiter dans le bar gay le plus proche en chantant « I Am What I Am ». Mais les réactions négatives ne sont pas allées bien loin.

Ce qui semblait intéresser la presse davantage que ma vie sexuelle, c'était ma situation capillaire. Comment leur en vouloir ? J'étais moi-même obsédé par ce qu'il se passait là-haut depuis un peu plus d'un an. Ma chevelure avait commencé à perdre de sa splendeur au début des années 1970, mais suite à une mauvaise coloration faite à New York, les matelots abandonnaient à présent en masse le navire. J'avais été frappé par la styliste Zandra Rhodes, qui adaptait sa couleur de cheveux à ses tenues, et depuis des années je me faisais teindre par un coiffeur londonien, apparemment sans effets indésirables. Je ne sais pas ce que le type de New York m'avait mis sur la tête, mais mes cheveux avaient assez vite commencé à tomber par poignées. Au moment de la tournée de 1976, le haut de mon crâne était presque entièrement dégarni.

Je détestais ma tête. Certaines personnes ont la chance d'avoir un visage qui s'accommode bien d'un crâne nu. Moi pas. Chauve, je ressemble à Shrek. Heureusement, une solution existait à mon problème : à Paris, un certain docteur Pierre Putot avait une réputation de pionnier en matière d'implants capillaires. À l'époque, c'était une nouveauté. Quiconque en posait était donc forcément un pionnier, et on m'avait assuré que le docteur Putot était le meilleur. Il m'a expliqué que la procédure était simple et que je quitterais sa clinique parisienne sous les vivats et les applaudissements des badauds éblouis par ma nouvelle tignasse léonine.

Ça ne s'est pas tout à fait passé comme prévu. D'abord, l'intervention n'avait rien d'anodin. Ça durait cinq heures, il a fallu y passer deux fois, et ça faisait un mal de chien. La technique portait le nom peu ragoûtant de « collecte de bandelettes ». On prélevait des lambeaux de cuir chevelu sur ma nuque et on les implantait là où leurs services étaient requis. Le bruit que faisait mon cuir chevelu lorsqu'on le découpait au bistouri n'était pas sans rappeler celui d'un lapin grignotant une carotte. En quittant la clinique après la première intervention, je souffrais le martyre. J'ai trébuché en montant dans la voiture et je me suis cogné la tête. J'ai aussitôt réalisé que la pose d'implants est certes douloureuse mais pas autant que la douleur produite par le choc de sa tête contre la carrosserie d'une voiture aussitôt après avoir reçu ces mêmes implants. Tout en tamponnant frénétiquement mon crâne ensanglanté à l'aide d'une compresse, j'ai pris la seule décision susceptible d'alléger ma souffrance : j'ai demandé au chauffeur de me conduire quelque part où je pourrais faire du shopping.

Pour ne rien arranger, les implants capillaires n'ont pas pris, sans que l'on sache pourquoi. Le chirurgien n'était pas en cause. C'était peut-être lié aux quantités

de drogues que je prenais. Ou peut-être que j'avais fait
la seule chose qu'on m'avait explicitement interdite après
l'intervention : porter un chapeau. Et pour cause : sans
chapeau, je ressemblais à un de ces personnages de film
d'horreur qui pratiquent à la hache la collecte de bandelettes sur de jeunes campeurs en goguette. Ma tête
était constellée de croûtes et de cratères bizarres. J'aurais
dû suivre les ordres du médecin et porter autre chose
qu'un chapeau, par exemple un bandana, mais l'idée de
me montrer en public déguisé en diseuse de bonne
aventure était un peu too much, même pour moi.

Lorsque la nouvelle des tragiques événements de la
clinique du docteur Putot est parvenue aux journaux, ils
ont lancé le branle-bas de combat. Aucune des frasques
de ma longue carrière ne les a davantage fascinés que
l'état de mes implants capillaires. Les paparazzis se sont
mis en quatre pour se procurer un cliché de moi sans
chapeau. Comme s'il s'y trouvait le secret du bonheur
et de la vie éternels plutôt qu'un bout de cuir chevelu dégarni. Pas de chance : je n'ai pratiquement plus
quitté mon chapeau de la décennie qui a suivi. Vers la
fin des années quatre-vingt, juste avant de décrocher de
mes addictions, j'ai décidé que ça suffisait : j'ai teint
en blond platine les rares cheveux qui me restaient,
et posé comme ça pour la couverture de *Sleeping With
The Past*. Une fois redevenu sobre, je me suis fait
poser des extensions : on prend ce qui vous reste de
cheveux, et on y accroche d'autres cheveux. J'ai inauguré mon nouveau look lors du concert en hommage à
Freddie Mercury. Un journaliste a alors écrit que j'avais
l'air d'avoir un écureuil mort sur la tête. Ce n'était
pas bien gentil, mais il faut lui concéder qu'il n'avait
pas totalement tort.

J'ai fini par baisser les bras et me suis commandé
une perruque chez les fournisseurs d'Hollywood. C'est

très bizarre : pendant des années, tout le monde avait été obsédé par mes cheveux ou leur absence, mais dès que j'ai commencé à porter une perruque, ça n'a plus intéressé personne. Cela dit, les perruques ont leurs inconvénients. Il y a quelques années, je dormais chez moi à Atlanta lorsque j'ai été réveillé par des voix dans l'appartement. Certain qu'il s'agissait d'un cambriolage, j'ai enfilé ma robe de chambre et me suis avancé dans le couloir pour évaluer la situation. Parvenu au milieu du couloir, je me suis rendu compte que je ne portais pas ma perruque. Je suis retourné la chercher dans ma chambre : quitte à me faire fracasser le crâne, autant qu'il ne soit pas dégarni. J'ai ensuite pris le chemin de la cuisine et suis tombé nez à nez avec deux plombiers venus réparer une fuite. Ils étaient désolés de m'avoir réveillé, mais le grand soulagement que j'éprouvais ne m'a pas empêché de remarquer leur air ébahi. Était-ce le fait de se retrouver devant une star qui les impressionnait ? Je suis retourné dans ma chambre et, passant devant le miroir de la salle de bains, j'ai compris que ce n'était pas la présence du légendaire Elton John qui leur avait fait écarquiller les yeux, mais la présence du légendaire Elton John avec sa perruque à l'envers. J'avais l'air complètement ridicule, une sorte de Frankie Howerd qui aurait passé la nuit à faire la fête avec un ventilateur. J'ai enlevé la chose, et je suis retourné me coucher.

Le monde avait plutôt bien pris l'annonce de mon homosexualité, mais je me suis quand même demandé si je n'aurais pas mieux fait de réfléchir un peu plus aux conséquences. Voici le conseil que je vous donnerais aujourd'hui si vous décidiez de faire votre coming out : si vous venez d'être nommé président d'un club de foot anglais, ce n'est pas la meilleure idée, sauf si vous avez envie de passer vos samedis après-midi en compagnie de milliers de supporters adverses qui entonnent sur l'air des lampions : « Ne t'assieds pas à côté d'Elton John, tu vas finir avec une bite dans le cul. » Je devrais peut-être en profiter pour dénoncer l'homophobie des supporters anglais de l'époque, mais pour être franc, ça me faisait plutôt rigoler : je n'étais pas vexé, je n'étais pas terrifié, ce n'était pas vraiment méchant, il fallait juste encaisser. À chaque fois qu'ils entonnaient ce refrain, je leur souriais et faisais des gestes de la main.

En vérité, l'équipe de Watford m'inquiétait bien plus que les chants idiots des supporters adverses. La première fois que j'ai entendu parler des problèmes que rencontrait le Watford FC, qui n'étaient pas exclusivement footballistiques, c'est par l'intermédiaire d'un journaliste supporter, lors d'une interview, en 1974. J'étais moi-même parmi les fans, j'assistais à tous leurs matchs dès que je le pouvais, toujours debout dans le Virage, la tribune de Vicarage Road où je venais avec mon père quand j'étais gamin. Cette tribune n'était pas la seule chose qui me rappelait mon enfance. Reléguée à perpétuité en quatrième division, l'équipe de Watford était aussi lamentable que dans les années cinquante. Les soutenir, c'était un peu comme jouer avec Bluesology : je les adorais, mais je pensais qu'ils n'avaient aucun avenir.

Ce journaliste m'a donc appris que le club était au bord de la faillite. L'argent manquait parce que personne n'avait envie de venir voir Watford perdre semaine après semaine. Le club avait besoin de financements, désespérément. J'ai appelé pour leur proposer de donner un concert à leur bénéfice, dans leur stade. Ils ont accepté et, en remerciement, ils m'ont proposé de prendre des parts dans le club et d'en devenir le vice-président. Pour ce concert, je me suis déguisé en abeille – c'est ce qui ressemblait le plus à la mascotte du club, Harry le frelon – et j'ai demandé à Rod Stewart de faire une apparition à mes côtés. Quand il a vu le stade – délabré, avec l'ancienne piste de course de lévriers entourant la pelouse –, il n'a pu s'empêcher de se marrer et de se moquer de la nullité abyssale de Watford comparé à son club adoré, le Celtic, et de mes nouvelles fonctions de vice-président en particulier :

« Putain, Sharon, si tu connaissais quelque chose au foot, tu ne perdrais pas ton temps avec ces tocards ! »

Je l'ai envoyé se faire voir. Le conseil d'administration m'a accueilli à bras ouverts. J'étais sans doute le seul vice-président de club du pays à se pointer aux réunions avec des cheveux orange et vert, monté sur des pompes à plateforme, mais si ça leur posait un problème, ils n'en ont jamais rien dit. Cependant, ma simple présence n'a pas changé grand-chose : l'équipe n'était pas moins nulle, et le club restait au bord de la faillite. Mais je savais une chose : si supporter Watford était aussi frustrant que jouer dans Bluesology, il ne tenait qu'à moi que ça change.

Alors, quand le président Jim Bonser, un homme d'affaires local, m'a proposé d'acheter le club à l'été 1976, j'ai dit oui. John Reid était furieux, il n'arrêtait pas de répéter que le club allait plomber mes finances. Je l'ai envoyé se faire voir à son tour. Ma décision était prise. J'ai toujours aimé la compétition, qu'il s'agisse de squash, de ping-pong ou de Monopoly. Encore aujourd'hui, quand je joue au tennis, mon but n'est pas de faire un peu d'exercice en tapant dans une balle, mais de gagner. La présidence du club s'accordait plutôt bien avec cet aspect de ma personnalité. C'était un défi, et les défis ne me font pas peur. Et puis, j'en avais assez que mon week-end soit fichu parce que Watford avait encore perdu.

J'adorais ce club. Watford, c'était la constante dans

ma vie, une vie que le passage du temps avait rendue méconnaissable. Je suis né à une petite dizaine de kilomètres de Vicarage Road. Le club me renvoyait à mes racines : j'avais beau avoir réussi, être devenu célèbre, avoir gagné plein d'argent, j'étais toujours un fils des classes populaires de Pinner, qui avait grandi dans un logement social.

Mais ce n'était pas tout. J'adorais me consacrer au club, parce que c'était un monde complètement différent du mien, de la musique. Pas de glamour, pas de luxe, pas de limousines, pas de *Starship*. Je prenais le train pour Grimsby avec les joueurs, j'assistais au match, les supporters adverses entonnaient des chants à la gloire de mon prétendu penchant insatiable à fourrer ma queue dans le cul du premier venu, et je rentrais à la maison avec le paquet de poisson du cru offert par le président du club adverse à la fin du match.

Et on ne me racontait pas de salades. Dans le monde du show-biz, quand on a atteint un certain niveau de célébrité, les gens vous disent ce que vous avez envie d'entendre plutôt que ce qu'ils pensent vraiment. Personne n'a envie d'encourir vos foudres ni de faire des vagues. À Watford, ça ne se passait pas comme ça. Le personnel, les joueurs, tout le monde était sympa, respectueux, mais ils se fichaient de mon amour-propre. Si mon dernier album ne leur avait pas plu, ils ne se gênaient pas pour me le dire – « Tu devrais refaire une chanson comme "Daniel", elle m'avait bien plu, celle-là » –, pareil s'ils trouvaient mon manteau ridicule. Je jouais au foot à cinq avec eux, et personne ne prenait de gants avec moi sous prétexte que j'étais Elton John. Si j'avais la balle, on se ruait sur moi pour me tacler : pas le temps de dire ouf que j'avais perdu le ballon et faisais un grand vol plané avant d'atterrir sur les fesses.

D'ailleurs, je me tenais à carreau, je ne me serais jamais permis un numéro de diva. Il a fallu apprendre à être bon perdant, à serrer la main du banc adverse après une déculottée. Je n'avais pas le droit de me mettre en colère, ou de faire la tête, et je ne buvais pas et ne me défonçais pas car je n'étais pas là pour jouer à la star dont il faut satisfaire le moindre caprice. Je représentais le Watford Football Club. Je ne me suis laissé aller qu'une fois, le jour où je me suis pointé avec une énorme gueule de bois au match du Boxing Day après avoir passé la nuit à sniffer de la coke. Je me suis servi à la bouteille de scotch qui traînait dans la salle du conseil d'administration. Le lendemain, je me suis sévèrement fait remonter les bretelles, une engueulade comme personne dans mon entourage ne s'en serait jamais permis :

« Putain, pour qui tu te prends ? Non seulement tu ne nous respectes pas, mais tu ne te respectes pas toi-même ! »

C'est Graham Taylor qui m'a passé ce savon, l'entraîneur que j'avais personnellement convaincu de rejoindre Watford en avril 1977. Il avait trente-deux ans lorsque j'ai fait sa connaissance – c'est jeune pour un entraîneur – et il me faisait penser à Bernie. Comme lui, il venait du Lincolnshire. Comme lui, il a misé sur moi. Graham était certes très bien payé à Watford, mais il avait pris un risque en acceptant le job. Venant d'arracher Lincoln City, la dernière équipe qu'il avait entraînée, à la quatrième division, il était à présent censé voir beaucoup plus grand, pas redescendre tout en bas. Mais comme pour Bernie, ça a tout de suite collé entre nous et, comme pour Bernie, je ne me mêlais pas de son boulot. Il faisait ce qu'il avait à faire, et ça m'allait très bien.

Et comme avec Bernie, lorsque les choses ont commencé à marcher, elles ont largement dépassé nos espoirs les plus fous. Graham était un formidable entraîneur. Il a réuni autour de lui un staff exceptionnel. Bertie Mee a quitté Arsenal pour le seconder en tant qu'adjoint : c'était un vétéran, il avait joué dans les années trente et connaissait toutes les ficelles du foot. Eddie Plumley, qui venait de Coventry, a été nommé directeur administratif. Graham a recruté de jeunes talents. Il a signé John Barnes alors qu'il n'avait que seize ans, et ce gamin est devenu l'un des plus grands joueurs que l'Angleterre ait jamais eus. Graham l'a obtenu pour le prix d'une tenue de footballeur. Il a embauché des jeunots comme Luther Blissett et Nigel Callaghan et en a fait des joueurs vedettes. En soumettant l'équipe à des entraînements plus rigoureux que jamais, il a réussi à en tirer un jeu exceptionnel. Avec deux grands avants-centres, deux ailiers rapides, une attaque formidable et beaucoup de buts, nos matchs ont attiré le public. Graham a fait enlever la vieille piste de course de lévriers et construire de nouvelles tribunes, avec un endroit dédié aux familles pour que les gens puissent venir en toute sécurité avec leurs enfants. Aujourd'hui, toutes les équipes ont aménagé une tribune de ce type, mais à Watford on a été les premiers.

Tout cela coûtait cher, et John Reid s'en plaignait de plus en plus. Ça m'était égal. Je n'étais pas un homme d'affaires, le club n'était pas un investissement financier. J'avais Watford dans le sang. J'étais complètement obsédé, au point de devenir superstitieux : si le club était dans une bonne passe, je ne me changeais pas et je ne vidais plus mes poches. Mon enthousiasme était plus que débordant : j'aurais convaincu n'importe qui de devenir supporter de Watford. J'ai même converti mon ami Muff Winwood, jusqu'alors supporter de West Brom : il est entré au conseil d'administration de Watford. J'ai pris la parole devant le conseil municipal pour le convaincre de

nous autoriser à construire un nouveau stade aux abords
de la ville. Après chaque match, je me rendais au club
des supporters pour rencontrer les fans et écouter ce
qu'ils avaient à dire. Je tenais à ce qu'ils sachent que
je m'intéressais personnellement au club, que je ne les
prenais pas à la légère, que sans eux Watford n'était rien.
J'organisais d'énormes fêtes à Woodside pour les joueurs,
le staff et leurs familles. On faisait des foots à cinq,
et on organisait toutes sortes d'autres activités. J'ai acheté
une Aston Martin que j'ai peinte aux couleurs du club
– jaune, avec une bande rouge et noir au milieu – et
je la prenais pour me rendre à chaque match. Je l'appelais « la voiture du président ». Je n'ai vraiment mesuré
l'intérêt qu'elle suscitait que lorsque j'ai été présenté au
prince Philip. On papotait aimablement, lorsqu'il a subi-
tement changé de sujet :

« Vous habitez bien près de Windsor, n'est-ce pas ?
m'a-t-il demandé. Avez-vous vu cet idiot qui empoisonne
le voisinage avec son épouvantable voiture ? Elle est jaune
avec une bande rouge et noir au milieu. Savez-vous de
qui il s'agit ?

– Oui, Votre Altesse, il s'agit de moi.

– Ah, vraiment ? »

Il n'a pas eu l'air particulièrement surpris. Il semblait
même content d'avoir enfin mis la main sur l'idiot en
question, car il pouvait lui dire sa façon de penser :

« Mais qu'est-ce qui vous prend ? C'est ridicule. Vous
avez l'air d'un imbécile. Il faut à tout prix vous en
débarrasser ! »

Quand la voiture du président ne suffisait pas pour que
j'arrive à l'heure à un match, je prenais l'hélicoptère. Si
j'étais à l'étranger, j'appelais le club et ils me connectaient
à la retransmission de la radio de l'hôpital local. Quelque
part aux États-Unis, en coulisse, mon groupe m'entendait
hurler à tue-tête dans ma loge parce qu'on venait de

battre Southampton lors d'un match de la Cup. Si on était en Nouvelle-Zélande, je me levais en pleine nuit pour écouter la retransmission. Si ça tombait au début d'un concert, je repoussais le début du concert. J'adorais l'excitation des matchs, l'esprit de camaraderie, l'idée de faire partie d'une équipe où tout le monde, des joueurs aux vendeuses de thé, ramait dans la même direction. Jamais, aussi riche que j'aie été, ma fortune n'aurait pu m'offrir tout le bonheur que Watford m'a apporté.

Et ce n'était pas comme si je jetais l'argent par les fenêtres : toutes ces dépenses ont fini par payer. Watford s'était mis à gagner, et ça ne semblait plus devoir s'arrêter. Une saison plus tard, on montait en troisième division. Une autre encore et on était en deuxième. En 1981, Watford a rejoint la première division pour la première fois de son histoire. L'année suivante, on était deuxième au classement, la deuxième meilleure équipe de foot de Grande-Bretagne. On allait participer à la coupe de l'UEFA et affronter les meilleures équipes d'Europe : le Real Madrid, le Bayern de Munich, l'Inter de Milan. C'était précisément l'objectif que j'avais fixé à Graham lors de notre première rencontre. Il m'avait regardé comme si j'étais fou et s'était mis à m'expliquer qu'on aurait bien de la chance de rester en quatrième division avec une telle équipe – « Votre avant-centre est une putain de girafe ! » –, avant de comprendre que j'étais vraiment sérieux et bien décidé à joindre les actes à la parole. On s'était donné dix ans pour y parvenir raisonnablement. Cinq avaient suffi.

En 1984, on était en finale de la FA Cup. Il s'agit de la plus ancienne et plus prestigieuse compétition de football de Grande-Bretagne. Wembley, 100 000 spectateurs. Je m'étais habitué à nos succès – c'est marrant à quelle vitesse on s'habitue au succès après des dizaines d'années d'échecs –, mais juste avant le début du match, j'ai soudain mesuré le chemin parcouru. Le petit club de quatrième division qui était la risée de tout le monde, dont les matchs n'étaient suivis par personne, était en finale de la FA Cup ! L'orchestre a attaqué « Abide With Me », l'hymne traditionnel de la compétition, et j'ai fondu en larmes devant les caméras de la BBC. Ce fut le moment fort de la journée, parce que l'équipe d'Everton nous a battus 2 à 0. Le score aurait dû être plus serré, car l'un de leurs buts était franchement contestable, mais au bout du compte ils avaient mieux joué que nous. J'étais effondré, mais on a fait la fête tous ensemble parce que c'était quand même un résultat extraordinaire.

En voyant la foule assemblée à Wembley avant le match, j'ai ressenti ce que j'avais déjà ressenti au Dodger Stadium. J'ai compris que j'avais atteint un sommet, que j'aurais du mal à monter plus haut. Je ne me trompais pas. Graham a quitté Watford pour Aston Villa. J'ai recruté Dave Bassett, un autre entraîneur, mais ça n'a pas fonctionné : il ne s'entendait pas avec l'équipe. J'ai commencé à me dire que j'aurais mieux fait de quitter Watford en même temps que Graham. J'aimais toujours autant le club, on avait obtenu des résultats exceptionnels, mais il y avait eu entre nous une alchimie particulière : sans Graham, je ne pourrais pas la ressusciter.

J'ai fini par vendre Watford à Jack Petchey, un gars qui avait fait fortune dans le commerce des voitures. Sept ans plus tard, j'ai racheté un paquet d'actions et je suis redevenu président – plutôt homme d'affaires cette fois-ci que fan prêt à tout. Watford était redescendu en deuxième division, et j'avais l'impression que Jack était en train de tout gâcher. Si je suis revenu, c'est surtout parce que Graham avait accepté de redevenir notre entraîneur. L'équipe a connu des succès, mais ce n'était plus pareil, il ne s'agissait plus de tirer une équipe ringarde du tréfonds de la quatrième division. Graham a fini par quitter à nouveau le club, et moi aussi. En 2002, j'ai démissionné pour de bon de la présidence. Cependant, je n'ai jamais perdu Graham de vue, jusqu'à sa mort en 2011. Je l'appelais tout le temps pour savoir ce qu'il pensait de l'équipe, de leur jeu, du nouvel entraîneur, et ainsi de suite. Graham a beaucoup fait pour le foot en général, mais son cœur est resté à Watford.

C'est peu dire que je suis fier de ce qu'on a accompli, mais la vérité, c'est que je dois bien plus à Watford que le contraire. J'ai été président du club pendant la pire période de ma vie : des années d'addiction et de malheur, d'échecs amoureux, de mauvaises affaires, de procès, de problèmes à n'en plus finir. Pendant tout ce temps, Watford ne m'a apporté que du bonheur. Lorsque je me disais que ma vie manquait d'amour, je pensais à l'amour du club et de ses supporters. Ça me détournait de mes idées noires, c'était une passion qui me faisait oublier tout ce qui ne tournait pas rond. Il y a des pans entiers de ma vie dans les années quatre-vingt dont je n'ai pas le moindre souvenir – et pour cause : à cette époque, je n'arrivais pas à me souvenir de ce que j'avais fait la veille, alors trente ans plus tard... Mais le moindre match de Watford auquel j'ai assisté est gravé à jamais dans ma mémoire. Comment oublier le jour où on a éliminé Manchester United alors qu'on n'était qu'un club de troisième division ? Deux buts de Blissett, les deux de la tête, et la une des journaux le lendemain, ces journaux qui ne parlaient jamais de Watford et qui à présent appelaient l'équipe les « Rocket Men » d'Elton John. Ou encore ce soir de novembre 1982 où on a joué contre Forest à Nottingham pour la Milk Cup. On s'est fait battre 7 à 3, mais à ce jour, je continue de penser que c'est l'un des meilleurs matchs de foot auxquels j'aie assisté. Le légendaire entraîneur de Forest, Brian Clough, m'a dit qu'il partageait mon avis. Avant de se tourner aussitôt vers Graham et de lui déclarer que, pour sa part, il n'aurait jamais laissé son président s'asseoir sur le banc de touche à ses côtés. Sans ce club de foot, Dieu sait ce que je serais devenu. Je n'exagère pas : Watford m'a peut-être sauvé la vie.

Huit

De retour au bercail à l'automne 1976 et théoriquement retiré de la scène, je me suis attelé à refaire la déco de Woodside. Une maison se dressait à cet endroit d'Old Windsor depuis le XIᵉ siècle – bâtie à l'origine pour le médecin de Guillaume le Conquérant – mais elle avait brûlé à plusieurs reprises ; la dernière avait été érigée en 1947 pour Michael Sobell, un type qui a fait fortune en fabriquant des radios et des téléviseurs. C'était une bâtisse pseudo-georgienne, mais j'ai choisi de renoncer au style Régence ou palladien au profit de celui connu dans le milieu des architectes d'intérieur sous le nom de Pop Star Camée des Années 70 Qui Ne Se Sent Vraiment Plus Pisser. J'y ai mis des flippers, des juke-box, des palmiers en cuivre, des souvenirs partout. Des lampes Tiffany côtoyaient les Dr. Martens d'un mètre vingt que je porte pour « Pinball Wizard » dans *Tommy*, le film des Who. Au mur, des gravures de Rembrandt jouaient des coudes avec des disques d'or et des trucs envoyés par des fans. J'ai fait installer dans la propriété un terrain de foot à cinq et une discothèque tout équipée à côté du salon, avec spots, boule à facettes, cabine de DJ et une paire d'énormes enceintes. Il y avait dans une pièce une réplique du trône de Toutankhamon. J'ai fait poser devant la maison des haut-parleurs reliés à la chaîne stéréo de ma chambre. Dès mon réveil, je mettais de la musique de fanfare pour que chacun dans la maison soit averti de mon arrivée imminente. Je trouvais ça tordant, une bonne vanne un peu excessive, mais mes visiteurs pris à l'improviste adoptaient une attitude songeuse, comme s'ils commençaient à se demander si le succès ne m'était pas quelque peu monté à la tête.

Il y avait dans la propriété une orangerie convertie en appartement indépendant avec jardin privatif, et j'y ai installé ma grand-mère. Horace, son second époux, était mort, et je n'aimais pas la savoir seule à soixante-dix ans passés. Elle y resterait jusqu'à sa mort, en 1995. Je voyais là une magnifique circularité. J'étais né dans sa maison, elle mourrait dans la mienne, mais elle y aura vécu de façon tout à fait autonome. Elle avait toujours été une femme indépendante, et je tenais à lui laisser ça. Je la savais en sécurité à l'intérieur des grilles de Woodside, mais elle y menait sa propre existence, fréquentait ses propres amis. Je pouvais passer la voir n'importe quand, mais aussi la préserver des excès de ma vie, de sa folie et de ses stupidités. Je l'y ai vraiment sentie très heureuse, toujours occupée dans le jardin. Elle était en train de désherber ses bordures quand la reine mère est venue déjeuner à Woodside. Elle et moi avions bien accroché lors de notre rencontre chez Bryan Forbes, et j'avais été reçu à dîner à la loge royale de Windsor ; on ne s'ennuyait vraiment pas en sa compagnie. Après le repas, elle avait insisté pour qu'on danse sur son disque préféré, qui était en fait une vieille chanson à boire irlandaise intitulée « Slattery's Mounted Fut ». Je crois bien que Val Doonican en a enregistré une version.

À partir du moment où j'avais vécu l'expérience surréaliste d'une danse avec la reine mère au son d'une chanson à boire irlandaise, plus rien ne s'opposait en apparence à ce que je l'invite à déjeuner. Elle m'avait dit s'être liée d'amitié avec la famille qui avait occupé Woodside avant la guerre, et j'ai pensé qu'elle souhaitait peut-être revoir les lieux. Elle a accepté, et sur le moment j'ai trouvé hilarant de ne pas annoncer à ma grand-mère l'identité de mon invitée. Je lui ai simplement dit : «Viens Mamie, il y a ici quelqu'un qui voudrait te rencontrer.» Ma grand-mère n'a malheureusement pas du tout apprécié la cocasserie de la chose. Aussitôt la reine mère repartie, une petite apocalypse m'est tombée dessus.

«Comment as-tu pu me faire une chose pareille? Me présenter devant la reine mère en bottes de caoutchouc et gants de jardinage? C'est la honte de ma vie! Ne me refais jamais un coup comme ça!»

J'ai embauché du personnel à Woodside. Un dénommé Bob Halley a d'abord été mon chauffeur, et son épouse Pearl la gouvernante des lieux : c'était une femme adorable, mais parfaitement inepte aux fourneaux. J'avais deux femmes de ménage et un assistant personnel nommé Andy Hill. C'était le fils du tenancier des Northwood Hills, le pub où, adolescent, j'avais joué du piano, et je l'avais surtout embauché parce que j'avais un petit béguin pour lui ; dès que ça m'a passé, j'ai bien vu qu'il n'avait pas le profil de l'emploi. Sans doute aurais-je dû en tirer quelque enseignement sur la place à accorder à mes amourettes. J'ai fini par confier la fonction d'assistant personnel à Bob Halley.

J'ai fait venir ma mère pour diriger la maison, ce qui s'avérerait une terrible erreur. C'était une comptable très efficace, mais elle menait son monde à la baguette. J'avais bien constaté un changement dans son comportement. Même si tout allait bien entre elle et Derf, elle paraissait insensiblement redevenir celle qu'elle avait été avant de le connaître : maussade, compliquée, ergoteuse, jamais satisfaite. J'avais cru en l'employant que cela nous rapprocherait, que ce serait comme à Frome Court, quand on démarrait Bernie et moi. Erreur. Toute la joie que lui avait initialement procurée mon succès s'était à présent dissipée. Elle détestait tout ce que je faisais. Elle lâchait à tout bout de champ des remarques amères – sur ce que je portais, sur mes amis, sur ma musique. Et on se disputait beaucoup à propos d'argent, sans doute parce que la guerre et le rationnement avaient profondément enraciné en elle la frugalité, le souci d'économiser les bouts de chandelle. Il se trouve – et nous l'avons me semble-t-il clairement établi à présent – que telle n'est pas précisément ma doctrine en matière de dépenses. J'ai fini par en avoir assez que chacun de mes achats soit remis en question, de devoir batailler dès que je voulais faire un cadeau à quelqu'un. Elle m'étouffait, rien ne lui échappait, je n'avais plus la moindre intimité. Tu te lèves le matin avec ta conquête, et la première personne sur laquelle vous tombez tous les deux, c'est ta maman, qui te brandit avec colère un reçu sous le nez en caquetant : « Qu'est-ce qui t'a pris de mettre autant dans une robe pour Kiki Dee ? » C'est quand même particulier. Et ça plombe sacrément les instants de plénitude post-coïtale. Pire, elle se montrait souvent abjecte avec les employés de la maison ; elle les traitait comme des merdes, à la manière d'une châtelaine avec ses serviteurs : je passais ma vie à rattraper ses crises de colère auprès d'untel ou d'unetelle. Ça a fini par devenir trop tendu, suffocant. Elle et Derf sont partis s'installer sur la côte sud, et j'ai enfin respiré.

Un dimanche matin, seul dans mon lit à Woodside, je regardais la télé d'un œil distrait quand un type aux cheveux orange pétant a surgi à l'écran en traitant Rod Stewart de vieux connard fini. J'étais scotché : un type qui se paye Rod à l'antenne, trop génial pour laisser passer. Le mec s'appelait Johnny Rotten, il portait les fringues les plus invraisemblables, et je l'ai trouvé tout bonnement hilarant – un mix de jeune homme énervé et de vieille peau aristo, hyper-caustique et débordant d'esprit. La journaliste, qui l'interrogeait au sujet du mouvement punk alors balbutiant à Londres, s'appelait Janet Street-Porter. Grande gueule et directe à souhait, elle aussi me plaisait bien. Précisons par honnêteté envers Rod que Johnny Rotten haïssait absolument tout – sans doute me tenait-il pour un vieux connard fini moi aussi. J'ai tout de suite pensé au coup de fil que je passerais à Rod un peu plus tard, histoire de m'assurer que ça ne lui avait pas échappé. « Bonjour Phyllis, as-tu regardé la télé ce matin ? Il y avait un nouveau groupe, les Sex Pistols, et tu ne vas pas me croire, ils t'ont traité de vieux connard fini. Oui, tel quel : Rod Stewart est un vieux connard fini. Affreux, non ? Dire que tu n'as que trente-deux ans. Comme ce doit être terrible pour toi. »

Je me fichais royalement de ce qu'ils pouvaient penser de moi. J'ai adoré le punk. J'ai adoré l'énergie, l'attitude, le style, et surtout le fait que mon vieux copain Marc Bolan prétende l'avoir inventé vingt ans plus tôt ; du Marc tout craché. Le punk ne m'a pas choqué – après le scandale et l'agitation qu'avait été le rock'n'roll dans les années cinquante, j'étais vacciné ; rien en matière de musique ne pouvait me heurter – et je n'ai pas senti en lui de menace, je n'ai pas eu peur de me retrouver au rancart. Je n'imaginais pas trop les fans d'Elton John brûler leur album de *Captain Fantastic* avant de se précipiter au Vortex cracher sur The Lurkers. Et même si ça en venait là, je n'y pouvais rien : cette tendance musicale ne me tentait absolument pas. Ce qui ne m'empêchait pas de trouver formidables les Clash, les Buzzcocks, Siouxsie and the Banshees. Et Janet Street-Porter aussi. Le lendemain de l'émission, j'ai trouvé son numéro de téléphone, je l'ai invitée à déjeuner et le tour était joué : nous sommes encore amis aujourd'hui.

Le punk ne m'affectait pas directement, mais c'était quand même un signe, encore un, qu'il y avait du changement dans l'air. Or, du changement, il y en avait aussi autour de moi. J'avais cessé de travailler avec Dick James et DJM, mon contrat étant venu à terme juste après la sortie de *Rock Of The Westies*. Ils étaient autorisés à sortir un album live intitulé *Here And There* que je détestais – non que la musique ait été mauvaise, mais il s'agissait de vieux enregistrements de 1972 et 1974, et le projet semblait n'exister qu'à des fins lucratives. Et puis ça s'est arrêté là. J'ai refusé de renouveler mon contrat et je suis passé à mon propre label, Rocket. John Reid s'est mis à rabâcher que Dick nous avait arnaqués pendant des années, que les contrats signés par Bernie et moi dans les années soixante étaient inéquitables, que les droits d'auteur que nous percevions étaient trop bas et qu'il y avait quelque chose de pas très clair dans le calcul de ceux provenant de l'étranger. Une fois DJM, ses administrateurs et ses filiales étrangères servis, Bernie et moi n'avions perçu que quinze pour cent des sommes encaissées. Certes, ces pratiques étaient alors habituelles, mais les pratiques habituelles d'alors étaient mauvaises. Tout cela s'est conclu devant les tribunaux au milieu des années quatre-vingt, et nous avons gagné. J'ai maudit chaque seconde de la procédure, j'adorais Dick et n'avais personnellement jamais eu le moindre reproche à lui faire. Mais je sentais que c'était une démarche nécessaire : il fallait que l'industrie traite les artistes autrement. Dick a succombé peu après à un infarctus, et son fils Steve m'en a attribué la responsabilité. C'était moche, très triste. Mon histoire avec Dick n'était vraiment pas censée finir comme ça.

Non contents de quitter DJM, Bernie et moi sommes

aussi convenus d'une pause dans notre collaboration. Il
n'y a pas eu de dispute, pas de brouille. Ça paraissait
tout simplement judicieux. On était cul et chemise depuis
dix ans et on avait mille fois raison d'arrêter avant de
tomber dans une routine dont il n'y aurait plus moyen de
sortir. Je ne voulais pas terminer comme Burt Bacharach
et Hal David, qui ont continué alors qu'ils ne pouvaient
plus se piffer. Bernie n'avait jusqu'alors réalisé qu'une
chose sans moi, un album solo – il récitait ses poèmes
sur un accompagnement musical de Caleb Quaye et de
Davey Johnstone. Dick James l'avait publié, puis il nous
avait convoqués pour une réunion totalement incongrue
où il insistait pour que Bernie fasse la première partie
de ma tournée US à venir : « Il lira ses poèmes ! Les
gens vont adorer ! » Je ne voyais pas ce qui avait pu
conduire Dick à penser ça, à moins d'avoir secrètement
souscrit une assurance-vie au nom de Bernie prévoyant
un juteux dédommagement en cas d'assassinat par un
spectateur excédé. On peut dire beaucoup de choses
du public américain du début des années soixante-dix,
mais pas qu'il crevait d'envie de se taper trois quarts
d'heure pendant lesquels un gars lirait des poèmes sur
son enfance dans le Lincolnshire, si sublimes soient-ils.
Il n'était déjà pas aisé de faire grimper Bernie sur scène
pour saluer le public à la fin du spectacle, alors lui
faire accomplir tout un numéro expérimental récitatif en
première partie... Dieu merci, le bon sens avait prévalu
et l'idée avait été abandonnée.

Mais depuis, Bernie s'était fait une réputation à part
entière. Il avait composé un album avec Alice Cooper,
une œuvre conceptuelle ambitieuse traitant de l'alcoolisme
d'Alice et de son récent séjour en centre de désintoxication. Notre ancien bassiste Dee Murray y avait participé,
ainsi que Davey Johnstone, à la guitare. C'était un bon
disque. J'étais impressionné. Alors pourquoi ce curieux

sentiment en voyant sur la pochette le nom d'Alice Cooper au lieu du mien à côté de celui de Bernie ? En fait, ça n'avait rien de curieux. C'était même limpide. C'était dur à admettre : j'étais jaloux.

Je suis passé à autre chose. Justement, j'avais un nouveau partenaire d'écriture en la personne de Gary Osborne, l'auteur de la version anglaise d'«Amoureuse», la chanson de Véronique Sanson qui avait enfin valu son premier tube à Kiki Dee. C'était tout l'inverse de ma collaboration avec Bernie – Gary voulait que je compose la musique avant de se mettre aux paroles. Pourtant, on a écrit de très bonnes choses : « Blue Eyes », « Little Jeannie », ou encore la ballade « Chloe ». Et on est devenus très proches. Au point que c'est Gary et sa femme Jenny que j'ai appelés, en larmes, le jour de Noël, quand mon petit copain du moment n'a pas pris l'avion de Los Angeles pour venir me retrouver, sans la moindre explication. Ce type, l'un des plus mauvais choix de partenaire que l'on puisse faire, même selon mon barème personnel, avait finalement décidé qu'il n'était pas gay et s'était enfui avec une hôtesse de l'air employée à bord du *Starship*. Et il n'a pas cru bon de m'en informer. Il s'est tout bonnement évaporé. Son avion a atterri à Heathrow, il n'était pas dedans, et je n'ai plus jamais entendu parler de lui. Peut-être que j'aurais dû voir le coup venir, mais en toute franchise, au lit avec moi, il n'avait pas l'air particulièrement hétéro. Ça m'a mis le moral au trente-sixième dessous. J'étais seul chez moi, seul avec des tas de cadeaux pas déballés et une dinde encore crue : dans la perspective d'un petit réveillon romantique, j'avais donné une semaine de congé à tout le personnel de Woodside. Gary et Jenny ont chamboulé leurs projets pour venir en voiture de Londres me tenir compagnie. Un couple vraiment adorable.

Ne plus travailler avec Bernie comportait clairement

d'autres avantages : j'ai pu me livrer comme jamais auparavant à des expérimentations musicales. Je suis parti à Seattle enregistrer quelques morceaux pour un mini-album avec le producteur Thom Bell, l'homme à l'origine des albums soul de Philadelphie qui avaient inspiré « Philadelphia Freedom ». Il m'a fait chanter sur des tonalités moins aiguës qu'à l'accoutumée et a enrobé les morceaux de somptueux arrangements de cordes. Vingt-sept ans plus tard, l'un des titres enregistrés alors, « Are You Ready For Love », deviendrait numéro un en Grande-Bretagne, ce qui en dit long sur l'intemporalité du son de Thom Bell. Deux ans après, j'ai écrit d'excellentes chansons avec le chanteur new wave Tom Robinson. L'une d'elles s'intitulait « Sartorial Eloquence[1] », et ma maison de disques aux États-Unis a estimé que les Américains seraient trop bêtes pour comprendre, alors elle a insisté pour la rebaptiser « Don't Ya Wanna Play This Game No More[2] », qui est tout de même un poil moins poétique. Un autre texte de Tom, « Elton's Song », se démarquait très nettement de tout ce qu'aurait fait Bernie ; c'était le portrait mélancolique d'un écolier gay amoureux d'un de ses camarades. J'ai aussi travaillé avec Tim Rice, qui avait passé les années 1970 à cartonner et à empiler les récompenses pour *Jesus Christ Superstar* et *Evita*, des comédies musicales qu'il avait écrites avec Andrew Lloyd-Weber. Une seule de nos chansons est sortie à l'époque – « Legal Boys », sur mon album *Jump Up !* en 1982 – mais Tim était appelé à devenir petit à petit l'un des grands partenaires musicaux de ma carrière.

Et puis, fait exceptionnel, j'ai écrit vraiment seul pour la première fois. Un dimanche, à Woodside, mal luné et avec la gueule de bois, j'ai trouvé un instrumental

---

1. Éloquence vestimentaire.
2. Il faut que tu cesses ce petit jeu.

qui collait à mon humeur et l'ai associé à un vers qui me trottait dans la tête avec insistance, « *Life isn't everything*[1] ». J'ai appris le lendemain matin qu'un garçon nommé Guy Burchett, employé chez Rocket, avait perdu la vie dans un accident de moto, à peu près au moment où j'étais en train de composer, alors j'ai donné au morceau le titre « Song For Guy ». Ça ressemblait si peu à ce que j'avais fait jusque-là que mon label américain a refusé d'en tirer un single – à ma grande fureur –, mais c'est devenu un tube immense partout en Europe. Quelques années plus tard, quand je ferais la connaissance de Gianni Versace, il me confierait que de toutes mes chansons c'était sa préférée, en insistant beaucoup sur le fait qu'il en admirait l'audace. Ça m'a quand même paru un peu exagéré : différente, je veux bien, mais pas audacieuse pour autant. J'ai fini par m'apercevoir que Gianni la trouvait courageuse parce qu'il avait mal compris le titre et croyait que c'était « Song For A Gay ».

Cela dit, question expérimentations, il aurait sans doute mieux valu que certaines ne sortent jamais du laboratoire. Début 1978, les vidéos musicales étaient une nouveauté et j'ai décidé d'y sauter à pieds joints. Et je l'ai fait à ma façon : ce serait la plus incroyable, la plus coûteuse et la plus extravagante des vidéos musicales de l'Histoire, elle illustrerait un morceau intitulé « Ego ». On y a englouti une fortune, faisant notamment venir le réalisateur Michael Lindsay-Hogg, et on l'a tournée comme un film, avec des dizaines d'acteurs, des décors, des effets pyrotechniques, des scènes de meurtre, des flash-back en sépia. Je me suis tellement investi dans le projet que j'ai même consenti à retirer un instant mon chapeau à l'écran. Pour la première, on a loué

---

1. La vie n'est pas tout.

un cinéma du West End sans prévoir que les gens qui se rendent à une première s'attendent à ce que le film dure un peu plus de trois minutes et demie. À la fin, on a entendu quelques applaudissements hésitants et il s'est mis à flotter dans la salle un parfum de trop peu, comme si j'avais invité tout le monde à un dîner en tenue de soirée et que je leur avais servi un Twix. Alors j'ai fait projeter la chose à nouveau, et ça n'a pas manqué de changer l'ambiance : de la frustration, on est passé d'un coup au ras-le-bol. Pire, cette putain de vidéo était vouée à ne plus jamais passer nulle part – MTV n'existerait pas avant des années et il n'y avait pas vraiment de place pour un clip dans les émissions de télé –, alors le single a fait un bide. L'épisode aura au moins donné à John Reid l'occasion de se livrer à l'une de ses célèbres décimations d'employés en virant certains pour aussitôt les réembaucher. Depuis, je déteste tourner des clips.

Et puis il y a eu l'album disco, une idée sans doute inspirée par le grand nombre d'heures que je passais à Studio 54 à chacun de mes séjours à New York. L'endroit était absolument stupéfiant, très différent de toutes les boîtes que je connaissais. Le patron, Steve Rubell, avait le chic pour créer une ambiance fabuleuse, peuplée de sublimes serveurs en petits shorts moulants et d'individus extravagants. Et je ne parle pas de célébrités, qui d'ailleurs ne manquaient pas, mais bien d'énergumènes complets comme Disco Sally, qui, à soixante-dix ans, semblait toujours s'éclater comme une petite folle, ou encore Rollereena, un bonhomme nippé comme Miss Havisham des *Grandes Espérances* et qui sillonnait la piste en patins à roulettes. Mais le plus fort, c'est que Steve Rubell générait cette incroyable atmosphère en étant lui-même constamment très défoncé au Quaalude. Studio 54 était un espace magique où tout pouvait arriver, et où d'ailleurs tout arrivait. Rocket y a un jour organisé une soirée, et j'ai aperçu Lou Reed en grande conversation avec son amante transgenre Rachel et, tenez-vous bien... Cliff Richard. Si doux soit-il de voir régner l'harmonie entre des personnes dont on suppose qu'elles ont sur l'existence des vues pour le moins divergentes, impossible de ne pas se demander ce qu'elles pouvaient bien être en train de se raconter.

Il y avait au sous-sol une salle où se retrouvaient les gens connus, pour se taper des rails de coke sur la vitre d'un flipper. Sacrée expérience que celle-là – j'ai un soir été alpagué par une Liza Minnelli visiblement fracassée qui voulait savoir si je serais disposé à l'épouser –, mais ce qui m'attirait vraiment dans cette boîte, et que personne n'évoque jamais quand on parle de Studio 54, c'était la musique. OK, la musique *et* les serveurs, bien qu'avec ces derniers, ç'ait été peine perdue. J'essayais bien de les emballer, mais ils ne finissaient pas le travail avant 7 heures du matin. Je me serais évidemment fait un plaisir de traîner jusque-là, mais à 7 heures du mat, les excès de la soirée prélèvent généralement leur écot sur ma personne et je ne vaux plus grand-chose. Difficile de se mettre en mode séduction quand tes yeux ne regardent pas dans la même direction et qu'il faut t'y reprendre à trois fois pour franchir la porte de sortie.

L'attrait, c'était donc bien la musique. Je continuais d'aimer le disco comme je l'avais aimé dès que je l'avais entendu dans les clubs gays de LA. Et c'est ce qui m'avait incité à installer une discothèque à Woodside : pouvoir faire le DJ pour impressionner mes visiteurs, les épater avec ma collec de maxi-singles. Mais il a bien fallu admettre que les DJ de Studio 54 disposaient d'une meilleure collection que moi, et d'une sono à côté de laquelle la mienne, pourtant spécialement apportée des studios Trident à Londres, passait pour un transistor aux piles fatiguées. Ces types étaient capables de faire danser n'importe qui, même Rod Stewart, ce qui n'est pas un mince exploit – curieusement, Rod se comportait comme si la danse était contraire à sa religion. Il fallait le pousser jusque sur la piste, et c'est là que les flacons de nitrite d'amyle que j'avais toujours sur moi s'avéraient bien utiles. Le poppers avait été en vogue dans les clubs gays dès les années soixante-dix : un petit sniff et ça te procurait une brève montée d'euphorie parfaitement légale. La marque que j'achetais s'appelait, j'en ai bien peur, Cum[1], et ça avait un effet particulièrement transfigurant sur Rod. Je lui en offrais et d'un coup – alors qu'il refusait depuis des heures de bouger de son siège – il se levait et se mettait à danser jusqu'au bout de la nuit, ne s'arrêtant plus que de temps en temps pour une nouvelle prise : « Il te reste un peu de Cum, Sharon ? »

Il y avait parmi les principaux producteurs de disco un dénommé Pete Bellotte, que j'avais rencontré dans les années soixante, quand Bluesology avait partagé l'affiche du Top Ten Club de Hambourg avec son groupe, les Sinners. J'étais ravi de le retrouver, et l'album qu'on a fait ensemble aurait pu marcher si je n'avais décidé de n'écrire aucune des chansons – je me suis contenté de chanter tout ce que me présentaient Pete et ses petites mains. Sans doute cela était-il plus ou moins lié au fait que je ne devais plus que deux albums à Uni, mon label américain. Ne leur pardonnant toujours pas d'avoir refusé de sortir « Song For Guy », je souhaitais me libérer de mon contrat au plus vite et sans trop me fouler. Tout n'est pas atroce dans *Victim Of Love* – si la chanson éponyme de l'album était passée au Studio 54, j'aurais dansé dessus – mais il n'est jamais

---

1. *Cum* signifie notamment « sperme ».

bon de produire un album de mauvaise grâce. Qu'on le veuille ou non, la musique en pâtit : on sent bien à l'écoute que ça manque de conviction. Pour couronner le tout, il est sorti fin 1979, au moment précis où s'amorçait aux États-Unis une immense vague anti-disco, avec un acharnement particulier contre les artistes rock ayant osé fricoter avec le genre. *Victim of Love* a fait un gros bide des deux côtés de l'Atlantique. Une fois de plus, les bureaux de Rocket ont tremblé sous les invectives de John Reid qui a fichu tout le monde à la porte avant de les réembaucher, la queue entre les pattes.

Comme je l'avais pressenti alors même que j'en faisais l'annonce au Madison Square Garden, mes adieux à la scène n'ont pas été viables très longtemps. Ça me prenait par intermittence. Je n'arrivais pas à déterminer si c'était le truc le plus intelligent ou le plus idiot que j'avais fait de ma vie. Je changeais constamment d'avis, selon l'humeur, avec les répercussions qu'on imagine. Un jour j'étais très heureux à la maison et je me répandais aux quatre vents sur ma joie d'être délivré du cycle des tournées et de pouvoir enfin m'investir dans mes responsabilités de président du Watford FC. Le lendemain, j'étais au téléphone avec Stiff Records – petit label indépendant, maison d'Ian Dury et d'Elvis Costello – en train d'offrir mes services de pianiste pour leur prochaine tournée collective, proposition qu'ils ont acceptée. Ce désir soudain de retrouver le public était renforcé par le petit faible que j'éprouvais pour l'un des artistes concernés, Wreckless Eric – très loin pour sa part de songer à une aventure avec moi, hélas. J'ai alors rassemblé une nouvelle équipe de musiciens autour de l'ossature de China, le groupe qu'avait monté Davey Johnstone quand j'avais dit que je ne voulais plus faire de tournées. On a passé trois semaines à répéter comme des malades pour un concert caritatif à Wembley auquel je m'étais engagé parce que j'étais membre de Goaldiggers, l'association qui l'organisait. Pendant les répétitions, j'ai vaguement laissé échapper quelques commentaires sur l'éventualité de reprendre la route avec eux. Puis, le soir venu, j'ai décidé que c'était une erreur et je me suis empressé de faire à nouveau sur scène l'annonce de mes adieux, sans en avoir touché mot à qui que ce soit. John Reid était furax. Après le concert, nous avons eu une petite explication dans la loge, qui n'a pas seulement été entendue par le stade de Wembley, mais probablement par tout le nord de Londres.

J'ai fini par comprendre que si je remontais sur scène un jour il faudrait que ce soit différent, que ça comporte un défi. J'ai choisi de partir en tournée avec Ray Cooper, que j'avais rencontré avant qu'il connaisse le succès. Il avait joué dans Blue Mink, un groupe de la constellation de DJM – Roger Cook, le chanteur, était aussi auteur-compositeur sous contrat avec la maison d'édition de Dick James, et chacun de ses membres avait d'une façon ou d'une autre mis son grain de sel dans mes premiers albums. Ray faisait depuis longtemps le percussionniste intermittent de mon groupe, mais cette fois il n'y aurait que lui et moi, et de préférence dans des salles plutôt que dans des stades. On s'était déjà produits sur scène comme ça, lors de deux galas de bienfaisance au Rainbow de Londres, dont le premier avait été honoré de la présence de la princesse Alexandra, cousine de la reine. Après avoir passé tout le concert sagement assise à sa place, elle était venue nous trouver dans la loge et avait donné un formidable départ à la conversation en demandant avec le plus doux des sourires : « Mais d'où tirez-vous tant d'énergie ? Prenez-vous beaucoup de cocaïne ? »

C'était l'un de ces moments où le temps paraît se figer pendant que le cerveau se démène comme un beau diable, en quête d'un peu de clarté. Était-elle d'une invraisemblable candeur et ne se doutait-elle pas de la portée de ce qu'elle venait de dire ? Ou bien, pire encore, avait-elle prononcé ces mots en parfaite connaissance de cause ? Seigneur, se pouvait-il qu'elle soit au courant ? La rumeur de mon appétit gargantuesque pour la coke – déjà très répandue dans le milieu de la musique – était-elle parvenue jusqu'à Buckingham Palace ? En discutaient-ils tous ensemble au dîner ? « On m'a dit, Mère, que vous aviez déjeuné chez Elton John et rencontré sa grand-mère – saviez-vous que c'est un exalté de la reniflette ? » Je suis parvenu à me ressaisir et à bredouiller de vagues dénégations.

Il demeure que, si l'on met de côté les questions impromptues de la famille royale sur ma consommation de drogues, les concerts au Rainbow avaient été exaltants. L'entreprise nous avait terrifiés, mais dans le bon sens du terme : quand sur la scène tu es seul avec un percussionniste, tu ne peux pas te permettre de décrocher un instant pour récupérer pendant que le groupe fait tourner ; tu restes concentré à chaque seconde et ta prestation doit être impeccable. Ensuite, quand on est partis en tournée, ça a parfaitement fonctionné. Les critiques ont été excellentes et, chaque soir, j'ai éprouvé ce mélange précis d'appréhension et d'excitation qu'est censé éprouver n'importe qui avant de monter sur une scène. C'était à la fois libérateur, éprouvant et gratifiant, parce que ça n'avait aucun rapport avec ce que j'avais fait jusque-là : les chansons choisies, la présentation, et même les lieux où on jouait. J'avais tenu à découvrir de nouveaux pays, même si je n'y jouissais pas de la même notoriété : l'Espagne, la Suisse, l'Irlande, Israël. Et c'est ainsi que je me suis retrouvé en train de décoller de Heathrow allongé sur le dos, jambes en l'air, destination Moscou.

Sur le dos et les jambes en l'air, car on volait sur Aeroflot, et on a compris dès le décollage que la compagnie aérienne publique russe ne s'embêtait pas à boulonner les sièges de l'avion au plancher. Pas plus, m'a-t-il semblé remarquer, qu'à prévoir des masques à oxygène en cas d'urgence. Ce dont ne manquait pas cet aéronef, en revanche, c'est d'odeur : antiseptique et puissante. Ça me rappelait un peu le savon au phénol avec lequel on me lavait quand j'étais petit. Je n'ai jamais su à quoi ça correspondait exactement, mais tel était le parfum de la Russie en 1979 – on le trouvait dans tous les hôtels aussi.

Quand j'avais évoqué devant le tourneur Harvey Goldsmith l'idée de jouer en Russie, c'était plus ou moins pour rire. Jamais je n'aurais imaginé que ça se ferait. Le rock occidental était proscrit par le régime communiste – les cassettes et les disques circulaient sous le manteau – et l'homosexualité était illégale, alors les chances qu'ils laissent une rock star ouvertement gay venir faire son numéro semblaient à peu près nulles. Mais Moscou allait recevoir les Jeux olympiques en 1980 et je pense qu'il leur fallait un peu de publicité préalable. Ils ne voulaient pas que l'Union soviétique passe pour un État monolithique tout gris où il était interdit de s'amuser. Harvey a déposé une demande par le biais du Foreign Office et les Russes ont envoyé un représentant de l'organisateur national de spectacles soviétique nous voir jouer Ray et moi à Oxford. Une fois persuadés que nous n'étions pas les Sex Pistols et que nous n'irions pas mettre en péril la morale de la jeunesse communiste, ils ont donné leur feu vert. J'ai pris maman et Derf par la main, une poignée de journalistes britanniques et américains et une équipe de tournage conduite par les auteurs Dick Clement et Ian La Frenais, pour en tirer un documentaire. Ça s'annonçait palpitant, une vraie plongée dans l'inconnu, sauf qu'elle risquait à tout moment de s'achever par un décès par suffocation si la cabine venait à se dépressuriser.

On a été reçus à l'aéroport par quelques huiles, deux filles qui allaient nous servir d'interprètes et un ancien soldat nommé Sacha qui, m'a-t-on expliqué, me tiendrait lieu de garde du corps et dont chacun au sein de notre groupe a immédiatement pensé qu'il nous surveillait pour le compte du KGB. J'ai décidé de le laisser surveiller tout ce qu'il voudrait – il était beau comme un dieu, mais malheureusement très pressé de me parler de sa femme et de ses enfants. On a embarqué dans un train de nuit pour Leningrad. Il y faisait chaud – vêtu pour affronter l'hiver des steppes sibériennes, j'avais trouvé Moscou aux prises avec une vague de chaleur accablante – et le voyage s'est avéré déplaisant, mais les Russes n'y étaient pour rien. C'est juste que, à travers la fine cloison qui me séparait du compartiment voisin, j'entendais John Reid multiplier les efforts pour séduire un reporter du *Daily Mail*.

L'hôtel à Leningrad n'était franchement pas très engageant. La nourriture était indescriptible, il devait bien y avoir cinquante-sept déclinaisons de la soupe aux betteraves et patates. Point barre. Si tel était le menu dans les grands hôtels, que pouvaient bien manger les gens ordinaires ? À chaque étage, une vieille dame au visage austère, une authentique babouchka, montait la garde à l'affût de la première incartade occidentale. Et pourtant, c'était un sacré lieu de débauche. Dès le premier matin, notre équipe s'est présentée au petit déjeuner avec un air à la fois hébété et ravi. Ils avaient découvert que le simple fait de venir d'Occident et d'être lié de près ou de loin au rock'n'roll, ne serait-ce qu'en trimballant du matos, vous conférait un attrait sexuel irrésistible aux yeux des femmes de ménage. Elles se faufilaient dans la chambre, faisaient couler un bain pour occuper les oreilles de la babouchka de service à l'étage, avant de se déshabiller et de vous sauter dessus. Le bar de l'hôtel était une fête permanente, essentiellement peuplée de ressortissants finlandais venus avec la ferme intention de se torcher à la vodka bon marché. Le breuvage était mortel. À un moment, quelqu'un s'est approché de moi et, à ma grande surprise, m'a tendu un joint. Là, en Russie, en pleine répression communiste, les roadies s'étaient débrouillés pour trouver de l'herbe. Quels veinards ! Peut-être que leur chance a un peu rejailli sur moi car juste après, Sacha s'est pointé et m'a proposé de me retrouver dans ma chambre. Ça m'a décontenancé, au point que j'ai tout de suite mentionné sa femme et ses enfants. Non, a-t-il dit, il n'y avait pas de problème : « Dans l'armée, on a des rapports sexuels entre hommes parce qu'on ne voit pas nos femmes. » J'ai donc terminé la soirée ivre, défoncé, et au pieu avec un soldat. Je ne sais plus trop à quoi je m'étais attendu pour mes deux premiers jours en Russie, mais certainement pas à ça.

Je serais pourtant tombé amoureux de la Russie même si l'un de ses ressortissants ne m'avait pas emmené au lit. Tout le monde manifestait une gentillesse et une générosité invraisemblables. Curieusement, cela me rappelait les Américains : c'était le même sens immédiat de la cordialité et de l'hospitalité. On nous a fait visiter l'Ermitage et le palais d'Été, la cabane en rondins de Pierre le Grand et le Kremlin. On a vu des collections de toiles impressionnistes et des œufs de Fabergé extraordinaires au point de nous faire oublier ce qu'on allait manger au déjeuner. Partout, les gens cherchaient à nous offrir des choses ; des barres chocolatées, des peluches, des trucs qu'ils n'avaient sans doute pu acheter qu'après avoir pioché dans leurs économies. Ils te fourraient ça dans les mains en pleine rue ou à la fenêtre de ton train qui démarrait. Ma mère en pleurait : « Ces gens n'ont rien, et ils te donnent tout ça. »

Des concerts étaient prévus à Leningrad et à Moscou, et tous ont finalement été fantastiques. Si je dis *finalement*, c'est parce qu'ils avaient tous mal commencé. Les meilleures places étaient réservées aux huiles du Parti, histoire de s'assurer que les réactions n'iraient pas au-delà des applaudissements polis, et les personnes vraiment venues me voir s'entassaient dans le fond. Mais c'était compter sans Ray Cooper. Ray est un musicien fabuleux, il joue des instruments les plus anodins de la plus extravagante des façons. C'est le Jimi Hendrix du tambourin, un leader de scène piégé dans un corps de percussionniste. Et en Russie, il a joué comme si toutes les représentations incroyables qu'il avait données par le passé n'avaient été qu'un échauffement. Il invitait le public à taper dans les mains ou se ruait à l'avant-scène pour lui crier de se lever. Et ça marchait. Les gamins du fond venaient le long des allées jusque devant nous. Entre les chansons, ils nous jetaient des fleurs ou nous demandaient des autographes. On m'avait dit de ne pas chanter « Back In The USSR », alors je me suis fait un plaisir de désobéir. Si le KGB me surveillait, il ne l'avait manifestement pas fait d'assez près, car il aurait pu savoir que le meilleur moyen de me pousser à faire quelque chose, c'est de me l'interdire.

À la sortie des concerts de Moscou, des milliers de gens scandaient mon nom – ils étaient venus bien plus nombreux que la salle ne pouvait en accueillir. De la fenêtre de ma loge, je leur ai jeté les fleurs que j'avais reçues. Ma mère observait la scène. « Tu ferais mieux de leur lancer des tomates », a-t-elle dit, songeant encore à notre dernier festin de soupe de betteraves et de patates. « Je parie qu'ils n'en ont jamais vu. »

Si ma visite devait servir d'opération de relations publiques à l'Union soviétique, c'était loupé. Six mois plus tard, le pays envahissait l'Afghanistan et le peu de crédit international qu'ils avaient acquis en me laissant chanter « Benny And The Jets » ne pesait pas bien lourd dans la balance. Mais pour moi, cela aura été le début d'une histoire d'amour sans fin avec la Russie et les Russes. Je n'ai plus cessé de m'y rendre, même lorsqu'on m'a recommandé de ne pas le faire. Les gays russes sont certainement encore moins bien lotis sous Vladimir Poutine qu'ils ne l'étaient en 1979, mais boycotter le pays y changerait-il quelque chose ? J'occupe en Russie une place très privilégiée. On m'y a toujours accepté et reçu dignement en sachant que je suis gay, alors quand je m'y trouve, je n'ai pas peur de dire certaines choses. Je fais des déclarations qui seront reprises, je rencontre des personnes gays et des gens du ministère de la Santé pour promouvoir le travail qu'accomplit en Russie la Fondation Elton John contre le sida. Je n'ai jamais revu Sacha, mais j'ai appris plus tard qu'il avait été parmi les premiers dans le pays à mourir du sida. L'épidémie de VIH en Russie est l'une des plus fortes du monde. Pour que ça change, il faudra négocier, s'asseoir autour d'une table et discuter. Et il faut bien que le débat commence quelque part. Alors j'y retourne constamment et, à chaque fois, sur scène, je parle de l'homophobie ou des droits des gays. Il arrive que trois pèlerins quittent la salle à ce moment-là, mais l'immense majorité applaudit mes propos. Je dois au peuple russe de ne pas cesser de le faire. Je me le dois à moi-même.

Si les spectacles avec Ray Cooper m'ont appris quelque chose, c'est bien que je suis fait pour la scène. Ma vie privée était toujours cette éternelle confusion de petits copains et de drogues – un jour, on m'a même emmené d'urgence à l'hôpital pour un malaise dont on a dit qu'il était cardiaque, bien que mon cœur n'y soit pour rien : j'avais juste voulu faire une partie de tennis avec Billie Jean King tout de suite après une orgie de cocaïne. Mis à part *Victim Of Love*, mes albums se vendaient correctement – le suivant, *21 At 33*, est devenu disque d'or aux États-Unis en 1980 – mais on était loin des chiffres habituels, alors que je m'étais remis à travailler avec Bernie, certes au compte-gouttes. Les textes qu'il me donnait étaient parfois franchement explicites. Pas besoin d'être une lumière pour capter le message quand on t'envoie une chanson intitulée « White Lady White Powder[1] », portrait d'un cocaïnomane fini. J'ai pourtant eu le culot de la chanter comme s'il s'était agi d'un autre que moi.

Mais une fois sur scène, l'espace de deux heures, tout le reste disparaissait. À la sortie de *21 At 33*, j'ai entamé une tournée mondiale. J'avais reconstitué l'Elton John Band des origines – Dee, Nigel et moi – en y adjoignant deux guitaristes, Richie Zito et Tim Renwick, des stars des studios d'enregistrement, et Newton Howard aux claviers. Autant pour les spectacles avec Ray j'avais fait preuve de modération vestimentaire, lui cédant toute la partie visuelle, autant là j'avais envie de reprendre les choses en main. J'ai contacté mon ancien costumier Bob Mackie et un styliste nommé Bruce Halperin et je leur ai demandé de ne pas y aller avec le dos de la cuiller : les feux de Bengale et les semelles compensées n'étaient évidemment plus de mise, il faut vivre avec son temps, alors Bruce a eu l'idée d'une espèce d'uniforme militaire orné d'éclairs et de flèches jaunes et rouges,

---

1. « Dame blanche, poudre blanche ».

avec des revers en clavier de piano et une casquette à visière assortie.

Les concerts ont été plus gigantesques que jamais. En septembre 1980 à Central Park, j'ai joué devant un demi-million de personnes, le public le plus nombreux que j'aie jamais eu devant moi. Pour le rappel, Bob m'avait fabriqué un costume de Donald Duck. L'idée, absolument géniale en théorie, laissait toutefois quelque peu à désirer sur le plan pratique. Déjà, pas moyen d'enfiler le fichu bidule. En coulisse, je me suis retrouvé avec un bras passé dans la jambe et une jambe dans le bras, plié de rire alors qu'on me pressait de partout : « Il y a 500 000 personnes là-dehors qui vont croire qu'il n'y a pas de rappel ! Ils vont penser que c'est terminé et rentrer chez eux ! » Quand j'ai enfin déboulé sur scène, je me suis aperçu qu'il n'aurait pas été vain de faire un essayage avant, histoire de juger des aspects opérationnels du costume. L'eussé-je fait que j'aurais sans doute découvert deux problèmes mineurs. D'abord, je ne pouvais pas marcher avec – les pattes du canard étaient immenses, on aurait dit des palmes géantes. Et je ne pouvais pas non plus m'asseoir – c'est tout juste si l'énorme popotin rembourré me permettait de m'appuyer sur le tabouret. J'ai voulu jouer « Your Song », mais j'étais incapable de me retenir de rigoler. Il me suffisait de croiser le regard de Dee – où s'affichait toute la résignation lasse d'un homme qui, de retour après cinq ans, constatait que l'entreprise n'avait rien perdu de son ridicule – pour repartir dans mon fou rire. Une fois encore, la tendre ballade de Bernie sur les jeunes amours naissantes était salopée par la tenue de scène que j'avais choisie.

Costume de canard mis à part, le concert a été génial : il faisait un temps d'automne new-yorkais de rêve, et des spectateurs grimpaient aux arbres pour mieux nous voir. J'ai joué « Imagine » et je l'ai dédiée à John Lennon, que je n'avais pas vu depuis quelques années. Il était entré en hibernation après la naissance de Sean – sans doute n'avait-il pas hyper envie qu'on remue devant lui le souvenir de nos folies passablement imbibées de 1974 et 1975. Pourtant, après le concert, lors d'une fête donnée sur le *Peking*, un bateau transformé en musée flottant sur l'East River, Yoko et lui sont apparus à l'improviste. Toujours aussi drôle, John paraissait très emballé par son prochain album. Comme j'étais épuisé, je ne me suis pas éternisé. On s'est promis de se revoir à mon prochain passage à New York.

La tournée s'est poursuivie aux États-Unis, puis en Australie. On venait d'atterrir à Melbourne quand la voix d'une hôtesse a annoncé dans les haut-parleurs que le groupe d'Elton John devait rester à bord. C'est curieux, mon cœur s'est immédiatement arrêté ; ça signifiait forcément que quelqu'un était mort. J'ai d'abord pensé à ma grand-mère. À chacun de mes départs, je passais l'embrasser à l'orangerie en me demandant si elle y serait encore à mon retour. John Reid est allé prendre des nouvelles à la cabine de pilotage, puis il est revenu en larmes, totalement abasourdi. John Lennon avait été assassiné.

Je n'en revenais pas. Ce n'était pas tant sa mort que la brutalité des circonstances dans lesquelles elle s'était produite. J'avais perdu d'autres amis dans la fleur de l'âge, d'abord Marc Bolan en 1977, puis Keith Moon en 1978, mais ils n'étaient pas morts comme ça. Marc avait eu un accident de voiture et Keith avait succombé à un mal incurable qui consistait essentiellement à être Keith Moon. Ils n'avaient pas été assassinés devant chez eux sans l'ombre d'une raison par un parfait inconnu. C'était inexplicable. C'était inconcevable.

Que faire ? Que fait-on dans ce cas ? Plutôt que des

fleurs, j'ai envoyé à Yoko un énorme gâteau au chocolat. Elle avait toujours raffolé du chocolat. Il n'y aurait pas de funérailles et nous nous trouvions toujours à Melbourne le jour de l'hommage organisé par Yoko le dimanche suivant la mort de John. Alors on a loué la cathédrale de la ville et tenu notre propre service à l'heure précise où la foule se rassemblait à Central Park. On a chanté le psaume 23, « L'Éternel est mon berger », en larmes, tous autant que nous étions : le groupe, l'équipe, tout le monde. Bernie et moi écririons plus tard une chanson pour lui, « Empty Garden ». Un texte superbe. Pas de mièvrerie, pas de sentimentalisme – Bernie, qui connaissait John, savait à quel point il aurait détesté ça –, seulement de la colère, du désarroi et de la tristesse. C'est une de mes chansons préférées, mais je ne la joue presque jamais en concert. Elle est trop dure à interpréter, trop émouvante. Plusieurs décennies après la mort de John, on a mis « Empty Garden » au répertoire d'un concert à Las Vegas et diffusé sur les écrans de superbes images que Yoko nous avait prêtées. Les larmes me venaient encore en la chantant. J'aimais vraiment John, et quand on aime quelqu'un à ce point, je crois qu'on ne se remet jamais totalement de sa disparition.

Environ deux ans après sa mort, j'ai reçu un coup de téléphone de Yoko. Elle voulait absolument me voir, de toute urgence, je devais me rendre à New York sur-le-champ. J'ai sauté dans l'avion. Aucune idée de ce dont il retournait, mais elle avait paru désespérée. À mon arrivée au Dakota Building, elle m'a confié avoir trouvé tout un tas de bandes avec les chansons inachevées auxquelles John avait travaillé les derniers temps. Elle voulait que je les termine pour ensuite les publier. C'était extrêmement flatteur, mais il était hors de question que j'accepte. Ça me paraissait bien trop tôt, ce n'était pas le moment. Et puis, pour tout dire, je pensais que ce ne le serait jamais. J'en avais des sueurs froides rien qu'à l'idée. Achever des chansons commencées par John : jamais je n'aurais cette présomption. Et l'idée de poser ma voix avec la sienne sur le disque... ça me semblait affreux. Yoko a insisté, je n'ai pas cédé.

Ce fut donc une rencontre particulièrement embarrassante, et je suis reparti en me sentant pitoyable. Yoko espérait honorer la mémoire de John, elle voulait exaucer sa volonté, et je refusais de l'aider. Je savais que j'avais raison, mais ça ne rendait pas la chose moins déprimante. (Elle a sorti les chansons telles quelles sur un album intitulé *Milk And Honey*.) Pour me changer les idées, je suis allé au cinéma, voir *Le Sens de la vie*, des Monty Python. Et je me suis tordu de rire devant Mr Creosote, le gros dégueulasse qui se goinfre et se goinfre jusqu'à en exploser. Puis je me suis dit que ça aurait beaucoup fait marrer John. C'était pile-poil son type d'humour : surréaliste, mordant, satirique. J'entendais presque son rire, ce caquètement contagieux qui me faisait toujours démarrer au quart de tour. Voilà comment je voulais me souvenir de lui. Et voilà comment je m'en souviens encore.

Neuf

J'ai été arraché au sommeil par le tambourinement sur la porte de ma suite à l'hôtel. Impossible de deviner qui c'était, impossible de penser tout court. J'ai ouvert les yeux et tout de suite senti que j'avais une gueule de bois du genre à vous faire croire que ce n'est pas une gueule de bois : un mal si intense ne peut être dû aux seuls excès, c'est forcément une maladie grave. Il n'y avait pas que la tête. J'avais mal partout. Aux mains surtout. Depuis quand la gueule de bois fait-elle mal aux mains ? Et pourquoi la personne qui tambourine à ma porte ne va-t-elle pas se faire pendre ailleurs malgré mes sommations ?

Le tambourinement a continué, et une voix a appelé mon nom. C'était Bob Halley. Je me suis levé. Putain de Zeus, quelle gueule de bois ! Pire qu'après le Nouvel An 1974 chez Ringo Starr, qui avait commencé vers 8 heures du soir pour s'achever le lendemain vers 15 h 30. Pire qu'à Paris, quand nous étions venus enregistrer deux ans plus tôt : j'avais loué un appartement donnant sur la Seine et reçu livraison d'une cocaïne de qualité pharmaceutique, puis j'avais carrément refusé de me rendre au studio. Avait débarqué un matin pour m'y traîner de force John Reid, qui m'avait trouvé debout

La plus improbable des pop stars britanniques accepte ses disques d'or.
Stephen James, Bernie, moi et Dick James dans les bureaux de DJM.

(à gauche) Avec mon adorable grand-mère, Ivy Sewell.
(à droite) Je ne ménage décidément jamais mes efforts pour faire de l'ombre à Rod Stewart.

(*en haut*) Son Altesse Royale
Tony King, avec son loyal
serviteur John Lennon qui
émerge de ses jupons.

(*à droite*) Étiquettes des bagages
lors de la traversée à bord du
paquebot *France*, quand j'écrivais
*Captain Fantastic And The Brown
Dirt Cowboy* le jour et que nul ne
me résistait au bingo le soir.

En répétition avec John à la Record Plant de New York,
la veille du concert de Thanksgiving au Madison Square Garden.

Sur le tarmac avec le *Starship*, fraîchement repeint selon mes instructions.

« Comment ça, je ne vais pas pouvoir chanter avec ça ? T'occupe, j'en fais mon affaire. » Le roi de la discrétion débarque sur scène, milieu des années soixante-dix.

Au volant d'un chariot de golf doré, orné de lunettes géantes et d'un nœud papillon, le jour de l'inauguration de mon étoile sur le Hollywood Walk of Fame. On voit bien à quel point tout cela me réjouit.

Avec la merveilleuse Billie Jean King et Bernie, respectivement source d'inspiration et auteur de « Philadelphia Freedom ».

Avec Bernie au Tower Grove Drive, Los Angeles, dans les années soixante-dix. On observera sur le crâne de M. John les effets prolongés d'une tentative de teinture capillaire qui a mal tourné.

Sur scène avec Stevie Wonder, Wembley, 1977. Nul ne le sait encore, mais je m'apprête à annoncer mes adieux à la scène, pour changer.

(en haut) Au Studio 54, lors d'une fête donnée par Roberta Flack. Je suis avec Andy Warhol, Jerry Hall et Ahmet Ertegun. On est forcément en début de soirée, parce que mes yeux regardent encore tous les deux dans la même direction.

(à gauche) À Léningrad avec Ray Cooper en 1979.

(à gauche) Le fameux costume de Donald dans lequel je ne pouvais ni marcher ni m'asseoir, à Central Park en septembre 1980.

(en bas) L'autre grand partenariat de ma carrière : Graham Taylor, l'entraîneur de Watford, parle tactique avec son président, 1983.

Dans les coulisses du Live Aid, avec le magnifique Freddie Mercury,
qui, non content de voler la vedette à tout le monde, vient de m'annoncer
que sur scène j'avais l'air de la reine mère.

Juin 1986. George Michael voulait tourner le dos à la musique pop
et à ses frivolités… Il fallait donc absolument que je me pointe
au concert d'adieu de Wham! en Ronald McDonald.

depuis la veille, tellement déchiré que j'hallucinais, persuadé que le mobilier de la cuisine dansait avec moi. C'est peut-être lors du même séjour parisien que j'ai eu la bonne idée de me raser alors que je me trouvais dans un état particulièrement avancé : je me suis tellement laissé emporter qu'un de mes sourcils y est passé. Dans mon esprit, ces deux épisodes se confondent quelque peu.

J'ai ouvert la porte et Bob m'a lancé un regard inquisiteur, comme si j'étais censé dire quelque chose. Comme ça ne venait pas, c'est lui qui a parlé : «Je crois qu'il faut que tu viennes voir ça.»

Je l'ai suivi dans le couloir jusqu'à sa chambre. Il a ouvert la porte sur une scène de dévastation absolue. Hormis le lit, pas un élément du mobilier n'était intact. Tout était renversé sur le flanc, sens dessus dessous ou en morceaux. Parmi les débris se trouvait le chapeau de cow-boy que Bob aimait tant, aplati comme celui de Sam le pirate après que Bugs Bunny lui a lâché une enclume sur la tête.

«Oh nom de Dieu ! Qu'est-ce qui s'est passé ?»

Longue pause. «Elton, a-t-il fini par dire, c'est toi qui es passé.»

Comment ça, c'est moi ? Qu'est-ce que ça veut dire ? Quel rapport avec moi ? Tout ce dont je me souviens, c'est que j'étais en train de m'amuser comme un petit fou. Pourquoi me serais-je mis à tout saccager comme ça ?

J'ai protesté, indigné : «Mais moi j'étais au bar, avec Duran Duran !»

Nouveau regard de Bob cherchant visiblement à savoir si je suis sérieux ou pas. Puis soupir. «Absolument. Tu étais au bar. Mais ça, c'était au début.»

Jusqu'à ce jour, tout s'était merveilleusement bien passé. Juin 1983, on était sur la Côte d'Azur pour tourner le clip de « I'm Still Standing », premier single extrait de mon album *Too Low For Zero*. Depuis la débâcle qu'avait connue « Ego », j'avais tâché de m'impliquer le moins possible dans la réalisation de vidéos, mais je voulais cette fois frapper un grand coup. Le choix du metteur en scène, Russell Mulcahy, allait dans ce sens : j'avais travaillé avec lui et je l'appréciais beaucoup. Au début des années quatre-vingt, si tu voulais un clip plein de gloss, d'exotisme et visiblement très coûteux, tu t'adressais à Russell – c'est lui qui avait mis Duran Duran dans un avion pour Antigua, où il les avait filmés sur un yacht en train de chanter « Rio ». Mais c'est aussi parce que je tenais à ce que « I'm Still Standing » et *Too Low For Zero* soient des succès commerciaux. Bernie et moi nous étions remis à écrire ensemble à plein temps. On avait trouvé quelques bonnes chansons pendant notre semi-séparation, mais on a compris que notre partenariat ne fonctionnait vraiment que si on composait tout un album ensemble. Les concerts donnés avec Dee et Nigel m'avaient bien plu, alors j'ai réuni le vieux groupe en studio, avec Davey à la guitare et Ray Cooper aux percus. Skaila Kanga, mon amie de la Royal Academy of Music, est venue mettre quelques touches de harpe, comme elle l'avait fait sur *Elton John* et *Tumbleweed Connection*.

On est partis enregistrer dans le studio de George Martin à Montserrat, où le producteur Chris Thomas avait rassemblé une excellente équipe d'ingénieurs et d'assistants : Bill Price, Peggy McCreary, qui venait de travailler avec Prince, et une fille allemande nommée Renate Blauel. En 1981, j'avais fait quelques prises dans ce studio pour mon précédent album, *Jump Up !* mais cette fois ce n'était pas pareil. Bernie était présent, et c'était le premier album du véritable Elton John Band depuis *Captain Fantastic* en 1975. On aurait dit qu'une machine très huilée revenait à la vie, sans pour autant que ça sonne comme nos disques des années soixante-dix. On avait un son très actuel. Et puis, en plus du piano, j'avais pas mal bidouillé avec les synthés. Les chansons étaient superbes : « I Guess That's Why They Call It The Blues », « Kiss The Bride », « Cold As Christmas ». Et puis « I'm Still Standing » représentait bien l'album. Ça parlait d'une ex de Bernie, mais la chanson fonctionnait aussi comme un message adressé à ma nouvelle maison de disques américaine qui, disons-le, tournait à la grosse prise de tête.

Geffen Records était un label relativement récent – fondé en 1980 – qui avait signé très vite une brochette de stars : à part moi, il y avait aussi Donna Summer, Neil Young, Joni Mitchell et John Lennon. Nous étions tous attirés par la réputation de David Geffen – il avait conduit les Eagles et Jackson Browne au succès dans les années soixante-dix – et par sa promesse de nous laisser une liberté artistique absolue. Mais mon premier album pour eux, *The Fox*, en 1981, n'avait pas trop bien marché. *Jump Up !* s'était mieux comporté en termes de ventes, mais la seule de leurs prestigieuses recrues à leur avoir valu un vrai tube, c'était John, et seulement parce qu'on l'avait assassiné ; jusque-là, l'album *Double Fantasy*, enregistré en tandem avec Yoko, n'avait reçu que de mauvaises critiques et n'avait pas décollé. Plutôt radical, comme promo. Pris de panique, Geffen s'est mis à faire n'importe quoi. Ils ont viré Georgio Moroder, le producteur de Donna Summer, éminence grise du premier au dernier de ses succès. Ils ont enfermé Joni Mitchell en studio avec un petit Mozart des synthés nommé Thomas Dolby, ce qui collait aussi bien à la musique de Joni que si on lui avait fourgué un chœur de chant tyrolien. Ils ont même intenté un procès à Neil Young pour cause d'imprévisibilité, ce qui, quand on connaît un peu sa carrière, revient à vouloir faire

condamner Neil Young pour être Neil Young. Tout ça
ne me plaisait pas beaucoup, alors « I'm Still Standing »
constituait à mes yeux un coup de semonce. C'était une
mégachanson qui plastronnait en leur adressant fièrement
un bon gros « *fuck you* ».

Il me fallait donc pour l'accompagner un mégaclip
qui plastronne tout autant, et Russell me l'a procuré :
production géante avec prises aériennes en hélicoptère
et légions de danseurs en costume et peinture sur le
corps. On a fait venir ma Bentley décapotable à Cannes
pour me filmer en train de me pavaner sur la Croi-
sette. Une chorégraphie était prévue, à laquelle j'étais
censé participer, du moins au départ. Très impressionnée
par ma démonstration des pas de danse rodés sur les
pistes de Crisco Disco et de Studio 54, la chorégraphe
Arlene Phillips a pâli, avant de réduire mes apparitions
au strict minimum et de les épurer jusqu'à ce qu'elles
ne consistent plus qu'à claquer des doigts en marchant
en cadence sur le front de mer. La vérité cachée, c'est
qu'elle craignait sans doute que je fasse de l'ombre aux
professionnels ; et quand elle a dit plus tard qu'elle n'avait
jamais travaillé avec un aussi mauvais danseur que moi,
je suis sûr que ce n'était au fond qu'un subtil double
bluff pour ménager leur susceptibilité.

Le tournage a commencé à 4 heures du matin et s'est
poursuivi toute la journée. Au coucher du soleil, on a
fait une pause et j'ai regagné mon hôtel, le Negresco,
histoire de me rafraîchir avant les prises nocturnes. Dans
le hall, je suis tombé sur Simon Le Bon, en ville
avec son groupe, Duran Duran, qui l'attendait au bar.
Pourquoi ne pas me joindre à eux ? Je ne le connaissais pas plus que ça, mais un petit remontant n'allait
pas me faire de mal. Pendant que je réfléchissais à ma
commande, Simon m'a demandé si j'avais jamais goûté
au vodka-martini. Non. Je devrais essayer.

Là, les versions divergent quant à la suite des événements. J'ai bien peur de ne rien pouvoir confirmer ni démentir parce que je n'ai aucun souvenir, si ce n'est d'avoir pensé que les types de Duran Duran étaient de joyeux drilles et que le vodka-martini descendait tout seul. Dans l'heure qui a suivi, j'en ai encore avalé six, ou huit, selon les récits, accompagnés de deux ou trois rails de coke. Puis je suis retourné sur le plateau, où j'ai exigé que les caméras se mettent à tourner, retiré tous mes habits et commencé à me tortiller par terre, tout nu. John Reid était présent, il faisait de la figuration déguisé en clown. Il m'a engueulé, et j'ai très mal pris son intervention. Au point de lui ficher mon poing dans la figure. Certains observateurs ont pensé que je lui avais cassé le nez. Cela expliquait la douleur à la main, mais j'étais très choqué. Jamais je n'avais frappé qui que ce soit dans ma vie adulte, et je ne l'ai plus jamais fait depuis. La violence physique me répugne tellement que je suis incapable de regarder un match de rugby. En même temps, si je devais absolument renoncer à mes bonnes habitudes et frapper quelqu'un au visage, autant que ce soit John Reid : disons que c'était la monnaie de sa pièce pour m'avoir lui-même cogné quand nous étions en couple.

John a quitté le plateau en trombe, attrapant au passage les clés de la Bentley avant de filer dans la nuit. Plus personne n'a eu de ses nouvelles jusqu'au lendemain, quand il a appelé les bureaux de Rocket en hurlant à son interlocuteur d'envoyer la dépanneuse. Il avait conduit toute la nuit jusqu'à Calais, embarqué sur le ferry pour Douvres, où il était tombé en panne. On imagine la perplexité du bonhomme venu remorquer une Bentley décapotable conduite par un gars déguisé en clown et couvert de sang.

John Reid n'étant plus là, un autre est parvenu à

me rhabiller – il lui a fallu plusieurs tentatives, m'a-t-on assuré – et Bob Halley m'a porté jusqu'à l'étage. Pour témoigner du grand déplaisir que me causait son intervention, j'ai saccagé sa chambre d'hôtel. Puis j'ai sauté sur son chapeau à pieds joints, titubé jusqu'à la mienne et comaté.

Ce matin-là, on s'est retrouvés Bob et moi assis sur le lit à se tordre de rire. Il n'y avait pas grand-chose d'autre à faire, à part passer quelques coups de fil pour se confondre en excuses. Cette journée aurait dû m'inciter à réévaluer le plus sérieusement du monde la façon dont je me comportais. Mais, vous l'aurez deviné, il n'en a rien été. La principale répercussion de l'épisode niçois dans ma vie a été – je vous le donne en mille – d'y faire une place de choix au vodka-martini. Ce serait désormais le coup d'envoi de toutes mes soirées en ville : quatre ou cinq vodka-martinis, puis un dîner dans un restaurant – L'Orangerie, peut-être, quand je me trouvais à Los Angeles –, arrosé d'une bouteille et demie de vin ; ensuite, tout le monde chez moi pour une nuit de coke et de spliffs. Si c'est devenu ma boisson de prédilection, c'est en partie parce qu'elle avait un petit avantage : elle me faisait comater, alors j'oubliais mes lamentables frasques de la veille. Je recevais juste de temps à autre le coup de fil d'une personne bien obligée de me rafraîchir la mémoire et je lui présentais mes excuses. C'est un jour Bernie qui m'a appelé comme ça, furieux parce qu'au Dome, un restaurant de LA dans lequel j'avais des billes, j'avais bu et prononcé tout un speech qui sur le moment m'avait paru hilarant, mais au cours duquel j'avais insulté la mère de John Reid. Le fait de ne pas directement me souvenir de l'incident avait un côté apaisant. Je pouvais me raconter qu'au fond ça ne devait pas être aussi terrible qu'on le disait, ou que ce n'était qu'un incident isolé. Après tout, personne ou presque n'osait jamais la ramener, parce que j'étais qui j'étais. C'est l'avantage de la célébrité. Ça te donne le droit de te comporter comme un sagouin, un droit qui demeure entier tant qu'il te reste la moindre miette de succès ou que tu n'as pas enfin décidé de te comporter en adulte. Et pour l'heure, je cochais bien les deux cases.

J'ai passé le reste de l'année 1983 à voyager. Je suis parti en vacances avec Rod Stewart, ça devenait une habitude. On était déjà allés au carnaval de Rio, où on s'était vraiment beaucoup amusés. Pour être sûrs de ne pas se perdre dans la foule, on avait acheté des costumes de matelot dans une boutique de déguisements. On les avait enfilés et en quittant l'hôtel on avait découvert qu'un immense navire militaire venait d'amarrer au port, et de déverser dans les rues une nuée de matelots en uniforme : une vraie réunion de la Royal Navy ! Cette fois, on partait faire un safari en Afrique. Persuadés que tout le monde nous prendrait pour des rock stars mal dégrossies et dénuées d'éducation, on a mis un point d'honneur à se présenter chaque soir au dîner en costume blanc, malgré la chaleur accablante. Pas rassérénés pour un sou, nos compagnons de safari – dont la tenue était nettement plus adaptée au climat – nous lançaient furtivement des regards interloqués, comme si deux aliénés venaient d'intégrer le groupe.

Je me suis ensuite rendu en Chine avec l'équipe de Watford, à l'occasion d'une tournée d'intersaison : c'était la première fois qu'un club britannique de foot était invité dans le pays. Il y avait un côté très insolite, mais pas désagréable, à se retrouver dans des lieux où personne, à part ceux qui m'accompagnaient, n'avait la moindre idée de qui j'étais. Et puis, avant son ouverture à l'Occident, la Chine était fascinante. J'y suis retourné avec Watford deux ans plus tard, et on y voyait déjà poindre l'influence de l'Ouest : il y avait des gens à vélo qui se trimballaient plusieurs fours à micro-ondes accrochés dans le dos et on entendait la musique de Madonna dans les bars. Mais pour l'heure, c'était encore un autre univers. Pour des raisons seulement connues du Parti communiste chinois, personne au stade n'avait le droit de manifester quoi que ce soit, alors les matchs de foot se déroulaient dans un silence flippant. On est allés visiter le mausolée de Mao, sa dépouille dans le cercueil de cristal – très bizarre. J'avais vu en Russie celle de Lénine, plutôt bien conservée, mais quelque chose clochait nettement avec le cadavre de Mao, ou plutôt avec le traitement qu'on lui avait infligé pour le préserver. Il était rose pâle. Rose guimauve. Ce n'est pas pour critiquer le travail des embaumeurs, mais Mao avait salement l'air d'être sur le point de se décomposer.

Ensuite, en octobre, je suis parti en Afrique du Sud pour jouer à Sun City, ce qui était l'idée la plus stupide qui soit. La campagne de boycott ne battait pas encore son plein – il faudrait pour cela attendre 1984, que Queen aille s'y produire – mais le fait d'aller jouer en Afrique du Sud était tout de même déjà assez polémique pour que j'aie des doutes. John Reid m'a rassuré. Des artistes noirs avaient joué à Sun City : Ray Charles, Tina Turner, Dionne Warwick, mais aussi Curtis Mayfield. Si même le grand poète du mouvement des droits civiques y avait consenti, quel problème pouvait-il y avoir ? Techniquement, ça ne se passait pas en Afrique du Sud mais au Bophuthatswana. Le public n'y subissait aucune ségrégation.

Mais bien sûr qu'il y avait un problème, et de taille ! Le public aurait été soumis à la ségrégation raciale que ça n'aurait rien changé : des places à ce prix, les Sud-Africains noirs ne pouvaient de toute façon pas se les offrir. Si j'avais été un petit peu plus attentif, j'aurais découvert que lors de la visite de Ray Charles les Sud-Africains noirs avaient caillassé son autocar, et il avait fallu annuler ses dates à Soweto. Mais j'avais foncé tête baissée. Ce n'était pas comme aller faire l'insolent en Russie. En Afrique du Sud, les populations qui subissaient l'apartheid souhaitaient de tout cœur que les artistes boycottent leur pays. Le fait d'y aller n'apportait strictement rien. Il n'y avait donc aucune raison de chercher à se justifier : quand on fait une connerie de cette ampleur, autant lever la main et le reconnaître tout de suite. Chacun des artistes mentionnés plus haut a amèrement regretté son choix, moi aussi. Dès mon retour, j'ai signé une déclaration publique rédigée par des militants anti-apartheid, par laquelle je m'engageais à ne plus y mettre les pieds.

En Angleterre, mon père est tombé très malade. L'un de mes demi-frères est venu me trouver dans la loge après un concert à Manchester pour m'annoncer que c'était un problème cardiaque réclamant un quadruple pontage. Je m'étais toujours tenu à distance, mais cette fois je l'ai appelé pour lui proposer de financer l'intervention en clinique. Il a refusé net. C'était dommage, surtout pour ses autres enfants et ma belle-mère : il les aimait et eux le lui rendaient bien, il aurait été sage de faire le maximum afin qu'il soit traité au plus vite. Mais il n'a pas voulu de mon aide. Je lui ai proposé qu'on se voie à Liverpool le jour où Watford y jouerait, comme ça il n'aurait pas trop de kilomètres à parcourir. Il a accepté. Nous n'avions que le foot en commun. Je n'ai pas souvenir qu'il soit jamais venu me voir en concert, ni d'avoir parlé musique avec lui. Celle que je faisais n'était clairement pas sa tasse de thé.

Avant le match, je l'ai emmené déjeuner à l'hôtel Adelphi. On n'a pas été au-delà des banalités, mais c'était cordial. De temps en temps, un silence un peu lourd s'installait, soulignant que nous nous connaissions finalement très peu. Je lui en voulais toujours de m'avoir traité comme il l'avait fait, mais je n'ai pas abordé le sujet. Je tenais à éviter les grands règlements de comptes, ça n'aurait fait que gâcher la journée et il m'intimidait encore un peu : ma vie avait certes beaucoup changé au fil des ans, mais nos rapports étaient restés figés en 1958. On a regardé le match dans la loge présidentielle. Watford s'est fait corriger 3 à 1 – l'équipe n'était pas en première division depuis longtemps et elle était intimidée par l'immensité du stade d'Anfield – mais je crois qu'il a passé un bon moment malgré tout... va savoir, c'est difficile à dire. Sans doute avais-je espéré au fond de moi qu'il serait impressionné par ma position de président du club qu'il m'avait emmené voir jouer quand j'étais petit, qu'il serait ému de constater que les supporters de Watford chantaient à présent mon nom à chaque fois qu'on marquait ou qu'on pressait l'adversaire. À défaut d'obtenir pour ma musique le tant attendu «Bien joué fiston, je suis fier de toi», peut-être que j'y aurais droit pour mes réussites avec Watford. Mais rien n'est venu. J'y ai beaucoup réfléchi depuis, et je n'arrive pas à savoir s'il avait du mal à exprimer ses sentiments avec moi ou s'il avait honte de s'être trompé concernant les choix que j'avais faits contre sa volonté. On s'est quand même quittés en bons termes. Je ne l'ai plus revu. Quel intérêt ? Nous menions des vies totalement séparées depuis des décennies. Il n'y avait pas de véritables liens à renouer, pas de chouettes souvenirs d'enfance à évoquer.

En décembre 1983, nous étions de retour à Montserrat. *Too Low For Zero* avait fait un malheur, c'était celui de mes albums le mieux accueilli depuis près de dix ans – platine en Grande-Bretagne et aux États-Unis, quintuple platine en Australie –, on a donc choisi, pour la suite, de maintenir la formule : Bernie écrirait tous les textes, l'Elton John Band de la première heure fournirait la musique et Chris Thomas produirait. Le seul changement dans l'équipe, c'était Renate Blauel, qui passait du poste d'assistante à celui d'ingénieure du son. C'était une femme consciencieuse, appréciée de tous – les musiciens, l'équipe, Chris. Elle ne disait pas grand-chose, mais elle était dure au mal et tout en maîtrise de soi. Les studios d'enregistrement étaient à l'époque un domaine masculin, on n'y rencontrait jamais de femme parmi les techniciens, mais Renate avait fait son chemin à force d'excellence ; gravissant les échelons l'un après l'autre, elle était devenue l'ingénieure de The Human League et The Jam.

Pour venir, j'avais pris l'avion le lendemain de Noël, de très sale humeur. Ma mère et Derf étaient venus passer le réveillon à Woodside et, retrouvant son ancien costume de maîtresse des lieux, maman s'était aussitôt mise à maltraiter le personnel. Il y avait eu une violente altercation avec l'une des femmes de ménage et ça avait dégénéré en énorme dispute avec moi, au point qu'elle et Derf étaient partis en claquant la porte en plein réveillon.

Je me suis calmé dès l'arrivée à Montserrat. Tony King était là depuis la veille, il allait passer le Nouvel An avec nous. C'était à présent un résident new-yorkais, qui travaillait pour RCA auprès de Diana Ross et de Kenny Rogers. Il ne buvait plus, s'était inscrit aux Alcooliques anonymes et avait une mine resplendissante, malgré les histoires terrifiantes qu'il racontait à propos d'une nouvelle maladie appelée sida qui sévissait parmi la communauté gay de Greenwich Village et de Fire Island. On a pas mal déliré dans le studio, j'inventais des personnages – Lady Choc Ice, une vieille aristocrate, ou Gloria Doom, une chanteuse lugubre dans le genre de Nico – et Tony faisait l'intervieweur. Nous avons abondamment commenté l'effet que produisait sur nous Steve Jackson, le divin blondinet qui avait repris les fonctions d'assistant de Renate.

Après quelques jours, Tony est reparti pour New York. C'est là que je l'ai appelé deux semaines plus tard, pour lui annoncer la grande nouvelle.

« Je vais me marier. »

Rire de Tony. « Vraiment ? Et avec qui ? Le bel assistant ? Tu vas devenir Mme Jackson ?

– Non, j'épouse Renate. »

Tony a continué de rigoler.

« Tony, je ne plaisante pas. J'ai demandé à Renate de m'épouser et elle a dit oui. La cérémonie a lieu dans quatre jours. Tu peux sauter dans un avion pour Sydney ? »

Au bout du fil, les rires ont cessé net.

J'avais débarqué à Montserrat avec mon dernier petit ami en date, un certain Gary, ressortissant australien rencontré à Melbourne deux ans auparavant. C'était le énième bellâtre blond que je prenais en otage. J'avais fondu pour lui et aussitôt appliqué mon infaillible recette pour nous pourrir la vie à l'un comme à l'autre. Je l'avais d'abord convaincu de quitter l'Australie pour s'installer avec moi à Woodside et l'avais enseveli sous les cadeaux, puis, pris de lassitude, je m'étais arrangé pour que Bob Halley le renvoie chez lui. Après quoi on s'était recontactés, j'avais changé d'avis et je l'avais fait revenir à Woodside, avant de m'ennuyer à nouveau et de demander à Bob de lui reprendre un billet de retour pour Brisbane. Ça ne menait nulle part, c'était l'éternel recommencement. Mais pourquoi cela m'arrivait-il ? Je me doutais bien que j'y étais pour quelque chose, mais j'étais trop bête pour comprendre ce que je faisais de travers. C'est le propre de la cocaïne. Ça te rend égoïste, narcissique – plus rien ne compte que ton désir. Ça te rend aussi très fantasque, au point de ne jamais vraiment savoir ce que tu veux. C'est un cocktail plutôt désastreux dans la vie en général, mais il est parfaitement létal pour tout type de relation individuelle. Si tu veux vivre dans un univers triste à pleurer rempli de toutes les conneries que tu te racontes à longueur de journée, je te recommande vivement la cocaïne.

À Montserrat, on enfilait les chansons comme des perles, mais les séances d'enregistrement avaient une autre bonne raison de me plaire. Appréciant sincèrement la compagnie de Renate, je m'étais mis à passer de plus en plus de temps avec elle. Elle était intelligente, gentille et très, mais alors très drôle – d'un humour british à souhait. Inconsciente de sa grande beauté, elle s'habillait toujours le plus sobrement du monde, en jean et T-shirt. Elle avait un petit air solitaire, à part, une femme dans un monde d'hommes, or je me sentais précisément solitaire et à part, moi aussi. On s'entendait à merveille, à tel point que je m'étais mis à préférer sa compagnie à celle de Gary. Tous les prétextes étaient bons pour qu'on passe un moment ensemble, je la faisais revenir au studio après dîner pour soi-disant réécouter le travail de la journée. Je me suis surpris plus d'une fois à me dire qu'elle était très exactement ce que j'aurais attendu d'une femme si j'avais été hétéro.

Ce « si » constituait évidemment une sacrée réserve, et il fallait un raisonnement particulièrement retors pour ne pas la voir comme rédhibitoire. Heureusement, les raisonnements particulièrement retors, ça me connaît, alors j'y suis allé de bon cœur. Et si le problème, dans mes relations, ce n'était pas moi ? Et si c'était précisément le fait qu'il s'agisse de relations gays ? Et si je trouvais plus de bonheur dans une relation avec une femme que je n'en avais trouvé jusqu'ici avec un homme ? Et si le fait d'apprécier à ce point la compagnie de Renate ne relevait pas de l'affection naturelle qui se noue entre deux âmes solitaires loin de chez elles, mais d'une flambée intempestive de désir hétérosexuel ? Et si j'avais passé les quatorze dernières années à ne coucher qu'avec des hommes parce que je n'avais pas trouvé la femme idoine ? Et si cette fois je l'avais trouvée ?

Plus j'y réfléchissais, plus ça me semblait plausible. Le raisonnement, bancal à souhait, n'aurait résisté à aucun examen, approfondi ou pas. Mais il était infiniment plus confortable d'y souscrire que d'affronter le problème réel.

Nous étions tous les deux assez éméchés dans un restaurant nommé The Chicken Shack quand pour la première fois j'ai émis l'idée de mariage. Renate a rigolé, ça se comprend, elle a cru à une plaisanterie. Rien dans nos rapports n'avait préfiguré quelque chose entre nous, pas même un baiser. Si j'avais eu deux grammes de jugeote, j'en serais resté là, mais je m'étais persuadé à ce stade que c'était la voie à suivre. C'était ce que je désirais, ça allait régler tous mes problèmes d'un coup. À ma manière, j'étais sincèrement épris, mais je l'étais surtout de l'idée de me marier, de la compagnie de Renate. Elle me manquait dès qu'elle n'était pas là. Ça ressemblait beaucoup à l'amour.

Alors quand toute la petite troupe s'est rendue de Montserrat à Sydney – le groupe et moi pour pré-parer la tournée australienne, Renate et Chris Thomas pour mixer l'album –, je l'ai emmenée dîner et lui ai renouvelé ma proposition. Je l'aimais et souhaitais passer auprès d'elle le reste de mes jours. Il fallait absolument qu'on se marie. Tout de suite, là, en Australie. On était le 10 février 1984 – il était encore temps de le faire à la Saint-Valentin, j'avais les moyens de rendre la chose possible. Pure folie, mais romantique à souhait. Renate a dit oui.

On s'est précipités à l'hôtel, le Sebel Townhouse, on a réuni tout le monde au bar et fait notre grande annonce : « Hé, vous savez quoi ? » La nouvelle a été reçue par une mer de visages atterrés, notamment celui de Gary, qui avait fait le déplacement avec nous jusqu'en Australie pour se trouver à nouveau dans le rôle de l'ex. J'ai demandé à John Reid et à Bernie d'être mes témoins. La note du bar lors de la fête qui s'est ensuivie a battu tous les records. Chacun avait manifestement besoin d'un truc costaud pour faire passer la pilule.

Les jours suivants ont filé à toute vitesse. Il y avait une réception à organiser, une église à trouver, des difficultés administratives à surmonter pour un mariage à si brève échéance. J'ai eu le père de Renate au téléphone et je lui ai demandé la main de sa fille. C'était un homme d'affaires de Munich, qui s'est montré extrêmement accommodant si l'on considère qu'il apprenait d'un coup que sa fille allait se marier dans quatre jours et qu'elle épousait une rock star notoirement homosexuelle. J'ai appelé ma mère et Derf, et je leur ai tout raconté. Ils ont paru aussi perplexes que les autres, mais, comme les autres, ils n'ont pas cherché à me retenir. Ç'eût été en pure perte. À ce stade de ma vie, je faisais ce qui me chantait et quiconque se dressait sur mon chemin s'entendait hurler dessus et pouvait s'attendre à voir voler et se briser quantité d'objets. Je n'en tire aucune fierté, c'était comme ça. Certains amis ont cherché malgré tout à s'expliquer mon comportement, pour conclure le plus souvent que si je me mariais, c'était parce que je voulais des enfants. Je n'ai pas essayé de les détromper – au fond, leur explication était plus plausible que la vérité – mais ce n'est pas du tout ce qui m'animait. À l'abord de la quarantaine, très capable moi-même de me comporter comme un gamin, je n'avais surtout pas besoin qu'un enfant bien réel vienne jouer les trouble-fêtes.

Peut-être Renate aurait-elle changé d'avis si elle avait eu le temps d'y réfléchir, mais je ne le pense pas. On a essayé depuis des années de la dépeindre tour à tour en épouse-alibi ou en croqueuse de diamants, mais elle était tout sauf ça. Ses motifs étaient les plus légitimes qui soient. Je crois qu'elle m'aimait vraiment. Suffisamment en tout cas pour savoir où elle mettait les pieds et se dire néanmoins qu'elle allait pouvoir faire en sorte que ça fonctionne. Elle a vu en moi une âme en peine et a cru qu'elle serait capable de me sauver.

Le mariage proprement dit a été des plus classiques, si l'on veut bien omettre que le marié avait pour témoin l'un de ses anciens amants, précisément celui qui l'avait dépucelé. Renate portait une robe blanche en dentelle et un pendentif en or avec diamants que je lui avais acheté en guise de cadeau de mariage. Elle avait des fleurs dans les cheveux. Elle était belle. Ses parents n'étaient pas venus, les miens non plus, mais tout un tas d'amis avaient fait le voyage : Tony King, Janet Street-Porter. Toni, la nouvelle épouse de Bernie, était l'une des demoiselles d'honneur. Rod Stewart n'ayant pu venir, son manager Billy Gaff avait envoyé un télégramme : « Toi tu es peut-être toujours debout, chéri, mais nous, on est tous sur le cul[1]. »

Sur les marches de l'église, on s'est retrouvés envahis par les fans et les paparazzis, les applaudissements et les vivats. D'une fenêtre voisine est sorti à plein volume le son de ma chanson « Kiss The Bride » qui, après

---

1. Allusion au tube « I'm Still Standing », dont le titre signifie « Je suis toujours debout ».

« D.I.V.O.R.C.E » de Tammy Wynette, est à peu près le dernier truc à mettre à un mariage. Par-dessus ma voix s'égosillant « Ne dis pas "je le veux", mais plutôt "bye-bye" », une autre, celle du voisin trop enthousiaste, nous a adressé des félicitations très australiennes : « Ben t'as fini par y venir ! Bien joué, vieille tante ! »

La réception au Sebel a été le modèle de sobriété et de discrétion qu'on imagine. On avait fait venir par avion des roses blanches de Nouvelle-Zélande, le pays où nous allions passer notre lune de miel. Il y avait du homard, des cailles et du gibier, du Château-Margaux et du puligny-montrachet millésimé, un gâteau de mariage à cinq étages, un quatuor à cordes. Selon la tradition, des discours ont été prononcés et des télégrammes ont été lus. Selon la tradition toujours, John Reid a collé son poing dans une figure, celle d'un journaliste du *Sun* cette fois, dont le récit de la cérémonie lui avait déplu.

La fête s'est poursuivie dans ma suite d'hôtel, où il y avait encore de l'alcool et de la cocaïne. Si, grâce à cette dernière, je parvenais à tenir jusqu'au bout de la nuit, alors je n'aurais pas à affronter la délicate question de la consommation du mariage. J'avais très peur, tout simplement parce que je n'avais pas la moindre idée de comment on fait l'amour avec une femme. J'en rougissais rien qu'à l'idée.

En vérité je n'avais pas à m'inquiéter. Renate a été très gentille, très douce, et j'ai appris à recevoir la tendresse d'une femme, son amour physique. D'ailleurs, notre ménage n'a posé en soi aucun problème. On a passé ensemble des moments d'une félicité incroyable. On était inséparables. On a pris des chiens, deux cockers. On a donné des dîners à Woodside et mené une vie sociale très active. Mes amis adoraient Renate – et il y avait vraiment de quoi. Contrairement à tous mes par-tenaires depuis John, elle n'avait aucunement l'intention

de n'exister que dans l'ombre d'Elton John. Elle avait sa
vie à elle, ses amis, ses ambitions de productrice : elle
s'est mise au travail dans le studio de Woodside avec
Sylvia Griffin, une chanteuse sous contrat avec Rocket.
La seule à s'être montrée froide avec elle, c'est ma
mère, et la personnalité de Renate n'y était pour rien.
Je pense que ma mère n'a pas supporté que je coupe
enfin le cordon ombilical, qu'une autre vienne occuper
la première place dans ma vie.

Mais quelque chose me chiffonnait sans cesse. Ce
mariage reposait sur un mensonge, et je le savais. J'étais
un homme gay, certes capable de coucher avec une
femme, mais un homme gay malgré tout. Le mariage ne
m'a pas empêché de regarder du porno gay en cachette.
Il ne m'a pas empêché de penser à des hommes. Et
quand le mensonge devenait trop pesant, je m'enfermais,
seul, avec un gros tas de cocaïne. Chacun à Woodside
s'était accoutumé à ma consommation de drogues, c'était
une réalité de la vie parmi d'autres. Je me souviens qu'un
jour Gladys, l'une des femmes de ménage, m'a entraîné
à l'écart pour me dire : « J'ai trouvé par terre votre
médicament spécial, alors je l'ai rangé dans le tiroir de
la table de nuit », et il y était en effet, toujours sur le
miroir où j'avais tracé mes lignes. Mais Renate n'était pas
du genre à rentrer dans mon petit jeu. Elle a fait tout
ce qu'elle a pu pour que j'arrête. Absolument tout. Un
matin, j'étais enfermé dans une chambre à double tour,
rideaux tirés, debout depuis la veille, m'envoyant encore
des rails pour repousser le moment où la gueule de bois
prendrait le dessus, avec pour tout effet de démultiplier
la culpabilité et la honte que j'éprouvais déjà à l'idée
de la fourberie et de l'égoïsme dont j'avais fait preuve,
quand j'ai entendu un bruit à la fenêtre – quelqu'un
avait posé une échelle contre le mur. Pour changer, j'ai
d'abord pensé à la police. C'était Renate. Elle a grimpé

et est entrée. « Qu'est-ce qui se passe ? OK, je vais goûter à ce truc-là, on va en prendre ensemble. » Elle ne le pensait pas, elle cherchait à me secouer, à me montrer toute l'étendue de mon imbécillité.

Ça n'a pas marché.

Dix

Il faut dire que Renate n'avait pas seulement épousé un toxico gay, ce qui était déjà assez difficile en soi. Elle avait épousé un toxico gay dont l'existence allait partir en sucette d'une façon absolument inouïe. Nos deux premières années ensemble ont été à peu près normales – dans la mesure où mes habitudes n'ont pas vacillé s'entend. On est allés voir Watford s'incliner en finale de la FA Cup. J'ai enregistré un nouvel album intitulé *Ice On Fire*, produit par Gus Dudgeon – on n'avait pas travaillé ensemble depuis le milieu des années soixante-dix. En Grande-Bretagne, c'est « Nikita » qui a cartonné, une chanson d'amour s'adressant à une Russe que Bernie, sans le vouloir ou au contraire pour faire le malin, a dotée d'un prénom masculin. On s'est rendus au Live Aid, et on y a aménagé en coulisse un secteur avec faux gazon et barbecue où les autres artistes pouvaient venir se poser un peu. En y arrivant, Freddie Mercury, toujours débordant d'adrénaline après la prestation époustouflante de Queen, a fait un commentaire très digne de lui à propos du chapeau que j'avais choisi de porter sur scène : « Chérie ! Mais qu'est-ce que c'est que cette chose que tu avais sur la tête ? On aurait dit la reine mère ! » On est allés au concert d'adieu de Wham à Wembley à l'été 1986, et il a absolument fallu que je salue la grande décision qu'avait prise George Michael de tourner le dos à la frivolité pop pour se réinventer en auteur-compositeur mature, en me pointant déguisé en Ronald McDonald à bord d'une Reliant Robin[1]. George voulait chanter « Candle In The Wind » pour bien montrer à quel point il était devenu un type sérieux, mais il a fallu à peine arrivé sur scène que j'attaque par une version bastringue de « When I'm Sixty-Four ».

C'est plus tard cette année-là que les choses se sont vraiment dégradées. J'ai d'abord remarqué un truc qui clochait dans ma voix, en pleine tournée américaine. C'était vraiment bizarre. Pendant les concerts au Madison Square Garden, tout se passait bien sur scène, mais dès que j'en redescendais, je ne pouvais plus émettre qu'un drôle de susurrement. Persuadé qu'un peu de repos entre les concerts suffirait, j'ai tourné le truc en dérision : en coulisse, je me suis mis une perruque de Harpo Marx et un imper, et j'ai commencé à presser à tout bout de champ la poire d'un klaxon à cornet au lieu de parler[2].

Mais ça s'est nettement aggravé à notre arrivée en Australie, au moment précis où sortait mon nouveau disque. Ça s'appelait *Leather Jackets* et c'est probablement la galette la plus catastrophique que j'ai sortie de ma vie. Je m'étais toujours strictement interdit de consommer quelque drogue que ce soit en studio, mais la règle avait cette fois volé en éclats, peut-être parce que Renate n'était pas là – elle était prise par l'un de ses propres projets – ou peut-être parce que j'essayais d'étouffer la

---

1. Modèle assez singulier de voiturette à trois roues, d'un puissant effet comique.

2. Harpo est le membre muet des Marx Brothers. La perruque, l'imperméable et le klaxon à poire sont ses accessoires emblématiques.

voix qui cherchait à me dire que mon mariage était une épouvantable erreur. Toujours est-il que la coke a eu à ce moment-là sur mon jugement créatif l'effet auquel on pouvait s'attendre. J'ai casé dans *Leather Jackets* toutes les daubes qui me tombaient sous la main. Le single qui allait tout déchirer était « Heartache All Over The World », une chanson pour le moins très médiocre. J'y ai fourré aussi de vieux titres précédemment mis au rebut, jugés trop mauvais pour figurer sur un album mais qui, après deux ou trois rails de cocaïne, m'apparaissaient soudain comme autant de chefs-d'œuvre dont on ne pouvait priver le public plus longtemps. Il y avait un truc atroce coécrit avec Cher, « Don't Trust That Woman », aux paroles insensées : « Tu l'emboutis à l'arrière, ouuuh, et ça l'envoie en l'air[1]. » Je n'avais pas dû en penser beaucoup de bien sur le moment puisque j'avais refusé de la signer de mon nom, préférant en créditer Cher et Lady Choc Ice, le personnage que je m'étais inventé en studio. Il va sans dire que si tu méprises une chanson au point de ne pas en assumer la paternité, il sera peut-être judicieux de ne pas l'enregistrer ni la publier, mais j'étais tellement fracassé que j'étais hermétique à toute logique.

Tout sur cet album n'est pas forcément à jeter : « Hoop Of Fire » a une certaine classe, surtout comparé au reste, et la ballade « I Fall Apart » témoigne à nouveau de la troublante capacité qu'a Bernie de mettre dans ma bouche des mots justes à propos de ma situation personnelle, à tel point que j'aurais pu les écrire moi-même. Mais il n'y a rien à faire : dans l'ensemble, *Leather Jackets* est un machin sans queue ni tête à oublier au plus vite.

Il fallait donc que la tournée suivante amène quelque chose de spécial, que ce soit un événement ambitieux

---

1. « *You can rear-end her, ooooh, it'll send her.* »

et spectaculaire, suffisamment pour effacer le souvenir de l'album. J'ai dit à Bob Mackie de se lâcher sur les costumes, et cela explique qu'en Australie je me sois retrouvé affublé sur scène tour à tour d'une immense perruque mohican rose aux bordures léopard, d'une autre inspirée de la coupe immortalisée par Tina Turner dans les années quatre-vingt et d'une tenue prêtant à croire que Mozart avait monté un groupe de glam rock – costume blanc à sequins et perruque poudrée XVIIIᵉ, fond de teint blanc et mouche sur la joue. L'évocation de Mozart se voulait un clin d'œil pour la seconde moitié du concert, où j'étais accompagné par l'orchestre symphonique de Melbourne. Si jamais quelqu'un trouvait que j'avais les chevilles qui enflaient, que la rock star jouait les grands compositeurs classiques, je lui donnais mille fois raison.

Jamais un groupe rock n'était parti en tournée avec un orchestre symphonique. Et puis ça signifiait que je pouvais enfin jouer les morceaux de mes premiers albums tels qu'ils avaient été enregistrés, avec les superbes arrangements de Paul Buckmaster. Gus Dudgeon nous a rejoints pour superviser le son. On a placé un micro pour chaque instrument de l'orchestre, encore une première, et le résultat a été stupéfiant : à l'entrée des cordes sur « Madman Across The Water », ça décoiffait grave. Quelle puissance ! L'envolée des violoncelles et des contrebasses faisait trembler la scène sous mes pieds – ce qui n'était pas plus mal, si l'on considère que l'attraction principale ne parvenait plus à émettre le moindre son.

Pour un chanteur, rien n'est plus bizarre, plus déconcertant : sur scène, à chaque fois que j'ouvrais la bouche, je ne savais absolument pas ce que ça allait donner. Parfois ça se passait très bien. Parfois, ça raclait, ça croassait et ça sifflait sans atteindre la note juste. Étrangement, c'était plus marqué quand je parlais que quand je chantais. J'entamais la présentation de la chanson à venir, et rien ne sortait. Comme si quelqu'un avait finalement exaucé les vœux de certains critiques en découvrant l'interrupteur pour me mettre sur off.

Plus de doute, quelque chose ne tournait vraiment pas rond. Je m'en suis remis quelque temps au remède de grand-mère que m'avait confié Leon Russell dans la loge du Troubadour en 1970 : des gargarismes de miel, de vinaigre de cidre et d'une eau aussi chaude qu'on pouvait supporter. Aucun effet. Finalement, au terme d'un concert à Sydney où on m'avait moins entendu pendant les chansons qu'entre elles – avec force quintes de toux et expectorations aux couleurs à faire pâlir les costumes de Bob Mackie –, le bon sens l'a emporté et j'ai accepté de consulter un oto-rhino, le docteur John Tonkin.

Après avoir examiné mon larynx, il m'a annoncé que j'avais des kystes sur les cordes vocales. Il ignorait à ce stade s'ils étaient cancéreux ou bénins. Dans le premier cas, c'en était fini – on m'enlèverait le larynx et plus jamais je ne parlerais ni ne chanterais. Pour le savoir, il devait pratiquer une biopsie. Il m'a ensuite regardé en grimaçant : « Vous fumez de la drogue, n'est-ce pas ? »

Je me suis figé. Je ne m'étais mis aux pétards que pour adoucir les descentes de cocaïne, et j'avais vite découvert que ça me plaisait en tant que tel. C'était autre chose que la coke et l'alcool, je pensais que ça me rendait plus sociable, alors que je montrais des signes de plus en plus nombreux d'un comportement particulièrement asocial.

Mais la marijuana ne me donnait pas envie de sortir faire la fête ou d'enchaîner les nuits blanches. Elle me faisait rire et rendait la musique sublime. J'aimais particulièrement être défoncé en écoutant Kraftwerk, leurs morceaux étaient si simples, si répétitifs, très hypnotiques. Évidemment, on ne se refait pas, alors je ne me suis pas contenté de fumer un petit joint de temps en temps en écoutant *Trans Europ Express* ou *The Man Machine*. Je me suis jeté sur la beuh avec la gloutonnerie que je mettais dans tout. Lors de notre tournée australienne, un membre de l'équipe avait été spécifiquement investi de la mission de rouler les pétards. Il nous suivait partout avec une boîte à chaussures remplie de joints pré-roulés.

Quand le docteur Tonkin m'a demandé si je fumais de la drogue, j'ai choisi de lui épargner les détails de ce genre. J'ai marmonné : « Un petit peu. » Le docteur Tonkin a cinglé : « Vous voulez plutôt dire "beaucoup", n'est-ce pas ? » Puis il m'a ordonné d'arrêter. L'herbe était peut-être à l'origine directe des kystes, et elle ne faisait en tout cas aucun bien. Je n'ai plus jamais fumé le moindre joint. À l'époque, en matière d'abstinence de drogue et de boisson, j'étais tout sauf un monstre de volonté. Je ne compte plus les fois où, aux prises avec une gueule de bois carabinée, je me suis juré « plus jamais » pour oublier mon serment aussitôt remis sur pied. Il m'est arrivé de tenir quelques mois, mais j'ai toujours rechuté. Or, rien ne vaut la terreur pour décrocher de quelque chose, et rien ne vaut le cancer pour susciter la terreur. Le docteur Tonkin m'a aussi recommandé d'annuler la suite de la tournée australienne, mais j'ai refusé : il me restait une semaine de concerts à boucler à Sydney. D'abord, une annulation aurait été ruineuse – il y avait plus de cent musiciens, on tournait un film et on enregistrait les concerts pour en tirer un disque live. Mais surtout, s'il y avait vraiment un risque que je ne chante plus jamais, je tenais absolument à repousser le plus possible l'échéance.

J'étais bien décidé à annoncer la nouvelle au groupe et aux techniciens sans céder à la panique, dignement, *the show must go on* et tout le tralala. À peine entré dans le bar du Sebel Townhouse – oui, encore cet hôtel –, j'ai lâché d'une voix rauque : « Ils pensent que j'ai un cancer », avant de fondre en sanglots. C'était plus fort que moi. J'avais une peur bleue. Même si l'opération réussissait, même si la biopsie était négative, le risque existait que je sois fini, en tout cas comme chanteur – Julie Andrews s'était fait retirer des kystes des cordes vocales et sa voix en était ressortie esquintée à jamais.

On a terminé la tournée. Pris de nausées et terrifié, je suis sorti comme une flèche du Sydney Entertainment Centre quelques minutes avant le début de notre dernier concert, qui était enregistré en direct à la télé. Devant le bâtiment, alors que j'entendais l'orchestre jouer l'ouverture, j'ai croisé Phil Collins qui arrivait un peu tard pour éviter les fans. Il a paru quelque peu interloqué de voir la vedette du spectacle foncer dans la mauvaise direction.

« Ah... salut Elton... eh, attends un peu, mais où vas-tu ?

– Chez moi ! » ai-je lancé sans ralentir.

Ce n'était pas la première fois que je mettais les voiles au moment où j'étais censé entrer en scène. Quelques années auparavant, j'étais parti comme une furie d'un spectacle de Noël au Hammersmith Odeon, entre la fin du dernier morceau et le rappel. Ma voiture avait eu le temps d'atteindre le rond-point de Hogarth avant que je me calme et me ravise : on était à une dizaine de minutes de la salle, mais on a compris au moment de faire demi-tour qu'on mettrait plus de temps à y revenir, à cause d'une voie à sens unique. Fait extraordinaire : le public était encore là à mon retour.

Cette fois, j'ai changé d'avis avant d'atteindre la voiture. Et ce concert a été le meilleur de tous. Du début à la fin, j'étais habité par l'idée de ne plus jamais chanter. Le summum a été « Don't Let The Sun Go Down On Me ». J'avais la voix éraillée, râpeuse, pourtant je pense ne l'avoir jamais mieux interprétée : la puissance de l'orchestre était déjà percutante en soi, mais ce soir-là, chaque vers était chargé d'un nouveau sens, d'un nouveau poids.

Après la tournée, je suis entré à l'hôpital en Australie et on m'a opéré. Ça n'aurait pas pu mieux se passer. Il n'y avait pas de cancer. On m'a retiré les kystes. J'ai senti à la fin de la convalescence que ma voix avait changé, mais la nouvelle me convenait bien. Elle était plus profonde, et même si je n'arrivais plus à chanter en fausset, quelque chose dans le timbre me convenait. Je la sentais plus puissante, plus mûre, d'une autre épaisseur. Quelle chance : 1987 avait démarré du mauvais pied, alors ça ne pouvait qu'aller mieux.

Même pas en rêve.

Le premier gros titre a paru dans *The Sun* en février 1987 – ELTON : LE SCANDALE DES ESCORT BOYS DU VICE. Avec le recul, il était fatal que tôt ou tard le *Sun* s'en prenne à moi : j'étais gay, j'avais réussi, j'avais des idées bien arrêtées ; aux yeux du *Sun*, ça faisait de moi une proie légitime. Le rédacteur en chef de l'époque s'appelait Kelvin MacKenzie, c'était un type tellement vénéneux que le ministère de la Santé aurait dû l'entourer d'un cordon sanitaire. Sous sa direction, le *Sun* n'était pas tant un journal qu'une tentative exaltée de faire tenir chaque jour dans soixante-quatre pages au format tabloïd un maximum de racisme, de misogynie, de xénophobie et plus spécifiquement d'homophobie. Difficile aujourd'hui d'expliquer à ceux qui n'ont pas connu ce qu'était le *Sun* dans les années quatre-vingt à quel point il était vicieux. Tout le monde y était roulé dans la merde, pas seulement les célébrités : les mecs ont déniché un vide juridique qui les autorisait à publier l'identité des victimes de viol tant que personne n'avait été arrêté pour le crime ; ils ont proposé de l'argent aux homosexuels pour quitter le pays, DANS L'AVION, LES GAYS, À NOS FRAIS. Alors que l'acteur Jeremy Brett était en train de mourir d'une maladie du cœur, le *Sun* a envoyé des journalistes le harceler à l'hôpital pour savoir s'il avait le sida, une affection dont le journal affirmait par ailleurs à ses lecteurs qu'elle ne s'attrapait pas lors de rapports hétéros.

L'article me concernant m'a laissé bouche bée. Le plus drôle, c'est qu'il y avait des dizaines d'hommes dans le monde susceptibles de vendre un témoignage dégoulinant de sexe et de drogue à mon sujet : des ex, des coups d'un soir dépités. Mais à en juger par le premier papier, le *Sun* s'était débrouillé pour dénicher un bonhomme que je n'avais jamais rencontré, et il leur a parlé d'une partouze dans une maison où je n'avais jamais mis les pieds – celle de Billy Gaff, le manager de Rod Stewart.

Il faut reconnaître que s'ils avaient trouvé quelqu'un avec qui j'avais vraiment couché, ça n'aurait jamais donné le même article. Ce n'est pas tant que tout y ait été inventé – et ça l'était – mais ça semblait surtout sorti de l'esprit dérangé d'un grand malade. J'y étais décrit en train de me préparer pour la soirée en enfilant un « petit short en cuir moulant ». *Un short en cuir ?* Dieu sait qu'il m'est arrivé dans la vie de porter des fripes ridicules, mais jamais au grand jamais je ne me suis préparé pour une nuit enfiévrée en me boudinant dans un short en cuir – dans ces moments-là, je cherche fondamentalement à persuader quelqu'un de passer la nuit avec moi, pas à le faire déguerpir en hurlant ! En outre, on m'aurait vu en train de « faire tournoyer un accessoire sexuel » entre mes doigts, avec « une allure de Cléopâtre ». Mais bien sûr ! Cléopâtre : dernière reine de la dynastie ptolémaïque, maîtresse de Jules César et de Marc Antoine, réputée dans l'histoire pour sa façon de tripoter des godemichés et son gros penchant pour les shorts en cuir.

C'était évidemment risible, mais en fait ça n'était pas drôle du tout. On insinuait que les escort boys étaient mineurs. Quand on répète un mensonge, les gens finissent par le gober, plus encore si on l'écrit noir sur blanc. Et si les gens y croyaient vraiment ? Que fallait-il que je fasse ? Renate, ma mère et Derf allaient forcément le lire, peut-être aussi ma grand-mère. Et Tatie Win, qui travaille chez un marchand de journaux, mon Dieu ! Je voyais déjà son horreur en recevant le paquet d'exemplaires du *Sun* qu'elle vendrait ensuite à des gens au courant que j'étais son neveu et qui la montreraient du doigt.

J'ai commencé par me cloîtrer à Woodside et m'attaquer au vodka-martini. Puis j'ai reçu un coup de fil de Mick Jagger. Il avait lu l'article et m'offrait ses conseils. Surtout ne pas les poursuivre en justice, sous aucun prétexte. Lorsqu'il avait porté plainte dans les années soixante contre *News of the World* pour s'être fait piéger par un journaliste auprès de qui il s'était prétendument vanté de consommer des drogues, l'hebdo avait réagi en l'espionnant puis en organisant le célèbre coup de filet des Redlands : Keith Richards et lui s'étaient retrouvés derrière les barreaux, jusqu'à ce que l'indignation publique finisse par entraîner l'annulation de leur peine. Curieusement, l'intervention de Mick a eu sur moi l'effet inverse de celui qu'il attendait. J'étais insensible à ce que disait la presse à mon sujet. Il arrivait de temps en temps qu'une mauvaise critique ou une remarque blessante m'irritent, mais c'est la rançon du succès, alors tu serres les dents et tu traces. Mais pourquoi irais-je les laisser raconter des mensonges à mon sujet ?

J'avais les moyens de prouver qu'ils mentaient. Le jour où j'étais censé me trouver chez Billy Gaff sapé en figurant d'un clip de Village People et maniant un gode comme une majorette manie son bâton, j'étais à New York, où, après un déjeuner avec Tony King, j'avais été régler les derniers détails de ma perruque Tina Turner avec Bob Mackie. J'avais conservé toutes les notes d'hôtel, les factures de restaurant et les billets d'avion. J'avais aussi assez d'argent pour leur intenter un procès. Qu'ils aillent se faire foutre. Je les poursuis en justice.

J'ai émis ma première assignation et le *Sun* a publié article après article, mensonge après mensonge : à chaque nouvelle parution, je déposais une nouvelle plainte en diffamation. Certains mensonges étaient particulièrement déplaisants – je louais semble-t-il les services de garçons pour leur uriner dessus –, d'autres simplement curieux. Je possédais paraît-il des rottweilers auxquels j'avais fait trancher le larynx : LES ASSASSINS SILENCIEUX D'ELTON. Le hic c'est que je n'avais pas d'autres chiens que deux bergers allemands, et ils martyrisaient par leurs aboiements les tympans des agents de la SPA venus vérifier qu'ils étaient bien traités. Le *Sun* a poursuivi sa campagne alors que le public avait manifestement cessé de s'y intéresser. Tant d'efforts n'avaient pas eu la moindre incidence sur ma popularité : leurs mensonges avaient fait le tour du monde, mais l'album live de la tournée australienne a cartonné – platine aux États-Unis et, contre toute attente, Top Ten des deux côtés de l'Atlantique pour la version extraite en single de « Candle In The Wind ». Ils avaient en revanche eu une incidence sur le *Sun* lui-même. Il suffisait qu'il me consacre la une pour que les ventes baissent. J'ignore si c'était parce que les gens avaient compris que tout était faux, ou juste qu'ils en avaient assez.

Ainsi mis en difficulté, le *Sun* a tout fait pour dégotter quelque chose sur mon compte, n'importe quoi pourvu que ça colle aux doigts. On m'a suivi partout. Au Century Plaza de Los Angeles, ils ont placé des micros dans ma suite ; nos avocats nous avaient avertis de cette possibilité alors on l'a fait vérifier par le FBI – c'était la suite habituelle du président Reagan. Quelqu'un cherchait aussi à m'effrayer, à me faire remballer mes avocats. Et ils ont offert cinq cents livres à tout escort boy qui avouerait avoir couché avec moi. Ils ont évidemment tout de suite croulé sous les candidats, mais les choses que racontaient ceux-ci étaient tellement invraisemblables que même le *Sun* n'a pas osé les exploiter.

Leur meilleur fait d'armes a été de mettre la main sur des photos qu'on avait volées chez moi, des Polaroid qui remontaient à une dizaine d'années. Sur l'un d'eux, on me voyait faire une pipe à un type. Ils les ont publiés, et ça a été terriblement gênant. J'ai tâché de me consoler en me disant que c'était encore un record dans ma carrière – premier artiste de l'histoire à placer deux albums consécutifs au sommet dès leur entrée dans les charts US, premier artiste de l'histoire à enchaîner sept numéros un de suite, premier artiste de l'histoire à figurer dans la presse en train de sucer un mec. Et puis ça avait quand même un petit côté désespéré de la part du *Sun*. Un homme gay suce un pénis : sûrement pas le scoop qui leur vaudrait le Pulitzer. Sans compter que c'était rédigé dans des termes qui en disaient bien plus long sur leur auteur que sur moi. Tout était forcément « dégoûtant », « intimement pervers ». Il faut vraiment avoir une vie sexuelle très morne pour voir le summum de la dépravation dans une petite pipe.

Et ça a duré des mois et des mois, jusqu'à ce qu'on atteigne dix-sept assignations pour diffamation. J'adorerais raconter que je n'ai jamais douté de la victoire finale, mais ça n'a pas été le cas. Il y a eu des jours où je me sentais bien, ma colère était juste, j'étais prêt à en découdre. Mais il y en a eu d'autres où j'étais en larmes, profondément désespéré, honteux même. Je n'avais rien fait de tout ce qu'ils racontaient, pourtant j'avais amplement prêté le flanc à ce genre d'ennuis. Ma consommation de drogues était un secret de Polichinelle. Je n'avais jamais couché avec un mineur, mais on ne peut pas dire non plus que j'avais été très regardant sur le choix de mes partenaires. Quelques années auparavant, l'une de mes conquêtes avait même piqué une bague avec saphir et diamant, une montre et des espèces avant de filer. J'étais rongé par la procédure judiciaire, par le fait de voir ma vie privée étalée au grand jour, par l'attente du prochain coup qu'allait tenter le *Sun* pour me traîner dans la boue.

Ces pensées m'ont incité à faire ce que je fais toujours dans ces cas-là. Comme au temps des disputes parentales, je me suis enfermé dans ma chambre en essayant de penser à autre chose. La différence, c'est que je me munissais désormais d'un bon stock d'alcool et de drogue. Je passais trois jours sans manger, puis je me réveillais affamé et je me gavais. Paniqué à l'idée de grossir, je me rendais malade en sautant à pieds joints jusqu'à me faire vomir. J'étais devenu boulimique, même si j'ignorais à l'époque en quoi ça consistait. Je savais en revanche que certains aliments sont plus faciles à vomir que d'autres. Il faut éviter tout ce qui est lourd, comme le pain, on finit au-dessus de la cuvette des toilettes à se provoquer des haut-le-cœur à n'en plus finir. J'ai compris qu'il valait mieux s'en tenir à des aliments mous, si bien que mon régime est devenu bizarre. Pour mes séances de goinfrerie, mon menu habituel s'est mué en deux bocaux de coques de chez Sainsbury's et un demi-litre de Häagen-Dazs au beurre de cacahuète. J'engloutissais tout ça, puis le ressortais en allant discrètement me faire vomir dans un coin, persuadé de passer inaperçu. Ce n'était évidemment pas le cas – quand on revient, on pue le vomi et on a la tronche de quelqu'un qui vient de pleurer, parce que le vomissement fait larmoyer – mais aucun de mes proches n'a osé me dire mes quatre vérités. Tout ce qui a trait à cette histoire, aussi bien les choses que j'ai avalées que l'ensemble de mon comportement, me semble aujourd'hui parfaitement répugnant ; à l'époque, c'était devenu une seconde nature, c'était tout simplement la personne que j'étais.

N'empêche, lorsque tout devenait vraiment trop pénible, je finissais par me consoler en me disant deux choses : d'abord, concernant mes démêlés avec le *Sun*, j'étais dans mon bon droit – s'il y avait eu le moindre mot de vrai dans leurs propos, jamais je n'aurais osé les poursuivre en justice ; ensuite, si sombre que paraisse ma situation, il y avait dans le monde plein de gens infiniment plus mal lotis que moi, des gens qui avaient trouvé la force de surmonter des problèmes à côté desquels les miens semblaient insignifiants. Deux ans plus tôt, chez le médecin, j'avais lu un article dans *Newsweek* sur Ryan White, un adolescent américain dont l'histoire m'avait à la fois consterné et exalté. C'était un hémophile qui avait attrapé le sida par transfusion sanguine. Depuis quelque temps, le sida m'obsédait. Neil Carter, l'assistant de John Reid, a été la première de mes connaissances à en mourir : on lui a annoncé le diagnostic et, trois semaines plus tard, il n'était plus de ce monde. Ensuite, c'était comme si on avait ouvert les vannes : à chacune de mes conversations avec Tony King, qui vivait aux USA – où l'épidémie était plus avancée –, il m'apprenait qu'un vieil ami, ou que l'ami d'un ami, était atteint à son tour. Julie Leggatt, la secrétaire de John Reid, a été la première femme en Grande-Bretagne à être diagnostiquée malade du sida. Tim Lowe, mon ancien petit ami, a été testé positif. Ainsi qu'un autre de mes ex, Vance Buck, un gentil blond de Virginie, fan d'Iggy Pop et dont la photo figure sur la pochette intérieure de *Jump Up !* – juste en dessous des paroles de « Blue Eyes », la chanson qu'on avait écrite avec Gary Osborne en pensant à lui. C'était un cauchemar. N'importe quel homme gay ayant connu les années soixante-dix et quatre-vingt vous racontera la même histoire : tout le monde a perdu quelqu'un, tout le monde se souvient de la peur qui régnait.

Pour en revenir à Ryan White, toutefois, il y avait non seulement le sida, mais aussi les conséquences du fait qu'il l'ait attrapé. Sa ville natale de Kokomo l'avait ostracisé. Le directeur de son école ne le laissait plus venir en cours par peur qu'il contamine ses camarades de classe. Sa mère et lui ont entamé une longue bataille juridique. Le département de l'Éducation de l'Indiana ayant fini par leur donner raison, un groupe de parents d'élèves a déposé un recours pour empêcher son retour : on les a autorisés à organiser une collecte dans le gymnase de l'établissement scolaire pour qu'il ne revienne pas en classe. Cela ayant échoué, ils ont créé une école alternative, pour que leurs enfants ne soient pas obligés de l'approcher. On l'a insulté dans la rue, quelqu'un a tagué PÉDÉ sur son casier à l'école et ses affaires ont été vandalisées. On a crevé les pneus de la voiture de sa mère et on a même tiré avec une arme à feu dans la fenêtre de leur salle de séjour. Pour l'avoir soutenu, le journal local a reçu des menaces de mort. Même l'église méthodiste que Ryan et sa mère fréquentaient leur a tourné le dos : au moment des bénédictions du service de Pâques, pas un membre de la congrégation n'a accepté de lui serrer la main en prononçant les rituels vœux de paix.

De bout en bout, Ryan et Jeanne, sa mère, ont fait preuve d'une dignité, d'un courage et d'une compassion incroyables. En chrétiens véritablement fidèles aux enseignements du Christ, ils ont pardonné à tous ceux qui avaient fait de leur vie déjà compliquée un enfer. Ils n'ont jamais condamné personne, seulement cherché à éduquer. Ryan est devenu le porte-parole intelligent et éloquent des personnes atteintes du sida à une époque où la maladie était encore présentée comme un châtiment divin contre les gays et les drogués. Dès que j'ai appris qu'il aimait ma musique et souhaitait me rencontrer, j'ai contacté sa mère et je les ai invités à un concert à Oakland, puis, le lendemain, je les ai emmenés à Disneyland. Ils étaient absolument adorables. Jeanne me rappelait les femmes de ma famille, surtout ma grand-mère : classe ouvrière, franc-parler, travailleuse, gentille, mais dotée d'un cœur d'acier, indestructible. Quant à Ryan, c'était un jeune homme remarquable. Sa maladie était tellement avancée qu'on devait le pousser dans son fauteuil roulant à Disneyland. Pourtant, il n'y avait en lui pas plus de colère que d'amertume, et il n'a jamais flanché. Il ne réclamait ni pitié ni compassion. J'ai eu le sentiment en parlant avec lui qu'il ne voulait pas perdre le peu de temps qu'il lui restait à s'apitoyer sur son sort ou à éprouver de la colère envers les autres – la vie était trop courte, au sens propre. C'était juste un gamin adorable qui cherchait à vivre le plus nor-malement possible. Une famille incroyable.

On n'a pas perdu le contact ensuite. Je les appe-lais, je leur envoyais des fleurs, je leur demandais s'ils avaient besoin de quoi que ce soit. À chaque fois que c'était possible, je rencontrais Ryan. Quand leur situation à Kokomo est devenue intenable, j'ai prêté à Jeanne de l'argent pour qu'elle installe sa famille à Cicero, une petite ville des environs d'Indianapolis. Je voulais que ce soit un cadeau, mais elle a tenu à ce que ce soit un emprunt – elle a même rédigé un contrat qu'elle m'a fait signer. Aussi, lorsque je m'apitoyais sur mon sort, c'est à eux que je pensais. Eux faisaient preuve d'un vrai courage face à une chose réellement effroyable. Alors basta les lamentations. Fais avec ce que tu as, point.

J'ai quand même maintenu un profil public relativement bas jusqu'à l'intervention de Michael Parkinson. J'avais participé à son talk-show dans les années soixante-dix – j'y avais accompagné au piano droit Michael Caine qui avait chanté « Maybe It's Because I'm A Londoner » – et on s'était liés d'amitié. Il m'a contacté dès la parution des premiers articles du *Sun* pour me dire qu'il présentait sur ITV une nouvelle émission d'entretiens intitulée *One to One*, dont chaque numéro était consacré à un seul invité. Pourquoi ne pas venir à Leeds y faire un passage ? Je lui ai dit « peut-être », il a insisté.

« Ce n'est pas pour moi, c'est pour toi. Je te connais, je connais le *Sun*. Tu n'as pas fait de déclaration publique, mais il le faut. Sinon, les gens vont penser que tu as quelque chose à cacher. »

Alors j'ai fini par passer dans son émission. Dans les extraits qu'on trouve sur YouTube, on voit bien que je suis marqué par les événements. J'y apparais non rasé, habillé n'importe comment, hagard, blanc comme un linge. Heureusement, ça s'est bien passé. Le public s'est clairement rangé de mon côté. Quand Michael m'a questionné au sujet du *Sun*, je lui ai répondu que je venais d'apprendre qu'ils avaient cherché à soudoyer la réceptionniste de mon médecin pour qu'elle leur remette mon dossier médical.

« Je crois qu'ils voulaient examiner mon sperme, j'ai dit, ce qui est quand même bizarre parce que, à en croire les articles qu'ils publient, ils en ont déjà vu passer des seaux entiers. »

Il m'a interrogé à propos de Renate et je lui ai dit que nous étions réconciliés, ce qui était vrai, même si ça n'a pas duré. Malgré nos efforts, nous ne pouvions pas lutter contre notre éloignement. À présent, nous menions des existences divergentes. Nous avions passé l'année 1986 à nous séparer et nous rabibocher constamment, alors que la saga avec le *Sun* battait son plein. Ça en dit long sur la personne de Renate. Elle est revenue se fourrer dans un mariage qu'elle savait voué à l'échec, en plein déchaînement des tabloïds, parce que j'étais dans la panade et que j'avais besoin de soutien : elle a proposé de venir témoigner en ma faveur si jamais l'affaire finissait au tribunal.

Peu après, l'escort boy qui avait fait les premières déclarations dans le *Sun* a raconté à un autre tabloïd qu'il avait tout inventé et ne m'avait jamais rencontré. Et d'ajouter : « Je n'apprécie même pas sa musique. » Le matin de l'audience de la première plainte pour diffamation, le *Sun* a battu en retraite et offert de transiger pour un million de livres. C'était le plus important dédommagement pour diffamation de l'histoire de la Grande-Bretagne, et encore le *Sun* s'en sortait bien – c'est plusieurs millions qu'ils m'auraient versés si on était allés au bout. Ce soir-là, n'ayant plus à préparer ma comparution en tant que témoin, je suis allé voir Barry Humphries au Royal Theatre, à Drury Lane, et Dame Edna Everage m'a fait hurler de rire. Après ça, on a un peu traîné dans le West End en attendant l'arrivée dans les kiosques du journal du matin. Le *Sun* avait la réputation de ne publier d'excuses que sous la contrainte et en caractères minuscules, tout au bas de la page 28. Mais j'avais exigé et obtenu que cette fois leurs excuses aient la même taille que les allégations initiales – une manchette barrant la première page : PARDON ELTON.

On a dit que cette victoire était un tournant, qu'elle a transformé la presse britannique, mais je ne suis pas certain que le *Sun* ait vraiment changé. Deux ans plus tard, ils publieraient le plus célèbre tissu de bobards de leur histoire sur le comportement des supporters de Liverpool pendant la tragédie de Hillsborough[1], alors on ne peut pas dire qu'ils aient fait du recoupement des infos leur priorité. Ce qui a changé en revanche, c'est la façon de se comporter des journaux britanniques à mon égard, parce qu'ils savaient à présent que je les poursuivrais s'ils inventaient quoi que ce soit. Je ne m'en suis d'ailleurs pas privé quelques années plus tard, quand le *Daily Mirror* a affirmé qu'on m'avait vu à Hollywood en train de raconter partout que j'avais trouvé le régime idéal, qui consistait à mâcher la nourriture et la recracher sans l'avaler : LE RÉGIME MORTEL D'EL-TON. Je n'avais même pas mis les pieds en Amérique à cette époque. J'ai obtenu 850 000 livres que j'ai données aux bonnes œuvres. Ce n'était pas une affaire d'argent, mais il fallait mettre les points sur les i. Vous pouvez dire tout ce que vous voulez sur mon compte – que je suis une vieille tante chauve et dénuée de talent, si tel est votre avis. Libre à moi d'estimer en retour que vous êtes un trou-du-cul d'aller le crier sur tous les toits ; s'il était illégal d'exprimer son avis dans un langage coloré à propos de quelqu'un, je serais derrière les barreaux depuis longtemps. Par contre, vous ne pou-vez pas raconter des mensonges à mon sujet. Ou alors, rendez-vous devant le juge.

Quelques mois après la victoire contre le *Sun*, Renate et moi avons décidé de regarder la réalité en face. On a divorcé début 1988, après quatre ans de mariage. C'était

---

1. En 1989, à Sheffield, un mouvement de foule dans le stade de Hillsborough a entraîné la mort de 96 personnes. À la parution d'un article accusant les supporters de Liverpool d'avoir commis les pires atrocités pendant le drame, le *Sun* s'est attiré un vaste boycott dans tout le pays et a perdu de nombreux lecteurs. Il a fini par publier des excuses « pleines et entières »... en 2004.

nécessaire, mais quel sentiment atroce ! J'avais brisé le
cœur d'un être que j'aimais et qui m'aimait sans condition, contre qui je n'avais pas l'ombre d'un reproche.
Elle aurait largement pu me dépouiller, et je ne lui en
aurais pas voulu : j'étais seul responsable de tout ce qui
avait mal tourné. Mais Renate était bien au-dessus de ça,
elle avait trop de dignité pour profiter de la situation,
malgré toute l'insistance de ses avocats – tu parles d'une
croqueuse de diamants ! À vrai dire, les avocats des deux
côtés avaient très envie d'en découdre, alors que nous
ne le voulions pas nous-mêmes. Ils avaient entre les
mains le divorce de la décennie, avec son interminable
procédure et ses amères batailles juridiques. Alors on
s'est débarrassés d'eux, on a attrapé un bloc-notes et on
s'est arrangés entre nous. Malgré la douleur, il n'y avait
pas d'animosité. Après ça, pendant des années, à chaque
fois qu'il m'arriverait quelque chose, la presse viendrait
sonner à sa porte pour qu'elle déballe des saloperies sur
moi : elle n'a jamais cédé, elle leur a juste demandé
de la laisser tranquille.

Je l'ai vue après notre divorce. Elle s'était installée dans
une jolie maison d'un village du Surrey. Je suis allé l'y
trouver une après-midi, tout seul. On a bu du thé et
beaucoup pleuré. Je lui ai dit toute ma désolation pour
les souffrances que je lui avais infligées. C'était bouleversant, mais en aucune façon difficile ni gênant – malgré
tout ce qui était arrivé, il y avait encore quelque part
un amour bien réel. Quand j'ai eu des enfants, je l'ai
invitée à Woodside pour qu'elle fasse leur connaissance,
mais aussi parce que j'avais envie de la voir, qu'elle fasse
partie de notre vie et nous de la sienne, d'une façon
ou d'une autre. Mais elle n'a pas voulu et je n'ai pas
insisté. Je lui dois de respecter ce qu'elle ressent, car
Renate a fait preuve de beaucoup de respect pour moi.

Onze

C'est l'état dans lequel se trouvait le court de squash qui m'a fait comprendre que ma passion de la collection commençait peut-être à m'échapper. Ce court était l'une des choses qui m'avaient plu à mon installation à Woodside. J'invitais tous les visiteurs à faire une partie. Mais plus personne ne jouait au squash à Woodside depuis une éternité, pour la bonne raison que plus personne ne pouvait entrer sur le court. L'endroit était plein à craquer de cartons d'emballage, lesquels étaient pleins à craquer d'objets achetés en tournée, en vacances, aux enchères, ici et là. Rien n'était déballé parce qu'il n'y avait plus dans la maison le moindre espace où caser quoi que ce soit. Les murs étaient couverts jusqu'au dernier centimètre carré de tableaux, d'affiches, de disques d'or et de platine, de récompenses sous verre. Ma collection de disques s'empilait un peu partout. Je lui avais d'abord consacré une pièce, comme un labyrinthe, avec des couloirs et des couloirs d'étagères contenant tout ce que j'avais gardé depuis l'enfance : je possédais encore les 78 tours achetés avec mon argent de poche chez Siever's, à Pinner, avec la mention « Reg Dwight » écrite à l'encre sur l'étiquette et des photos de l'artiste découpées dans les magazines puis scotchées sur la pochette. Mais même cette pièce n'a plus suffi quand j'ai acquis la collection de disques d'un autre. C'était un producteur radiophonique de la BBC, Bernie Andrews, qui avait travaillé dans *Saturday Club* ainsi qu'avec John Peel. Il possédait tous les singles parus en Grande-Bretagne de 1958 à 1975 ; il y en avait des milliers. Évidemment, il s'agissait pour la plupart de merdes absolues : même au temps des années les plus miraculeuses de la pop, les bonnes choses restaient minoritaires. Mais ma mentalité de collectionneur complétiste n'en avait cure. Posséder tous les singles jamais sortis en Grande-Bretagne ! Un rêve d'enfance devenu réalité.

S'il n'y avait eu que les disques, j'aurais pu gérer, mais on en était loin. Je collectionnais absolument tout : œuvres d'art, antiquités, fringues, chaises, bijoux, verrerie. De beaux vases Art déco, de belles lampes Gallé et Tiffany traînaient par terre parce qu'il n'y avait de place sur aucune table – ce qui, considérant le nombre de meubles que j'étais parvenu à entasser dans chaque pièce, n'est pas peu dire. Déambuler dans la maison était devenu la course d'obstacles la plus onéreuse du monde. Un pas de travers, un demi-tour trop vif – autant de gestes qui, je vous le garantis, deviennent assez communs quand on passe une part conséquente de sa vie sous l'emprise de l'alcool et des drogues – et vous faisiez voler en éclats un truc à plusieurs milliers de livres. Pas vraiment relaxant, comme environnement. Quand je recevais des visiteurs, j'étais sans arrêt en train de leur beugler de faire attention à ceci ou à cela. Je passais de temps en temps la tête par la porte du court de squash – il n'y aurait pas eu la place d'y introduire plus que ça, et encore, en retenant sa respiration – et un drôle de désespoir me gagnait. Depuis l'enfance, posséder m'avait toujours rendu heureux ; là, je me sentais submergé. Qu'allais-je donc faire de tous ces objets ?

Quelques mois après notre séparation définitive avec Renate, j'ai trouvé une solution radicale. Vendre. Tout. Chaque tableau, chaque souvenir, chaque bout de meuble, chaque *objet d'art*[1]. Toutes les fringues, les bijoux, les verreries, les cadeaux de fans. Tout ce que contenait la maison, excepté les disques. J'ai contacté Sotheby's, qui venait d'organiser une immense vente posthume des affaires d'Andy Warhol, et j'ai expliqué que je voulais tout mettre aux enchères. Ils ont envoyé leurs experts à Woodside jeter un œil. Ces messieurs ont paru un peu timorés. Je n'arrivais pas à savoir s'ils étaient déconcertés par la quantité de choses que je mettais en vente – l'un d'eux m'a chuchoté que ma collection de meubles de Carlo Bugatti était la plus vaste du monde – ou surtout consternés par la laideur absolue de certaines pièces. Je me félicitais d'avoir acquis un certain œil en matière d'art et de mobilier, mais j'avais aussi une remarquable tolérance pour le kitsch le plus criard. Certaines choses dans la maison auraient fait passer mes anciennes tenues de scène pour le nec plus ultra du minimalisme chic. Il y avait le bonobo grandeur nature en robe édouardienne que m'avait envoyé un fan, accompagné d'un mot expliquant qu'il s'agissait d'une évocation de la futilité de la guerre. Il y avait une radio en forme de poupée en nuisette transparente : les boutons du volume et des fréquences étaient sur ses nénés. Il y avait deux bouchons de baignoire en cuivre auxquels était attachée une grosse paire de testicules en plexiglas.

J'ai décidé de conserver quelques scénarios originaux du *Goon Show* annotés à la main par Spike Milligan, que j'avais achetés aux enchères, et quatre tableaux : deux Magritte, un portrait par Francis Bacon de son amant George Dyer, pour lequel on m'avait dit, en

---

1. En français dans le texte.

1973, que j'étais fou de débourser trente mille livres, et *The Guardian Readers*, le tableau de Patrick Procktor dont on avait tiré la pochette de *Blue Moves*. Tout le reste pouvait dégager.

Ne vous y trompez pas, je n'avais aucunement l'intention de m'orienter vers une existence austère, plus riche de sens, délivrée du consumérisme et des biens matériels. Si quelqu'un l'a cru, il aura déchanté dès mon premier rendez-vous chez Sotheby's : je venais y préparer la future vente, mais au lieu de cela, j'ai acheté deux tableaux d'Igor et Svetlana Kopystiansky, des artistes russes d'avant-garde. En fait, ce que je recherchais, c'était un nouveau départ. Je voulais entièrement remodeler et redécorer Woodside. Je n'avais plus envie d'habiter la maison d'une star de la pop complètement siphonnée, mais un endroit où je me sente chez moi.

Il a fallu trois jours à Sotheby's pour tout transbahuter jusqu'à leurs entrepôts londoniens. Il y avait tant d'objets qu'il faudrait quatre ventes distinctes. L'une pour les costumes et les souvenirs, une autre pour les bijoux, une troisième pour les objets Art déco et Art nouveau et la dernière pour les « collections diverses », un fourre-tout où l'on trouvait aussi bien les sérigraphies de Warhol que des valises ou des *sporrans* – oui, il m'était même arrivé un jour d'acheter deux de ces sacoches du costume traditionnel des Highlands.

J'ai mis une photo de quelques lots sur la pochette de mon nouvel album, intitulé *Reg Strikes Back*[1] : après tout ce qui s'était passé en 1987, ça semblait opportun. Avant la vente, Sotheby's a organisé une exposition où seul figurait le quart de ce qui était à vendre – ça remplissait quand même le Victoria and Albert Museum. Fait insolite, l'ancien Premier ministre Edward Heath

---

1. Reg contre-attaque.

est venu jeter un coup d'œil : serait-il preneur d'une paire de bouchons de baignoire à couilles en plexiglas ? La vente a été un franc succès. Il a fallu mettre des barrières de sécurité à l'extérieur pour contenir la foule. Certains tableaux sont partis au double du prix escompté. Des trucs que je pensais accessibles aux fans pour trois sous se sont vendus à plusieurs milliers de livres. Tout est parti, le bonobo évoquant la futilité de la guerre, les sporrans, la radio-poupée en déshabillé. Même les bannières qui pendaient dehors pour annoncer la vente.

Je n'y suis pas allé. J'ai quitté Woodside le jour où les camions sont venus tout emporter. Je n'y ai plus mis les pieds pendant deux ans. Je l'ignorais alors, mais quand j'y reviendrais, ma vie aurait connu encore plus de chambardements que la maison.

J'avais décidé de m'installer à Londres pendant qu'on vidait les lieux. Je suis d'abord descendu à l'hôtel. Le Inn On The Park, d'où j'ai passé le célèbre coup de fil à Rocket Records en exigeant qu'ils fassent quelque chose à propos du vent qui m'empêchait de fermer l'œil. Voici venue l'occasion idéale de dire une fois pour toutes que cette histoire est une pure légende urbaine : je n'ai jamais été assez givré pour demander à ma maison de disques d'intervenir sur le climat, j'ai juste voulu qu'on me change de chambre parce que le vent me dérangeait. Malheureusement, je ne peux pas vous raconter ça non plus, parce que l'anecdote est vraie de A à Z. J'étais effectivement assez givré pour appeler Robert Key, le directeur international de Rocket, et lui demander de faire quelque chose au sujet du vent qui soufflait à la fenêtre de ma chambre d'hôtel. Je n'ai certainement pas exigé qu'on me change de chambre. Il était 11 heures du matin, je n'avais pas dormi de la nuit et des drogues traînaient partout : pas question que le personnel de l'hôtel débarque pour m'aider à déménager. Furibard, j'ai décrit la situation à Robert. Concédons-lui pour la postérité qu'il ne m'a pas trop suivi dans mon délire. J'ai entendu au bout du fil la voix étouffée de Robert, la main sur le combiné, disant aux personnes présentes dans le bureau : « Mon Dieu, je crois bien que cette fois elle a vraiment perdu la boule. » Puis il est revenu à moi : « Non mais Elton, ça va pas la tête ? Allez, maintenant tu raccroches et tu retournes au lit. »

J'ai d'abord loué une maison dans l'ouest de Londres, mais j'étais le plus souvent en tournée, ou aux États-Unis parce que j'étais tombé amoureux d'un dénommé Hugh Williams qui vivait à Atlanta. Je passais aussi du temps à Indianapolis. Ryan White était sans doute content d'avoir déménagé à Cicero, mais sa maladie gagnait inexorablement du terrain. Au printemps 1990, Jeanne, sa mère, m'a appelé pour m'informer qu'il avait été admis d'urgence à l'hôpital pédiatrique Riley, à cause d'une infection pulmonaire aiguë. On l'avait placé sous assistance respiratoire. J'ai sauté dans le premier avion et passé la semaine suivante à tenter de me rendre utile à l'hôpital pendant que Ryan oscillait entre conscience et inconscience. Je ne savais pas quoi faire pour aider. Je rangeais la chambre. J'allais chercher des sandwiches et des glaces. Je mettais des fleurs dans des vases et j'achetais des peluches pour les autres enfants du service. J'ai joué les secrétaires et filtré les appels que recevait Jeanne – tout ce que je payais Bob Halley à faire pour moi. Ryan avait si bien plaidé la cause des victimes du sida qu'il était devenu une personnalité. Lorsque s'est répandue la nouvelle qu'il était mourant, Jeanne a été ensevelie d'offres d'aide qu'elle était bien incapable de gérer. J'ai tenu le téléphone à l'oreille de Ryan quand Michael Jackson a appelé. Trop affaibli pour parler, Ryan n'a pu qu'écouter.

De retour à l'hôtel, je pensais à Jeanne et à sa fille, Andrea, qui voyaient Ryan mourir sous leurs yeux, lentement et douloureusement. Elles avaient prié pour un miracle qui n'est jamais venu. Elles avaient toutes les raisons d'éprouver de la colère et de la rancœur. Mais ce n'était pas le cas. Du début à la fin, elles sont restées stoïques, indulgentes, patientes et gentilles. Malgré les circonstances, j'adorais me trouver auprès d'elles, mais je m'y sentais minable comme jamais auparavant. J'avais passé la moitié de ma vie à cultiver la colère et le ressentiment pour des choses sans importance. J'étais le genre de type qui décroche le téléphone à son hôtel de Park Lane et crie après les gens parce que le climat ne lui convient pas. Certaines choses ont sans doute cloché dans mon enfance, mais je n'ai pas été élevé pour me comporter ainsi. Comment étais-je devenu ce type-là, bordel ? J'avais toujours trouvé un moyen de justifier mes excès, ou alors j'avais choisi d'en rire, mais là ce n'était plus possible : la vie réelle s'était invitée dans ma petite bulle de notoriété.

Apprenant que j'étais à Indianapolis, Farm Aid, une association montée par Neil Young, Willie Nelson et John Cougar Mellencamp, m'a demandé de participer à un concert au Hoosier Dome. C'était un événement considérable : de Lou Reed à Carl Perkins en passant par Guns N' Roses, tout le monde était venu. Si je m'étais fait une joie d'y prendre part, à cet instant j'hésitais à laisser Jeanne au chevet de Ryan ; il n'en avait plus pour très longtemps. J'ai foncé jusqu'au lieu du concert et grimpé sur scène sans me changer. Sans orchestre d'accompagnement, j'ai exécuté vite fait « Daniel » et « I'm Still Standing » avant de dédier « Candle In The Wind » à Ryan et de m'éclipser. J'étais de retour à l'hôpital moins d'une heure après l'avoir quitté. Ryan est mort le lendemain matin, le 8 avril, à 7 h 11. Il avait dix-huit ans. Il allait finir le lycée un mois plus tard.

Jeanne m'avait demandé d'être l'un des porteurs du cercueil, mais aussi de jouer quelque chose aux obsèques. J'ai choisi « Skyline Pigeon », que j'ai chantée avec un portrait de Ryan sur mon piano. Extraite de mon premier album, *Empty Sky*, c'est l'une des premières chansons vraiment bonnes qu'on ait écrites, Bernie et moi, et elle semblait adaptée aux circonstances : « Il rêve de l'azur, attendant le jour où il déploiera ses ailes et s'envolera de nouveau[1]. » La cérémonie a été énorme. CNN l'a diffusée en direct. Michael Jackson et la First Lady, Barbara Bush, étaient là. Il y avait des photographes partout et des centaines de gens recueillis sous la pluie. Certaines des personnes qui avaient rendu la vie impossible aux White à Kokomo étaient aussi dans l'assistance : elles ont présenté leurs excuses à Jeanne, lui demandant son pardon, qu'elle a accepté de leur donner.

Le cercueil de Ryan était ouvert. Après le service, la famille et les proches sont venus près de sa dépouille faire leurs adieux. Il portait sa veste en jean délavé et une paire de lunettes de soleil miroir – c'est la tenue qu'il avait choisie. J'ai posé mes mains sur son visage et lui ai dit que je l'aimais.

Sur le chemin de l'hôtel, j'étais d'une drôle d'humeur. Ce n'était pas que le chagrin, il y avait autre chose qui bouillonnait en dessous : je m'en voulais. Je ne cessais de me répéter que Ryan avait vraiment beaucoup fait en très peu de temps pour la cause des victimes du sida. C'était un gamin sans ressources, pourtant il avait réussi à transformer la perception des gens. Même Ronald Reagan, qui avait tout fait pour ignorer le sida pendant

---

1. « *Dreaming of the open, waiting for the day that he can spread his wings and fly away again.* »

son mandat, avait écrit un texte publié ce matin-là par le *Washington Post*, chantant les louanges de Ryan et condamnant « la peur et l'ignorance » qui entouraient la maladie. Moi, j'étais la plus médiatique des rock stars gays du monde. J'avais passé les années quatre-vingt à voir mourir dans des conditions atroces des amis, des collègues et d'anciens amants ; des années plus tard, j'ai fait graver le nom de chacun sur une plaque que j'ai posée au mur de la chapelle de Woodside. Mais qu'avais-je vraiment accompli ? À peu près rien. J'avais pris soin de me faire dépister chaque année, obtenant miraculeusement un résultat négatif à chaque fois. J'avais participé à un ou deux galas caritatifs, ainsi qu'à l'enregistrement d'un single, une reprise de la chanson de Burt Bacharach, « That's What Friends Are For », avec Dionne Warwick, Stevie Wonder et Gladys Knight. Le disque avait très bien marché : meilleure vente de l'année aux USA, il avait récolté trois millions de dollars. Je m'étais montré à certains dîners de collecte de fonds d'Elizabeth Taylor, parce que je la connaissais depuis des années. Elle avait une image un peu pompeuse qui ne correspondait pas du tout à la réalité. C'était une femme extrêmement gentille, chaleureuse et très drôle – d'un humour à la fois très britannique et très cracra – mais il fallait toujours veiller sur nos bijoux en sa présence. C'était maladif chez elle. Si tu portais quelque chose qui lui plaisait, ça ne loupait jamais, elle te faisait du charme jusqu'à ce que tu sois forcé de lui offrir ; tu arrivais dans sa loge avec au poignet une montre Cartier, tu repartais sans, et tu n'avais jamais la moindre idée de comment elle s'était arrangée pour que tu l'enlèves. C'est probablement dans ce talent-là qu'elle a abondamment puisé lors de ses collectes de fonds. Elle au moins avait le cran de prendre des initiatives, de faire quelque chose, que ce soit en contribuant au lancement de l'American

Foundation for AIDS Research, ou en forçant Hollywood à s'y intéresser, alors que tout le monde lui disait que se mêler du sida serait mauvais pour sa carrière.

J'aurais dû faire comme Liz Taylor : j'aurais dû être sur la ligne de front, j'aurais dû poser ma tête sur le billot et marcher dans les manifs aux côtés de Larry Kramer et d'Act Up. Toutes mes initiatives, jusque-là – singles caritatifs, collectes de fonds parmi les stars –, n'étaient que strass et paillettes. J'aurais dû me servir de mon nom comme d'une tribune pour attirer l'attention du monde et changer les choses. Mais je n'avais rien fait de tout cela, et ça me rendait malade.

J'ai regardé à la télé les reportages sur l'enterrement, et je me suis senti de plus en plus déprimé. Le service avait été très bien, ma contribution avait été opportune. Mais à chaque plan de caméra sur moi, j'étais horrifié. J'avais une mine atroce, et ça n'avait rien à voir avec la mort tragique de Ryan : c'était entièrement lié à la vie que je menais. J'étais bouffi et gris. J'avais les cheveux blancs. Je semblais usé, épuisé, malade. À quarante-trois ans, j'en paraissais soixante-dix. Mon Dieu, quel triste état ! Je devais absolument me reprendre en main.

Mais pas tout de suite. Quand j'ai quitté Indianapolis, j'ai retrouvé la vie que je considérais comme normale. J'avais enregistré un nouvel album avant que l'état de Ryan ne s'aggrave, et il fallait à présent en faire la promo, ce que j'avais négligé pendant qu'il était mourant. *Sleeping With The Past* avait été enregistré dans un studio perdu en pleine campagne danoise nommé Puk. Je crois qu'il s'agissait d'une part de fuir la presse, qui me harcelait à cause de mon divorce, et d'autre part d'éviter de retomber dans les comportements qui avaient marqué l'enregistrement de *Leather Jackets*. En un sens, ça a marché. Même moi je n'ai pas été capable de trouver de drogue au fin fond du Danemark rural. On était en plein hiver, il gelait, c'était la désolation totale : il aurait été plus facile de trouver un dealer de coke sur la Lune. Alors chaque soir on se rendait à Randers, la ville la plus proche, et on allait dans les pubs s'émerveiller de la façon qu'ont les Danois de boire. Des gens charmants, très accueillants, toujours ravis de titiller mon sens de la compétition en nous défiant à une partie de fléchettes, et dès qu'il s'agit de picole, leurs racines vikings deviennent d'un coup très apparentes. Je n'aurais pas dû me mesurer à eux, mais là encore, c'est mon sens de la compétition qui a pris le dessus. Le schnaps que buvaient les autochtones était mortel – ils appelaient ça le pétrole de la mer du Nord. Là-bas, j'ai pris la fâcheuse habitude de me réveiller sur le parquet de la chambre d'un inconnu, la langue collée au palais, absolument persuadé que cette fois j'y restais. Dans l'équipe, certains ont été encore moins bien lotis : pour l'anniversaire de Chris Thomas, le producteur, j'ai fait venir aux aurores une fanfare à sa porte pour lui jouer «Joyeux anniversaire». On imagine l'effet produit sur un type aux prises avec une méchante gueule de bois.

Schnaps, pub, gueule de bois : soulignons qu'il s'agissait là du programme de la semaine. Le week-end, pour me lâcher un peu, j'allais faire la fête à Paris. Il y avait dans la rue Caumartin une boîte gay que j'adorais, le Boy. Je trouvais, au fond, que le night-clubbing n'était plus trop de mon âge, mais c'était la musique qui me faisait revenir au Boy. Les types aux platines se nommaient Laurent Garnier et David Guetta – la house et la techno débarquaient en force dans les boîtes parisiennes, et c'était aussi frais, palpitant et puissant que l'avait été le disco dans les années soixante-dix. À chaque fois que j'entends «Good Life» d'Inner City je revois la piste du Boy qui chavire.

Malgré mes escapades à Paris et tout le pétrole de

la mer du Nord qu'on a ingurgité, *Sleeping With The Past* est une vraie réussite. On voulait faire un album influencé par la vieille musique soul, les trucs que je jouais dans les petites salles dans les années soixante, d'où le titre. C'est très perceptible dans des chansons comme « Amazes Me » ou « I Never Knew Her Name ». Le seul titre au sujet duquel j'avais des doutes, c'était une ballade intitulée « Sacrifice ». Faisant à nouveau étalage de l'infaillible sens commercial qui m'avait conduit à promettre d'étrangler Gus Dudgeon si « Don't Let The Sun Go Down On Me » venait à sortir un jour, j'ai décrété que je n'en voulais pas sur l'album. J'ai fini par céder, mais la maison de disques a insisté pour en faire un single, ce qui paraissait tout simplement idiot – une ballade de cinq minutes, personne ne la passerait jamais. Ils l'ont publiée en face B d'une chanson intitulée « Healing Hands », qui me semblait infiniment plus vendeuse. La galette n'a pas trop marché pendant près d'un an, jusqu'en juin 1990, quand Steve Wright, DJ sur BBC Radio One, a pris sur lui d'ignorer l'étiquette et de mettre l'autre face. Et là, ça a décollé : trois semaines après, je décrochais mon premier numéro un en solo au Royaume-Uni.

Depuis l'enterrement de Ryan, j'étais toujours contrarié par mon manque d'investissement dans la lutte contre le sida. C'est la raison pour laquelle j'ai fait don de la totalité des droits d'auteur à quatre associations britanniques et annoncé que j'en ferais autant pour chacun de mes singles à l'avenir. J'ai donné de l'argent à Stonewall, une nouvelle association qui faisait campagne pour les droits LGBT après l'adoption de la Section 28, une nouvelle loi interdisant aux collectivités locales et aux écoles britanniques de « promouvoir » l'homosexualité. Lors de mon apparition aux International Rock Awards, une cérémonie diffusée à la télévision, j'ai critiqué le présentateur, un comique homophobe nommé Sam Kinison, spécialiste des plaisanteries sur le sida. Une semaine après la mort de Ryan, il était passé dans l'émission de Howard Stern où il avait ricané à ce sujet. J'ai donc déclaré que je n'étais venu que dans le but de protester, que Kinison était un porc et que les organisateurs de la cérémonie n'auraient jamais dû faire appel à ses services. Il a eu une réaction incroyable. Il s'est mis à pleurnicher, à dire que je lui devais des excuses et que mes propos franchissaient « toutes les bornes ». Ce type qui passait sa vie à se moquer des « pédés » qui crevaient, dont le fonds de commerce reposait entièrement sur le fait de franchir les bornes et de dire l'indicible, était à présent mortellement offensé parce qu'on avait osé dénoncer ce qu'il était. Il pouvait donner des coups à sa guise, mais surtout pas en recevoir. Pour ses putains d'excuses, il pouvait se brosser.

Et puis j'ai donné quelques concerts au profit de l'association de Ryan à l'inauguration du nouveau casino de Donald Trump à Atlantic City. J'ai invité Jeanne White, mais mes prestations n'ont pas été formidables. Je carburais à l'alcool et aux drogues, si bien que je commettais des erreurs sur scène. Rien de bien grave – un vers oublié ici ou là, une ligne de piano un peu bâclée, je doute que quiconque s'en soit aperçu dans le public, et les musiciens ne m'ont rien dit. Je n'ai jamais été très fan des débriefings d'après concert, où on s'assied tous pour souligner ce qui a cloché : quand les gars ont été bons, tu le leur dis, point. Pas besoin de passer des heures à décortiquer le moindre couac. Mais tout au fond, je savais que j'avais enfreint l'une de mes règles tacites. Il m'était sans doute arrivé de quitter la scène en vitesse à la fin d'un concert pour me ruer sur une ligne, mais j'avais toujours tenu

à ne jamais prendre de drogues avant d'y monter : là,
j'avais le sentiment de trahir le public.

À mon retour à Atlanta, Hugh avait quelque chose
à m'annoncer. Il en avait assez de boire et de prendre
des drogues. Il se savait incapable d'arrêter sans qu'on
l'aide. Il partait en cure. Il avait réservé une place dans
un centre résidentiel de Sierra Tucson, où Ringo Starr
avait traité son alcoolisme deux ans auparavant. Il s'en
allait le jour même.

On aurait pu croire qu'après Indianapolis – la honte
ressentie en compagnie de la mère et de la sœur de
Ryan, la consternation devant ma propre image aux
obsèques – j'allais bien prendre la nouvelle. Peut-être
même que j'allais demander à l'y accompagner. Non,
j'ai pété un câble. J'étais furax. Hugh était mon ultime
complice : s'il admettait que sa consommation était problématique, la mienne l'était forcément aussi. Indirectement,
il m'accusait d'être un toxicomane.

Ce n'est pas le premier à avoir suggéré que je me
fasse aider. Après avoir quitté mon service, Mike Hewitson, mon valet de chambre, m'avait écrit une lettre très
lucide, très sensée – « il faut absolument que vous met-
tiez fin à cette absurdité, cessez donc de vous envoyer
cette saloperie dans le nez » –, et j'avais réagi en ne lui
adressant plus la parole pendant un an et demi. Tony
King avait lui aussi essayé de me parler. Il était passé
un jour avec Freddie Mercury, après quoi Freddie lui
avait fait part de son inquiétude et suggéré d'intervenir :
« Tu dois t'occuper de ton ami. » Venant de Freddie,
qui était lui-même tout sauf un modèle d'abstinence,
le jugement aurait dû avoir un certain poids. Mais j'ai
préféré considérer ce que me disait Tony comme du
prêchi-prêcha d'alcoolique en cours de rétablissement. Deux
ans auparavant, George Harrison avait déjà tenté de m'en

toucher un mot lors d'une fête extravagante que j'avais donnée dans une maison de location à LA. J'avais fait mettre des lampions dans le jardin, collé Bob Halley au barbecue et invité tous ceux que je connaissais en ville. Au milieu de la soirée, alors que je planais à dix mille, j'ai aperçu un inconnu très débraillé qui déambulait parmi les invités. Qu'est-ce que c'était que ce type ? Un membre du personnel, sans doute, un jardinier. J'ai demandé très fort qu'on m'explique pour quelle raison le jardinier était en train de se servir à boire. Il y a eu un silence atterré, puis on a entendu la voix de Bob Halley : « Putain, Elton, c'est pas le jardinier. C'est *Bob Dylan*. »

Encocaïné jusqu'au dernier neurone et pressé de réparer ma bévue, j'ai fondu sur lui et je l'ai attrapé en essayant de l'entraîner en direction de la maison.

« Bob ! Bob ! Mais quelle immonde tenue, chéri ! Monte avec moi, on va tout de suite te trouver quelque chose dans ma garde-robe. Allez viens vite, chéri ! »

Bob m'a regardé fixement. Il cherchait manifestement quelque chose dont il puisse avoir moins envie à cet instant précis que s'habiller comme Elton John, et ne trouvait pas de réponse. Il faut dire qu'on était à la fin des années quatre-vingt et, récemment encore, j'avais porté un costume rose et un canotier surplombé d'une tour Eiffel, alors je ne pouvais pas trop lui en vouloir. Mais, survolté par la coke, je n'ai pas lâché l'affaire. Pendant que je le poussais en direction de la maison, j'ai entendu la voix reconnaissable entre toutes de George qui m'interpellait avec tout son mordant et son accent liverpudlien :

« Elton, je crois vraiment que tu ferais bien d'y aller mollo avec la poudre magique. »

Bob a fini par trouver le moyen de m'échapper, mais ça ne changeait rien au fait qu'un des Beatles m'avait publiquement demandé de faire quelque chose à propos de ma consommation de cocaïne. Je me suis contenté de ricaner.

Là, toutefois, devant Hugh, je ne ricanais plus du tout. Le Fichu Caractère des Dwight était en mode turbo. Ça a peut-être mieux pris cette fois-ci parce que après Indianapolis je ne pouvais plus douter qu'il avait raison. La dispute qui a suivi a été terrible. J'ai hurlé à Hugh les choses les plus blessantes qui me traversaient l'esprit, des trucs si atroces qu'ils reviennent vous hanter, des années plus tard, comme ça, d'un coup, sans raison, et ça vous fait gémir en grinçant des dents. Rien n'y a fait. Hugh était déterminé. Il est parti pour l'Arizona dans l'après-midi.

Fait incroyable considérant la façon dont on s'était séparés, Hugh m'a ensuite demandé de venir lui rendre visite dans son centre. Grosse erreur. Je n'y ai passé qu'une trentaine de minutes, mais j'ai eu le temps d'y provoquer un esclandre. J'ai à nouveau explosé – cet endroit était un trou à rats, les thérapeutes une bande de tordus, on lui lavait le cerveau, il fallait qu'il décampe au plus vite. Devant son refus, je suis parti en claquant la porte et j'ai pris un avion pour Londres.

Dès mon arrivée, je suis allé m'enfermer pendant deux semaines dans ma maison de location, seul dans ma chambre, à sniffer de la coke et à boire du whisky. Les rares fois où j'ai mangé, c'était pour aussitôt me faire vomir. Je suis resté debout plusieurs jours de suite, à mater du porno et prendre de la dope. Je ne répondais pas au téléphone. Je n'ouvrais pas la porte. Si on frappait, je restais figé pendant des heures, en silence, tétanisé par la paranoïa, sans remuer un cil de crainte que quelqu'un soit encore dehors en train de m'épier.

Par moments, j'écoutais de la musique. J'ai passé en boucle « Don't Give Up », de Peter Gabriel avec Kate

Bush, fondant en larmes à chaque fois qu'il chantait :
«Je n'ai manifestement plus de combat à mener, je suis
un homme que tous ses rêves ont déserté[1].» Je passais
des journées entières à rédiger des listes inutiles des
disques que je possédais, des chansons que j'avais écrites,
des personnes avec lesquelles j'aurais aimé travailler, des
équipes de foot que j'avais vues : n'importe quoi pour
occuper le temps, pour avoir une raison de me refaire
un rail, de ne pas aller dormir. J'avais une réunion du
conseil d'administration de Watford, mais j'ai appelé en
disant que je ne me sentais pas bien. Je ne me lavais
pas. Je ne m'habillais pas. Je ne faisais que traîner,
à me branler dans ma robe de chambre maculée de
vomissures. Sordide. Atroce.

Par moments, je ne voulais plus jamais voir Hugh.
Mais parfois je crevais d'envie de parler avec lui et ne
parvenais pas à le joindre. Je savais qu'il se trouvait
à présent dans une maison de transition, mais après
mon numéro au centre de cure, personne ne voulait
me dire où exactement. J'ai fini par me mettre tellement minable que j'ai enfin pris conscience que ça y
était : j'étais à bout. Encore deux jours et j'y laissais
ma peau : ce serait l'overdose ou l'infarctus. Était-ce
vraiment ce que je voulais ? Bien sûr que non. Malgré
mon comportement autodestructeur, je ne voulais pas
réellement m'autodétruire. Je ne savais pas comment
vivre, mais je ne voulais pas mourir. J'ai réussi à
localiser Barron Segar, l'ex de Hugh, qui m'a dit que
sa maison de transition se trouvait à Prescott, à quatre
heures au nord de Tucson. J'ai appelé Hugh. Il avait
l'air nerveux. Il a accepté de me rencontrer, mais sous
certaines conditions. Il fallait d'abord que je parle avec

---

1. *« No fight left or so it seems, I am a man whose dreams have
all deserted. »*

son psy. S'il voulait bien me voir, c'était parce qu'il avait certaines choses à me dire, et il ne les dirait que si je venais moi aussi avec un psy. Il ne l'a pas formulé clairement, mais j'ai senti qu'un genre d'intervention se tramait. J'ai hésité. Je ne pouvais plus me raconter comme d'habitude que la situation était certes critique, mais que j'étais assez intelligent, assez épanoui professionnellement et assez riche pour m'en sortir tout seul. J'étais tellement désespéré, tellement honteux, que je n'ai même pas essayé. Alors j'ai accepté : je ferais tout ce qu'il voudrait.

Robert Key m'a accompagné et Connie Papas nous a accueillis à l'aéroport de Los Angeles. J'ai appelé le psy de Hugh. Il m'a expliqué que la rencontre devait s'inscrire dans la thérapie de mon ami. Nous ferions chacun une liste de ce qui nous déplaisait chez l'autre et nous la lirions tout haut. J'étais terrifié, mais je l'ai fait.

Le lendemain, je me suis trouvé face à Hugh, dans une toute petite chambre d'hôtel à Prescott. Nos listes à la main, nous étions si proches que nos genoux se touchaient. C'est moi qui ai commencé : je n'aimais pas le fait que Hugh soit bordélique. Il laissait traîner ses fringues partout. Il ne remettait jamais les CD dans leur étui après les avoir écoutés. Il oubliait d'éteindre la lumière en sortant des pièces le soir. Des petites irritations idiotes, pinailleuses, les trucs qui t'énervent chez un partenaire au quotidien, mais rien de plus.

Le tour de Hugh est venu. J'ai remarqué qu'il tremblait. Il était encore plus terrifié que moi. « Tu es accro aux drogues. Tu es alcoolique. Tu es accro à la nourriture et boulimique. Tu es accro au sexe. Tu es codépendant. »

Et voilà. Il y a eu un long silence. Hugh tremblait encore. Il ne parvenait pas à me regarder. Il croyait que j'allais à nouveau dégoupiller et partir en trombe.

J'ai dit : « Oui, je suis tout ça. »

Hugh et son psy m'ont regardé. « Alors voulez-vous de l'aide ? m'a demandé le psy. Voulez-vous aller mieux ? »

Je me suis mis à pleurer. « Oui. J'ai besoin d'aide. Je veux aller mieux. »

Douze

Lutheran Hospital
Park Ridge
Illinois
Le 10 août 1990

On a vécu ensemble, toi et moi, pendant seize ans, et on a connu bien des moments formidables. Mais le temps est venu de te dire ce que j'éprouve vraiment pour toi. Je t'ai tant aimée. Au début, on était insé-parables – on se voyait tout le temps, chez moi ou ailleurs. On tenait tellement l'un à l'autre, alors j'ai pensé que je ne pouvais pas me passer de toi. Je voulais qu'on forme un couple extraordinaire et tant pis pour le qu'en-dira-t-on.

Quand je t'ai connue, j'ai eu l'impression que tu faisais surgir tout ce qui était caché en moi. Pour la première fois de ma vie, je pouvais parler de tout ce que je voulais. Quelque chose en toi faisait tomber toutes mes barrières, toutes mes défenses. Avec toi, je me sentais libre. Je n'ai jamais été jaloux quand il a fallu te par-tager avec d'autres. En fait, j'aimais faire succomber les gens à ton charme. Je sais aujourd'hui que c'était idiot parce que tu ne m'as jamais vraiment aimé. Tout était à sens unique. Ce qui t'intéressait, c'était le nombre de personnes que tu pouvais attraper dans tes filets.

Mon corps et mon esprit ont beaucoup souffert de mon amour pour toi – j'en ai gardé des cicatrices physiques et mentales indélébiles. Tu connais la formule romantique : « Je mourrais pour toi. » Eh bien, ça a failli arriver. Et tu n'es hélas pas le genre de dame dont on se débarrasse facilement. On s'est souvent séparés, mais je suis toujours revenu. Même en sachant que c'était une erreur, je revenais. Quand il n'y avait personne pour me réconforter, tu étais toujours à portée de téléphone, à toute heure du jour et de la nuit. Tu n'as cessé de me surprendre – j'ai envoyé des voitures te chercher, j'ai même envoyé des avions, pour passer quelques heures, quelques jours en ta compagnie. Quand enfin tu arrivais, j'étais en extase, je pouvais à nouveau te serrer dans mes bras.

On a fait de grandes fêtes avec plein d'invités. On a eu de belles discussions sur comment changer le monde. Bien sûr, on n'a jamais rien fait, mais qu'est-ce qu'on aimait en parler ! On a fait l'amour avec des types qu'on connaissait à peine et dont on se fichait complètement. Peu m'importait qui ils était, du moment qu'ils couchaient avec moi. Mais le lendemain, ils repartaient et je me retrouvais seul. Tu n'étais plus là non plus. Parfois, j'avais atrocement envie de toi, mais tu avais disparu. Toi à mes côtés, j'étais invincible ; dès que tu n'étais plus là, je redevenais un petit garçon malheureux.

Ma famille ne t'aimait pas. Elle t'a haïe parce que j'étais sous ta coupe. Tu es parvenue à m'éloigner d'eux et de beaucoup d'amis. J'aurais voulu qu'ils comprennent mes sentiments pour toi, mais ils ne m'écoutaient pas et ça me mettait en colère, ça me faisait mal. J'avais honte de tenir plus à toi qu'à moi-même. Plus rien ne comptait que toi et moi. Alors je t'ai vue en cachette. À la fin, je n'ai plus voulu te partager avec personne.

Je voulais qu'on soit juste tous les deux. J'étais de plus en plus malheureux parce que tu dominais mon existence – tu étais mon Svengali.

Il est temps que j'en vienne au but de cette lettre. J'ai mis seize ans à comprendre que je n'irais nulle part avec toi. À chaque fois que j'ai essayé de tisser des liens avec quelqu'un, je t'ai tôt ou tard invitée à te joindre à nous. Alors je sais bien qu'au fond c'est moi qui étais accro. Mais je n'y ai jamais trouvé ni tendresse ni amour – tout l'amour que j'ai pu avoir pour un autre a toujours été superficiel.

Ça m'a épuisé, et je me suis beaucoup détesté, mais dernièrement j'ai rencontré quelqu'un – une personne que j'aime, en qui j'ai confiance et qui m'a clairement signifié que notre histoire d'amour ne pourrait être qu'à deux, jamais à trois. Il m'a fait prendre conscience à quel point je suis devenu égocentrique, et m'a obligé à réfléchir à ma vie et à mes valeurs. Ma vie est au point mort. Mais j'ai la possibilité de changer ma façon d'être et de penser. Maintenant que je suis prêt à accepter l'humilité, je dois te dire adieu.

Tu as été ma putain. Tu m'as tenu à l'écart de toute vie spirituelle, tu m'as empêché de découvrir qui je suis véritablement. Je ne veux pas faire tombeau commun avec toi. Je veux vivre le reste de mon existence honnêtement en acceptant les conséquences de mes actes sans me cacher derrière ma notoriété. En fait, après seize années de vie commune, j'ai eu l'impression d'être déjà mort.

Adieu, ma dame blanche, adieu. Si je te croise un jour – c'est probable, tu es une vraie dame du monde –, je tournerai la tête et quitterai aussitôt les lieux. On s'est assez vus comme ça, après toutes ces années, je ne peux plus te supporter. Tu as gagné – je capitule.

Merci, mais non merci.

Elton

Dès que j'ai dit « j'ai besoin d'aide », j'ai senti un changement. Comme si quelque chose s'était remis en marche, une veilleuse éteinte qui se serait rallumée. Sans que je m'explique pourquoi, j'ai tout de suite su que je finirais par aller mieux. Mais c'était plus vite dit que fait. Pour commencer, pas moyen de trouver une clinique aux États-Unis qui m'accepte. La plupart étaient spécialisées dans le traitement d'une addiction, et moi j'en avais trois : la cocaïne, l'alcool et la nourriture. Je ne voulais pas qu'on les traite séparément, j'aurais passé quatre mois à aller d'une clinique à l'autre. Je voulais qu'on s'occupe de tout en même temps.

On a fini par trouver, mais quand j'ai vu l'endroit, j'ai failli tourner les talons. À côté, le centre de Hugh – dont, ne l'oublions pas, j'avais décrété que c'était un trou à rats – était vraiment luxueux : en pleine campagne, dans les environs de Tucson, et la vue sur les collines de Santa Catalina était incroyable. Il y avait une piscine gigantesque autour de laquelle se tenaient des cours de yoga. Mon centre de cure, lui, n'était qu'un hôpital lambda : le Lutheran Hospital, dans une banlieue de Chicago appelée Park Ridge. C'était une bâtisse monolithique grise avec des fenêtres en verre réfléchissant. Pas vraiment le genre de lieu où l'on fait du yoga au bord de la piscine. La seule vue, c'était celle du parking d'un centre commercial. Mais comme Robert Key était toujours avec moi, je n'ai pas osé me tirer. Et puis je n'aurais pas su où aller... Il m'a déposé à l'accueil, m'a serré dans ses bras, et il est rentré en Angleterre. Le 29 juillet 1990, j'ai été admis au Lutheran sous un faux nom : George King. J'ai appris que je devrais partager ma chambre, et ça ne m'a pas du tout plu, jusqu'au moment où j'ai vu mon compagnon. Il s'appelait Greg, il était gay et très séduisant. J'aurais au moins quelque chose de plaisant à regarder.

Six jours plus tard, j'ai failli m'en aller. C'était dur bien sûr, mais ce n'était pas la question. Je n'arrivais plus à fermer l'œil : je restais éveillé toute la nuit en attendant l'heure du lever, 6 h 30. J'avais des crises d'angoisse. Mon humeur faisait les montagnes russes – pas de tout en haut à tout en bas, mais de tout en bas jusqu'à encore plus bas : un épais brouillard de dépression qui s'abattait sur moi puis se levait vaguement sans jamais se dissiper. Je me sentais mal. Je me sentais faible. Je me sentais seul. On ne pouvait pas passer de coups de fil ni entrer en contact avec qui que ce soit. On ne m'a permis de déroger à cette règle qu'une fois, lorsque la télé a annoncé la mort du guitariste Stevie Ray Vaughan dans un accident d'hélicoptère. Il était en tournée avec Eric Clapton, l'appareil dans lequel il se trouvait appartenant à une flottille qui transportait les musiciens et le personnel d'un endroit à l'autre. Or Ray Cooper faisait aussi partie du groupe de Clapton. Les nouvelles n'étaient pas claires – à un moment, on a annoncé à tort qu'Eric était mort –, je n'arrivais pas à savoir si Ray était dans l'hélicoptère qui s'était écrasé. Après moult larmes et supplications de ma part, ils m'ont autorisé à passer un coup de fil : Ray était sain et sauf.

Mais surtout, j'avais honte. Pas de mes addictions, mais parce qu'on était censé tout faire soi-même – nettoyer la chambre, faire le lit, etc. – et que j'en étais incapable. J'avais atteint le stade où des gens étaient payés à me raser et à me laver. Je ne savais pas me servir d'un lave-linge. J'ai dû demander à une patiente, une certaine Peggy, de me montrer. Comprenant enfin que je ne plaisantais pas, elle a gentiment accepté de m'aider, mais ça ne changeait rien au fait qu'à quarante-trois ans j'étais incapable de laver mon linge. Lorsque j'ai voulu utiliser les dix dollars qu'on m'allouait chaque semaine pour acheter du papier et du chewing-gum, je me suis rendu compte que je n'avais pas la moindre idée du prix que coûtaient ces choses. Je n'achetais rien moi-même depuis des années, il y avait toujours un intermédiaire, une salle de ventes ou une boutique de luxe. C'était nul : une bulle totalement inutile dans laquelle la célébrité et l'argent permettent de s'abriter, pour peu qu'on soit assez idiot pour le faire. On voit ça tout le temps maintenant, surtout chez les rappeurs : ils se promènent avec un entourage aussi énorme que ridicule, bien plus nombreux que celui d'Elvis, qui m'avait déjà tellement choqué à l'époque. Souvent, ça part d'un bon sentiment – on veut donner du boulot aux copains d'avant, sauf que personne n'a envie de revenir à « avant » – mais c'est dangereux. On croit s'entourer de gens qui vous faciliteront l'existence. En vérité, on ne fait que se couper du monde réel. Et, du moins dans mon cas, plus on s'extrait de la réalité – plus on s'éloigne de la personne qu'on est naturellement –, plus la vie devient pénible, plus on est malheureux. On finit en monarque entouré de sa cour, dont les membres jouent des coudes pour se faire remarquer de peur de perdre leur rang, se marchant les uns sur les autres pour se rapprocher de vous, pour avoir plus d'influence sur vous. C'est un style de vie grotesque, destructeur. Et dont on est le seul responsable.

Mais le vrai problème avec le Lutheran Hospital, c'était que leur traitement était basé sur le programme des Alcooliques anonymes (les « douze étapes »), alors dès que le psy s'est mis à évoquer Dieu, je me suis énervé. Je ne voulais pas entendre parler de religion : la religion, c'était le dogme, le fanatisme, le prédicateur Jerry Falwell, qui tenait le sida pour un châtiment divin contre les homosexuels. Ça pose un problème pour des tas de gens, la religion. Bien des années plus tard, quand j'essayais de

convaincre George Michael de se faire désintoxiquer, il m'a
tout de suite dit non, pour cette raison : «Je ne veux
pas qu'on me bassine avec Dieu, je ne veux pas adhérer
à une secte.» J'ai tenté de lui expliquer que j'en étais
passé par là, mais ça n'a fait qu'aggraver les choses : il
m'a accusé d'être paternaliste et arrogant. Or j'en étais
vraiment passé par là. Ce jour-là, à Chicago, j'ai quitté
la réunion, je suis remonté dans ma chambre, j'ai fait
mes bagages et je suis parti.

Une fois dehors, je me suis assis sur un banc avec
ma valise et j'ai éclaté en sanglots. J'aurais pu passer
un coup de fil et on serait venu me chercher, mais
pour aller où ? Rentrer à Londres ? Pour y faire quoi ?
Passer mes journées dans ma robe de chambre pleine
de vomi, à prendre de la coke et à regarder des films
pornos ? La perspective n'était guère réjouissante. Je suis
retourné piteusement à l'hôpital. Deux jours plus tard,
j'ai failli remettre ça. Le psy m'avait dit que je ne
prenais pas ma cure au sérieux : «Vous ne vous impli-
quez pas assez, vous êtes là en spectateur.» Je me suis
énervé. Je lui ai répondu que si c'était vrai, je serais
parti depuis belle lurette. Je l'ai accusé de s'en prendre
à moi parce que j'étais une célébrité. Il a ignoré mes
arguments comme s'il n'avait rien entendu. Alors je l'ai
traité de connard. Ça, ça a eu de l'effet. Je suis passé
devant une sorte de conseil de discipline qui m'a dit
de surveiller mon langage et mon attitude.

J'ai quand même obtenu de changer de psy, et on
m'a mis entre les mains d'une certaine Debbie, qui ne
semblait pas vouloir faire un exemple de moi parce que
je m'appelais Elton John, et j'ai commencé à progresser.
J'aimais la routine. J'aimais faire des choses tout seul.
J'ai accepté non pas Dieu, mais l'idée d'une puissance
au-dessus de moi. Ça avait un sens. Il n'y avait qu'à
regarder ma vie, tous ces moments où je m'étais laissé

guider par l'instinct ou le destin : de Ray Williams qui m'avait présenté à Bernie sans même y penser, à ce jour où dans la salle d'attente du médecin j'avais ramassé le magazine avec l'article sur Ryan White, en passant par la décision de vider Woodside, qui maintenant me semblait être moins un coup de tête qu'un signe avant-coureur du changement qui s'annonçait. J'ai commencé à m'investir dans les réunions des AA. Au bout d'un moment, on m'a permis quelques visites : Billie Jean King et Ilana Kloss, sa compagne, sont venues, ainsi que Bernie et mes amis Johnny et Eddi Barbis. On me faisait tout le temps écrire des trucs, comme une lettre d'adieu à la cocaïne – Bernie l'a lue quand il est venu, et ça l'a fait pleurer – ou la liste des conséquences de mes addictions. J'ai eu du mal au début, mais ensuite je n'ai plus pu m'arrêter. À mon entrée à l'hôpital, un des soignants m'avait demandé comment je me sentais, et je lui avais dit la vérité : je n'en avais aucune idée. J'ignorais si j'avais éprouvé de véritables émotions ces dernières années, ou si toutes n'avaient été que l'effet des drogues et de l'alcool. À présent, tout remontait à la surface. La liste des conséquences de mes addictions, interminable, a rempli trois pages. Haine de soi. Dépression sévère. Initiation d'un nombre incalculable de gens à la drogue. Infraction à la règle de ne jamais me défoncer avant de jouer en public.

C'était cathartique mais les réunions allaient crûment ramener mes problèmes à leur dimension réelle. Il y avait là des gens qui avaient vécu des drames épouvantables. Un jour, on nous a demandé de raconter notre pire secret. J'ai évoqué mon mariage, dans lequel je m'étais engagé en sachant que j'étais gay, et l'impression que j'avais de m'être approprié la vie de quelqu'un pour des raisons délirantes, égoïstes. Ensuite, une fille du sud profond des États-Unis, qui était accro à la nourriture, a pris la parole. Il lui a fallu quarante-cinq minutes pour raconter son histoire – elle pleurait si fort qu'elle n'arrivait pas à parler et on avait du mal à l'entendre vu qu'on pleurait tous avec elle. Encore gamine, elle avait été violée par son père. À l'adolescence, elle était tombée enceinte. Elle n'avait pas osé en parler, alors elle s'était mise à manger de plus en plus pour masquer sa grossesse. Et elle avait accouché, toute seule, terrorisée.

Ces réunions n'étaient pas faites pour les âmes sensibles, mais j'ai appris à les aimer. Après des années de mensonges, aux autres et à moi-même, elles me forçaient à la franchise. Face à une personne qui a le courage de raconter en public qu'elle a été violée par son père pendant l'enfance, on ne peut que dire la vérité sur soi – toute autre attitude serait insultante. Quand tu es accro, tu passes ton temps à mentir, à brouiller les pistes, à te raconter que tu n'as pas de problème, à dire aux autres que tu ne peux pas faire ceci ou cela parce que tu es malade, alors qu'en réalité tu es juste défoncé ou avec ta gueule de bois. La franchise, c'est difficile, mais c'est libérateur. On se débarrasse des valises qu'on trimballe à force de mensonges : l'humiliation, la honte.

Jusque-là, chaque fois que quelqu'un avait essayé de m'aider, je l'avais envoyé balader sous prétexte qu'il ne pouvait pas comprendre : il n'était pas à ma place ; comment saurait-il ce que ça faisait, d'être Elton John ? J'ai vite vu que les accros dans la pièce comprenaient. Ils ne le comprenaient que trop bien. Lors d'une réunion, on a demandé à chacun de dire ce qu'il aimait et n'aimait pas chez moi. Il y avait deux colonnes sur le tableau blanc – l'une pour les points positifs, l'autre pour les aspects négatifs. J'ai répondu à leurs remarques, tournant et retournant les choses, acceptant calmement les critiques. Je croyais m'en tirer plutôt bien lorsqu'un des participants m'a interrompu pour signaler que je passais beaucoup de temps sur les points négatifs mais n'avais pas grand-chose à dire sur les commentaires positifs. Cela pouvait être révélateur d'une mauvaise estime de soi. Il voyait juste. J'ai compris que c'était peut-être la raison pour laquelle j'aimais à ce point jouer en public. Incapable d'accepter les compliments, je m'accrochais à des choses plus impersonnelles : le classement dans les charts, les applaudissements de la foule anonyme. Pas étonnant dès lors que j'aie toujours senti que mes problèmes disparaissaient dès que je montais sur scène. Pas étonnant non plus que ma vie hors de la scène soit devenue un tel bourbier. Je suis retourné dans ma chambre et j'ai écrit les mots « J'AI DE LA VALEUR. JE SUIS QUELQU'UN DE BIEN » sur la couverture du dossier bleu dans lequel je rangeais mes textes. C'était un début.

Après six semaines, je me sentais prêt à affronter le monde. J'ai pris l'avion pour Londres et je suis passé dans les bureaux de Rocket annoncer que je m'offrais un congé sabbatique. Pas de scène, pas de nouvelles chansons, pas de séances d'enregistrement pendant au moins un an, peut-être même un an et demi. C'était nouveau pour moi – depuis 1965, je me contentais de quelques semaines de vacances par an – mais personne n'a rien dit. J'ai juste participé à un gala de bienfaisance privé que je m'étais engagé à donner avec Ray Cooper au Grosvenor House Hotel – j'étais terrifié mais ça s'est très bien passé. Pendant que j'étais dans les bureaux de Rocket, on m'a montré la couverture d'un coffret rétrospectif que j'avais décidé de sortir avant de partir en cure : j'ai demandé qu'on la change. J'aimais bien le titre, *To Be Continued...*[1], c'était positif et optimiste, lucide même, sachant que je l'avais choisi avant de devenir clean. Mais je voulais qu'on utilise une photo récente,

---

1. « À suivre... »

pas un montage de photos des années soixante-dix et quatre-vingt : le titre ferait alors allusion à ma vie présente plutôt que passée. Et c'est à cela que s'est limitée mon activité professionnelle pendant les mois suivants, si on excepte une apparition-surprise en drag-queen aux côtés de Rod Stewart à la Wembley Arena : j'étais assis sur ses genoux pendant qu'il faisait de son mieux pour chanter « You're In My Heart ». Mais je ne considère pas ça comme du travail : enquiquiner Rod n'a jamais été du boulot, plutôt un agréable hobby.

J'ai passé du temps à Atlanta avec Hugh, mais notre relation commençait à s'essouffler. Nos psys nous avaient mis en garde : si on restait ensemble, ça ne marcherait pas, parce que la sobriété transformerait la dynamique de notre relation. On leur avait répondu qu'ils racontaient n'importe quoi : la moitié des textes que j'avais écrits pendant la cure parlaient de mon amour pour Hugh et du fait qu'il me manquait. Décidant d'emménager ensemble, nous avons donc loué un appartement... pour découvrir à notre grand étonnement que la sobriété avait en effet transformé la dynamique de notre relation : ça ne marchait plus. La rupture n'a pas été déchirante, il n'y a eu ni hurlements ni larmes, seulement de la tristesse. On avait vécu beaucoup de choses ensemble, mais le moment était venu pour l'un et l'autre de tourner la page.

J'ai passé l'essentiel des dix-huit mois suivants à Londres et adopté de paisibles petites habitudes. J'ai acheté la maison que je louais, l'endroit où je m'étais terré pour m'exploser. Je vivais seul. Je n'avais pas besoin de personnel, j'aimais faire les choses moi-même. J'ai acheté une Austin Mini et adopté un chien de refuge, un petit bâtard que j'ai appelé Thomas. Je me levais à 6 h 30 tous les matins et je sortais le promener. J'adorais ça. C'est un cliché d'ancien addict de dire combien on apprécie des choses qu'on ne remarquait même plus – la beauté des fleurs, les merveilles de la nature, toutes ces salades –, mais ce n'est un cliché que parce que c'est vrai. Sans doute est-ce l'une des raisons pour lesquelles je me suis mis à collectionner des photos : je fréquentais depuis toujours des photographes exceptionnels – Terry O'Neill, Annie Leibovitz, Richard Avedon, Norman Parkinson – mais j'avais toujours considéré leur art comme un genre de publicité, jusqu'au moment où j'ai arrêté de boire et de me droguer. En vacances dans le sud de la France, j'ai rendu visite à Alain Perrin, un de mes amis qui vit dans les environs de Cahors. Il était en train de sélectionner des photos de mode en noir et blanc, des tirages qu'il voulait acheter. J'ai jeté un œil distrait par-dessus son épaule et ça m'a fasciné. Il y avait des photos d'Irving Penn, de Horst et Herb Ritts. Je connaissais Herb Ritts – il avait réalisé les photos pour la couverture de *Sleeping With The Past* – mais j'ai eu l'impression de voir son travail pour la première fois. J'ai adoré les clichés qu'Alain examinait – la lumière, les formes, tout était fantastique. J'ai fini par en acheter douze et ça a été le point de départ d'une passion qui ne m'a pas quitté depuis : parmi les arts visuels, la photographie est l'amour de ma vie.

C'est en me promenant dans Londres que j'ai découvert que ma vision des choses changeait. On était passés d'un été torride à un automne particulièrement agréable. J'adorais me lever tôt et promener Thomas à Holland Park ou autour de l'église St James dans la fraîcheur matinale ensoleillée, voir les feuilles changer progressivement de couleur. Jusqu'alors, si j'étais debout à une heure matinale, c'était forcément à la fin d'une nuit blanche.

Après la promenade du chien, je prenais ma Mini pour me rendre chez mon psy. C'était la première fois que je consultais régulièrement, et j'ai rapidement perçu que la courbe d'apprentissage serait raide. Certains des psys que j'ai fréquentés au fil des ans ont été formidables : ils m'ont vraiment aidé à comprendre qui je suis. D'autres étaient plus intéressés par ma notoriété et par ce qu'ils pouvaient tirer de notre relation. L'un d'eux a même fini par être radié pour avoir abusé sexuellement des patientes – des femmes, j'insiste bien, au cas où certains se demanderaient si je faisais partie des victimes.

J'ai passé beaucoup de temps en réunions de groupe de soutien. Avant de quitter Chicago, mon parrain m'avait donné des instructions très strictes : aussitôt la douane franchie, je devrais me rendre à une réunion des AA à Londres. Mais comme j'étais sevré de football depuis des semaines, j'ai préféré aller voir jouer Watford. Quand mon parrain m'a appelé ce soir-là et que je lui ai dit ce que j'avais fait, il m'a hurlé dessus. S'agissant d'un homme dont le métier consistait à conduire une benne à ordures, il avait l'habitude de discuter avec ses collègues par-dessus le vacarme de son engin, donc les hurlements, ça le connaissait. Ce soir-là, je l'aurais entendu de l'autre côté de l'Atlantique sans l'aide d'un téléphone. En général, c'était moi qui hurlais sur les gens plutôt que le contraire, et ça m'a un peu pris de court. Mais je n'étais pas fier de moi. C'était un type bien – je suis devenu le parrain (au sens religieux cette fois) de son fils – et sa colère était sincère : il se faisait vraiment du souci pour moi.

J'ai donc suivi ses conseils. J'ai pris très au sérieux ma participation aux réunions : Alcooliques anonymes, Cocaïnomanes anonymes, Anorexiques et boulimiques anonymes. Je me rendais à des réunions à Pimlico, sur Shaftesbury Avenue, à Marylebone, sur Portobello Road. Il m'arrivait d'en faire trois ou quatre dans la journée et jusqu'à cent en un mois. Des amis m'ont fait remarquer que j'étais devenu accro aux réunions. Ils n'avaient pas tort, mais c'était quand même nettement mieux que mes addictions précédentes. Et puis peut-être y avait-il des groupes pour les accros aux groupes ?

Lors de ma toute première réunion, un paparazzi m'a pris en photo à la sortie. Quelqu'un m'avait reconnu et lui avait filé le tuyau, ce qui était contraire à toutes les règles. Le lendemain, je faisais la une du *Sun* : ELTON CHEZ LES ALCOOLIQUES ANONYMES. Comme ils ne racontaient pas que je portais un short en cuir ou que je me baladais en brandissant un godemiché, j'ai laissé passer. Peu m'importait que ça se sache. J'étais engagé dans une démarche positive : je participais aux réunions parce que j'aimais ça. J'appréciais les gens que j'y croisais. Je me portais toujours volontaire pour m'occuper du thé, et j'y ai noué des amitiés solides, avec des gens qui sont restés proches, des gens ordinaires pour qui j'étais un ancien addict avant d'être Elton John. Bizarrement, ces réunions me rappelaient le temps du Watford FC – pas de traitement de faveur, et la même énergie d'un collectif soudé avec un objectif précis. On y entendait des histoires extraordinaires. Lors d'une réunion des Anorexiques et boulimiques anonymes, une femme a raconté comment elle prenait un petit pois, le coupait en quatre et en mangeait un quart au déjeuner et un quart au dîner. J'ai pensé : « C'est dément ! » mais je me suis aussitôt revu quelques mois plus tôt, crasseux et ivre mort à 10 heures du matin, prenant une ligne de coke toutes les cinq minutes. Les autres devaient se dire la même chose à mon sujet.

Les mois qui ont suivi mon retour à la sobriété n'ont pas toujours été roses. Mon père est mort à la fin de 1991 : il ne s'était jamais vraiment remis du pontage coronarien qu'il avait subi huit ans plus tôt. Je n'ai pas assisté à son enterrement. Ça aurait été hypocrite de ma part, et une meute de journalistes en aurait fait un spectacle. Mon père n'avait pas partagé ma célébrité, alors pourquoi lui infliger cela ? Qui plus est, j'avais déjà fait le deuil de ma relation avec lui et j'étais parvenu à une sorte de paix intérieure. J'aurais aimé qu'on ait de meilleurs rapports, mais c'était comme ça. Parfois on n'a pas le choix, on prend les cartes que la vie vous distribue et on fait avec.

Et puis Freddie Mercury est mort du sida. Il ne m'avait pas dit qu'il était malade – je l'ai appris par des amis. Je lui ai souvent rendu visite à la fin, mais je n'arrivais pas à rester plus d'une heure. C'était trop dur. Je ne pense pas qu'il voulait qu'on le voie dans cet état, lui qui avait été si plein de vie, tellement *essentiel*, qui se serait encore bonifié avec l'âge, serait devenu encore plus fort. Le regarder mourir de cette façon épouvantable, injuste, c'était atroce. Il aurait suffi d'un an et les antirétroviraux lui auraient permis de rester en vie. Mais là il n'y avait rien à faire. Il était trop faible pour se lever, il devenait aveugle, son corps était couvert de lésions dues au sarcome de Kaposi, et pourtant c'était toujours Freddie, à cancaner de sa manière outrancière : « As-tu entendu le dernier disque de Mrs Bowie, chéri ? Mais pour qui elle se prend, celle-là ? » Il était allongé sur son lit, entouré de catalogues de mobilier et d'art japonais, et interrompait la conversation pour appeler au téléphone telle ou telle salle de ventes et enchérir sur un objet qui lui plaisait : « Mon chéri, regarde ce que je viens d'acheter, tu ne trouves pas ça merveilleux ? » Je n'arrivais pas à savoir s'il ne comprenait pas qu'il était en train de mourir ou s'il était déterminé à rester lui-même jusqu'au bout. En tout cas, j'étais sidéré par son courage.

Il a fini par arrêter les traitements, à l'exception des antidouleurs, et il s'est éteint à la fin de novembre 1991. Le jour de Noël, Tony est arrivé chez moi avec quelque chose dans une taie d'oreiller : c'était une aquarelle de Henry Scott Tuke, un impressionniste spécialisé dans les nus masculins dont je collectionnais les œuvres. Elle était accompagnée d'une note : « Sharon, ma chérie, j'ai pensé que ça te plairait. Bisous, Melina. » Tombé dessus dans un des catalogues de salle de ventes qui traînaient dans sa chambre, il avait eu envie de me l'offrir. Il avait acheté les cadeaux d'un Noël auquel il savait forcément, au fond de lui, qu'il ne participerait pas ; il avait pensé aux autres, lui qui était si malade qu'il aurait dû ne s'occuper que de lui-même. Au risque de me répéter : Freddie était un être magnifique.

Certaines personnes ont du mal à passer de l'addiction à la sobriété. Moi, c'était plutôt le contraire : j'étais euphorique. Je ne voulais plus jamais me droguer. J'étais heureux, tout simplement heureux de me réveiller chaque matin sans me sentir comme une merde. Bizarrement, je n'arrêtais pas de faire des rêves où il était question de cocaïne. Ça m'arrive encore, presque chaque semaine, alors que ma dernière ligne remonte à vingt-huit ans. C'est toujours le même rêve : quelqu'un entre dans la pièce où je suis en train de prendre de la coke. En général, c'est ma mère. J'essaye de tout dissimuler mais j'en renverse et j'en mets partout, y compris sur moi. Ces rêves ne me donnent jamais envie d'en reprendre. Bien au contraire. Au réveil, j'ai la sensation anesthésiante de la coke dans ma gorge – c'était ce que je détestais le plus – et je me dis : « Dieu merci, c'est fini. » Il m'arrive d'avoir envie d'un verre de vin pendant un repas, ou d'une bière avec des amis, mais je sais que c'est hors de question. Ça ne me dérange pas que l'on boive autour de moi : ce problème est le mien, pas celui des autres. En revanche, je n'ai jamais la tentation de me faire une ligne, et je ne supporte plus la compagnie de gens qui consomment de la coke. Je rentre dans une pièce et je les reconnais immédiatement à leur attitude, à leur façon de parler – toujours un peu trop fort, sans vraiment écouter. Dans ce cas, je préfère m'en aller. Je ne veux plus toucher à la cocaïne, et je n'apprécie pas de me retrouver avec des gens qui en prennent parce que, très franchement, cette drogue les transforme en parfaits connards. Je regrette de ne pas l'avoir compris il y a quarante-cinq ans.

Chaque fois que je jouais à l'étranger, je m'informais sur les réunions d'AA ou de NA (Narcotiques Anonymes), et je m'y rendais à peine arrivé. J'ai participé à des réunions en Argentine, en France, en Espagne, à Los Angeles et à New York. Et aussi à Atlanta. Je n'étais plus avec mon ex, mais j'aimais toujours autant cette ville. Grâce à mon ex, je m'y étais fait des amis, des gens qui n'appartenaient pas au milieu du show-biz et que j'appréciais. Musicalement, cette ville est géniale – la scène soul et hip-hop est démente – et très cool : je pouvais aller au cinéma ou au centre commercial de Peachtree Road sans jamais être dérangé.

J'y passais tellement de temps que j'ai fini par y acheter un appartement, un duplex au trente-sixième étage d'un immeuble. La vue était splendide et l'agent immobilier qui me l'a vendu n'était pas mal non plus. Il s'appelait John Scott. Je lui ai proposé qu'on se revoie, on est sortis ensemble et on s'est mis en couple.

J'ai fini par arrêter les réunions. Ça faisait trois ans que j'y allais chaque jour – 1 400 réunions, c'est de la folie – et j'ai décidé qu'elles ne pouvaient plus rien pour moi. Je ne ressentais plus le besoin de parler jour après jour de mes problèmes d'alcool, de cocaïne et de boulimie. Étant un addict célèbre qui avait publiquement remis sa vie sur le bon chemin, je suis devenu une sorte de référent vers qui les autres se tournaient quand ils avaient des problèmes. C'est presque devenu une plaisanterie – dès qu'une pop star se débat avec l'alcool ou la drogue, on appelle ce bon vieil Elton – et ça me convient. Si quelqu'un ne va pas bien, je l'appelle directement, ou je glisse mon numéro à son manager en disant : « Je suis passé par là, je sais ce que c'est. » Si on veut me contacter, je suis là. Il s'agit souvent de cas connus de tout le monde. J'ai convaincu Rufus Wainwright de se faire désintoxiquer – il prenait tellement de méthamphétamine qu'il en a perdu la vue quelque temps – et je suis le parrain AA d'Eminem. Chaque fois que je l'appelle pour prendre de ses nouvelles, il me salue de la même manière : « Salut, connard. » Du Eminem tout craché. Mais dans certains cas, personne n'est au courant, et ce n'est pas moi qui irai les balancer : s'ils veulent que leurs problèmes restent privés, je le respecte. Quoi qu'il en soit, c'est toujours très gratifiant. Aider les autres à s'en sortir est une expérience formidable.

Mais il arrive aussi que toute aide soit impossible et c'est affreux. On finit par suivre les événements depuis le banc de touche : on sait ce qui va arriver, on sait que ça ne peut pas bien se terminer. C'est ce qui s'est passé avec Whitney Houston. Dionne Warwick, sa tante, m'avait supplié de l'appeler : je lui ai laissé un message, qu'elle n'a peut-être pas reçu, ou alors elle ne voulait rien savoir. George Michael, lui, ne voulait vraiment rien savoir. Je l'ai harcelé parce que je m'inquiétais pour lui et que nos amis communs n'arrêtaient pas de me demander d'intervenir. Résultat, il a envoyé une lettre ouverte au magazine *Heat* dans laquelle il me disait en long, en large et en travers d'aller me faire foutre et de me mêler de mes affaires. J'aurais préféré qu'on ne finisse pas brouillés. Mais surtout, j'aurais préféré qu'il soit toujours vivant. J'aimais George. Ce type incroyablement doué avait toutes sortes de problèmes, mais c'était aussi le plus doux, le plus gentil et le plus généreux des hommes. Il me manque beaucoup.

George est l'une des premières personnes avec qui je

suis remonté sur scène une fois devenu sobre. Mon année sabbatique m'avait fait beaucoup de bien, mais il ne fallait pas qu'elle s'éternise – j'avais envie de me remettre au travail, même si ça me faisait très peur. J'ai décidé de me produire à nouveau en public, alors pour tâter le terrain, j'ai fait une apparition lors des concerts de George à la Wembley Arena. Cette fois, je ne me suis pas déguisé en Ronald McDonald et je ne suis pas arrivé au volant d'une Reliant Robin. Je portais simplement une casquette de baseball et on a chanté ensemble « Don't Let The Sun Go Down On Me », comme six ans plus tôt, en 1985, lors du concert Live Aid. C'était génial. Le public m'a fait une ovation quand je suis arrivé sur scène. Ensuite, lorsque notre duo est sorti en single, il s'est installé tout en haut des charts des deux côtés de l'Atlantique. J'ai réservé un studio à Paris : j'avais envie d'enregistrer un album, et c'est devenu *The One*.

Le premier jour, j'ai tenu vingt minutes avant de m'enfuir, totalement paniqué. Je ne sais plus quel était exactement le problème. J'imagine que je craignais de ne pas être capable d'enregistrer un album sans alcool ni drogues. Ça n'avait aucun sens : il suffisait d'écouter *Leather Jackets* pour comprendre que c'était l'inverse – c'était de toute évidence en prenant des drogues que je n'y arrivais pas. J'y suis retourné le lendemain, et j'ai réussi à me calmer. Mais j'ai eu beaucoup de mal à enregistrer la chanson intitulée « The Last Song ». Les paroles de Bernie racontaient l'histoire d'un type malade du sida qui se réconciliait juste avant de mourir avec son père, qui l'avait mis à la porte en apprenant qu'il était gay. C'était une chanson magnifique. Pourtant, j'étais incapable de la chanter. Freddie venait de mourir. Et quelque part en Virginie, Vance Buck en prenait à son tour le chemin. Dès qu'on commençait une prise, je fondais en larmes. J'ai fini par y arriver, et « The Last

Song» a servi pour la bande-son du documentaire *And The Band Played On* (*Les Soldats de l'espérance*), qui raconte l'histoire du combat contre le sida. Elle accompagnait un montage de photos de gens qui en étaient morts. Je connaissais personnellement la moitié d'entre eux : Ryan, Freddie, ou Steve Rubell, le propriétaire du Studio 54.

À cette époque, j'avais déjà créé la Fondation Elton John contre le sida. Je continuais de mener des actions de bienfaisance et plus je le faisais, plus il était évident que c'était indispensable. J'avais été particulièrement secoué à Atlanta en contribuant au travail d'une association appelée Operation Open Hand, qui se chargeait d'aller distribuer des repas chez des malades partout dans la ville. On y est allés avec John, mon nouvel ami. Parfois, c'est à peine si les gens entrebâillaient leur porte. Couverts de lésions, ils ne voulaient pas être vus dans cet état, tant la stigmatisation associée à la maladie était terrible. Parfois, ils refusaient carrément de répondre, alors on déposait le repas sur le palier. En s'éloignant, on entendait la porte s'ouvrir, quelqu'un prendre le repas et la porte se refermer. Ces gens mouraient dans des souffrances atroces, mais le pire, c'était qu'ils mouraient dans la honte, seuls, à l'écart du monde. C'était horrible, on se serait cru au Moyen Âge, ces malades étaient exclus de la société par peur et par ignorance, mais ça se passait bien dans les années quatre-vingt-dix aux États-Unis.

C'est devenu une obsession. J'ai demandé à John s'il voulait bien me donner un coup de main pour monter une fondation dont le but serait d'aider les gens à se prémunir contre le VIH et d'apporter aux malades ce dont ils avaient besoin pour vivre dignement : de la nourriture, un logement, des moyens de transport, l'accès à des médecins et à des psychologues. John s'en est occupé durant deux ans, depuis la table de sa cuisine, à Atlanta. Virginia Banks, qui faisait partie de mon équipe à Los Angeles, en est devenue la secrétaire. On était quatre, moi compris, dépourvus de la moindre expérience, ignorant tout de la logistique. En revanche, je savais une chose : il ne fallait pas laisser déraper les frais généraux. J'avais vu trop de fondations dépenser leur argent n'importe comment, surtout celles qui avaient été lancées par des célébrités. Tu organises un gala et tout le monde se pointe en avion et se balade en limousine aux frais de ta fondation. Encore aujourd'hui, après bientôt trente ans, nos frais généraux restent minimes. On a organisé des événements fastueux, mais toujours sponsorisés. On n'a jamais dépensé un sou en frais d'organisation.

Je me suis complètement investi dans cette aventure. Ma psy au Lutheran Hospital m'avait demandé à quoi je comptais consacrer le temps et l'énergie que j'avais consacrés jusque-là à me droguer puis à m'en sortir. Dans le jargon, on appelle ça « le trou dans le donut », et c'était une bonne question : avec quoi allais-je le remplir ? Je lui avais expliqué que je caressais toutes sortes de grands projets : apprendre à parler italien et à cuisiner, pour commencer. Je n'ai évidemment rien fait de tout ça. Le trou dans le donut, c'est probablement avec ma fondation que je l'ai rempli – elle a donné un but, un sens à ce que je faisais en dehors de la musique. J'étais déterminé à ce que ça marche, à tel point que j'ai vendu ma collection de disques pour lever les fonds initiaux. Je possédais 40 000 singles et 20 000 albums, dont de vieux 78 tours avec « Reg Dwight » fièrement écrit au stylo-bille sur la pochette. Un collectionneur anonyme en a offert 270 000 dollars. J'ai fait des pieds et des mains pour impliquer au maximum les gens que je connaissais : des hommes d'affaires nous ont montré comment faire tourner la boutique, j'ai mobilisé les gens de ma maison de disques, Robert Key de Rocket, Howard Rose, l'agent qui était devenu mon tourneur quand je m'étais installé aux States.

J'ai demandé à mes amis de m'aider à trouver des idées. Billie Jean King et Ilana Kloss ont imaginé la compétition des « Smash Hits », un tournoi de tennis annuel qui permet de collecter des fonds depuis 1993 : émus par la disparition d'Arthur Ashe, les joueurs et les joueuses ont répondu présent. Avec mon éternel esprit de compétition, j'y ai moi-même souvent participé, même si l'exploit qui m'a rendu célèbre sur les courts a été le gadin que je me suis pris en tentant de monter sur la chaise d'arbitre au Royal Albert Hall. Une autre idée de génie a été d'organiser l'Academy Awards Viewing Party, une soirée payante au cours de laquelle on regardait la cérémonie des Oscars en direct. C'était une idée de Patrick Lippert, l'activiste politique fondateur de « Rock the Vote ». Il faisait ça depuis longtemps afin de lever des fonds pour ses différentes causes, mais lorsqu'il a appris qu'il était séropositif, il en a fait une soirée de soutien à la lutte contre le sida et nous a proposé de nous en occuper avec lui. La première fois, c'était en 1993 au Maple Drive, le restaurant de Dudley Moore. Il y avait 140 personnes – le restaurant ne pouvait pas en accueillir plus – et on a collecté 350 000 dollars, une sacrée somme pour l'époque. On a remis ça l'année d'après, et il y avait encore plus de monde. Je me suis retrouvé dans le box de Tom Hanks, Bruce Springsteen et sa femme Patti, Emma Thompson et Prince. Patrick nous avait malheureusement déjà quittés, trois mois après la première soirée, à l'âge de trente-cinq ans. Comme Freddie Mercury, il a manqué de peu l'arrivée des premiers antirétroviraux qui lui auraient sauvé la vie.

Depuis, la Fondation Elton John contre le sida a collecté plus de 450 millions de dollars et organisé des événements formidables. La dernière fois qu'Aretha Franklin a chanté en public, c'était lors du vingt-cinquième anniversaire de la Fondation, à la cathédrale St John The Divine de

New York. Elle avait prévu d'y participer l'année précédente, mais s'était désistée : atteinte d'un cancer, elle avait pris sa retraite. Elle était pourtant revenue, à titre exceptionnel, rien que pour nous. J'ai été bouleversé en la voyant arriver : elle était si amaigrie, si frêle. En coulisse, je lui ai demandé si elle avait envie de chanter. Je crois bien que je lui demandais en vérité si elle en était capable. En souriant, elle m'a dit : « Pas question de te laisser tomber une seconde fois. » Elle savait que c'était son dernier concert, et elle était heureuse que ce soit pour l'anniversaire de la Fondation, dans une église, là où elle avait fait ses débuts. Elle a interprété « I Say A Little Prayer » et « Bridge Over Troubled Water », suscitant un tonnerre d'applaudissements. Elle avait beau être très malade, sa voix était intacte, toujours extraordinaire. Je suis resté debout au premier rang, à contempler la plus grande artiste du monde chanter pour la dernière fois, et j'ai pleuré comme une Madeleine.

La Fondation m'a fait vivre des choses et visiter des endroits que je n'aurais sans doute jamais connus autrement. J'ai pris la parole à plusieurs reprises devant le Congrès américain pour lui demander d'augmenter le budget de la lutte contre le sida – étrangement, c'était moins stressant que je ne l'imaginais. On peut même dire que c'était du gâteau à côté du jour où j'avais dû convaincre le conseil municipal de Watford d'autoriser mon club à construire un nouveau stade. J'avais craint que les bigots républicains ne m'en fassent voir de toutes les couleurs, mais comparés aux conseillers municipaux de Watford, ils ont été un modèle d'ouverture d'esprit, de souplesse et de bon sens.

Et puis, contre toute attente, la Fondation a indirectement été à l'origine du plus profond, du plus grand bouleversement de toute ma vie. Mais j'aurai l'occasion d'y revenir.

Treize

J e ne voudrais pas avoir l'air mystique – et encore moins arrogant – mais il m'est arrivé de penser que la vie me récompensait d'être devenu sobre. *The One* est devenu mon album le plus vendu depuis 1975. Après deux ans de travaux, la rénovation de Woodside s'est achevée, et j'y ai repris mes quartiers. J'adorais les lieux, c'était la demeure d'un être humain normal, pas la maison de campagne délirante d'une rock star siphonnée. Tim Rice, avec qui je n'avais pas travaillé depuis dix ans, m'a appelé un beau jour pour me proposer une nouvelle collaboration : Disney préparait un dessin animé qui, pour une fois, serait une histoire originale et non l'adaptation d'un livre. Tim a insisté pour que je me joigne à lui. Je trouvais l'idée attirante. J'avais déjà composé la bande-son d'un film intitulé *Friends*, en 1971, qui s'était fait démolir à sa sortie. Roger Ebert avait écrit que c'était « une infâme bouillie à vomir », et ce n'était pas la pire des critiques. Depuis, je me tenais à bonne distance du cinéma, mais là, c'était différent. Les chansons raconteraient une histoire. Il ne s'agissait pas de pondre de la BO Disney ordinaire, mais de trouver des chansons pop qui plaisent aux gamins.

Ce fut une drôle d'aventure. Tim travaillait comme

Bernie : il écrivait d'abord les paroles, ce qui me convenait bien. En fait, ça me rappelait la manière dont on s'y était pris pour *Captain Fantastic* : il y avait une histoire, et on devait respecter un ordre précis, celui des chansons étant fixé à l'avance. J'avoue que je me posais beaucoup de questions sur ce projet ou plutôt sur la place que j'y tenais. J'ai certainement de nombreux défauts, mais pas celui de me prendre trop au sérieux en tant qu'artiste. Cela dit, je me retrouvais parfois au piano à m'interroger sur ce tournant dans ma carrière. J'ai écrit « Someone Saved My Life Tonight ». J'ai écrit « Sorry Seems To Be The Hardest Word ». J'ai écrit « I Guess That's Why They Call It The Blues ». Et là, j'étais en train d'écrire une chanson sur un phacochère péteur. Soit, c'était une chanson plutôt bonne sur un phacochère péteur : sans vouloir me la raconter, dans la catégorie des chansons sur les phacochères péteurs, la mienne se posait là. N'empêche, on était loin de ce jour où The Band s'était pointé en coulisses en insistant pour écouter mon dernier album, ou de celui où on avait croisé Dylan dans un escalier et où il avait complimenté Bernie pour « My Father's Gun ». Mais, prenant le parti de trouver du piquant à la dimension franchement ridicule de la situation, j'ai continué.

Et j'ai bien fait. J'ai trouvé le film terminé absolument extraordinaire. Je ne suis pas le genre d'artiste qui invite tout le monde chez lui pour écouter son dernier album, mais j'ai tellement aimé *Le Roi lion* que j'ai organisé des projections privées pour mes amis. J'étais vraiment fier du résultat ; je sentais qu'on tenait quelque chose de très spécial. Je n'aurais jamais imaginé que ça deviendrait l'un des plus grands succès de tous les temps au box-office. Il a fait connaître ma musique à un public entièrement nouveau. « Can You Feel The Love Tonight ? » a remporté l'Oscar de la meilleure chanson.

Trois des cinq nominations dans cette catégorie étaient des chansons du *Roi lion*, dont « Hakuna Matata », celle sur le phacochère péteur. Le disque s'est vendu à dix-huit millions d'exemplaires, plus qu'aucun autre de mes albums – si l'on excepte ma première compilation de grands succès. La cerise sur le gâteau, c'est qu'il a piqué la première place à *Voodoo Lounge*, l'album des Rolling Stones, aux États-Unis pendant tout l'été 1994. J'ai eu du mal à cacher ma joie quand j'ai appris que Keith Richards était furax parce qu'ils s'étaient fait « battre par un putain de dessin animé à la noix ».

Il a ensuite été décidé qu'on en tirerait une comédie musicale, et j'ai dû composer de nouvelles chansons. Faisant à nouveau étalage de ma stupéfiante capacité à prédire précisément ce qui ne se produirait pas, j'ai annoncé à qui voulait l'entendre qu'il était impossible d'adapter un dessin animé en comédie musicale, que ça ne marcherait jamais. J'en étais convaincu.

Mais la metteuse en scène, Julie Taymor, a fait un travail remarquable. Les critiques ont été dithyrambiques, le spectacle a été nominé onze fois aux Tony Awards, il en a remporté six et c'est devenu le plus grand succès de l'histoire de Broadway. Tout était époustouflant : la mise en scène était d'une ingéniosité stupéfiante. Mais quand j'ai assisté à la première, ça m'a fait un drôle d'effet. Ce n'était pas le show en soi, c'est juste que j'ai l'habitude d'avoir le dernier mot quand je sors un album, et pour mes concerts, c'est moi qui décide de tout. Là, il s'agissait d'un spectacle que j'avais contribué à créer, mais que je ne contrôlais plus. Les arrangements et les parties vocales n'avaient plus rien à voir avec ce que j'avais enregistré. Dans une comédie musicale, chaque mot doit être clairement articulé, contrairement à la manière dont on chante le rock ou la pop. Pour moi, c'était une expérience inédite, à la fois incroyable et perturbante. J'étais très loin de ma zone de confort, mais j'ai fini par reconnaître qu'il n'y avait pas meilleure situation pour un artiste après trente ans de carrière.

Les studios Disney étaient ravis du succès du *Roi lion*, à tel point qu'ils sont revenus me voir avec une proposition. Les montants en jeu étaient astronomiques. Je devais bosser sur des films, des séries, des livres, on a même évoqué l'idée d'un parc à thème, ce qui était carrément dingue. Il n'y avait qu'un hic : j'avais donné mon accord pour un autre film, à Jeffrey Katzenberg, qui dirigeait Disney au moment du *Roi lion*, mais qui était parti quelques mois après sa sortie pour monter Dreamworks avec Steven Spielberg et David Geffen. Son départ avait donné lieu à l'une des plus violentes guerres de patrons de studios dont Hollywood ait le souvenir. Des livres ont même été écrits sur le sujet. Or l'accord avec Disney devait être exclusif, et il était hors de question que je bosse avec Jeffrey, qui leur réclamait par ailleurs 250 millions de dollars pour rupture abusive de contrat et finirait par les obtenir. Je n'avais rien signé avec lui, mais je lui avais donné ma parole, et c'était quand même lui qui avait pensé à moi pour *Le Roi lion*. À regret, j'ai décliné l'offre de Disney. Ceci dit, la planète l'a échappé belle : il n'y aurait pas de parc à thème Elton John.

J'avais donc des idées à revendre et des propositions intéressantes affluaient, mais il est un domaine dans lequel ma sobriété ne produisait pas son effet magique : ma vie amoureuse. Mon histoire avec John Scott avait pris fin quelque temps auparavant, et depuis, plus rien. J'essayais de ne pas trop me demander quand j'avais fait l'amour pour la dernière fois : mon hurlement d'effroi aurait réveillé tout le personnel de Woodside.

La vérité, c'est que je ne connaissais pas d'homme gay disponible. Depuis que j'étais clean, je ne fréquentais plus les endroits où l'on fait des rencontres. Même si je ne redoutais pas de me laisser tenter par un verre de vodka dans un club ou un bar, il ne me semblait pas urgent de me mettre à l'épreuve. De plus, déjà avant ma cure, je me disais que je commençais à être un peu vieux pour ça. La musique au Boy était sûrement toujours aussi formidable, mais arrive un moment où, forcément, dans ce genre d'endroit, tu te sens comme la duchesse douairière détaillant par-dessus son pince-nez le dernier arrivage au bal des débutantes.

Les choses ont atteint un point critique un certain samedi après-midi, alors que je traînais à la maison, à me lamenter sur mon sort en regardant d'un œil distrait un match de foot à la télé. Il faut dire que Watford ne faisait rien pour arranger mon humeur en se faisant piler 4 à 1 par West Brom. Je me préparais déjà à une nouvelle soirée palpitante devant la télé quand j'ai eu une idée. J'ai appelé un ami et lui ai expliqué mon problème : et s'il rameutait une bande de gars et qu'ils venaient tous dîner chez moi ? Je le prenais un peu de court, mais je pouvais envoyer une voiture les chercher à Londres. Je me suis senti un peu lamentable en le lui proposant, mais j'étais à bout : il fallait que je rencontre des hommes gays qui n'étaient pas aux Alcooliques anonymes. Ce n'était pas spécialement pour le sexe. J'en avais marre d'être seul, tout bêtement.

Ils sont arrivés vers 7 heures : mon ami et quatre potes qu'il avait convaincus de se joindre à lui. Ils m'ont prévenu qu'une soirée d'Halloween les attendait à Londres et qu'ils partiraient tôt, mais peu m'importait. Ils avaient l'air vraiment sympas. Ils étaient drôles et volubiles. On a mangé des spaghettis bolognaise et on s'est bien marrés – j'avais oublié ce que c'était que de parler d'autre chose que de ma carrière ou ma sobriété. Mais l'un d'eux n'avait pas l'air ravi d'être là. C'était un Canadien prénommé David qui portait une veste Armani en tissu écossais. Il était intimidé et parlait peu, ce qui était bien dommage : je le trouvais craquant. J'ai compris plus tard qu'on lui avait raconté sur mon compte beaucoup d'histoires comme il en circulait dans le milieu gay de Londres : Elton John était un type à fuir comme la peste, à moins d'avoir envie de se faire couvrir de cadeaux, de mettre sa vie en stand-by pour partir en tournée au pied levé avant de se faire larguer sans ménagement – en général par l'intermédiaire d'un assistant – parce que Monsieur avait flashé sur quelqu'un d'autre, qu'il vous avait pris en grippe pendant une descente de cocaïne ou qu'il avait décidé d'épouser une femme. J'aurais pu m'en offusquer, mais compte tenu de mes frasques passées, le milieu gay de Londres n'avait pas complètement tort.

David a fini par m'avouer qu'il s'intéressait au cinéma et à la photographie, et la conversation est enfin partie sur de bons rails. Je lui ai proposé de lui faire faire le tour du propriétaire et de lui montrer au passage ma collection de photographies. Plus on parlait, plus il me plaisait. Il n'était pas très loquace, mais ne manquait pas d'assurance. Il était aussi très intelligent et ça se voyait. Il m'a dit qu'il venait de Toronto et n'habitait Londres que depuis quelques années. Il vivait à Clapham et travaillait chez Ogilvy and Mather, l'agence de publicité, à Canary Wharf : à trente et un ans, il était le plus jeune des membres de leur conseil d'administration. Le courant passait entre nous, un soupçon d'alchimie, mais je me suis efforcé de raison garder. Le nouvel Elton John, amélioré, clean, n'allait pas se proclamer follement amoureux d'un type quelques minutes après l'avoir rencontré.

Ça ne m'a pas empêché, au moment de son départ, de lui demander son numéro, d'un air que je pensais nonchalant, cherchant seulement à exprimer mon désir de reprendre un jour notre grande conversation passionnée sur la photographie. Il me l'a donné, ainsi que son nom complet, David Furnish, et il est parti.

Le lendemain, j'ai passé la matinée à arpenter la maison dans tous les sens en me demandant à partir de quelle heure on pouvait appeler quelqu'un qui avait passé la nuit à fêter Halloween sans donner l'impression d'être le genre de type à qui un tribunal est contraint d'ordonner une injonction d'éloignement. À onze heures et demie, j'ai décidé que je pouvais y aller. David a décroché. Il avait l'air fatigué mais pas vraiment surpris d'entendre ma voix. De toute évidence, ma façon désinvolte de lui demander son numéro de téléphone ne l'avait pas été tant que ça. Ses amis avaient passé le voyage de retour à le charrier sans pitié et à lui chanter le refrain de « Daniel », comme si je m'étais jeté à ses pieds et l'avais agrippé en gémissant pour qu'il ne s'en aille pas sans m'avoir donné son téléphone. Voulait-il qu'on se revoie ? Il m'a dit oui, et je lui ai demandé s'il était libre le soir même, car je devais me rendre à Londres. Quelle coïncidence, n'est-ce pas ? Très franchement, si David avait été au Botswana, j'aurais trouvé une raison de devoir m'y rendre moi aussi par le plus grand des hasards : « Le désert du Kalahari ? C'est dingue ! J'y vais justement demain soir ! » Je lui ai proposé de venir dans ma maison de Holland Park, on mangerait chinois.

Après avoir raccroché, j'ai dit à mon chauffeur que le programme de la journée avait changé et qu'on partait tout de suite pour Londres. J'ai appelé le restaurant chinois le plus chic que je connaissais, Mr Chow, à Knightsbridge, et je leur ai demandé s'ils livraient à domicile. Je me suis alors rendu compte que j'ignorais tout de ses goûts, alors j'ai commandé de tout, en quantité.

David a eu l'air surpris à l'arrivée du livreur – ou

plutôt des livreurs : il y avait des cartons en pagaille, on se serait cru à Woodside le jour de ma vente aux enchères. À part ça, la soirée s'est remarquablement bien passée. Non, je ne m'étais pas fait des idées, il y avait bien quelque chose entre nous. Et ce n'était pas seulement physique, nos personnalités s'accordaient très bien. On s'est mis à parler, et on n'a plus arrêté.

Pourtant, David avait des doutes quant à la possibilité d'une vraie histoire. D'abord, il ne tenait pas à être la dernière conquête d'Elton John, avec toute l'attention que ça supposait. Il avait sa vie, sa carrière, et ne voulait pas que son indépendance soit remise en question à cause de la personne qu'il fréquentait. Ensuite, il n'avait pas fait complètement son coming out. Ses amis londoniens le savaient gay, mais pas sa famille ni ses collègues de travail, et il n'avait pas envie qu'ils l'apprennent par une photo de paparazzi dans un tabloïd.

Alors les premiers mois, on a été très mesurés et discrets : comme on disait jadis, on se faisait la cour. La plupart du temps, on restait à Holland Park. En semaine, David se levait le matin et partait travailler à Canary Wharf, et moi je prenais le chemin du studio pour m'occuper de la promo d'un album en duo que je venais de sortir. J'ai tourné le clip d'une version de « Don't Go Breaking My Heart » avec RuPaul : pour une fois, j'avais l'air heureux de le faire. Normal, je l'étais. Notre histoire avait quelque chose de singulier que je n'arrivais pas à identifier. Et j'ai fini par comprendre : pour la première fois, j'étais dans une relation parfaitement normale, équilibrée, sans rapport avec ma carrière ni avec le fait que j'étais Elton John.

On s'envoyait des cartes postales chaque samedi pour célébrer le fait qu'on s'était rencontrés un samedi et – si vous venez de manger, autant sauter la prochaine phrase, elle pourrait vous donner la nausée – on écoutait

« It's Our Anniversary » par Tony ! Toni ! Toné ! On a enchaîné les dîners en tête à tête et les escapades en amoureux. Quand je l'appelais à son bureau, je donnais un faux nom – je devenais George King, le pseudonyme que j'avais utilisé en cure. Je trouvais ça romantique au possible. Un amour caché ! Jusque-là, mes seules amours cachées l'avaient été parce que c'était ma seule option : en face, on n'était pas intéressé outre mesure.

J'adorais certes l'idée d'une romance secrète, mais je n'étais pas très doué en matière d'organisation. Manifestement, après vingt-cinq ans passés à gagner ma vie en poussant l'extravagance et l'excès aussi loin que possible, je n'avais pas la même conception de la discrétion que tout le monde. Si on veut qu'une histoire d'amour reste discrète, il n'est pas judicieux d'envoyer régulièrement à son amoureux deux douzaines de grandes roses jaunes à son travail, surtout dans un open space. À la réflexion, la montre Cartier que je lui ai offerte n'était pas non plus la meilleure des idées. Vu son prix, David devait la porter en permanence pour ne pas la laisser chez lui – il n'était pas assuré contre les cambriolages. Comme ses collègues lui demandaient d'où elle venait – et si ça avait un rapport avec le fait que son bureau ressemblait de plus en plus à l'exposition florale de Chelsea –, il s'est inventé une adorable grand-mère canadienne, décédée depuis peu, qui lui avait légué de l'argent, ce qui lui a valu de passer une drôle d'après-midi à recevoir des sourires compréhensifs, des embrassades affectueuses et des condoléances de toute part. Un jour, nous avions décidé de passer le week-end à Paris. Je suis allé l'accueillir à Roissy, non sans qu'il m'ait briefé sur la nécessité absolue de ne pas me faire repérer par les photographes ou des fans. J'attendais dans le hall des arrivées quand j'ai senti que certains regards se tournaient, des doigts se pointaient. Quand David est apparu, j'étais dans tous mes états.

J'ai chuchoté : « Grimpe vite dans la voiture ! Je pense qu'on m'a repéré. »

David a souri : « Vraiment ? Comme c'est étrange ! » Ce disant, il me détaillait de la tête aux pieds. La tenue qui devait me faire passer inaperçu consistait en un caleçon long à losanges, une chemise bouffante aux motifs surchargés et aux couleurs pétantes et, pour tout accessoire, un énorme crucifix constellé de pierres pendu au cou. J'aurais sans doute pu faire pire, en me pointant par exemple avec un piano et en jouant « Crocodile Rock ».

Le caleçon et la chemise étaient de Gianni Versace, mon styliste préféré. Je portais tout le temps ses fringues. J'avais découvert sa boutique à Milan à la fin des années quatre-vingt et j'étais aussitôt devenu fan. Pour moi, c'était un génie, le plus grand couturier depuis Yves Saint Laurent. Il utilisait des matières magnifiques, mais ses créations n'étaient jamais guindées ni snobs : ses vêtements pour hommes étaient amusants à porter. Quand j'ai rencontré celui qui en était l'auteur, j'ai été totalement séduit. C'était comme si je venais de me découvrir un frère jumeau dans le nord de l'Italie. On se ressemblait vraiment : même sens de l'humour, même goût immodéré pour les potins, même passion du collectionneur, même esprit tourmenté. Il n'arrêtait jamais de cogiter, de chercher de nouvelles manières de faire ce qu'il faisait – et il faisait absolument de tout. Il créait des vêtements pour enfants, de la verrerie, des services de table, des pochettes d'album – je lui ai commandé la pochette de *The One* et il a fait un truc sublime. Il avait un goût exquis. Il connaissait toujours, quelque part dans une ruelle, une petite église italienne dont la nef contenait les plus belles mosaïques, ou un petit atelier qui fabriquait une porcelaine sublime. Et c'était le seul être au monde capable de me tenir la dragée haute en matière de shopping. Il sortait acheter une montre et en rapportait vingt.

À vrai dire, il me battait à plate couture. Gianni était tellement extravagant qu'à côté de lui j'étais l'incarnation de l'austérité et du dépouillement. Il tenait Miuccia Prada pour une redoutable communiste parce qu'elle avait dessiné un sac à main en nylon au lieu d'utiliser du croco, du serpent, ou n'importe quelle autre matière ayant les faveurs de Gianni cette saison-là. Il me poussait toujours à acheter ce qui était hors de prix.

« Yé t'ai trouvé une nappe absolument incroyable, il faut que tu l'achètes, c'est parfait pour Noël. Fabriqué par des bonnes sœurs qui mettent trente ans à les faire, regarde-moi ça, c'est merveilleux. Elle coûte un million de dollars. »

C'était un peu trop, même pour moi. Je lui ai répondu qu'un million de dollars c'était quand même excessif pour une nappe qui serait irrémédiablement fichue à la moindre tache de sauce. Gianni a paru outré : étais-je moi aussi un communiste ?

« Mais Elton, a-t-il bredouillé, elle est magnifique… ce savoir-faire… »

Je n'ai pas acheté la nappe, mais ça n'a rien changé à nos rapports. Gianni est devenu mon meilleur ami. J'adorais ses coups de téléphone. Ça commençait toujours par : « Allô, *bitch* ? » Je lui ai présenté David et ils se sont entendus comme larrons en foire. Normal, on ne pouvait pas ne pas aimer Gianni, à moins bien sûr d'être un inconditionnel des sacs à main en nylon. Il avait un cœur gros comme ça et un humour irrésistible. « Quand je serai mort, disait-il théâtralement, je veux que ma réincarnation soit encore plus gay ! Je veux être super-gay ! » Avec David, on échangeait des regards songeurs : était-ce seulement possible ? Les plus gays des bars cuir de Fire Island l'étaient moins que lui.

Le fait de me trouver dans une relation normale m'a parfois amené à réaliser à quel point ma vie bien souvent ne l'était pas. J'ai organisé un déjeuner tout simple pour que David fasse la connaissance de ma mère et de Derf. Notre relation était à présent publique. David et moi avions été vus par un de ses collègues de bureau descendant de voiture devant le restaurant Planet Hollywood de Piccadilly. Son patron l'avait convoqué, David lui avait tout raconté, puis il avait pris la décision d'aller passer Noël à Toronto et d'avouer la vérité à sa famille. J'étais très inquiet. Il m'avait décrit son père comme très conservateur et je savais que le coming out peut être une expérience horrible quand on n'a pas le soutien de sa famille. À Atlanta, j'avais eu une relation avec un homme appelé Rob, dont les parents étaient très religieux et homophobes. Rob était adorable, mais le conflit entre sa sexualité, sa religion et les opinions de ses parents le rongeait de l'intérieur. On est restés amis, même après notre rupture. Un jour, pour mon anniversaire, il m'a apporté des fleurs. Le lendemain, il s'est jeté sous un camion.

La famille de David avait très bien pris son coming out – je pense qu'ils étaient surtout contents qu'il n'ait plus à leur cacher des choses – mais j'avais préféré attendre un peu avant de le présenter à ma mère. Depuis ma rupture avec John Reid, elle avait pris l'habitude non pas d'envoyer balader mes petits amis mais de les traiter avec froideur, de nous compliquer un peu la vie, comme si elle ne supportait pas qu'un autre qu'elle soit l'objet de mes attentions. Je l'avais compris le jour où Renate était allée lui demander conseil au pire moment de notre mariage. Après l'avoir écoutée vider son cœur,

ma mère avait mis fin à la conversation en lui disant :
« Tu savais dans quoi tu mettais les pieds. »

Concernant ce déjeuner, le problème n'est pas venu de
ma mère mais d'un psychiatre que j'avais aussi invité :
il m'a dit au dernier moment que Michael Jackson, qu'il
comptait parmi ses patients, se trouvait à Londres, et il
m'a demandé s'il pouvait venir avec lui. Ça n'avait pas
l'air d'être l'idée du siècle, mais je n'ai pas su dire
non. J'avais rencontré Michael quand il avait treize ou
quatorze ans, après un concert à Philadelphie. Elizabeth
Taylor était venue avec lui sur le *Starship*. C'était alors
le plus adorable des gamins, mais il s'est ensuite peu
à peu transformé en reclus, coupé du monde et de la
réalité, comme Elvis. Dieu sait ce qui se passait dans
sa tête et de quels médicaments on le gavait, mais à
chaque fois que je le croisais, je trouvais que le pauvre
bougre avait complètement perdu la boule. Je ne dis pas
ça à la légère. Il était vraiment perturbé, et sa compagnie en était dérangeante. C'était très triste, mais on
ne pouvait rien faire pour l'aider : il était parti dans
son monde, entouré de gens qui ne lui disaient que
ce qu'il voulait entendre.

Et voilà qu'il serait là lors du déjeuner de présentation entre mon petit ami et ma mère. Génial. J'ai
estimé que le mieux serait d'appeler David et de glisser
l'information dans la conversation le plus naturellement
possible. Peut-être qu'en faisant croire que c'était sans
importance, ça passerait ? Ou pas. À peine avais-je non-
chalamment évoqué le nouveau plan de table que j'ai été
interrompu par un hurlement : « Non mais tu te fous
de ma gueule ? » J'ai tenté de le rassurer en mentant
comme un arracheur de dents : tout ce qu'il avait pu
entendre au sujet des excentricités de Michael était très
exagéré. Je ne devais pas être très convaincant puisque
je lui avais raconté certaines de ces histoires moi-même.

J'ai insisté malgré tout : ça ne sera pas comme tu l'imagines.

Sur ce point, au moins, j'avais vu juste : le repas n'a pas été comme on aurait pu le craindre, il a été mille fois pire. Il faisait beau, mais on était restés à l'intérieur, derrière des rideaux, à cause du vitiligo de Michael. Le pauvre n'avait vraiment pas l'air en forme, il était amaigri, maladif. Il portait tant de maquillage sur le visage que ça paraissait l'œuvre d'un esprit malade. C'est bien simple, il y en avait partout : son nez était couvert d'une sorte de cataplasme semblant maintenir en place ce qu'il en restait. Michael s'est tenu bien tranquille et n'a presque pas ouvert la bouche, mais il émettait de mauvaises vibrations, comme certaines personnes rayonnent d'assurance. J'ai eu le sentiment qu'il n'avait pas mangé en société depuis bien longtemps. À ce détail près qu'il n'a rien mangé de ce qu'on avait préparé. Il était venu avec son cuisinier personnel, mais n'a pas touché non plus à ce que celui-ci lui a préparé. Après un moment, il s'est levé sans un mot et a disparu. On a fini par le retrouver deux heures plus tard dans la maisonnette où habitait ma gouvernante, sur les terres de Woodside : elle regardait Michael et son fils de onze ans jouer à des jeux vidéo. Visiblement, il ne supportait pas la compagnie des adultes. Pendant ce temps, dans toute cette noirceur environnante, David, à l'autre bout de la table, tentait vaillamment de converser avec ma mère, qui de son côté multipliait les efforts pour plomber un peu plus l'atmosphère en répétant assez haut pour être entendue du psychiatre de Michael que la psychiatrie était une perte de temps et d'argent. Dès qu'elle s'interrompait pour reprendre son souffle, David lançait à la ronde des regards désespérés comme s'il cherchait quelqu'un qui lui explique ce qui avait bien pu le pousser à s'embarquer dans cette galère.

Nul besoin de Michael Jackson pour que le monde que je souhaitais présenter à David lui paraisse très étrange. Je pouvais largement m'en occuper moi-même et me passer des services du roi autoproclamé de la pop. La plupart de mes excès avaient cessé, mais pas tous. Le Fichu Caractère des Dwight semblait particulièrement récalcitrant à toute forme de traitement ou d'intervention médicale. J'étais encore capable de piquer des crises terrifiantes, sans crier gare. David y a eu droit pour la première fois un soir de janvier 1994, lors de mon intronisation dans le Rock and Roll Hall of Fame, à New York. Je n'avais aucune envie d'y participer parce que je n'en vois pas trop l'intérêt. Au départ, c'était une belle idée : rendre hommage aux pionniers du rock, les artistes qui avaient ouvert, dans les années cinquante, la voie que nous allions suivre à notre tour, et notamment ceux qui s'étaient fait dépouiller financièrement. Mais ça avait vite pris une tout autre direction. À présent, c'était une grande messe télévisuelle dont on s'arrachait les places à plusieurs dizaines de milliers de dollars, le but étant de rameuter suffisamment de pointures afin que les gens acceptent de payer ces sommes folles pour poser leur derrière sur un fauteuil.

J'aurais dû décliner l'invitation, mais je n'avais pas vraiment le choix. Mon introducteur était Axl Rose, un type que j'aime vraiment bien. Je m'étais rapproché de lui à un moment où il s'était fait démolir dans la presse. Je sais combien on peut se sentir seul lorsque les journaux se déchaînent contre vous, et j'avais voulu lui faire savoir que j'étais avec lui. On s'est bien entendus, on a même chanté ensemble « Bohemian Rhapsody » lors du concert d'hommage à Freddie Mercury. Ce qui m'a valu pas mal de critiques, parce que les paroles de la chanson de Guns N' Roses intitulée « One In A Million » étaient prétendument homophobes. Si j'avais pensé une seconde que ça correspondait aux opinions d'Axl, je ne serais jamais devenu son ami. Mais ce n'était pas le cas : la chanson adoptait de toute évidence le point de vue d'un personnage qui n'était pas lui. La même chose m'était arrivée avec Eminem. Quand j'avais chanté avec lui aux Emmy Awards, l'Alliance gay et lesbienne contre la diffamation m'avait très violemment critiqué alors qu'il allait de soi que les paroles rapportaient le point de vue d'un personnage – un personnage délibérément répugnant. Ni Axl ni Eminem ne sont homophobes, pas plus que Sting n'est sorti avec une prostituée nommée Roxanne, ni que Johnny Cash a descendu un homme à Reno juste pour le regarder mourir.

Je me suis donc rendu à la cérémonie du Rock and Roll Hall of Fame. Comprenant mon erreur dès mon arrivée, j'ai aussitôt fait demi-tour et suis reparti, en pestant contre l'endroit, qui ressemblait à un putain de mausolée. David est rentré avec moi à l'hôtel, et quand on est arrivés, je m'en suis aussitôt voulu d'avoir envoyé bouler tout le monde. On est donc retournés à la cérémonie. The Grateful Dead était sur scène, mais sans Jerry Garcia, qui était représenté par une figure en carton. Estimant que le Hall of Fame était une arnaque, Jerry avait refusé de se prêter au jeu. Il avait raison, bien sûr, j'ai donc à nouveau fait demi-tour, David m'emboîtant docilement le pas. À peine m'étais-je déshabillé pour enfiler un peignoir que je redevenais la proie du remords. Je me suis donc rhabillé et on est re-retournés à la cérémonie. Là, je me suis tout de suite emporté contre moi-même de m'être encore fait avoir, alors nous sommes à nouveau rentrés à l'hôtel, le voyage étant cette fois agrémenté d'une tirade aussi bruyante qu'interminable contre une telle perte de temps. Évidemment, les hochements de tête compatissants et les murmures d'approbation de David sont devenus chaque fois moins appuyés, mais je suis parvenu à me convaincre que c'étaient les défauts criants de la cérémonie qui lui faisaient lever les yeux au ciel, pas moi. Ce qui m'a sans doute incité à changer d'avis une nouvelle fois, quelques minutes plus tard : toutes choses bien pesées, il valait mieux prendre part à la cérémonie. Les invités ont paru étonnés de nous revoir, mais on pouvait difficilement leur en faire le reproche : on avait fait plus d'allées et venues à notre table que l'équipe de serveurs.

J'aimerais pouvoir vous dire que ça s'est arrêté là, mais non, il y a encore eu un autre changement d'avis, accompagné d'un nouveau retour furieux jusqu'à l'hôtel, puis un nouveau retour à la cérémonie, et je suis enfin monté sur scène pour accepter la distinction. Axl Rose a prononcé un très beau discours. Puis j'ai demandé à Bernie de me rejoindre sur scène et je lui ai donné le trophée. Ensuite, on est partis. Sur le chemin on a gardé le silence, mais une fois à l'hôtel, David, très calme, l'a rompu :

« Eh bien, la soirée aura été intense. » Et d'ajouter, avec dans la voix un soupçon de lassitude : « Elton, ta vie, c'est *toujours* comme ça ? »

Je suppose que c'est une soirée de ce genre qui a donné à David l'envie de réaliser *Tantrums And Tiaras*[1], même si au départ, c'était mon idée. Une boîte de production voulait faire un documentaire sur moi et j'ai dit que ça serait plus intéressant si c'était réalisé par un proche, à qui je m'ouvrirais sans réserve. Je ne voulais pas de l'habituel baratin lénifiant. Il fallait qu'on me voie tel que j'étais, avec mon côté drôle et mon côté ridicule. Et quelque part, David devait avoir envie que le monde sache ce qu'il se coltinait. Ce serait une façon de donner un sens à cette vie de dingue qui,

---

1. De colères et de tiares.

désormais, était aussi la sienne. Il a donc installé son bureau dans le tramway que j'avais acheté en Australie – je savais bien que ça servirait un jour ! – et s'est mis à filmer.

L'idée que les gens découvrent ma facette monstrueuse, déraisonnable, ne me faisait pas peur. Je sais parfaitement que ma vie peut sembler grotesque, tout comme je sais que j'ai l'air d'un parfait connard quand je me mets en rogne pour rien – je passe du calme plat à l'explosion nucléaire en un clin d'œil, et je redescends aussi rapidement. Je tiens mon tempérament volcanique de mes parents, mais je pense que tout créateur, peintre, metteur en scène, acteur ou musicien, porte en lui une capacité à se conduire de manière totalement absurde. C'est la face obscure de la créativité. En tout cas, presque tous les artistes que j'ai connus avaient cette part-là. John Lennon était comme ça. Marc Bolan, Dusty Springfield aussi. Ils étaient formidables et je les adorais, mais on savait tous qu'ils pouvaient vite devenir ingérables. Dusty était une spécialiste, elle m'a confié un jour avoir réussi à maîtriser l'art du pétage de plombs : quand tu arrives à l'étape où tu balances des objets contre les murs, veille surtout à ne rien casser de précieux ou de difficile à remplacer. Moi, je suis juste un peu plus franc à ce sujet que beaucoup d'autres. Surtout de nos jours, car les maisons de disques font faire du média-training à leurs vedettes, elles leur apprennent à masquer leurs défauts de caractère, à pratiquer la langue de bois.

Pas besoin d'un diplôme en histoire du rock pour savoir que j'appartiens à une autre époque, celle où personne n'aurait songé à dire aux pop stars ce qu'elles pouvaient ou non raconter à la presse. J'en suis très heureux, mais il est vrai que mes propos ont parfois donné lieu à des controverses et ont incité les journaux à titrer durant des décennies « THE BITCH IS BACK[1] ». Sans doute a-t-il été méchant de ma part de dire que Keith Richards me faisait penser à un singe arthritique, mais lui-même ne s'est jamais privé de balancer des vacheries sur moi : un prêté pour un rendu. La seule fois où mes propos m'ont valu de gros ennuis, c'est le jour où j'ai déclaré au magazine américain *Parade* qu'à mon avis Jésus aurait très bien pu être un type gay super intelligent et altruiste. J'avais simplement voulu dire qu'on ne sait pas grand-chose du Jésus historique et que ses enseignements sur le pardon et la compassion peuvent donner lieu à tout type d'extrapolation. Mais les fanatiques l'ont mal pris : cela leur avait juste donné l'idée de suggérer aux gens de tuer quiconque disait un truc qui ne leur plaisait pas. Et voilà comment je me suis retrouvé avec des agents de la police d'Atlanta campant dans ma chambre d'amis pendant une semaine. Devant chez moi, des manifestants brandissaient des pancartes ; sur l'une d'elles, on pouvait lire : ELTON JOHN DOIT MOURIR − pas vraiment ce que tu as envie de voir en rentrant chez toi après une soirée. Le type qui la tenait avait posté une vidéo sur YouTube dans laquelle il menaçait de me zigouiller. La police l'a arrêté, et les manifestations ont cessé.

Je pense tout de même qu'un monde où l'on apprend aux artistes à ne rien dire de dérangeant, où l'on cherche à faire d'eux des parangons de perfection, est un monde ennuyeux. En plus, c'est un mensonge. Les artistes ne sont pas parfaits. *Personne* ne l'est. C'est la raison pour laquelle je déteste ces documentaires aseptisés sur des rock stars où chaque personne interviewée répète que ce sont des gens merveilleux. La plupart peuvent être dégueulasses. Elles peuvent se montrer tour à tour fabuleuses

---

1. « La garce est de retour. »

et charmantes, puis odieuses : c'est ça, ce que je voulais qu'on voie dans *Tantrums And Tiaras*.

Tout le monde n'a pas trouvé que c'était une bonne idée. George Michael a visionné les rushes et ça l'a effaré : non pas à cause de ce qu'il a vu – il me connaissait parfaitement – mais pour ce que ça allait révéler. C'était selon lui une grave erreur. John Reid m'a dit qu'il était pour, mais ensuite il n'a pas arrêté de chercher à tout saboter dans mon dos. Ma mère ayant accepté d'être interviewée, il s'est empressé d'aller lui conseiller en douce de ne pas le faire parce qu'il serait surtout question de sexe et de drogue.

J'étais furax : je me moquais de ce que les gens pourraient penser. De manière générale, je ne supporte pas de me voir à l'écran, mais j'ai adoré *Tantrums And Tiaras* parce que ça racontait la vie. David et Polly Steele, la productrice, m'ont suivi pendant une tournée en 1995 avec des caméras vidéo Hi-8. La plupart du temps, j'oubliais qu'on me filmait. Le résultat est décoiffant : on me voit proférer toutes sortes de menaces absolument ridicules, hurler que je ne mettrai plus jamais les pieds en France (parce qu'un fan m'a fait coucou de la main pendant que je jouais au tennis), ou que plus jamais je ne tournerai de clip vidéo (parce qu'on avait oublié mes affaires à l'arrière d'une voiture). Le fait de me voir dans ces états a eu un effet thérapeutique et j'ai changé de comportement – bon, toutes mes psychothérapies y sont sans doute aussi pour quelque chose. Je reste soupe au lait – on ne chasse pas le naturel – mais je suis bien plus conscient que ça représente une dépense inutile d'énergie et que je me sentirai très bête une fois calmé, alors j'essaye de me maîtriser. J'y parviens plus ou moins bien, mais je me donne du mal.

En fait, la seule chose que je regrette à propos de *Tantrums And Tiaras*, c'est l'influence que le film a fini par exercer. Il est vraiment précurseur de la téléréalité, ces émissions où l'on pénètre dans l'intimité d'une célébrité ou, pire encore, d'un individu devenu célèbre via la téléréalité. C'est assez dur d'avoir *Being Bobby Brown* ou *The Anna Nicole Show* sur la conscience. D'une certaine façon, je suis coupable de l'existence de *L'Incroyable Famille Kardashian* : je me jette donc aux pieds de l'humanité pour implorer son pardon.

Tantrums And Tiaras est sorti en 1997. David rentrait d'une conférence de presse à Pasadena pour le lancement en Amérique quand j'ai appris que Gianni Versace avait été assassiné. On venait d'acheter une maison à Nice. Gianni devait nous y rejoindre la semaine suivante pour passer les vacances avec nous – il avait déjà acheté les billets – quand un tueur en série l'avait abattu devant chez lui, à Miami. Cet homme avait déjà commis des meurtres dans le Minnesota, à Chicago et dans le New Jersey. On a dit qu'il faisait une fixation sur Gianni depuis qu'il l'avait croisé dans une boîte de nuit, des années plus tôt, mais personne ne sait si c'est vrai.

Quand John Reid m'a appelé pour m'annoncer l'atroce nouvelle, je me suis effondré. J'ai allumé la télé dans la chambre à coucher et regardé les informations en pleurant toutes les larmes de mon corps. Ce matin-là, Gianni était sorti comme d'habitude. Chaque jour, il achetait toute la presse internationale. Sa maison était jonchée de magazines couverts de Post-it : il notait plein de choses qui avaient attiré son attention, des idées de travail, des sources d'inspiration. Maintenant, il était mort. C'était comme pour John Lennon : pas d'explication, rien qui permette de comprendre, de rationaliser, ne serait-ce qu'un peu. Encore un meurtre dépourvu de sens.

Sa famille m'a demandé de jouer à ses funérailles, prévues au Duomo, la cathédrale de Milan. Elle sou-

haitait que je chante en duo avec Sting, toujours le
23ᵉ psaume, celui que j'avais chanté à Sydney après la
mort de John. La cérémonie a été un véritable bazar. Il
y avait des paparazzis partout, des équipes de télé, des
photographes jusque dans la cathédrale. On étouffait, mais
assez curieusement, c'était ce qu'aurait voulu Gianni. Il
adorait la publicité, c'était d'ailleurs la seule chose qui
m'exaspérait chez lui. Une fois, on était partis ensemble
en Sardaigne, et ses attachés de presse prévenaient les
journaux à chaque fois qu'on devait se rendre quelque
part. J'avais beau lui dire que je détestais ça, il ne
comprenait pas ce qui me dérangeait. « Ma, Elton, ils
t'adorent, ils veulent prendre ta photo, c'est merveilleux,
non ? Ils t'aiment. » Dans la cathédrale, devant la foule
assemblée, deux dignitaires, des *monsignori* ou autres car-
dinaux, nous ont interpellés, Sting et moi, pour nous
poser tout un tas de questions. Qu'allions-nous chanter,
exactement ? Je suppose que ça les gênait qu'on ne soit
pas catholiques. On a eu l'impression de se faire enguir-
lander devant tout le monde par le dirlo pendant l'appel
– sauf qu'il s'agissait de funérailles, dans une cathédrale
remplie de caméras et bombardée par les flashs.

Ils ont fini par nous laisser chanter, un vrai miracle.
Je ne pouvais plus m'arrêter de pleurer. Je pense que
je n'ai jamais vu quelqu'un altéré à ce point par le
chagrin qu'Allegra, la jeune nièce de Gianni. Elle avait
onze ans, il l'adorait, il lui a légué ses parts de l'entreprise. Étrangement, elle s'estimait responsable de sa
mort : elle l'accompagnait toujours quand il allait acheter
ses journaux le matin, mais ce jour-là, elle se trouvait
à Rome avec sa mère. Elle pensait qu'il ne lui serait
rien arrivé si elle avait été avec lui. Plus tard, elle a
souffert de troubles alimentaires épouvantables. On la
retrouvait parfois cachée dans une penderie, agrippée à de

vieux vêtements encore imprégnés de l'odeur de Gianni. C'était affreux. Absolument affreux.

C'est toute la famille Versace qui s'est effondrée à la mort de Gianni. Donatella avait toujours eu un problème avec la cocaïne. Tout le monde le savait, sauf Gianni. Il était d'une grande naïveté sur le sujet. Il ne buvait même pas : il se servait un verre de vin et y ajoutait des glaçons et du Sprite, amplement de quoi dégoûter n'importe qui de l'alcool. Lors des soirées Versace, il se couchait tôt, et c'est là que les choses sérieuses commençaient, Donatella officiant en tant que reine des festivités. Il savait que quelque chose ne tournait pas rond chez elle, mais ne comprenait pas quoi. Je me souviens d'une promenade avec lui dans le parc, à Woodside, où il m'avait dit : « Je ne comprends pas ma sœur, un jour ça va, le lendemain ça ne va plus, son humeur fait des bonds, je ne comprends pas. » Je lui avais expliqué qu'elle était accro à la cocaïne, que j'en avais souvent pris avec elle avant de devenir clean. Il n'en croyait pas ses oreilles – il n'avait absolument aucune idée de la vie qu'elle menait loin de lui.

Après sa mort, Donatella a vraiment lâché prise. Je ne la voyais pratiquement plus – elle m'évitait parce qu'elle savait que je désapprouvais. Pourtant, un soir, elle est venue voir un concert que je donnais à Reggio Calabria. Elle était vraiment très défoncée. Pendant que je jouais, elle est restée assise sur le côté de la scène, sans cesser de verser des torrents de larmes. Soit elle trouvait le show vraiment nul, soit c'était un appel au secours.

Alors on a décidé de faire une intervention. David et Jason Wiesenfeld, son attaché de presse, l'ont organisée le jour des dix-huit ans d'Allegra, dans l'ancien appartement de Gianni, via Gesù. J'y étais, ainsi que David, Jason et nos amies Ingrid Sischy et sa compagne, Sandy. On attendait tous dans un petit salon. Donatella et Allegra sont arrivées, vêtues de robes Atelier Versace absolument extravagantes, éblouissantes, et elles se sont installées sur un divan pendant qu'on prenait la parole à tour de rôle. Ensuite, il y a eu un silence très pesant. On ne sait jamais comment l'intervention va se passer : si l'intéressé n'est pas prêt à admettre qu'il a un problème, c'est la catastrophe assurée. Soudain, Donatella s'est exclamée, théâtralement : « Ma vie est comme ta chanson "Candle In The Wind" ! Je veux mourir ! »

On lui a fait appeler la clinique The Meadows, à Scottsdale, dans l'Arizona. On n'entendait que ce qu'elle disait, c'était dingue : « Oui, c'est cela... de la cocaïne... Et aussi des cachets... Oh, une poignée de ceux-là et une poignée d'autres, et si ça ne marche pas je mélange le tout et je l'avale... Oui... D'accord, je viens tout de suite, mais à une seule condition : PAS DE CUISINE GRASSE ! »

Vraisemblablement rassurée quant à l'absence de graisse dans la cuisine de l'établissement, elle est partie comme ça, dans la même robe. Le lendemain, Jason Wiesenfeld nous a appelés de là-bas pour confirmer son hospitalisation. L'établissement avait pour règle d'interdire toute forme de maquillage, ce qui avait posé problème, et puis Donatella avait fait une scène parce qu'elle avait oublié son déodorant, mais sinon tout s'était bien passé : elle allait suivre leur programme de désintoxication. On a félicité Jason pour son efficacité.

« Ouais, a-t-il dit d'un ton las. Il ne me reste plus qu'à faire le tour de Scottsdale pour essayer de trouver un putain de déodorant Chanel. »

Après les funérailles, on a invité Antonio, le compagnon de Gianni, à venir passer quelque temps avec nous à Nice. Il était désemparé. Il ne s'entendait pas bien avec la famille. Ce fut un été étrange, triste, dans cette maison que nous venions d'acheter et de décorer dans un style très marqué par celui de Gianni, à qui on avait eu hâte de la montrer pour qu'il nous dise ce qu'il en pensait. Un soir, David a déclaré sur un ton qui ne supportait pas la contradiction que je devais impérativement m'occuper de ma sécurité. Je m'y étais toujours refusé, même après l'assassinat de John. Dans les années soixante-dix, j'avais embauché comme garde du corps un certain Jim Morris, mais c'était plus un truc gay qu'autre chose. Jim était culturiste – il avait remporté le concours Mister America – et il assumait son homosexualité, ce qui à l'époque n'était pas rien pour un Noir, et dans ce milieu encore moins. Son job consistait surtout à me porter sur ses épaules pour mon entrée en scène. Mais là, ça devenait sérieux. Le monde avait bien changé.

Notre été était sur le point de prendre un tour encore plus triste. À la fin du mois d'août, un dimanche matin, nous avons été réveillés par le crépitement du fax. David est allé voir et il est revenu avec un papier, quelques mots gribouillés par un ami londonien : « Vraiment désolé d'apprendre cette atroce nouvelle. » De quoi parlait-il ? Il ne pouvait pas s'agir de Gianni, son assassinat remontait à six semaines. Avec une terrible appréhension, j'ai allumé le poste. Et c'est ainsi que j'ai appris la mort de la princesse Diana.

Quatorze

J'ai rencontré Diana en 1981, juste avant son mariage avec le prince Charles. C'était lors de la fête d'anniversaire des vingt et un ans du prince Andrew, au château de Windsor, où Ray Cooper et moi devions nous produire. La soirée a été totalement surréaliste. L'extérieur du château était illuminé par des éclairages psychédéliques et, avant notre concert, un DJ assurait l'animation musicale. Comme il était hors de question de heurter les royales oreilles de Sa Majesté la reine, le son était si bas qu'on aurait aussi bien pu le couper sans que ça change grand-chose, le bruit des semelles sur la piste de danse suffisant à couvrir la musique. J'ai dansé avec la princesse Anne sur « Hound Dog » d'Elvis Presley. Je dis « danser », mais il s'agissait en vérité de se dandiner d'un pied sur l'autre en évitant de faire trop de bruit. Puis, en tendant bien l'oreille, on a compris que le DJ avait enchaîné avec « Rock Around The Clock ». C'est alors que la reine est apparue, munie de son sac à main. Elle s'est approchée et nous a demandé si elle pouvait se joindre à nous. J'ai donc dansé aussi silencieusement que possible avec la princesse Anne et la reine – agrippée à son sac à main tandis que le DJ le plus discret de la planète passait du Bill Haley. Curieusement, j'ai repensé au jour où The Band avait envahi ma loge en exigeant d'entendre mon dernier album, ou celui où j'avais fait la connaissance de Brian Wilson, qui n'avait cessé de me chanter le refrain de «Your Song». Onze ans avaient passé, et ma vie avait vraiment changé, mais j'essayais encore de prétendre que tout était normal alors que le monde autour de moi devenait résolument fou.

J'ai un lien particulier avec la famille royale. Je les ai toujours trouvés super drôles et charmants. Je sais bien que l'image publique de la reine n'est pas vraiment celle d'une boute-en-train, mais j'attribue ça essentiellement à la nature de son boulot. Prenons le jour où j'ai été anobli et fait commandeur de l'ordre de l'Empire britannique. Elle a passé deux heures et demie à remettre des décorations et à prononcer quelques mots aimables à l'oreille de plus de deux cents personnes, l'une après l'autre. Ce n'est pas donné à tout le monde de savoir aligner deux cents commentaires bienveillants. Elle te demande si tu as beaucoup de travail en ce moment, tu réponds : «Oui, M'dame», elle te dit : «Nous en sommes ravis», et hop, au suivant. En privé, c'est une autre affaire : elle est marrante. Une fois, lors d'une réception, je l'ai vue s'approcher du vicomte Linley (un de ses neveux) et lui demander d'aller vérifier que sa sœur, qui était remontée dans ses appartements après un léger malaise, se sentait mieux. Comme le vicomte rechignait, elle s'est mise à le gifler gentiment en répétant : «Ne (PIF) discutez (PAF) pas (PIF). Je (PAF) suis (PIF) LA REINE!» Ça a produit l'effet recherché. S'apercevant que je n'avais rien perdu de la scène, elle m'a adressé un clin d'œil avant de s'éloigner.

Malgré toute la gentillesse et le sens de l'humour de la famille royale – qu'il s'agisse de critiquer la couleur de mon Aston Martin, de me demander si je prenais beaucoup de coke avant de monter sur scène ou de m'adresser un clin d'œil mutin après avoir giflé un royal neveu –, je finissais tôt ou tard par me sentir comme un intrus et me dire : « Trop bizarre. Je ne suis qu'un musicien, issu d'une banlieue populaire de Londres, alors qu'est-ce que je fiche ici ? » Mais avec Diana, ça ne m'arrivait jamais. En dépit de son rang et de ses origines sociales, c'était la plus sociable des créatures, elle parlait avec tout le monde et savait à merveille se rendre ordinaire, mettre tous les gens à l'aise en sa présence. Ses enfants ont hérité de ce don, en particulier le prince Harry : le portrait craché de sa mère, il est tout sauf grandiloquent et formel. La fameuse photo où elle tient la main d'un malade du sida au London Middlesex Hospital résume Diana à la perfection. Je ne pense pas qu'elle ait à aucun moment cherché à faire passer un message, même si c'est bien le résultat qu'a eu cette photo, puisqu'elle a transformé à jamais la perception qu'avait le public de cette maladie. Devant un être humain qui agonisait dans des souffrances atroces, elle a fait la seule chose qui convenait : elle lui a pris la main, elle l'a touché. C'est un réflexe naturel, humain, un geste de réconfort.

Lors de cette soirée de 1981, ça a tout de suite bien accroché entre nous. On a fait semblant de danser le charleston tout en réclamant qu'on monte le son. Dans toutes les situations, c'était la meilleure des compagnes, la meilleure des convives, indiscrète au possible, friande de potins : tu pouvais tout lui demander, elle te le racontait. La seule chose étrange, c'était sa façon de parler du prince Charles. Elle ne l'appelait jamais par son prénom, et encore moins par un surnom affectueux : elle disait toujours « mon mari », jamais « Charles ». On sentait des rapports distants, froids et formels, ce qui était d'autant plus étrange s'agissant de Diana, qui était tout sauf ça : elle ne parvenait pas à s'habituer au côté collet monté de certains membres de la famille royale.

J'étais subjugué par Diana mais ce n'était rien à côté de l'effet qu'elle avait sur les mâles hétéros. En sa présence, ils perdaient totalement les pédales : elle les ensorcelait, littéralement. À l'époque où je travaillais sur *Le Roi lion*, Jeffrey Katzenberg, le patron de Disney, est venu en Angleterre et j'ai organisé un dîner à Woodside pour lui et Marilyn, son épouse. Je leur ai demandé s'il y avait des gens qu'ils souhaitaient rencontrer et ils ont tout de suite dit : « La princesse Diana. » Je l'ai donc invitée en même temps que George Michael, Richard Curtis et sa femme, Emma Freud, Richard Gere et Sylvester Stallone, qui se trouvaient tous deux à Londres. Et là, on a assisté à une scène très particulière. Richard Gere et Diana ont tout de suite été attirés l'un vers l'autre. Diana était déjà séparée de Charles et Richard venait de rompre avec Cindy Crawford. Ils se sont installés par terre, devant la cheminée, et se sont lancés dans une grande discussion, comme si le reste du monde n'existait pas. Pendant que nous autres continuions à parler, j'ai remarqué qu'une ambiance particulière gagnait le salon. Et à en juger par les regards que lançait Stallone dans leur direction, l'entente manifeste entre Diana et Richard Gere ne lui plaisait pas du tout. Je crois bien qu'il était venu dans la ferme intention de faire du gringue à la princesse, mais que ses plans avaient buté sur un obstacle imprévu.

Quand le dîner a été servi, on a tous pris place autour de la table. Ou du moins presque tous, parce qu'il manquait Richard Gere et Sylvester Stallone. On a attendu. Toujours rien. J'ai fini par demander à David d'aller les retrouver. Lorsqu'il est revenu avec eux, il était blême.

« Elton, nous avons… un petit problème. »

Il avait surpris les deux stars dans le couloir, se toisant mutuellement et s'apprêtant manifestement à régler leur différend au sujet de Diana à coups de poing. David les avait calmés en faisant semblant de ne pas comprendre ce qui se passait – « Hé, les gars, à table ! » – mais Sylvester était clairement furieux. Après le repas, Richard et Diana ont repris leur place devant la cheminée et Sylvester, cachant mal son dépit, a mis les voiles.

« Si j'avais su que le putain de prince charmant serait là, je ne serais pas venu, a-t-il aboyé comme David et moi le raccompagnions à la porte. Je n'aurais eu qu'à claquer des doigts pour l'emballer ! »

On a attendu que sa voiture se soit éloignée avant d'éclater de rire. Dans le salon, Richard Gere et Diana discutaient toujours, les yeux dans les yeux. Elle semblait imperturbable. Peut-être n'avait-elle pas perçu ce qui s'était passé ? À moins que cela lui arrive si souvent qu'elle était blasée ? Après sa mort, on a beaucoup parlé de l'« Effet Diana », sa capacité à faire changer l'opinion publique à l'égard de la famille royale, du sida, de la boulimie ou de la maladie mentale... Mais cette expression me renvoie toujours à cette fameuse soirée, et l'autre « Effet Diana » : elle pouvait amener des vedettes de cinéma au bord de l'empoignade en plein dîner mondain comme des adolescents idiots en proie à une montée d'hormones.

Diana fut l'une de mes plus proches amies pendant des années, puis, contre toute attente, on s'est brouillés à cause d'un livre de Gianni Versace intitulé *Rock And Royalty*. C'était une galerie de portraits de rock stars par de grands photographes : Richard Avedon, Cecil Beaton, Herb Ritts, Irving Penn, Robert Mapplethorpe. Les bénéfices devaient être versés à la Fondation Elton John contre le sida. Diana avait accepté de rédiger une préface. Puis elle s'est rétractée. Buckingham Palace avait dû voir d'un mauvais œil qu'un membre de la famille royale appose son nom sur un livre plein de photos de types à la nudité à peine cachée par une serviette. Diana a donc annoncé à la toute dernière minute qu'elle n'écrirait pas la préface. Elle a prétexté ne pas avoir été mise au courant du contenu du livre, ce qui était faux : Gianni lui avait montré la maquette et elle n'avait rien trouvé à redire. Je lui ai écrit une lettre pour l'implorer, lui expliquant ce qu'il en coûterait à la Fondation et lui rappelant qu'elle avait vu ce qu'il y aurait dans le livre. J'ai reçu une réponse aussi froide que formelle : « Cher Monsieur John... » Et ça en est resté là. Je lui en ai voulu, mais j'étais inquiet aussi. Elle semblait vouloir prendre ses distances avec ses plus proches amis, ceux qui n'hésitaient pas à lui dire les choses en face. Elle s'entourait en revanche de courtisans qui ne lui disaient que ce qu'elle voulait entendre, ou qui l'écoutaient en hochant la tête quand elle laissait libre cours, après son divorce, à certaines idées plutôt paranoïaques sur la famille royale. Je savais d'expérience que c'était une situation malsaine.

Je ne lui ai plus parlé jusqu'à l'assassinat de Gianni. Elle a été la première à m'appeler après que John Reid m'a annoncé sa mort. Je ne sais même pas comment elle a eu mon numéro à Nice, on n'y était installés que depuis peu. Elle se trouvait sur la côte elle aussi, à Saint-Tropez, à bord du yacht de Dodi Al-Fayed. Elle m'a demandé comment j'allais, si j'avais parlé à Donatella. Et elle a ajouté : « Je suis vraiment désolée qu'on se soit disputés, c'est idiot. Restons amis. »

Elle est venue avec nous aux funérailles, splendide, bronzée, un simple collier de perles autour du cou. Je retrouvais l'être chaleureux, affectueux, sensible de toujours. Dès qu'elle a pénétré dans la cathédrale, les paparazzis se sont déchaînés, comme si la plus grande star du monde venait d'arriver, ce qui était peut-être le cas. Ils n'ont cessé de la mitrailler pendant toute la cérémonie. Je dois toutefois préciser que le célèbre cliché où on la voit me consoler – j'ai les yeux rouges et bouffis par les larmes, elle se penche vers moi comme pour me parler – a été pris alors qu'elle ne faisait rien de tel. Elle passait devant moi au moment de partir et s'est avancée pour prendre une pastille de menthe que David lui tendait. Ses fameuses paroles de réconfort ont été en fait : « Oh, oui, je veux bien un bonbon. »

Je lui ai écrit un peu plus tard et elle m'a proposé d'être la marraine de ma fondation. Elle m'a aussi demandé si je voulais bien m'investir dans son association de lutte contre les mines antipersonnel. Nous avons prévu de déjeuner ensemble à Londres le plus vite possible pour renouer.

Nous n'en avons jamais eu l'occasion.

Peu après sa mort, j'ai reçu un coup de fil de Richard Branson. Il m'a raconté que de très nombreux messages de condoléances déposés à St James citaient ma chanson « Candle In The Wind ». Il m'a appris qu'elle passait aussi sur pas mal de radios – bouleversant leurs programmes habituels, ces dernières diffusaient des musiques plutôt tristes, conformes à l'humeur du public. Branson m'a demandé si j'accepterais d'en modifier les paroles et de l'interpréter lors des funérailles. Je ne m'y attendais pas du tout. La famille Spencer avait dû se tourner vers Richard pour faire de la cérémonie un événement auquel tous pourraient s'identifier : surtout pas une cérémonie royale, formelle, pompeuse et protocolaire, à mille lieues de tout ce qu'était Diana.

J'ai donc appelé Bernie, certain qu'il s'agissait pour lui d'une tâche extrêmement difficile. Non seulement la nouvelle version allait être interprétée devant des mil-

330 MOI, ELTON JOHN

liards de personnes – la cérémonie serait forcément un événement planétaire – mais il faudrait l'approbation de la famille royale et de l'Église anglicane. Bernie a été sidérant : il a pris l'écriture d'une chanson destinée à être soumise à la reine et à l'archevêque de Canterbury comme un boulot parmi d'autres. Le lendemain, il m'a faxé les paroles, je les ai transmises à Richard Branson et elles ont été validées.

Une répétition était prévue à l'abbaye de Westminster la veille des funérailles, et je me demandais encore en m'y rendant à quelle sauce j'allais être mangé. J'avais en tête le souvenir de la messe donnée pour Gianni, quand des ecclésiastiques avaient clairement indiqué qu'ils jugeaient déplacé de me laisser chanter ; il ne s'agissait alors que d'interpréter un psaume au cours d'une céré-monie privée, pas une chanson pop lors d'un événement officiel. Et si on ne voulait pas de moi, là non plus ?

Mais ça ne s'est pas du tout passé comme à Milan. L'archevêque a été d'une grande gentillesse. Il régnait une atmosphère fraternelle, et chacun y mettait du sien pour que tout se passe au mieux. J'ai demandé qu'on installe un prompteur à côté du piano avec les nouvelles paroles. J'avais toujours refusé d'en utiliser, notamment parce que ça me semble être à l'opposé de la spontanéité du rock – je suis sûr que Little Richard ne lisait pas les paroles de « Long Tall Sally » sur un engin de ce type quand il l'a enregistré. Et puis je me disais aussi, arrête, fais ton boulot. Tu n'as que trois choses à t'occuper sur scène : chanter en rythme, jouer les bonnes notes et te rappeler les paroles. Si tu n'arrives à en faire que deux sur trois, trouve-toi un autre job. C'est pour ça que je déteste à ce point le play-back. Mais cette fois j'ai préféré me montrer un peu moins exigeant avec moi-même. C'était une expérience unique, qui ne se reproduirait pas. C'était sans doute le moment le plus important de ma carrière – pendant quatre minutes, le monde entier allait avoir les yeux rivés sur moi – mais ça n'était pas un moment estampillé Elton John, ça ne m'appartenait pas. C'était très étrange.

J'ai vraiment pris conscience de l'étrangeté de la situation quand je suis arrivé à l'abbaye de Westminster, le lendemain. David et moi étions avec George Michael – c'était bien avant notre brouille à propos de son addiction. Il m'avait appelé pour me demander si je voulais bien qu'on s'y rende ensemble. Pendant le trajet, George était tellement triste qu'il ne pouvait articuler un mot, il n'y a pas eu de conversation, rien. La cathédrale était pleine de gens que je connaissais : Donatella Versace, David Frost, Tom Cruise et Nicole Kidman, Tom Hanks et Rita Wilson. C'était irréel, comme dans un rêve. On était là, dans le saint des saints, à deux pas de la famille royale. William et Harry étaient en état de choc. Ils avaient quinze et douze ans, et je trouvais inhumain ce qu'on leur infligeait ce jour-là. Ils avaient dû suivre à pied le cercueil de leur mère dans les rues de Londres, on leur avait expliqué qu'ils ne devaient manifester aucune émotion et regarder droit devant eux. Quelle horrible manière de traiter des gamins qui viennent de perdre leur mère.

La vérité, c'est que j'ai à peine fait attention à tout cela. Mes nerfs ne m'ont pas lâché, mais je ne vais pas prétendre que le fait d'être vu par deux milliards de personnes ne me préoccupait pas. Au moins, je me trouvais dans la partie de la cathédrale où se tenaient les représentants des différentes associations parrainées par Diana, dont mes amis de la Fondation Elton John contre le sida – Robert Key, Anne Aslett et James Locke. Je n'avais pas vraiment le trac, mais une peur bien plus précise : et si je passais en pilote automatique sans m'en rendre compte et que je me mette à chanter les anciennes paroles ? Je les avais chantées des centaines de fois. Il était parfaitement possible que je m'égare, que j'oublie le prompteur et que je chante les paroles d'origine. Serait-ce épouvantable à ce point ? Pire encore. Certes, les gens citaient l'original dans le livre de condoléances, mais certains passages n'étaient pas du tout adaptés aux circonstances. Va donc expliquer pourquoi tu as évoqué le cadavre dénudé de Marilyn Monroe lors de funérailles nationales suivies par deux milliards de personnes.

C'est alors qu'il s'est produit une chose insolite. Je me suis d'un coup retrouvé transporté ailleurs, des années plus tôt, lors de ma première tournée américaine. Je devais passer à la télévision, dans le *Andy Williams Show*, en même temps que Mama Cass Elliott, du groupe The Mamas and the Papas, et Ray Charles. À mon arrivée, les producteurs m'ont annoncé que je n'allais pas simplement jouer au cours de la même émission qu'eux, mais qu'on jouerait ensemble. Ils pensaient que c'était une surprise géniale, que j'allais être ravi. Ils avaient tout faux. Mama Cass, d'accord, Andy Williams, d'accord, mais Ray Charles ? Vous êtes sérieux ? Ray Charles ? Brother Ray ? Le génie ? Le type qui m'avait fait rêver des heures et des heures, moi planqué dans ma chambre avec ma collection de disques, faisant du play-back sur son album live, *Ray Charles At Newport* ? Quel crétin avait eu cette idée formidable de le faire chanter avec moi sur les ondes nationales ? Moi, un chanteur anglais inconnu en binôme avec l'homme qui, en gros, avait inventé la soul ? C'était bien la pire idée que j'aie jamais entendue. Et j'étais coincé. Ma carrière débutait, c'était ma première apparition à la télé américaine. Je ne pouvais pas me permettre d'en contrarier les dirigeants en minaudant. Alors je l'ai fait. Je me suis levé et j'ai chanté « Heaven Help Us All » avec Ray Charles – il jouait sur un piano blanc, moi sur un piano noir. Ça s'est très bien passé. Ray Charles, adorable, a tout fait pour me rassurer – « Alors mon biquet, comment ça va ? » –, ce qui est souvent le cas des artistes qui n'ont plus rien à prouver.

Ça m'avait appris quelque chose. Parfois il faut simplement se jeter à l'eau, même si on est à des milliers de kilomètres de sa zone de confort. Il faut plonger au fond de soi-même, oublier toutes ses émotions et se dire : je suis un artiste, c'est mon métier. Allez, au boulot.

Ce jour-là, à Westminster Abbey, j'ai donc fait mon boulot. Je n'ai pas de souvenir précis de ma prestation, seulement des applaudissements qui ont suivi. Ils sont venus de l'extérieur et se sont propagés à l'intérieur de la cathédrale. La famille royale avait obtenu l'effet escompté en me demandant de chanter : j'avais fait le lien avec la population au-dehors. Après la cérémonie, je me suis rendu directement aux studios Townhouse, à Shepherd's Bush, où George Martin m'attendait : on avait décidé de produire un single avec cette nouvelle version de « Candle In The Wind », dont les recettes financeraient une fondation créée à la mémoire de Diana. J'ai fait deux prises au piano, puis je suis rentré chez moi tandis que George Martin se chargeait d'y ajouter un quatuor à cordes. Quand je suis arrivé à Woodside, David se trouvait dans la cuisine, où il suivait la retransmission à la télé. Le cortège funéraire était parvenu à l'autoroute M1, et les gens lançaient des fleurs sur le corbillard depuis les ponts. Et c'est là que je me suis effondré. Je n'avais pas pu manifester d'émotion de toute la journée. J'avais un travail à accomplir, et les sentiments que m'inspirait la mort de Diana auraient pu y faire obstacle ; c'étaient ses funérailles, pas les miennes. Jusqu'à cet instant-là, je n'avais pas pu laisser libre cours à mon chagrin.

La réaction suscitée par le single a été délirante. Les

gens faisaient la queue devant les disquaires puis se pré-
cipitaient à l'intérieur pour ressortir avec des dizaines de
CD sous le bras. On citait toutes sortes de statistiques
absurdes. On a même dit qu'il s'en vendait six exemplaires par seconde ; c'était la première fois qu'un single
se vendait à une telle cadence ; c'était même le single
qui s'était le mieux vendu dans toute l'histoire de la...
Finlande. Il est devenu disque d'or dans les endroits
les plus divers, de l'Indonésie au Moyen-Orient. Et ça
n'en finissait plus. Il est resté numéro un aux USA
pendant quatorze semaines ; dans le Top 20 au Canada
pendant trois ans. D'un côté, je n'y comprenais rien :
qui pouvait bien avoir envie d'écouter ça ? Pas moi, en
tout cas. J'ai chanté la chanson trois fois en tout et
pour tout – une fois dans la cathédrale et deux fois en
studio – ensuite je l'ai réécoutée pour valider le mixage,
et puis plus jamais. Les gens qui l'achetaient voulaient
sans doute contribuer à la fondation, et c'était formidable,
mais à l'arrivée une part considérable des 38 millions
de livres engendrées par les ventes ne serviraient à rien.
La fondation s'est mise à défendre le droit à l'image de
Diana contre des profiteurs qui faisaient du merchandising
sur son dos – il y avait des assiettes, des poupées, des
T-shirts à son effigie – et les fonds ont peu à peu été
engloutis par les honoraires d'avocat. La fondation a perdu
un procès contre une société américaine appelée Franklin
Mint à qui elle a dû verser des millions pour régler
à l'amiable une affaire de procédure abusive. Sans doute
était-elle dans son bon droit mais ça ne pouvait que
nuire à son image. Elle donnait l'impression de préférer
consacrer les fonds collectés à ses frais de justice plutôt
qu'à des opérations de déminage, d'aide aux femmes, ou
de toute autre chose dont elle était censée s'occuper.

J'ai commencé à mal supporter ce succès qui n'en finissait pas. On a vu pendant des semaines et des semaines

des images des funérailles de Diana dans l'émission *Top of the Pops* – ça en devenait gênant, comme si les gens se complaisaient dans sa mort et refusaient de tourner la page. C'était malsain – morbide et pas naturel. Et ce n'était certainement pas ce qu'aurait voulu Diana. Les médias, après s'être fait l'écho de l'émotion générale, l'attisaient à présent parce que ça boostait leurs ventes.

C'était insupportable, et je m'interdisais de faire quoi que ce soit qui y contribue encore plus. Alors quand Oprah Winfrey m'a proposé de participer à son talk-show pour parler de la mort de Diana, j'ai dit non. J'ai refusé que la fondation inclue « Candle In The Wind » dans un CD commémorant sa vie. La chanson n'a jamais figuré dans aucune de mes compilations et elle n'a jamais été remise en vente. J'ai même cessé de chanter la version originale du morceau en concert pendant quelques années. J'estimais opportun qu'on ne l'entende plus pendant un moment. Quand je suis reparti en tournée cet automne-là, j'ai honoré la mémoire de Diana et de Gianni en interprétant « Sand And Water », une chanson tirée d'un album de Beth Nielsen Chapman sorti le jour de l'assassinat de Gianni. J'avais passé l'album en boucle à Nice : « *I will see you in the light of a thousand suns, I will hear you in the sound of the waves, I will know you when I come, as we all will come, through the doors beyond the grave*[1]. » J'ai refusé d'aborder le sujet avec les journalistes : l'obsédé des classements que je suis se réjouissait d'avoir sorti le plus grand single de toute l'histoire des charts, mais les circonstances étaient telles que je préférais ne pas trop y réfléchir. Lors du vingtième anniversaire de la mort de Diana, à la demande

---

1. « Je te verrai sous la lumière de mille soleils, je t'entendrai dans le son des vagues, je te reconnaîtrai quand je franchirai, comme nous franchirons tous un jour, les portes au-delà de la tombe. »

expresse du prince Harry, j'ai donné une interview pour évoquer son rôle dans la lutte contre le sida.

Ce single suscitait en moi des sentiments très particuliers, c'est indiscutable. On avait vécu un été terrible. Après la mort de Gianni, j'avais eu l'impression que le monde était sorti de son axe et était devenu fou : l'assassinat, la cérémonie, la réconciliation avec Diana, la semaine passée dans la maison de Nice avec le compagnon de Gianni, Antonio, la mort de Diana, les funérailles, le déchaînement autour de « Candle In The Wind ». Je ne cherchais pas à tirer un trait sur tout ça, je voulais juste que la vie reprenne un semblant de normalité. Alors, je me suis replongé dans le travail. Je suis parti en tournée. J'ai organisé une vente de mes tenues de scène au bénéfice de ma fondation, événement que j'ai intitulé « Sorti du placard ». J'ai enregistré une chanson pour la série animée *South Park* – difficile de faire plus éloigné de « Candle In The Wind » interprétée à des obsèques nationales. J'ai commencé à discuter d'une tournée avec Tina Turner, une belle idée qui a rapidement tourné au désastre. On n'en était qu'aux préliminaires quand elle m'a appelé chez moi pour bien me faire savoir que j'étais un type épouvantable et que j'avais intérêt à changer si je voulais qu'on travaille ensemble. Elle n'aimait pas mes cheveux, elle n'aimait pas la couleur de mon piano – qui pour une raison mystérieuse aurait dû être blanc – et elle n'aimait pas mes fringues :

« Tu portes trop de Versace, ça te grossit, il faut que tu portes du Armani », a-t-elle décrété.

Pauvre Gianni ! Il a dû se retourner dans sa tombe en entendant ça : les maisons Versace et Armani se détestaient cordialement. Armani disait que Versace était vulgaire, et Gianni trouvait le travail d'Armani aussi terne qu'ennuyeux. J'ai raccroché et j'ai fondu en larmes :

« On aurait dit ma putain de *mère* ! » me suis-je lamenté auprès de David. J'aime à penser qu'avec les années mon cuir s'est épaissi, et pourtant, entendre l'une des plus grandes chanteuses soul de tous les temps – avec qui j'étais censé collaborer – m'expliquer dans le détail combien elle détestait tout ce que je représentais m'a profondément atteint.

Notre relation de travail n'avait pas démarré sous les meilleurs auspices, mais aussi incroyable que cela puisse paraître, ça a encore empiré. On devait chanter ensemble lors d'un grand concert intitulé VH1 Divas Live : les morceaux choisis étaient « Proud Mary » et « The Bitch Is Back ». Mon groupe est allé répéter avec Tina quelques jours avant moi pour s'habituer à travailler avec un chanteur différent. À mon arrivée, je n'ai pas été accueilli par des artistes communiant joyeusement autour de leur passion partagée pour la musique, mais par mes musiciens qui m'ont directement annoncé que si je partais en tournée avec Tina Turner, ce serait sans eux, parce que travailler avec Tina Turner était un « putain de cauchemar ». J'ai cherché à comprendre quel était le problème.

« Tu verras », a soupiré Davey Johnstone d'un air lugubre.

Et j'ai vu. Tina refusait d'appeler les musiciens par leur nom – quand elle s'adressait à l'un d'eux, elle pointait son doigt sur lui et hurlait : « Hé, toi ! » On a commencé à jouer « Proud Mary ». Ça sonnait super. Tina a tout arrêté, elle n'était pas contente :

« C'est toi ! a-t-elle hurlé en désignant mon bassiste, Bob Birch. Tu ne joues pas ça comme il faut. »

Il l'a assurée du contraire et on a repris. Tina nous a encore hurlé d'arrêter. Cette fois, c'était Curt, mon batteur, qui posait problème. On a continué comme ça pendant un moment, en s'arrêtant et en reprenant toutes les trente secondes, chaque membre du groupe étant pris à partie à tour de rôle, jusqu'au moment où Tina a enfin découvert la véritable source du problème. Le doigt accusateur s'est alors arrêté sur moi :

« C'est toi ! Tu ne joues pas ça comme il faut !

– Pardon ?

– Tu ne le joues pas bien, a-t-elle craché. C'est pas comme ça que ça se joue. »

Le débat qui a suivi autour de la question de savoir si j'étais capable de jouer convenablement « Proud Mary » s'est rapidement enflammé, et j'y ai mis un terme en suggérant à Tina de se fourrer sa chanson dans le cul. Après quoi je me suis levé et je suis parti. Réfugié dans ma loge, j'oscillais entre rage et incompréhension. J'ai piqué beaucoup de crises au cours de ma carrière, mais je n'ai jamais dépassé certaines limites : il est une règle non écrite qui interdit à un musicien de traiter un autre musicien comme de la merde. Tina souffrait-elle d'insécurité ? Elle avait été particulièrement mal traitée au début de sa carrière, elle s'était fait escroquer, battre et humilier durant des années. Était-ce la cause de son comportement envers les autres ? Je suis allé la voir dans sa loge pour m'excuser.

Elle m'a alors expliqué que j'improvisais trop, que j'ajoutais constamment des petits ornements et des variations au piano. J'ai toujours travaillé comme ça. Avec l'Elton John Band des débuts, on ne jouait jamais les morceaux de la même manière, l'interprétation changeait selon l'humeur du moment. C'est l'une des raisons pour lesquelles j'aime les concerts – la musique reste fluide, rien n'est gravé dans le marbre, on a toujours une marge de manœuvre, les musiciens s'influencent les uns les autres, ça préserve la fraîcheur du moment. Il n'y a rien de plus plaisant sur scène que lorsqu'un musicien fait quelque chose d'inattendu qui sonne super bien. On se regarde, on acquiesce et on rit – *c'est tout l'intérêt de la chose.* Mais Tina ne partageait pas mon point de vue. Tout devait être joué exactement de la même manière à chaque fois, tout était répété dans le moindre détail. Là, j'ai compris que la tournée n'aurait pas lieu. Plus tard, on a fini par se rabibocher avec Tina, elle est venue dîner à Nice et a laissé un beau baiser rouge en guise d'hommage sur le livre d'or de la maison.

À la place de la tournée avec Tina, j'ai proposé à Billy Joel qu'on donne une série de concerts à deux. Ça nous arrivait régulièrement depuis le début des années quatre-vingt-dix : on montait sur scène ensemble et chacun jouait les chansons de l'autre, c'était génial. On était pianistes tous les deux, on avait une approche similaire de la musique, même si Billy était un auteur à l'américaine, avec un côté très *East Coast*, à la Lou Reed ou Paul Simon. Ces artistes sont très différents, mais on entend tout de suite en les écoutant qu'ils viennent de New York, même si on ne sait rien d'eux. Avec Billy, on a joué ensemble pendant des années, mais ça s'est mal terminé. À l'époque, il avait des problèmes personnels, dont le plus grave concernait l'alcool. Pour soigner une infection pulmonaire, il se gavait de médicaments dans sa loge qu'il avalait à grand renfort de bibine, puis il s'endormait littéralement sur scène au beau milieu de « Piano Man ». Ensuite, il se réveillait, saluait le public avant de se précipiter au bar de l'hôtel, où il traînait jusqu'à 5 heures du matin. J'ai fini par lui suggérer de se faire aider, comme moi avant lui, mais il n'a pas du tout apprécié. Il m'a accusé de le juger, ce qui était injuste. Je ne supportais plus de voir ce type formidable s'infliger un tel traitement. Mais tout ça, c'est arrivé bien plus tard. Au début, les tournées avec Billy étaient géniales : elles étaient différentes, on prenait vraiment notre pied, le public adorait, et le succès était au rendez-vous.

Ce regain d'activité m'a fait croire que la folie de l'été précédent était reléguée dans le passé. Mais le monde ne semblait pas avoir vraiment envie de se calmer. Un jour, à Milan, j'ai remarqué que les gens m'évitaient dans la rue. Les femmes faisaient le signe de croix et les hommes s'agrippaient l'entrejambe en me voyant. J'ai appris qu'on racontait que j'avais le mauvais œil, à cause de Gianni et Diana. On ne m'aurait pas plus mal accueilli si j'avais été déguisé en Grande Faucheuse.

Puis, comme si se faire traiter en ange de la mort ne suffisait pas, je me suis pris un sale coup sur la tête. En mars 1998, j'étais en tournée en Australie avec Billy, quand j'ai reçu un appel de David, resté à Woodside. Les femmes qui s'occupaient des compositions florales une fois par semaine lui avaient téléphoné pour lui annoncer qu'elles ne pouvaient plus travailler pour nous parce qu'elles n'étaient plus payées depuis un an et demi. David avait contacté le bureau de John Reid pour tirer les choses au clair, et il lui avait été répondu que si les fleuristes ne recevaient plus rien, c'était parce qu'il n'y avait plus de quoi les payer. Visiblement, j'étais ruiné.

Ça n'avait ni queue ni tête. John Reid prétendait que j'avais dépensé tout mon argent, et même plus. Certes, je me connais par cœur, et s'il y a une chose que je ne suis pas, c'est un modèle de sobriété et de gestion – même si on peut toujours trouver pire, Gianni par exemple. Je dépensais énormément d'argent. J'avais quatre maisons, du personnel, des voitures, je collectionnais des œuvres d'art, de la porcelaine et je ne m'habillais que chez les grands couturiers. De temps à autre, mon comptable m'adressait un courrier de remontrances m'enjoignant de dépenser moins, et je m'empressais évidemment de le mettre à la corbeille. Mais de là à dépenser plus que je ne gagnais... C'est simple, je travaillais tout le temps.

J'étais constamment en tournée, je donnais entre cent et cent cinquante concerts par an, dans les plus grandes salles qui soient, et mes spectacles affichaient toujours complet. Mon dernier album était devenu disque de platine dans le monde entier, les compilations sortaient l'une après l'autre et se vendaient tellement bien que je me demandais qui pouvait encore les acheter : tous ceux qui avaient aimé «Your Song» ou «Bennie And The Jets» auraient déjà dû les avoir, non ? La bande originale du *Roi lion* s'était vendue à seize millions d'exemplaires, le film avait rapporté plus d'un milliard de dollars au box-office, la comédie musicale était en train de battre tous les records de Broadway.

Quelque chose ne tournait pas rond, mais j'étais incapable de dire quoi. Franchement, l'argent ne m'intéressait pas vraiment. J'avais eu beaucoup de chance, j'en avais gagné énormément, mais ça n'avait jamais été une fin en soi. Bien sûr, je prenais plaisir à profiter de ma réussite, mais l'aspect financier des choses ne m'intéressait pas, sinon, je serais devenu comptable au lieu de jouer avec Bluesology. Ce que j'aimais, c'était faire de la musique et des disques. J'aimais la compétition, je demandais toujours combien d'albums ou de billets j'avais vendus. Je surveillais mon rang dans les charts comme le lait sur le feu, mais je ne demandais jamais combien d'argent j'avais gagné, je ne relisais pas mes contrats et ne vérifiais pas mes chèques de royalties. Je n'ai jamais pratiqué l'exil fiscal : je suis sujet britannique et je tiens à vivre essentiellement en Grande-Bretagne. Je n'ai aucune leçon à donner aux artistes qui s'expatrient, mais moi ça ne me tente pas. Peut-être qu'on y gagne de l'argent, mais je ne vois pas l'intérêt si ça oblige à passer la moitié de sa vie à s'ennuyer en Suisse, parmi d'autres expatriés fiscaux qui préféreraient eux aussi se trouver ailleurs. Je suis un artiste, j'ai besoin d'être là où ça se passe musicalement parlant, et ce n'est pas à Monaco. La principauté ne manque sûrement pas de charme, mais qu'on me cite le nom du dernier groupe formidable issu de Monte-Carlo ?

En plus, je n'étais pas censé surveiller mes finances, John Reid était payé pour ça. C'était même la base de l'accord qu'on avait conclu à Saint-Tropez dans les années quatre-vingt. Je lui versais vingt pour cent de mon chiffre d'affaires – un taux considérable comparé à ceux pratiqués par la plupart des artistes – en échange de quoi il s'occupait de tout. John Reid appelait notre accord le « Service Rolls-Royce ». Je pouvais mener en toute insouciance une vie de plaisir et de créativité sans jamais avoir à jeter le moindre coup d'œil sur des choses aussi triviales qu'une déclaration de revenus, un relevé bancaire ou une clause de contrat en tout petits caractères. Ça me convenait à merveille parce que j'avais en John une confiance illimitée. On était ensemble depuis si longtemps, d'une manière ou d'une autre. Ça allait bien au-delà du simple accord commercial : d'autres artistes étaient en étroite relation avec leurs managers, mais je doute fort qu'ils soient nombreux à avoir aussi perdu leur virginité avec eux. J'avais beau faire confiance à John, il m'arrivait de temps à autre de me demander si sa Rolls-Royce n'avait pas besoin d'un petit contrôle technique. Un jour, un tabloïd avait publié des documents financiers confidentiels me concernant, dont une des lettres de mon comptable m'invitant à réduire mes dépenses. J'étais persuadé que quelqu'un les avait fait fuiter, mais il s'est avéré que c'est un journaliste, Benjamin Pell, qui les avait dénichés dans les poubelles de la société de John Reid. Ils avaient été jetés sans être préalablement déchiquetés, ce qui trahissait une certaine désinvolture dans la manière dont on veillait sur mes intérêts ; en tout cas, les procédures de sécurité concernant les données personnelles de leurs clients avaient manifestement besoin d'une mise à niveau.

Et puis il y avait aussi le plan qu'avait concocté John pour vendre les bandes mères de mes enregistrements. C'était censé me rapporter une belle somme, contre laquelle l'acquéreur percevrait des royalties sur chaque disque vendu et chaque passage en radio. C'était un deal gigantesque qui couvrait non seulement tous mes enregistrements passés, mais aussi tous mes enregistrements futurs. John a organisé des rendez-vous avec des avocats et des gens de l'industrie du disque, qui m'ont tous assuré que c'était un accord exceptionnel. J'ai donc accepté. Mais en définitive, quand j'ai touché l'argent, la somme forfaitaire n'était pas à la hauteur de mes attentes et très inférieure à ce que valaient mes enregistrements à mes yeux. En fait, les montants qu'on avait évoqués n'étaient pas des sommes nettes mais brutes. Une fois déduite la commission de John, réglés les avocats et le fisc, le solde ne me semblait pas justifier la cession de tous mes enregistrements passés et à venir. Mais je n'ai pas voulu faire d'histoires : il me restait largement de quoi acheter la maison de Nice, la remplir d'objets et de meubles, et en faire profiter tout mon entourage. John a touché sa commission et j'ai soldé le crédit immobilier de plusieurs personnes qui travaillaient pour moi : mon assistant Bob Halley, Robert Key, mon chauffeur Derek, Bob Stacey, qui avait été mon road-manager et veillait sur ma garde-robe depuis des décennies. Et puis je n'avais pas envie de me disputer avec John.

Mais de toute évidence quelque chose ne tournait pas rond. Avec David, on a décidé de faire appel à un avocat nommé Frank Presland, qui avait déjà travaillé pour moi. Il partageait notre avis, il y avait bien un lézard. Il m'a conseillé d'organiser un audit des comptes de John Reid Enterprises. En toute franchise, quand je l'ai annoncé à John, il m'a dit que c'était une bonne idée et qu'il y collaborerait par tous les moyens.

Je me trouvais en Australie quand les experts-comptables se sont mis au travail. J'ai commencé à redouter les coups de fil de David, qui me tenait informé quotidiennement de ses rendez-vous avec Frank Presland et les comptables. Un soir, il m'a appelé, il était dans tous ses états : Benjamin Pell, le journaliste qui avait fait les poubelles de la société John Reid, l'avait contacté. D'après lui, David était surveillé, nos téléphones étaient sur écoute, et il devait faire attention à ce qu'il disait. La presse tabloïd britannique était alors coutumière de ces méthodes. Où est-ce que ça s'arrêterait ?

Pour finir, l'audit a révélé toutes sortes d'irrégularités dans la gestion de mes affaires. Je n'ai plus pris John au téléphone, laissant à Frank Presland le soin de lui expliquer les problèmes que nous avions mis au jour. Pour faire court, ça a été très douloureux : John a accepté qu'on trouve un arrangement hors des tribunaux et, compte tenu de sa situation financière à l'époque, il m'a versé un dédommagement de cinq millions de dollars.

J'aurais du mal à expliquer ce que j'éprouvais parce que mes sentiments changeaient toutes les cinq minutes. J'étais déchiré. John m'avait trahi : jamais je n'aurais imaginé qu'il puisse avoir autre chose à cœur que la défense de mes intérêts, ou qu'il me cache des problèmes dont j'aurais dû être informé. J'étais aussi en colère, autant contre moi-même que contre lui. Je m'étais fait avoir comme un con parce que je ne voulais surtout pas m'occuper de mes affaires. Mais plus que tout, j'avais honte de ma lâcheté. C'était dingue : l'idée de mettre John devant ses responsabilités me terrifiait, je ne voulais toujours pas faire de vagues. On était associés depuis si longtemps qu'un monde sans lui était pour moi inconcevable. Depuis le jour où il s'était pointé à

(en haut) Bernie et moi avec Ryan White en 1988. Je l'ignore encore, mais la rencontre avec Ryan va me sauver la vie.

(à droite) Tout frais et sobre, mais toujours fermement décidé à pourrir l'existence de Rod Stewart à chaque occasion. Là, je m'apprête à débarquer sur scène par surprise et à m'asseoir sur ses genoux.

Photo prise par Herb Ritts en 1992. Je connaissais Liz Taylor depuis des années – c'était une femme désopilante, qui a eu le cran, longtemps avant moi, de forcer Hollywood à regarder le sida en face.

(à gauche) En coulisse à l'Earl's Court avec la princesse Diana, en mai 1993.
(à droite) Au travail avec Tim Rice sur *Le Roi lion*. Le film achevé m'a paru extraordinaire.

(à gauche) Avec David Furnish, amoureux fous, dans du Versace de la tête aux pieds.
(à droite) David, Gianni Versace, moi et Antonio D'Amico,
le partenaire de Gianni, chez ce dernier au bord du lac de Côme.

Les soirées de collectes de fonds organisées pour ma Fondation contre le sida
après la cérémonie des Oscars ont commencé en 1993 et se tiennent chaque année depuis.
Photo prise lors de la dixième édition, avec Denzel Washington et Halle Berry,
nommés meilleur acteur et meilleure actrice ce soir-là.

David et moi immortalisés par Mario Testino au Ritz, Paris, 1996.

Maman et Derf avec David et moi, le jour où j'ai été anobli, en 1998.

Ingrid Sischy, en qui j'ai vu dès le premier jour la sœur qui m'avait tant manqué, fait la démonstration du pouvoir transformateur de mes perruques.

(à gauche) David et moi, le 21 décembre 2005, jour de notre union civile.
J'étais heureux comme jamais ; *(à droite)* Je redoutais vraiment de tomber
sur des manifestants hostiles devant l'hôtel de ville de Windsor,
mais les gens sont venus avec des gâteaux et des cadeaux.

Avec Tatie Win lors de la fête donnée après notre union civile.
Maman, parce que c'était la reine des chieuses, n'est pas sur la photo.

(à gauche) Notre fils Zachary fait ses premiers pas en 2011, à Los Angeles.

(en bas) Petit déjeuner avec Zachary à Nice. La paternité aura été ce qu'il m'est arrivé de plus inespéré – et de plus beau.

(en haut) Je transmets aux garçons toute ma science du shopping.

(à droite) Lady Gaga, toujours sobrement vêtue, accomplit son devoir de marraine.

Journée « amenez vos enfants au boulot ». Zachary et Elijah, sur scène avec moi au Caesars Palace de Las Vegas.

Dans la loge avec Aretha Franklin, avant ce qui sera son ultime représentation en public, au gala du vingt-cinquième anniversaire de la Fondation Elton John contre le sida, à New York, en novembre 2017.

En coulisse avec Bernie lors de la tournée d'adieu, en 2018. Près de cinquante ans plus tard, toujours une vraie étude de contrastes. Toujours les meilleurs amis du monde.

l'hôtel Miyako, nos vies étaient entremêlées. Nous avions été amants, amis, associés, notre tandem avait survécu à tout : la gloire, la drogue, les disputes, la bêtise, les excès qui avaient jalonné ma mue en Elton John. On avait tout vécu, et on ne s'était pas quittés : Sharon et Beryl. Chaque fois que quelqu'un se plaignait de la violence de John, de son tempérament, je pensais à ce que Don Henley, des Eagles, disait d'Irving Azoff, leur manager : « C'est peut-être Satan, mais c'est *notre* Satan. » Et maintenant c'était fini.

J'ai résilié notre contrat, John a renoncé à toute revendication sur mes futurs revenus. L'année suivante, il liquidait sa boîte et se retirait des affaires. Moi, je repartais en tournée : j'avais des dettes à payer.

Quinze

Une des nombreuses choses que j'adore chez Bernie, c'est qu'il est capable de me dire que notre dernier album – un album qui s'est vendu à des millions d'exemplaires, qui s'est retrouvé dans le Top Ten dans le monde entier, qui a donné lieu à une ribambelle de singles qui ont tous été des tubes – est tellement calamiteux qu'il faut immédiatement tenir une réunion de crise pour que cela ne se reproduise pas. Pourtant, tout nous souriait, d'un point de vue commercial. On avait sorti deux albums, *Made In England*, en 1995, et *The Big Picture*, à l'automne 1997, et ils avaient très bien marché : disques de platine partout de l'Australie à la Suisse. Mais pour Bernie, *The Big Picture* posait problème. Il le détestait sous toutes les coutures : les chansons, les paroles, la production, le fait qu'on l'avait enregistré en Angleterre et qu'il avait dû venir des États-Unis pour assister aux sessions. Trois ans plus tard, assis sur la terrasse de notre maison de Nice, il l'a qualifié de succession ennuyeuse de merdes médiocres et aseptisées. Il est même allé plus loin : en fait, c'était le plus mauvais de nos albums.

Je n'étais pas hyper fan de *The Big Picture*, mais je trouvais que Bernie charriait un peu. En tout cas, pour moi, il était moins mauvais que *Leather Jackets*, ce qui franchement ne plaçait pas la barre bien haut. *Leather Jackets*, pour mémoire, était moins un album qu'une tentative de faire de la musique après avoir pris de telles doses de cocaïne qu'on était totalement azimutés. Mais ce faible argument ne suffisait pas. Pour Bernie, ça ne faisait pas un pli : *The Big Picture* était bien pire.

Bernie était tellement remonté qu'il avait pris l'avion depuis les États-Unis jusqu'à la Côte d'Azur pour m'en parler. Et il y avait du vrai dans ce qu'il disait. À ce moment, j'écoutais en boucle *Heartbreaker*, l'album de Ryan Adams. Ryan écrit de la country rock de facture plutôt classique – il n'aurait pas déparé sur la scène du Troubadour dans les années soixante-dix. Mais il avait une âpreté de ton et une fraîcheur à côté desquelles le son de *The Big Picture* était daté et guindé. Peut-être avais-je une petite tendance à me laisser aller sur mes albums solo. Depuis le succès du *Roi lion*, j'étais plus porté sur les musiques de film et les comédies musicales. J'avais composé la bande-son d'une comédie romantique intitulée *La Muse*, et les parties instrumentales d'une autre comédie, britannique celle-ci, intitulée *Women Talking Dirty*, dont David était le producteur. Je n'y composais pas des chansons, mais de vraies orchestrations. Je visionnais le film et j'inventais trente ou soixante secondes de musique collant à chaque scène. J'avais d'abord cru que l'exercice m'ennuierait, mais en fait j'adorais ça. Quand ça fonctionne, c'est très gratifiant parce qu'on voit tout de suite l'effet de la musique : il ne faut pas grand-chose pour complètement changer l'atmosphère d'une scène, les émotions qu'elle évoque.

Avec Tim Rice, on avait composé les chansons d'un dessin animé de Dreamworks, *La Route d'Eldorado* – le film que j'avais promis à Jeffrey Katzenberg –, puis d'une autre comédie musicale, *Aïda*. Ça nous avait donné beaucoup plus de fil à retordre que *Le Roi lion*. Il y avait eu des problèmes de production, on avait changé de metteur en scène et de décorateur en cours de route, et j'étais parti d'une des avant-premières sur Broadway au milieu du premier acte lorsque j'avais constaté qu'ils n'avaient pas tenu compte de demandes que j'avais formulées au sujet des arrangements de certaines chansons. Puisqu'ils n'avaient pas l'air de vouloir prendre au sérieux mes désirs formulés de manière courtoise, ils réagiraient peut-être en me voyant remonter en pestant les travées en pleine représentation. Mon dur labeur et ma sortie fracassante ont porté leurs fruits : *Aïda* est resté à l'affiche sur Broadway pendant quatre ans et la musique nous a valu un Tony et un Grammy Awards. Et puis j'avais déjà une nouvelle idée de comédie musicale. À Cannes, on avait assisté avec David à la projection de *Billy Elliott*, où j'ai bien peur de m'être donné en spectacle. N'ayant pas la moindre idée du sujet du film, je m'attendais à une nouvelle adorable petite comédie britannique avec Julie Walters, certainement pas à me prendre une telle claque. La scène du gymnase, où le père voit Billy danser et se rend compte que son fils a un don, même s'il ne comprend pas bien de quoi il s'agit, mais aussi la fin, lorsqu'on découvre la fierté et l'émotion qu'éprouve le père en voyant Billy sur scène : ça résonnait trop fort en moi. C'était comme si quelqu'un s'était inspiré de mon histoire et y avait ajouté un happy end – auquel, dans la vraie vie, je n'avais pas eu droit. J'étais totalement bouleversé, au point que David a dû me soutenir pour sortir de la salle. Sans lui, j'y serais encore, en train de sangloter.

M'étant ressaisi, j'ai pu participer à la réception qui a suivi. On a bavardé avec Stephen Daldry, le réalisateur, et Lee Hall, le scénariste. David a dit qu'il y aurait une bonne comédie musicale à en tirer. Il avait raison.

Lee était du même avis mais ne voyait pas bien qui pourrait composer les paroles. Je lui ai répondu que ça devait être lui – il s'agissait de son histoire, il venait d'Easington, la ville où se déroule le film. Après avoir fait remarquer qu'il n'avait jamais écrit de chansons de sa vie, il a accepté de tenter le coup. Le résultat a été époustouflant. Il avait un don. Je n'ai pas eu à rectifier le moindre mot. Mieux encore, ses paroles étaient différentes de toutes celles sur lesquelles j'avais travaillé jusque-là. C'était caustique, c'était politique : « Tu te crois malin, petite merde cockney, tu devrais te méfier – je me suis tapé ta femme pendant que tu faisais le piquet[1]. » Certaines des chansons évoquaient le souhait de voir Margaret Thatcher crever. Une autre – qu'on n'a pas gardée – était intitulée « Seules les tapettes font du ballet[2] ». C'était encore un défi inédit pour moi. En comparaison, la perspective d'enregistrer le vingt-septième album d'Elton John avait quand même un petit air de routine.

Mais peut-être y avait-il moyen de bousculer notre train-train. À Nice, Bernie avait évoqué avec nostalgie la manière dont on travaillait dans les années soixante-dix, les bandes analogiques, le nombre limité d'overdubs, mon piano au premier plan, au centre du son. C'était drôle, je pensais la même chose. Est-ce parce que j'avais vu le film de Cameron Crowe, *Presque célèbre*, une déclaration d'amour au rock des seventies, représenté par un groupe imaginaire appelé Stillwater ? Dans une scène du film, on entendait à la radio mon morceau « Tiny Dancer », et le groupe reprenait en chœur le refrain dans leur bus. Du jour au lendemain, ma chanson est devenue

---

1. « *You think you're smart, you Cockney shite, you want to be suspicious – while you were on the picket line, I went and fucked your missus.* »
2. « Only Poofs Do Ballet. »

l'un de mes plus grands succès. Personne ne se souvient qu'à la sortie du single, en 1971, la chanson avait fait un flop. Comme elle n'avait pas atteint le Top 40 aux États-Unis, la maison de disques britannique avait refusé de la commercialiser. Lorsqu'elle a refait surface dans *Presque célèbre*, les gens ne la connaissaient pas et se doutaient encore moins qu'elle était de moi. Le film a dû me marquer, me faire réfléchir à l'artiste que j'étais alors, à la manière dont je faisais ma musique et dont elle était perçue avant que ma carrière décolle.

Pour autant je n'avais aucune envie de revenir en arrière, je n'étais pas tenté un instant de donner dans le rétro. La nostalgie est un piège pour un artiste. On évoque le bon vieux temps, on se la raconte, on se dit que tout était rose – ce qui peut s'expliquer dans mon cas, vu que je portais des lunettes roses, avec lumières clignotantes et plumes d'autruche. Mais si tu penses vraiment que c'était mieux avant, laisse tomber la musique et prends ta retraite.

J'aimais l'idée de renouer avec ce côté direct que j'avais senti dans la musique de Ryan Adams : retour à l'essentiel, se concentrer sur la musique au lieu de se demander si ça va faire un carton. Revenir en arrière, certes, mais pour aller de l'avant.

C'est donc ainsi que nous avons réalisé l'album suivant, *Songs From The West Coast*. Il est sorti en octobre 2001 et les critiques ont été les meilleures depuis des années. Les textes de Bernie étaient puissants, simples, efficaces : « I Want Love », « Look Ma' », « No Hands », « American Triangle » – une chanson envoûtante, chargée de colère, sur le meurtre homophobe de Matthew Shephard dans le Wyoming, en 1998. On a travaillé dans un petit studio de LA où on n'avait plus mis les pieds depuis des lustres, et fait appel à un nouveau producteur, Pat Leonard, surtout connu pour avoir travaillé avec Madonna mais qui avait vraiment l'esprit rock des années soixante-dix. C'était assez drôle : ce type avait produit « Like A Prayer » et « La Isla Bonita » mais ce qu'il aimait par-dessus tout, c'était Jethro Tull. Il aurait peut-être été ravi de voir Madonna jouer de la flûte perchée sur une jambe.

Ça a donné un disque au son très californien. C'est très différent d'écrire là-bas plutôt qu'à Londres, où il pleut des cordes tous les jours. La chaleur vous envahit les os, elle vous détend, le soleil illumine la musique que vous inventez. J'ai adoré le résultat, et depuis j'ai repris le procédé sur un tas d'albums : réfléchir à un truc que j'ai fait par le passé, l'utiliser en le développant autrement. L'album suivant par exemple, *Peachtree Road* : j'ai puisé dans les influences country et soul de *Tumbleweed Connection* et de chansons comme « Take Me To The Pilot ». *The Captain And The Kid* était la suite de *Captain Fantastic And The Brown Dirt Cowboy*, Bernie y racontait nos aventures quand on avait débarqué aux États-Unis en 1970. Tout y était : du ridicule bus à impériale dans lequel on nous avait fait grimper à l'aéroport, jusqu'à notre rupture professionnelle temporaire. Sur *The Diving Board*, je jouais seul avec un bassiste et un batteur, comme dans le Elton John Band des origines, mais avec des choses que je n'avais jamais faites jusque-là, par exemple des passages instrumentaux improvisés entre les morceaux. Sur *Wonderful Crazy Night*, j'ai plutôt versé dans le côté pop de *Don't Shoot Me I'm Only The Piano Player* et de *Goodbye Yellow Brick Road*. Je l'ai enregistré en 2015, à un moment où l'actualité était particulièrement morose : il fallait quelque chose de léger et de divertissant, un peu d'évasion, plein de couleurs vives et de la guitare à douze cordes.

Ces albums n'ont pas fait un flop, mais ils n'ont pas pour autant cassé la baraque. C'est toujours frustrant, quand il s'agit d'un album que vous croyez génial, mais on apprend à encaisser les coups. Ce n'étaient pas des albums commerciaux, ils ne contenaient pas de singles destinés à devenir des hits : *The Diving Board*, en particulier, était très noir, déprimant. Mais c'étaient des albums auxquels je tenais, des albums dont je me disais que je les écouterais encore dans vingt ans, et que j'en serais toujours aussi fier. Qu'ils cartonnent n'était plus désormais l'objectif principal. J'ai vendu des disques par millions, c'était fantastique, mais j'ai su dès la première heure que ça ne durerait pas éternellement. Si tu te racontes le contraire, ça peut vraiment mal tourner. Je suis intimement convaincu que c'est l'un des facteurs qui ont fait disjoncter Michael Jackson : il était persuadé de pouvoir sortir un album qui se vendrait mieux que *Thriller*, et comme il n'y arrivait pas, ça l'a détruit.

Juste avant de commencer à enregistrer *The Captain And The Kid*, le Caesars Palace de Las Vegas m'a proposé d'assurer une résidence dans leur nouvel auditorium géant, le Colosseum. Céline Dion s'y produisait, et on m'a demandé d'y faire un show. Au début, ça ne me disait rien. Pour moi, Las Vegas représentait encore le circuit des cabarets que j'avais fui en 1967. Le Rat Pack, Donny et Marie Osmond, Elvis à l'époque où je l'avais rencontré, en 1976 – ses sept années passées sur le Vegas Strip ne lui avaient visiblement pas été bénéfiques. C'était un monde où des animateurs en smoking s'adressaient au public en commençant par des conneries du genre : « Vous savez, ce qu'il y a de formidable, avec le showbiz, c'est que... » Puis je me suis demandé s'il n'y aurait pas moyen de rompre avec les clichés. J'avais adoré le clip que le photographe et réalisateur David LaChapelle avait réalisé pour « This Train Don't Stop There Anymore », le single extrait de *Songs From The West Coast*. Justin Timberlake, déguisé en moi, chantait la chanson dans les coulisses d'un show des années soixante-dix tandis qu'un sosie de John Reid secouait les puces à un journaliste et faisait tomber d'un revers de la main la casquette d'un flic. C'était dément. Je lui ai proposé de concevoir un spectacle entier. Je lui ai dit qu'il aurait carte blanche, qu'il pourrait se lâcher, se permettre toutes les extravagances.

Si vous connaissez le travail de David, sans doute pensez-vous déjà que j'aurais mieux fait de ne pas prononcer ces mots à la légère. David est un génie, mais il était dans une phase de sa carrière où il ne pouvait pas prendre une photo de vacances sans déguiser quelqu'un en Jésus et le faire monter sur un flamant rose géant entouré de néons et de jeunes gens bodybuildés en string en peau de serpent. Ce type a photographié Naomi Campbell grimée en catcheuse, les seins à l'air, en train de piétiner avec ses talons aiguilles un type, sous le regard d'une foule de nains masqués. Sur une de ses photos de mode, on voit une top-modèle dans une tenue immaculée se tenir debout à côté d'une femme dont la tête vient d'être réduite en bouillie par un climatiseur tombé d'une fenêtre. Il avait convaincu Courtney Love de poser en Marie Madeleine avec, étendu sur ses genoux, le corps sans vie d'un homme ressemblant à Kurt Cobain. Pour mon show, il a inventé un décor avec des néons, des bananes gonflables, des hot-dogs et des bâtonnets de rouge à lèvres : pas besoin d'avoir l'esprit mal tourné pour penser à autant de pénis en érection. Pour chaque chanson il a réalisé une vidéo à la fois artistique, complètement barge et ouvertement gay. Dans l'une d'elles, on voyait une reconstitution de ma tentative de suicide à Furlong Road, dans les années soixante. C'était au sens strict du terme une mise en scène car ma tentative de suicide, quoique totalement lamentable, semblait ici parfaitement sublime. Il y avait des ours en peluche bleus en patins à glace qui donnaient du miel à des anges homoérotiques. Il y avait des gens qui sniffaient de la coke sur les fesses d'un jeune homme. Dans une des scènes, la top-modèle transsexuelle Amanda Lepore était assise nue sur une chaise électrique, des étincelles sortant du vagin. Le spectacle était intitulé *The Red Piano*, ce qui était plutôt inoffensif, assez loin de son contenu réel.

Tout cela n'a fait que me confirmer que David LaChapelle était un génie. J'ai su qu'on avait réussi notre coup lorsque des spectateurs ont quitté la salle, l'air dégoûté, puis quand ma mère m'a dit qu'elle avait détesté. Elle était venue au premier concert et avait exprimé son aversion pour ce qui se passait sur scène en chaussant ses lunettes noires cinq minutes après le début. Après quoi elle s'était pointée en coulisse comme une furie et avait répété à qui voulait l'entendre que ma carrière ne se remettrait jamais d'une telle horreur. Sam Taylor-Wood était là – David et moi la connaissions par le monde de l'art. J'adore son travail – j'ai acheté sa version de *La Cène* de Léonard de Vinci – et je l'ai même persuadée de réaliser le clip d'un autre single tiré de *Songs From The West Coast*, « I Want Love ». Elle trouvait le comportement de ma mère honteux – « J'avais envie d'enlever une de mes chaussures et de lui frapper la tête avec » – mais il faut dire qu'elle ne la connaissait pas vraiment. La déferlante de critiques qui avait débuté au milieu des années soixante-dix n'avait plus cessé depuis : c'est simple, rien de ce que je faisais ne trouvait grâce à ses yeux. Bon, j'avais l'habitude et n'y prêtais plus attention, ou alors j'en riais. Ceux qui découvraient ma mère, en revanche, étaient stupéfaits quand ils étaient confrontés à ses crises pour la première fois.

Certains ont détesté *The Red Piano* parce qu'ils attendaient autre chose, ce qui était précisément le but recherché. Mais leurs réactions prouvaient aussi qu'ils n'avaient pas vraiment suivi l'évolution de ma carrière.

Elle s'était précisément bâtie sur des spectacles où s'exprimait l'extravagance, bien au-delà de toutes les limites. Le show de Las Vegas a été une réussite parce qu'il correspondait bien à mon personnage et à la manière dont je m'étais présenté dans le passé. Ce n'était pas un bric-à-brac d'éléments visuels provocateurs visant à faire réagir le public, mais une manière de revenir en arrière pour aller de l'avant, une mise à jour des shows des années soixante-dix où des stars du porno me présentaient sur scène et où Divine se pointait avec moi en tenue de drag-queen. Il y a bien eu quelques lettres incendiaires mais, en dépit des pronostics catastrophiques de ma mère, le spectacle a connu un immense succès, et j'estime qu'il a été d'une certaine façon novateur. Peut-être a-t-il contribué à débarrasser Las Vegas de son image vieillotte et showbiz en lui donnant du mordant : Vegas est devenu un endroit où Lady Gaga, Britney Spears et Bruno Mars pouvaient se produire sans que personne ne s'en étonne.

En Grande-Bretagne, le statut des couples homosexuels était en pleine évolution. À la fin de 2005, il est devenu possible de former des unions civiles entre personnes du même sexe : à quelques détails près c'était presque le mariage gay. David et moi en avons discuté. On a décidé de faire partie des premiers. On était ensemble depuis plus de dix ans et il s'agissait d'une loi très importante pour les couples gays. Beaucoup de gens autour de moi avaient vu leur compagnon mourir du sida et découvert qu'ils n'avaient aucun droit en tant que conjoint. La famille du partenaire décédé débarquait, les mettait sur la touche – par cupidité ou par refus d'avoir un fils ou un frère gay – et ils se retrouvaient sans rien. Bien qu'on en ait discuté très posément, David et moi, depuis un certain temps, j'ai réussi à le surprendre.

Je lui ai fait ma demande lors d'un dîner qu'on avait organisé à Woodside pour les Scissor Sisters. J'ai tout fait dans les formes, avec le genou à terre. J'avais beau savoir qu'il dirait oui, le moment n'en a pas moins été magique. On a fait bénir à nouveau les alliances qu'on avait achetées à Paris – le fameux week-end où j'avais cru passer inaperçu avec toute la collection printemps-été de Versace sur le dos.

La nouvelle loi a été votée au début du mois de décembre. Il y avait ensuite un délai d'attente légal de quinze jours. Le jour à compter duquel on pouvait célébrer notre union était le 21 décembre. Il y avait beaucoup à faire. La cérémonie aurait lieu à l'hôtel de ville de Windsor, où le prince Charles avait épousé Camilla Parker Bowles. Ce serait une cérémonie privée, simple : David et moi, ma mère et Derf, les parents de David, notre chien Arthur, Ingrid et Sandy, nos amis Jay Joplin et Sam Taylor-Wood.

Au départ, on comptait donner une réception énorme le soir même aux studios Pinewood mais l'organisateur auquel on avait fait appel nous a présenté un devis que même moi j'ai trouvé délirant, et ce n'est pas peu dire. Je me souviens avoir songé : « Avec une telle somme, je pourrais faire des folies dans le département de peintures anciennes de Sotheby's. » N'ayant pas réussi à trouver d'autre endroit – c'était la veille de Noël, tout était réservé –, on s'est rabattus sur Woodside. On a fait monter dans le parc trois chapiteaux communiquant entre eux : le premier servirait de salle de réception, le deuxième de salle à manger et dans le troisième il y aurait une immense piste de danse et des artistes live : James Blunt et Joss Stone chanteraient. On a invité six cents personnes et David a tenu à se charger des plans de table. Il était vraiment méticuleux. Il avait une détestation particulière pour les soirées où tout est laissé au hasard et où on se retrouve assis à côté de parfaits inconnus. Et puis, la liste des invités étant plutôt éclectique, avec des gens représentant chaque domaine de notre vie, cela demandait beaucoup de soin. J'étais très fier d'avoir invité aussi bien des membres de la famille royale qu'une ribambelle d'acteurs des studios BelAmi, spécialisés dans le porno gay. Sans doute serait-il judicieux de ne pas les placer côte à côte. David a donc très soigneusement réparti les uns et les autres en tenant compte des « tribus » : il y avait une table pour les stars du sport, une autre pour le monde de la mode, une autre pour les ex-Beatles et leurs proches. C'est alors que j'ai mis mon grain de sel et ruiné tous ses efforts.

Les psys ont une théorie selon laquelle une personne souffrant de troubles de l'addiction peut devenir accro à n'importe quoi. Théorie dont j'ai démontré la validité dès le début des années 2000 quand j'ai découvert avec joie l'existence des déchiqueteuses, dont nous disposions d'un modèle à Woodside. Je ne sais pas comment ça a commencé ; c'était sans doute lié au fait qu'un idiot de chez John Reid avait mis à la corbeille mes relevés bancaires sans les détruire, et qu'ils s'étaient ensuite retrouvés à la une d'un tabloïd. Mais, surtout, le maniement d'une déchiqueteuse avait quelque chose d'infiniment satisfaisant : le bruit, le papier qui disparaît lentement, les bandelettes qui ressortent de l'autre côté. J'en étais dingue. Je me serais trouvé dans une pièce remplie d'œuvres d'art exceptionnelles, que j'aurais préféré à leur contemplation la perspective de passer à la moulinette un vieux planning de tournée.

Si j'ignore quand mon obsession a commencé, je sais très précisément à quel moment elle a pris fin : le jour où je suis entré dans le bureau où David travaillait sur ses plans de table. Il y avait des papiers partout et dans un élan généreux j'ai voulu l'aider à mettre un peu d'ordre dans son fatras tout en profitant de l'occasion pour satisfaire mon goût naissant pour la transformation du papier en serpentins. Je ne sais plus combien de pages du méticuleux plan de table de David j'avais réussi à glisser dans la machine quand il a débarqué et s'est mis à hurler. Je ne l'avais jamais entendu crier comme ça : David n'était pas du tout du genre à exploser de colère, après douze ans de vie commune avec un des grands maîtres en la matière, il n'attendait visiblement que la bonne occasion pour mettre en pratique le fruit de ses années de formation. Il m'a décrit, fou de rage, les scènes de catastrophe sociale qui s'annonçaient. Avais-je seulement idée de ce qui se passerait si nos amis vedettes de BelAmi se mettaient à évoquer les joies du tournage de *Boys Like It Big 2*[1] avec sa mère ou ma Tatie Win ? Il criait si fort qu'on devait l'entendre dans toute la maison. En tout cas, sa voix portait jusqu'à l'étage, dans notre chambre à coucher, car c'est là que j'ai décidé de me réfugier en attendant que les choses se tassent (j'ai verrouillé la porte par précaution). Je ne pense pas qu'il m'aurait fracassé la déchiqueteuse sur le crâne, mais allez savoir : les hurlements provenant d'en bas ne permettaient pas totalement de l'exclure.

À ce détail près, la préparation de la fête s'est déroulée sans anicroche. Notre ami Patrick Cox s'est chargé de notre enterrement de vie de garçon, dans un club gay réputé de Soho appelé Too 2 Much. Ce fut un grand moment, un vrai spectacle de cabaret. Paul O'Grady, qui faisait office de présentateur, a chanté un duo avec Janet Street-Porter. Sir Ian McKellen s'est travesti en Veuve Twankey, le célèbre personnage parodique anglais. Bryan Adams a poussé la chansonnette, ainsi que Sam Taylor-Wood, qui a interprété « Love To Love You Baby ». Entre

---

1. Les garçons les préfèrent grosses.

le numéro du célèbre duo de travestis Kiki et Herb
et celui d'Eric McCormack (qui joue le personnage de
Will dans la série *Will and Grace*, et qui avait été à
l'école avec David dans l'Ontario), on a projeté sur un
écran les messages vidéo d'Elizabeth Taylor et de Bill
Clinton. Jake Shears des Scissor Sisters était tellement
surexcité qu'il nous a fait un strip-tease, l'occasion pour
lui d'étaler sa maîtrise de la pole dance, acquise dans
les clubs new-yorkais avant que son groupe ne connaisse
le succès. Sacrée soirée.

À notre réveil, le jour de la cérémonie, une merveilleuse journée d'hiver, froide et ensoleillée, débutait. Il y
avait dans la maison beaucoup d'agitation, on aurait dit
la magie d'un matin de Noël. Beaucoup d'invités avaient
dormi sur place : la famille de David, venue du Canada,
mon vieil ami d'école Keith Francis, venu d'Australie avec
sa femme. À l'extérieur, on mettait la dernière touche
aux chapiteaux, on vérifiait que les guirlandes lumineuses
accrochées aux arbres fonctionnaient bien. La veille au
soir, on avait regardé aux informations les images des
premières unions civiles célébrées en Irlande du Nord
– le délai d'attente légal était un peu moins long là-bas.
Des manifestants hostiles, des chrétiens évangéliques qui
hurlaient contre la « propagande sodomite », avaient voulu
perturber les cérémonies, et ils avaient jeté de la farine
et des œufs sur les couples. Ça m'inquiétait. Si des
gens lambda avaient dû affronter ça, à quoi pouvait s'attendre un couple gay célèbre ? David m'a rassuré, tout
se passerait bien : consciente de la menace, la police
avait établi un périmètre de sécurité autour de l'hôtel
de ville. On a alors été informés qu'à Windsor la foule
attendait déjà le long des rues et que l'ambiance était à
la fête. Personne n'allait s'en prendre à nous : les gens
avaient apporté des banderoles, des gâteaux de mariage
et toutes sortes de cadeaux. Les camions de CNN et

de la BBC s'étaient installés, les journalistes livraient déjà leurs commentaires devant les caméras.

J'ai éteint la télé et interdit à David de la rallumer. Je voulais qu'on vive ce moment ensemble, sans que rien ne vienne nous distraire. J'avais déjà été marié, mais cette fois c'était différent. J'étais moi-même, je pouvais exprimer mon amour pour un homme comme je n'aurais pu le faire à l'époque où j'avais compris que j'étais gay, ou lorsque j'avais fait mon coming out dans les pages de *Rolling Stone* : en 1976, l'idée même du mariage gay ou de l'union civile était parfaitement délirante ; en outre j'étais aussi capable d'avoir une relation stable avec quelqu'un que d'aller sur Mars. Mais là, on allait le faire. C'était un sentiment puissant, et pas seulement d'un point de vue personnel : c'était historique, on s'inscrivait dans un grand changement, un changement pour le mieux. J'étais heureux comme je ne l'avais jamais été.

C'est le moment qu'a choisi ma sociopathe de mère pour débarquer.

J'ai tout de suite perçu qu'il y avait un problème lorsqu'elle n'a pas voulu descendre de voiture. Elle était venue à Woodside avec Derf, comme convenu, et refusait à présent d'entrer dans la maison. On a tout essayé, rien n'y a fait : ils sont restés dans la voiture à faire la tête tandis que la famille de David leur disait bonjour par la vitre ouverte. Quel était donc son putain de problème ? Je n'ai pas eu l'occasion de lui poser la question. Pour des raisons de sécurité, toutes les voitures devaient partir en même temps pour l'hôtel de ville de Windsor. Mais maman a annoncé qu'elle ferait bande à part et ne participerait pas non plus au déjeuner prévu pour le cercle intime à Woodside après la cérémonie, sur quoi sa voiture est partie aussi sec.

Génial. Maman avait choisi le jour le plus important

de ma vie pour piquer une de ses crises, de celles qui me terrifiaient quand j'étais gamin. J'avais hérité d'une partie de son sale caractère, mais je savais changer de logiciel assez rapidement : dès que je me rendais compte de ce que j'avais fait – merde, non seulement je me suis conduit comme un crétin, mais en plus je me suis conduit *comme ma mère* –, je m'empressais de m'excuser platement auprès de tous ceux qui avaient subi mes foudres. Maman, elle, en était incapable : elle n'éprouvait jamais de regrets, n'avait jamais le sentiment d'avoir tort ou de s'être mal conduite. Dans le meilleur des cas, ça se soldait par une engueulade terrible – où, comme toujours, il fallait absolument qu'elle ait le dernier mot – suivie d'une fausse réconciliation, une trêve fragile qui ne durait que jusqu'à l'explosion suivante. Au fil des ans, elle avait porté sa capacité à bouder à des niveaux épiques, grandioses. Maman était la Cecil B. DeMille de la mauvaise humeur, la Tolstoï du tirage de tronche. J'exagère à peine. Songez que cette femme n'a pas adressé la parole à sa sœur pendant dix ans à cause d'une sombre histoire de tasse de thé : Tatie Win y avait-elle mis oui ou non du lait écrémé ? L'acharnement de cette femme à faire la tête était tel que lors d'une de ses crises légendaires, elle avait plié bagage et s'en était allée vivre à l'étranger. C'était dans les années quatre-vingt : après une prise de bec avec moi et l'un des fils du premier mariage de Derf, elle était partie s'installer à Minorque. Plutôt changer de pays qu'admettre ses torts ou s'excuser. On ne raisonne pas quelqu'un comme ça.

En regardant s'éloigner sa voiture, je me suis dit que j'aurais préféré qu'elle soit à Minorque. Ou sur la Lune. N'importe où, sauf à Windsor pour mon union civile. Au départ, je n'avais pas voulu l'inviter. Je savais qu'elle me ferait un coup de ce genre, comme lorsque j'avais épousé Renate (d'ailleurs, si j'avais insisté pour qu'on se marie tout de suite en Australie, c'était avant tout parce que je ne voulais pas de ma mère dans les parages). Puis j'avais changé d'avis, à quelques semaines de l'échéance : elle n'était quand même pas folle au point de remettre ça. Devinez quoi : j'avais tort.

Elle n'a pas gâché cette journée – bien qu'elle y ait mis du sien – parce que c'était tout simplement magique : la foule en liesse devant la mairie, le cortège rentrant à Woodside après la cérémonie, tous ces amis si chers descendant de voiture pour se joindre à notre déjeuner, on aurait dit que ma vie défilait devant mes yeux, et dans les plus heureuses des circonstances : Graham Taylor, Muff et Zena Winwood, Ringo Starr et George Martin, Tony King et Billie Jean King. Il faut toutefois lui reconnaître ça : maman a vraiment sorti le grand jeu pour pourrir l'ambiance. Quand David et moi avons échangé nos vœux, elle s'est mise à pérorer tout haut, au point de couvrir nos propres voix, répétant à l'envi que l'endroit était horrible et que jamais elle ne s'y serait mariée. Après avoir paraphé l'acte d'union avec les autres témoins, elle a sifflé : « Bon ben c'est fait ! » puis elle a reposé bruyamment le stylo, tourné les talons et s'est éloignée. Drôle d'ambiance : j'oscillais constamment entre l'euphorie du moment et la peur panique de ce qu'elle était en train de tramer. Le pire c'est que je n'y pouvais strictement rien. Je savais trop bien que lui adresser la parole ne ferait que conduire à une scène homérique qui gâcherait tout et ce, encore mieux, devant les caméras du monde entier et nos six cents invités. Ce n'était pas du tout l'image que je souhaitais donner de l'union civile la plus médiatisée du pays : Elton John et sa mère se hurlant dessus devant la nation entière, sur les marches de l'hôtel de ville de Windsor.

Le soir venu, elle n'a pas cessé de se lamenter, de gémir et de lever les yeux au ciel au moment des toasts. Elle a critiqué le plan de table : elle s'estimait apparemment trop loin de David et moi – « Autant m'envoyer directement en Sibérie ! » –, même si on voyait mal comment elle aurait pu être plus près, sauf à être assise sur nos genoux. Je l'ai évitée toute la soirée, ce qui n'était pas difficile, avec tous ces amis à saluer, pressés de nous présenter leurs vœux de bonheur. Mais du coin de l'œil, je voyais le flot des gens qui s'approchaient d'elle pour lui parler avant de s'éloigner aussitôt en grimaçant. Elle était méchante avec tout le monde, si anodins que soient les propos. Jay Jopling a commis l'erreur fatale de dire : « Quel jour merveilleux, n'est-ce pas ? », ce qui constituait sans doute une terrible provocation, puisque ma mère l'a immédiatement rembarré : « Ça me fait une putain de belle jambe que tu le penses ! » Tony King s'est approché pour la saluer – ils se connaissaient depuis toujours – et ça lui a valu de s'entendre dire qu'il avait l'air vieux. Pendant que j'observais ce spectacle, Sharon Osbourne s'est approchée de moi :

« Je sais que c'est ta mère, a-t-elle murmuré, mais j'ai envie de la tuer. »

Je n'ai compris la raison de ce cirque que bien plus tard. Elle a raconté à la presse qu'elle était irritée qu'on ne la laisse figurer sur aucune photo sous prétexte qu'elle ne portait pas de chapeau. C'était du grand n'importe quoi. La mère de David ayant souhaité en porter un pour la cérémonie, il lui avait proposé ainsi qu'à ma mère d'aller en acheter, mais la mienne avait répondu qu'elle n'en voulait pas. Cela ne posait aucun problème à personne, puisqu'elle est présente *sur toutes les photos de famille*. Il se trouve que les parents de David connaissaient les raisons de sa fureur, mais ils n'avaient rien voulu dire avant la cérémonie parce qu'ils avaient peur de nous contrarier. Ils avaient appelé ma mère dès leur arrivée à Londres : ils s'entendaient bien avec Derf et elle, ils étaient même partis ensemble en vacances, c'est dire. Maman leur avait expliqué qu'ils devaient associer leurs efforts pour empêcher l'union civile d'avoir lieu. Elle trouvait inadmissible que deux hommes « se marient », avait-elle dit. Elle pensait que c'était mal d'accorder les mêmes droits aux couples gays qu'aux hétéros. Tous les gens à qui elle en avait parlé étaient épouvantés. Elle estimait que ça ferait du tort à ma carrière. La mère de David lui avait dit qu'elle était folle, que nous étions en train de faire quelque chose de formidable et qu'elle serait bien inspirée de nous soutenir. Maman lui a raccroché au nez.

Elle m'a ressorti son laïus quelques années plus tard, lors d'une épouvantable prise de tête. Je n'y comprenais rien. Maman était certes quelqu'un de très difficile, mais certainement pas homophobe. Elle m'avait soutenu quand je lui avais dit que j'étais gay et elle ne s'était pas laissé démonter quand des journalistes l'avaient coincée après mon coming out dans *Rolling Stone*. Elle leur avait dit que je faisais preuve de courage et qu'elle se fichait éperdument de savoir si j'étais gay ou hétéro. Pourquoi ce changement trente ans plus tard ? Avait-elle caché ses véritables sentiments jusque-là ? Je pense que le vrai problème est qu'elle n'a jamais supporté qu'un autre soit plus proche de moi qu'elle. Elle avait toujours battu froid à la plupart de mes petits amis, sans parler de Renate, mais cette fois elle avait enclenché la vitesse supérieure. Elle savait bien qu'ils n'étaient que de passage : j'étais trop instable, à cause de la coke. J'avais épousé Renate, mais maman savait aussi que ça ferait long feu parce que j'étais gay. Seulement maintenant, je ne me droguais plus et je partageais la vie d'un homme dont j'étais profondément amoureux. J'avais trouvé la personne qui me convenait et l'union civile entérinait cela. L'idée que le cordon ombilical était enfin tranché lui était insupportable : ça l'obsédait tellement qu'elle se moquait du reste, y compris de mon bonheur.

Dommage pour elle, j'étais heureux et personne ne m'en empêcherait, crises de colère ou pas. Elle finirait peut-être par le comprendre.

J'avais mille raisons d'être heureux. Et pas seulement dans ma vie personnelle : entre les shows de Las Vegas, *Billy Elliott* et les nouveaux albums, je prenais tellement de plaisir à mon travail que mon enthousiasme devenait contagieux. David a commencé à s'intéresser à la musique qui m'avait inspiré à mes débuts, des artistes et des albums qu'il était un peu trop jeune pour avoir entendus alors. Il créait des playlists sur son iPod à partir de ce que je lui recommandais. C'est ce qu'on écoutait pendant les vacances que nous avons prises en Afrique du Sud avec nos amies Ingrid et Sandy. En matière d'amitié éternelle partie du très mauvais pied, notre cas, avec Ingrid, est emblématique. J'ai fait sa connaissance quand elle était rédactrice en chef du magazine *Interview* et qu'elle voulait réaliser un portrait de moi. Plus précisément, j'avais tout fait pour l'éviter : de sale humeur, j'avais annulé notre rendez-vous. Elle m'avait rappelé pour m'annoncer qu'elle viendrait de toute façon. Je lui avais dit que ce n'était vraiment pas la peine qu'elle se dérange. Elle m'avait répondu qu'elle viendrait quand même. Je lui avais dit d'aller se faire foutre et lui avais raccroché au nez. Après ce qui m'avait semblé être quelques minutes, elle était à la porte de ma chambre. Quelques minutes encore et on s'adorait. Ingrid avait des couilles, Ingrid avait des opinions, et les opinions d'Ingrid valaient d'être écoutées parce que Ingrid était très intelligente. Devenue rédactrice en chef du magazine *Artforum* à l'âge de vingt-sept ans, elle savait tout ce qu'il fallait savoir et connaissait tous ceux qu'il fallait connaître dans le monde de l'art et de la mode. De toute évidence elle ne se laissait emmerder par personne, surtout pas par moi. Elle était très drôle. À la fin de l'après-midi, elle avait non seulement obtenu son interview mais je m'étais engagé à écrire une colonne pour son magazine ; et j'avais la même sensation que lorsque j'avais rencontré Gianni Versace : si Gianni était le frère que je n'avais jamais eu, Ingrid était mon âme sœur. On s'appelait tout le temps : j'adorais discuter avec elle, parce qu'elle connaissait des potins sur tout le monde, et parce que sa conversation était toujours réellement instructive, mais surtout parce qu'elle disait ce qu'elle pensait, même ce que je n'avais pas envie entendre.

Ingrid était née en Afrique du Sud mais en était partie dès l'enfance. Sa mère était menacée parce que militante de la cause anti-apartheid. La famille s'était d'abord installée à Édimbourg, puis à New York. Ingrid adorait l'Afrique du Sud, et c'est comme ça qu'elle et Sandy se sont jointes à nous pour les vacances. Un soir, à l'hôtel, on se préparait pour dîner et David avait mis une de ses playlists des années soixante-dix en fond sonore. Il était sous la douche quand les notes de « Back To The Island » de Leon Russell ont envahi la chambre. Ça m'a pris de court : c'est une chanson très belle mais d'une grande tristesse sur la perte, les regrets et le temps qui passe. Assis au bord du lit, je me suis mis à pleurer. Leon qui débarque au Troubadour, la tournée avec lui, Eric Clapton et Poco, tout m'a soudain paru si lointain. Je passais cette chanson en boucle quand j'habitais Tower Grove Drive. Je m'y revoyais : l'intérieur sombre, tout en boiseries, les murs de la chambre à coucher tapissés de velours, le reflet du soleil dans la piscine, le matin. Des gens qui entraient en titubant après que le Whiskey, le

Rainbow ou Le Restaurant nous avaient mis à la porte, les volutes capiteuses d'herbe californienne, les verres pleins de bourbon et les yeux bleus d'un type que j'avais attiré dans la salle de jeux – il m'avait dit qu'il était hétéro mais tout dans son regard laissait entendre qu'il était ouvert à la persuasion. Dusty Springfield rentrant d'une nuit de tournée des boîtes gays et s'écroulant à côté de sa voiture dans l'allée. L'après-midi où Tony King et moi, après avoir goûté à la mescaline, nous sommes mis à hurler de terreur lorsqu'un type totalement défoncé est sorti de la cuisine en brandissant un bloody mary de son invention, avec des morceaux de foie cru accrochés au bord du verre. À la vue de ce truc, on est partis à mille à l'heure.

Mes souvenirs des années soixante-dix à LA étaient peuplés de fantômes. Toutes les anciennes gloires d'Hollywood que je m'étais évertué à rencontrer étaient mortes de vieillesse. Comme Ray Charles. J'avais été le dernier à enregistrer une chanson avec lui pour un album de duos trente-quatre ans après ma première télé américaine, où il m'avait invité. On avait enregistré « Sorry Seems To Be The Hardest Word » assis, parce qu'il n'avait plus la force de se tenir debout. J'avais demandé à l'ingénieur du son une copie de la totalité de la session, moins pour la musique que pour garder une trace de nos échanges entre chaque prise. Sans doute voulais-je une preuve que cela avait réellement eu lieu, que le gamin qui rêvait de devenir Ray Charles avait fini par bavarder avec lui comme avec un ami. Des fantômes, il y en avait beaucoup d'autres encore, et qui n'étaient pas morts de vieillesse ; ceux que le sida avait emportés dans la force de l'âge, ceux qui s'étaient tués à force d'alcool ou de drogues, ceux qui étaient morts dans des accidents, ceux qui avaient été assassinés, ceux qui étaient morts à cinquante ou soixante ans, la faute à pas de chance. Dee Murray, mon ancien bassiste. Doug Weston, le patron du Troubadour. Bill Graham, Gus Dudgeon, John Lennon, George Harrison et Harry Nilsson, Keith Moon et Dusty Springfield. La ribambelle des jeunes gens dont j'étais tombé amoureux, ou dont je m'imaginais être tombé amoureux sur la piste de danse de l'After Dark.

Quand il est sorti de la salle de bains, David m'a trouvé en sanglots.

« Mon Dieu, a-t-il soupiré, que se passe-t-il ? »

Étant à présent riche d'une certaine expérience de mes sautes d'humeur, il a cru qu'un détail de notre séjour m'avait déplu et que j'allais me mettre à hurler pour qu'on parte dans l'instant. Je l'ai détrompé, c'était le souvenir du passé qui m'avait mis dans cet état. Leon chantait toujours dans l'iPod : « *Well all the fun has died, it's raining in my heart, I know down in my soul that I'm really going to miss you*[1]. » Bon Dieu, ce type savait chanter. Qu'était-il devenu ? Je n'avais plus entendu parler de lui depuis des années. J'ai décroché le téléphone et j'ai appelé Johnny Barbis à LA pour lui demander de m'aider à le retrouver. Peu après, Johnny m'a rappelé et m'a donné un numéro de téléphone à Nashville. Je l'ai composé et un homme a décroché. C'était bien la voix de mon souvenir, juste plus rocailleuse – et toujours le même accent traînant de l'Oklahoma. Je lui ai demandé comment ça allait, et il m'a répondu qu'il était au lit en train de regarder *Les Jours de notre vie* à la télé : « Ça peut aller, mais ce n'est pas toujours facile de joindre les deux bouts. » C'était un euphémisme. Leon avait commis pas mal d'erreurs, il avait un tas d'ex-épouses avec pensions alimentaires à la clé, et les temps avaient changé. Désormais, il jouait partout où on

---

1. « On a fini de s'amuser, il pleut dans mon cœur, je sais au tréfonds de mon âme que tu vas me manquer. »

voulait bien de lui. L'un des plus grands musiciens et auteurs-compositeurs du monde chantait dans des clubs et des pubs miteux, des festivals de la bière et des réunions de bikers, dans des villes du Missouri et du Connecticut dont personne n'avait entendu parler. Je lui ai expliqué que je me trouvais en Afrique, au milieu de nulle part, que j'avais écouté une de ses chansons et que ça m'avait replongé dans le passé. Je voulais le remercier de tout ce qu'il avait fait pour moi. Je lui ai dit combien sa musique avait joué un rôle important dans ma vie. Il a eu l'air sincèrement ému.

« C'est très sympa de ta part, a-t-il dit, ça me touche beaucoup, vraiment. »

On a raccroché et je suis resté là, à regarder le téléphone. Quelque chose ne collait pas. J'étais incapable de dire quoi, mais je ne l'avais pas juste appelé pour lui dire merci. J'ai refait son numéro. Il a ri en entendant ma voix.

« Putain mec, je n'entends pas parler de toi pendant quarante-cinq ans et tu m'appelles deux fois en dix minutes ? »

Je lui ai demandé si ça lui dirait de faire un album avec moi. Il y a eu un long silence.

« T'es sérieux ? Tu crois que j'en suis capable ? » Puis il a soupiré : « Je suis vraiment vieux. »

Je lui ai répondu que moi aussi je l'étais. Si moi je le pouvais, pourquoi pas lui, du moment qu'il en avait envie ?

Il a ri à nouveau : « Tu parles que ça me dirait, ça oui ! »

Ce n'était pas un geste charitable, loin de là : si quelqu'un m'avait dit dans les années soixante-dix que je finirais par enregistrer un album avec Leon Russell, je lui aurais ri au nez. Mais ça n'a pas été de tout repos. Il m'avait parlé au téléphone de ses problèmes de santé, et j'ai réalisé à quel point c'était vrai lorsqu'il s'est pointé au studio, à LA. On aurait dit un patriarche mal en point tout droit sorti d'une pièce de Tennessee Williams – longue barbe blanche, lunettes noires, marchant avec difficulté à l'aide d'une canne. Il s'installait dans un fauteuil inclinable de petit vieux, et on chantait et jouait ensemble deux heures chaque jour. Il ne pouvait pas en faire plus, mais il fallait voir la qualité des deux heures en question. Même si, par moments, je me demandais si je n'allais pas sortir un album posthume. Un jour, son nez s'est mis à couler abondamment, comme si son cerveau se vidait par les narines. On l'a emmené aux urgences, on l'a opéré, et par la même occasion on lui a traité une insuffisance cardiaque et une pneumonie.

L'album a malgré tout vu le jour. On l'a appelé *The Union* et il est entré dans le Top 5 aux États-Unis. On a fait une tournée ensemble à l'automne 2010, et on a joué devant des salles de quinze mille personnes, des endroits où Leon n'avait plus mis les pieds depuis des décennies. Certains soirs, il montait sur scène en chaise roulante, mais il avait un son toujours aussi énorme : il cassait la baraque à chaque fois.

Cet album a apporté à Leon la reconnaissance qu'il méritait. Il a signé un nouveau contrat discographique et il est entré au Rock and Roll Hall of Fame : j'étais tellement heureux pour lui que j'ai oublié que je m'étais juré de ne plus jamais y mettre les pieds. C'est même moi qui ai prononcé son discours d'intronisation. Il s'est mis à gagner de l'argent et a pu s'acheter un nouveau bus, avec lequel il a tourné un peu partout, jouant dans des salles comme il n'en avait pas vu depuis des années. Il est mort en tournée, en 2016. Si vous n'avez pas eu l'occasion d'aller l'écouter, vous avez raté quelque chose. Leon Russell était le plus grand de tous.

Seize

La première fois que ça m'a pris, c'était en 2009, en Afrique du Sud, au centre d'accueil pour enfants souffrant du VIH et de ses conséquences. C'était au cœur de Soweto, un lieu où se rendent les orphelins et les gamins devenus chefs de famille malgré eux pour trouver toute sorte de choses, un repas chaud, une aide psychologique ou simplement du soutien scolaire. On était venus visiter l'établissement parce qu'il est financé par la Fondation Elton John contre le sida, et une présentation avait été préparée à notre intention : les femmes qui tenaient les lieux et les enfants qui en bénéficiaient étaient en train de nous en expliquer le fonctionnement. Un garçonnet avec une chemise à motifs de couleurs vives comme celles immortalisées par Nelson Mandela m'a tendu une petite cuiller, symbole de l'industrie sucrière sud-africaine. Puis il a refusé de regagner sa place parmi les autres. Je n'ai pas la moindre idée de ce qui m'a valu sa sympathie – il ne me connaissait ni d'Ève ni d'Adam. Noosa, c'était son nom, ne m'a plus lâché de la visite. On s'est tenu la main, je lui ai fait des grimaces et il a rigolé. Adorable. Je me suis demandé à quoi ressemblait sa vie : on entend des horreurs concernant l'Afrique du Sud et les ravages du sida sur des existences qui ne sont déjà pas gâtées au départ. Où allait-il quand il s'en allait d'ici ? Que retrouvait-il ?

Mais ce que j'ai ressenti auprès de lui allait au-delà de la pitié ou de l'attendrissement. Il y avait autre chose, c'était plus fort que juste « oooh, qu'il est mignon », mais je n'arrivais pas à mettre le doigt dessus. Je me suis approché de David :

« Il est adorable, ce garçon ! C'est un orphelin. Il a sûrement besoin d'aide, non ? Qu'en dis-tu ? »

David a paru stupéfait. Il avait déjà évoqué l'idée de fonder une famille – l'adoption homoparentale était moins rare que par le passé. À chaque fois, j'avais brandi un tel catalogue d'objections qu'il avait battu en retraite.

J'adorais les enfants. Je ne compte plus mes filleuls et filleules – certains sont célèbres, comme Sean Lennon ou Brooklyn et Romeo Beckham, d'autres pas, comme le fils de mon parrain chez les AA – et je les aime beaucoup. Mais avoir des enfants à soi, c'est une autre histoire. J'étais trop vieux. Trop attaché à mes petites habitudes. Trop peu présent – toujours en tournée. Trop épris de porcelaine, de photographies et d'art moderne, autant de choses qui supportent mal qu'on les renverse, qu'on dessine dessus au feutre ou qu'on les badigeonne de confiture, activités qui font la joie des tout-petits. J'avais bien trop à faire pour libérer le temps que réclame la fonction de parent. Ce n'était pas faire le grincheux, mais dire les choses. Cependant, chacune de mes objections trouvait racine dans ma propre enfance. Élever un enfant est une gageure et je savais d'expérience les effets d'un ratage. On peut toujours se persuader qu'on ne reproduira pas les erreurs de ses parents, mais en est-on jamais tout à fait certain ? Je ne supporterais pas de savoir que je rends mes enfants aussi malheureux que je l'ai été moi-même.

Et me voilà après tant de protestations en train de suggérer qu'on envisage d'adopter un orphelin de Soweto.

Pas étonnant que David soit soufflé ; je l'étais tout autant. Que se passait-il donc ? Je n'en avais aucune idée, mais il se passait clairement *quelque chose*, que je ne contrôlais pas. Comme si l'instinct paternel se manifestait enfin à soixante ans bien tassés, de la même façon que ma libido s'était réveillée des années après celle de tous les autres, à vingt et un ans.

Au fond, peu importait de savoir d'où ça me venait. On a posé deux ou trois questions et appris que le garçon s'en sortait plutôt bien. Il habitait avec sa grand-mère, sa sœur et un autre parent, leur famille était soudée – à tel point que lorsque Noosa s'est collé à moi, sa sœur a éclaté en sanglots, craignant qu'on l'emmène. La question était réglée. Nous ne l'aurions certainement pas aidé en l'arrachant à sa culture, à son identité, pour le ramener au Royaume-Uni : son avenir était dans son propre pays. Je l'ai revu plusieurs fois, lors de séjours en Afrique du Sud pour un concert ou une action avec la Fondation contre le sida, il était toujours aussi adorable, et manifestement heureux.

L'incident n'était pas anodin, mais je l'ai chassé de mon esprit, conscient que nous avions bien agi. Je me suis réinstallé sur mes positions antérieures et je n'ai pas souvenir que nous ayons ni l'un ni l'autre réabordé le sujet. Jusqu'au voyage en Ukraine, la même année.

C'était à l'orphelinat de Donetsk, importante ville industrielle du centre du pays. Dans cet établissement, on suivait les enfants de un à onze ans pour s'assurer qu'ils n'étaient pas porteurs du VIH – tous les enfants d'une mère ayant le VIH ne sont pas séropositifs. Ceux qui l'étaient recevaient un traitement antirétroviral, des soins et de l'aide. Pendant la visite, on a distribué au personnel et aux enfants de la nourriture, des couches et des cahiers d'écolier – rien de somptueux, juste des choses essentielles. Je leur ai joué « Circle Of Life » sur un piano que je leur ai offert. Juste après, un tout petit garçon est venu vers moi en courant, je l'ai soulevé et pris dans mes bras. On m'a dit qu'il se nommait Lev. Il avait quatorze mois mais en paraissait moins – Dieu qu'il était petit ! Son histoire était terrible. Le père était en prison pour avoir étranglé une adolescente. La mère, alcoolique, infectée par le VIH et atteinte de tuberculose, n'était pas en état de s'occuper de ses enfants. On ignorait encore s'il avait été contaminé, mais son demi-frère aîné, Artem, avait été testé positif quelque temps plus tôt. Lev était blond aux yeux bruns, et son sourire tranchait complètement avec son environnement et les cartes que la vie lui avait données. À chaque sourire, je fondais un peu plus.

Je ne l'ai plus posé au sol, de toute la visite. J'ai senti monter à nouveau en moi ce que j'avais éprouvé à Soweto, mais beaucoup plus fort : la connexion a été immédiate, extrêmement puissante. Il faut dire que j'étais déjà à vif. Guy Babylon, qui tenait les claviers dans mon groupe depuis onze ans, était mort brutalement. Il n'avait que cinquante-deux ans, semblait en parfaite forme physique, et avait pourtant fait un infarctus en nageant. Sa disparition brutale m'avait rappelé que le temps nous est compté, qu'on ignore ce qui nous attend au coin de la rue. Elle m'avait aussi clairement indiqué ce qui avait vraiment un sens pour moi dans la vie. Pourquoi chercher à nier ce qu'on éprouve au fond de soi au sujet d'une chose fondamentale comme la paternité ?

Tout le monde a continué la visite, et je suis resté en retrait pour jouer un peu avec Lev. Je me sentais incapable de partir. David a fini par revenir sur ses pas pour voir ce que je faisais. À peine était-il entré que mes mots ont jailli :

« Ce petit garçon est particulier, il s'appelle Lev, c'est un orphelin. C'est lui qui m'a trouvé, pas moi qui l'ai trouvé. Je pense que c'est un signe, un appel. L'univers nous envoie un message, il faut qu'on l'adopte. »

David a paru plus stupéfait encore qu'à Soweto. Il ne s'était évidemment pas attendu à ce que la simple question « tu viens ? » reçoive une réponse chargée d'appels et de messages de l'univers. Il n'en a pas moins vu que j'étais on ne peut plus sérieux. Après m'avoir invité à me calmer, il m'a dit de jouer pour l'instant la carte de la modération – il fallait se renseigner sur la situation de Lev, sa famille, la possibilité de lui faire quitter l'orphelinat avant qu'on sache s'il était séropositif.

Je ne me suis pas éloigné du petit garçon de la journée. Il était encore dans mes bras quand on est sortis donner une conférence de presse sous un abri de fortune. Je l'ai posé sur les genoux de David, le temps de répondre aux journalistes. La dernière question portait sur le fait que j'avais déclaré ne jamais vouloir d'enfants : la rencontre avec ces bambins privés de foyer m'avait-elle fait changer d'avis ? C'était le moment de montrer à David que j'avais bien compris ses impérieuses consignes de discrétion : je me suis empressé de déballer que oui, j'avais absolument changé d'avis, que le gamin assis avec David au premier rang avait conquis nos cœurs et que nous ne demandions qu'à l'adopter, ainsi que son frère, si possible.

Peut-être vous souvenez-vous que je vous ai expliqué plus haut combien je me réjouis d'avoir accédé à la notoriété en des temps où les maisons de disques et les agents ne soumettaient pas encore leurs artistes au média-training et ne les forçaient pas à trop surveiller leurs paroles, ainsi que la fierté que je tire de ne jamais pratiquer la langue de bois ni cacher ce que j'ai sur le cœur. Permettez-moi à présent de nuancer mon propos en précisant qu'il y a bien eu dans ma carrière une ou deux occasions où un peu de média-training aurait été une excellente idée, où j'aurais adoré, pour une fois dans ma vie, répondre un truc rasoir, plan-plan et évasif, plutôt que d'aller trompeter la vérité. Cette fois-ci, en l'occurrence. Les mots n'avaient pas fini de sortir de ma bouche que j'ai compris que j'avais gaffé, ne serait-ce que parce que j'ai vu David baisser la tête, fermer les yeux et marmonner quelque chose qui avait quand même bien l'air d'un « eh merde ».

« Ta déclaration va être diffusée partout d'ici quelques minutes », s'est-il plaint dans la voiture qui nous conduisait à l'aéroport.

Il avait raison. À peine nous étions-nous posés sur le sol britannique que son BlackBerry s'est rempli des textos et des messages vocaux de félicitations de nos amis ; les médias étaient bien au courant. Une certaine frange de la presse britannique n'aurait pas plus mal réagi si j'avais fait état d'une haine maladive des enfants et de l'intention de mettre le feu à l'orphelinat de Donetsk. Le *Daily Mail* et le *Sun* ont aussitôt dépêché des journalistes en Ukraine. L'un d'eux a contacté un membre du gouvernement qui a déclaré que l'adoption était impossible s'agissant d'un couple gay et que de toute façon j'étais trop vieux. Un autre est allé voir la mère de Lev, lui a offert de la vodka et l'a emmenée à l'orphelinat pour une séance photo, ce qui a instantanément retardé d'une année la procédure d'adoption : pour qu'un enfant devienne pupille de l'État, il doit avoir passé douze mois dans un orphelinat sans qu'aucun parent soit venu le voir. Le journaliste l'ignorait ou il s'en fichait – il n'avait pas réfléchi à ça. J'ai trouvé profondément choquant, même si c'était sans doute inévitable, qu'il n'ait aussitôt été question que de David et moi, jamais des enfants concernés. Difficile de ne pas penser que tout cela ne serait pas arrivé si je m'étais tu à la conférence de presse. Ou peut-être que cela n'aurait rien changé du tout. On ne le saura jamais.

On a persisté et étudié de près les mécanismes de

l'adoption, mais il est assez vite apparu que ça ne fonctionnerait pas. On aurait pu en appeler à la Cour de justice européenne : cela n'aurait pas rimé à grand-chose car l'Ukraine n'était pas dans l'UE. On a interrogé un psychologue sur le processus émotionnel que représente l'intégration dans une famille d'un enfant issu de l'orphelinat, et ce qu'il a dit a eu l'effet d'une douche froide : selon lui, tout enfant ayant passé plus de dix-huit mois à l'orphelinat aurait forcément des séquelles psychologiques irréversibles. Le manque de soins véritables, d'amour et de contact physique l'affecterait forcément à jamais. Alors on a cessé de chercher à tout prix à adopter Lev et Artem, mais, avec un organisme de bienfaisance en Ukraine, on a mis le paquet pour les faire sortir de là avant que les dix-huit mois soient atteints. Leur mère est morte, leur père est retourné en prison, mais leur grand-mère était relativement jeune, et des arrangements ont été conclus pour qu'ils s'installent avec elle.

Par le biais de l'association, on leur a discrètement apporté une aide financière. On nous a recommandé de faire en sorte que cela reste anonyme – au point que même la grand-mère ignore notre identité – par crainte de voir les médias revenir au galop : si ces derniers découvraient que j'étais le bienfaiteur, les enfants ne seraient plus jamais tranquilles. Du coup, ce n'était pas une aide faramineuse à la Elton John, qui n'aurait fait que les isoler davantage. Mais on a veillé à ce qu'ils ne manquent jamais de tout ce dont l'association nous disait qu'ils avaient besoin : à manger, du mobilier correct, des fournitures scolaires, de l'aide juridique. Quand les Russes ont envahi cette région de l'Ukraine, on s'est remis en cheville avec l'association qui avait fondé l'orphelinat pour les évacuer vers Kiev. On aura toujours l'œil sur eux.

L'an dernier, je suis retourné là-bas avec la Fondation contre le sida, j'ai vu Lev et Artem. Ils sont entrés dans la pièce vêtus de sweats à capuche assortis, on s'est embrassés, on a pleuré, et on a parlé jusqu'à plus soif. Bien du temps avait passé. Lev avait grandi. C'était un garçon de dix ans, drôle, taquin et charmant. Mais quelque part rien n'avait changé : j'avais avec lui les mêmes atomes crochus qu'au jour de notre rencontre. Je regrettais toujours qu'on n'ait pas pu l'adopter. Mais je savais au moins que sa grand-mère faisait du bon boulot.

Nous avions donc tenté de devenir parents adoptifs et nous avions échoué. C'était démoralisant, mais cette fois le sentiment paternel ne s'est plus dissipé. C'était comme si on avait bloqué un interrupteur sur « marche » : je voulais à présent autant que David avoir des enfants. Mais c'était tout sauf simple. Le parcours menant à l'adoption restait semé d'embûches pour un couple gay, et l'autre option, la gestation pour autrui, n'était pas beaucoup moins problématique. La GPA commerciale est officiellement illégale en Grande-Bretagne, mais on peut la pratiquer dans un pays où elle est autorisée et ramener l'enfant chez soi. On a discuté avec notre médecin en Californie et il nous a parlé d'une société nommée California Fertility Partners. La procédure est extrêmement complexe : il y a des organismes de don d'ovules et des organismes de gestation pour autrui, et tout un tas de démarches juridiques à suivre, surtout quand on vit à l'étranger. Plus on se penchait sur la question, plus ça semblait se compliquer. J'ai bientôt eu la tête farcie de thérapies hormonales, blastocytes, transferts d'embryon, ordonnances parentales et autres donneuses d'ovules.

On nous a recommandé de trouver une mère porteuse qui ne soit pas mariée – on avait vu des cas où le mari avait réclamé l'enfant devant la justice alors qu'il n'y avait aucun lien biologique. On a décidé de contribuer l'un et l'autre à l'échantillon de sperme, pour ne pas savoir lequel serait le père biologique. On nous a dit que tout devait se dérouler dans le plus grand secret. Nous serions anonymes aux yeux de la gestatrice, rebaptisés pour l'occasion Edward et James, couple gay d'Anglais « travaillant dans le monde du spectacle » sans plus de précisions, et toutes les personnes impliquées signeraient un accord de confidentialité. Après la brutale leçon de discrétion que je venais de recevoir, ça m'a paru tout à fait logique. Lorsque les médias avaient appris l'identité de la gestatrice sollicitée par Matthew Broderick et Sarah Jessica Parker, la pauvre femme en avait été réduite à se terrer : il fallait à tout prix éviter à notre mère porteuse le harcèlement de la presse.

La GPA suppose un réel acte de foi. Dès que tu as choisi la donneuse d'ovules et l'échantillon de sperme à la clinique de fertilité, ton sort est entièrement entre les mains d'autrui. On a eu une chance incroyable. On est tombés sur un médecin exceptionnel nommé Guy Ringler, un homme gay, spécialiste de la fertilité pour les parents LGBT. Et puis on a trouvé la plus remarquable des mères porteuses. Elle habitait au nord de San Francisco et l'avait déjà fait auparavant. La gloire et l'argent ne l'intéressaient absolument pas : elle ne cherchait qu'à aider des couples amoureux à avoir un enfant. Elle a deviné qui se cachait derrière Edward et James dès le troisième mois de grossesse, et ça ne l'a pas fait ciller. David est allé la rencontrer, pas dans la ville où elle habitait, au cas où quelqu'un le reconnaîtrait. Et quand il est rentré en disant monts et merveilles à son sujet, tout est soudain devenu très concret. Il n'y a pas eu d'appréhension, pas de doute quant à la décision que nous avions prise, pas de panique, pas de « Mon Dieu qu'avons-nous fait ? » – juste de l'enthousiasme et de l'impatience.

La suite de la grossesse est passée en un clin d'œil. Le bébé était attendu le 21 décembre 2010. On s'est beaucoup rapprochés de la gestatrice, son compagnon et sa famille. Plus je les connaissais, plus ça me faisait haïr l'expression « GPA commerciale ». C'est à la fois clinique et mercenaire, alors que ces gens n'avaient rien de cela ; ils étaient gentils, affectueux, et sincèrement ravis de nous aider à transformer un rêve en réalité. On a sollicité les services d'une nounou, celle qui s'était occupée du fils de notre amie Elizabeth Hurley. On la connaissait du temps où Liz avait séjourné à Woodside pour échapper aux médias après son accouchement. On a commencé à installer une pouponnière dans notre appartement de LA, mais il fallait tout faire en cachette : chaque achat était envoyé à nos bureaux de Los Angeles, extrait de son paquet et remballé comme un cadeau de Noël pour David ou moi, puis livré chez nous.

À l'approche de la date fatidique, la gestatrice et sa famille se sont installés dans un hôtel de Los Angeles. Ingrid Sischy et Sandy, sa partenaire, à qui nous avions demandé d'être les marraines, sont venues en avion. On avait prévu d'annoncer à nos amis de LA que nous devenions une famille lors d'un repas de Noël, mais il a fallu le reporter plusieurs fois parce que le bébé se faisait attendre. Lassée des nuits sans sommeil, des douleurs du dos et des chevilles gonflées, notre gestatrice a fini par employer les grands moyens. Il y avait en ville un restaurant, sur Coldwater Canyon, qui servait une soupe de cresson réputée provoquer les accouchements. De toute évidence, cette réputation n'était pas usurpée : on nous a appelés dans l'après-midi du 24 décembre pour nous dire de nous dépêcher de venir à l'hôpital Cedars-Sinai.

Toujours soucieux d'anonymat, je me suis présenté déguisé, mal fagoté et coiffé d'une casquette. En fait, j'aurais tout aussi bien pu me pointer chaussé des Dr. Martens d'un mètre vingt que je portais dans *Tommy* et avec mes immenses lunettes qui s'allumaient en dessinant le mot ELTON, car il n'y avait absolument personne. Le désert absolu dans la maternité. On aurait dit l'hôtel dans *Shining*. On a découvert que personne ne souhaite la venue de son bébé pour Noël : les gens provoquent l'accouchement ou recourent à une césarienne pour ne pas passer les fêtes à l'hôpital. Les gens, oui, mais pas nous. On avait délibérément choisi notre moment pour que je ne sois ni en studio ni en tournée. Il n'y avait donc pas âme qui vive à l'étage, à part nous et une autre femme dans la chambre voisine, une Australienne qui a eu des jumeaux. Et notre fils, qui est arrivé à 2 h 30 du matin le jour de Noël.

C'est moi qui ai coupé le cordon – je fais ordinairement le délicat avec ces trucs, mais l'émotion du moment a pris le pas. On a retiré notre chemise, pour que le bébé profite du contact de la peau. On l'a appelé Zachary Jackson Levon. Les gens croient toujours que ce dernier prénom vient de la chanson qui figure sur *Madman Across The Water*, mais c'est faux : c'est un hommage à Lev. Comment aurait-il pu en être autrement ? Lev avait été un ange, un messager, il m'avait enseigné sur moi-même quelque chose que je ne comprenais pas vraiment. C'est grâce à lui que nous étions là aujourd'hui, dans cette maternité, notre fils dans les bras, conscients que notre vie ne serait plus jamais la même.

Outre Ingrid et Sandy, on a demandé à Lady Gaga d'être la marraine de Zachary. J'avais entrepris des collaborations avec tout un tas de jeunes artistes, des Scissor Sisters à Kanye West. Il est toujours très flatteur d'être invité à travailler avec des gens qui n'étaient pas nés à vos débuts, mais d'entre tous, c'est avec Gaga que j'ai eu le lien le plus particulier. J'en suis tombé raide dingue dès l'instant où j'ai posé mes yeux sur elle : sa musique, ses excès vestimentaires, son sens de la théâtralité et du spectacle. A priori très différents l'un de l'autre

– c'était une jeune New-Yorkaise d'à peine vingt ans –, on a compris dès la première seconde qu'on était taillés dans le même bois : je l'ai surnommée la Fille Illégitime d'Elton John. J'étais tellement fou d'elle que ça m'a valu de nouveaux ennuis avec la presse.

Je m'étais toujours bien entendu avec Madonna, même si je me moquais gentiment d'elle parce qu'elle faisait du play-back sur scène. Ça s'est gâté quand elle a descendu Gaga en flammes dans un talk-show aux États-Unis. Je voyais bien que le tube de Gaga « Born This Way » avait de grosses ressemblances avec « Express Yourself », mais je ne comprenais pas pourquoi Madonna en faisait tout un foin au lieu de le prendre comme l'hommage d'une nouvelle génération de musiciennes qu'elle avait influencées. Surtout elle qui se pose en championne de la condition féminine. Je trouvais ça incorrect : un artiste établi ne doit jamais s'en prendre à un jeune qui démarre. Ça m'a énervé, et j'ai dit des choses assez atroces à un journaliste de la télé australienne, un dénommé Molly Meldrum que je connaissais depuis les années soixante-dix. L'extrait ne fait clairement pas partie de l'entretien, on voit bien que je suis juste en train de bavarder avec un vieux copain entre deux prises – on entend derrière nous des techniciens déplacer des caméras et préparer la suivante –, mais c'est passé à l'antenne, ce qui n'a pas manqué de mettre aussitôt fin à ma vieille amitié avec le journaliste. Il demeure que je n'aurais jamais dû dire ce que j'ai dit. J'ai présenté mes excuses à Madonna quelque temps plus tard quand on s'est croisés dans un restaurant en France, et elle l'a très bien pris. Quant à Gaga, elle s'est avérée une marraine formidable : elle débarquait dans la loge et insistait pour donner son bain à Zach, avec sur elle tout l'apparat Gaga, un vrai spectacle.

Tout dans la paternité a été incroyable. Je n'ai rien à vous apprendre à ce sujet que vous n'ayez déjà entendu cent fois. Tous les clichés sur le fait que ça vous pose, que ça change votre regard sur le monde, que c'est un amour à nul autre pareil, que voir une personne se développer sous vos yeux est bouleversant, tout cela est vrai. Peut-être toutefois ai-je ressenti cela plus fort qu'un autre parce que je n'ai songé à devenir père qu'à un stade assez avancé de ma vie. Si vous aviez tenté de dire à l'Elton John des années soixante-dix ou quatre-vingt qu'il trouverait bien plus de plénitude et de gratification dans le fait de changer une couche que dans l'écriture d'une chanson ou dans un concert, sans doute auriez-vous dû quitter la pièce en esquivant les projections de vaisselle. Vous auriez pourtant dit vrai : la responsabilité est immense, mais il n'y a rien dans l'éducation des enfants que je n'apprécie. J'ai même trouvé adorables les crises de colère du tout-petit. *Tu crois que tu nous casses les pieds, ma petite saucisse ? T'ai-je jamais raconté la fois où j'ai sifflé huit vodka-martinis, enlevé tous mes habits devant l'équipe de tournage et cassé le nez de mon agent ?*

On a su presque tout de suite qu'on en voulait un deuxième. On adorait notre rôle de parents, mais il n'y avait pas que ça. On faisait tout pour offrir à notre enfant une existence aussi normale que possible, mais elle ne le serait jamais vraiment, du fait de notre activité et de tout ce que ça entraîne. Il faut dire qu'avant d'aller à l'école Zachary m'a régulièrement accompagné en tournée ; il avait bouclé deux tours du monde avant l'âge de quatre ans. Lady Gaga lui avait donné son bain et il avait fait du dada sur les genoux d'Eminem. Il avait connu les coulisses de mes spectacles à Las Vegas et s'était fait prendre en photo par les paparazzis, ce qui, à ma grande satisfaction, semblait le contrarier plus qu'autre chose : les chiens ne font pas des chats. Mais tout cela ne constitue pas une existence normale pour un tout-petit. Si le statut de fils d'Elton John comporte évidemment pas mal de privilèges, il serait illusoire de penser qu'il ne s'accompagne pas d'inconvénients. Ayant moi-même détesté être un enfant unique, je trouvais juste qu'il ait un frère ou une sœur avec qui tout partager, qui comprenne son vécu. On a fait appel à la même gestatrice, à la même agence, à la même donneuse d'ovules et tout s'est à nouveau parfaitement déroulé : Elijah est venu au monde le 11 janvier 2013.

La seule à ne pas sembler ravie pour nous, c'était ma mère. J'avais toujours entretenu avec elle des rapports assez difficiles, mais ils s'étaient définitivement dégradés après notre cérémonie d'union civile, en 2005. Comme d'habitude, j'ai mis autant d'eau dans mon vin que possible, mais quelque chose en elle avait changé, ou s'était du moins amplifié. Le mince filet de critiques qui parfois lui échappait était devenu un torrent permanent. Elle se donnait un mal de chien pour me faire savoir à quel point elle haïssait ce que je faisais. Chacun de mes nouveaux albums était un ramassis de conneries : pourquoi ne pas plutôt essayer de faire comme Robbie Williams ? N'étais-je donc plus capable d'écrire des chansons comme ça ? Si j'achetais un tableau, c'était forcément une croûte, elle aurait fait mille fois mieux elle-même. Si je jouais dans un concert au profit d'une bonne cause, c'était le truc le plus barbant auquel il lui avait jamais été donné d'assister, sa soirée n'ayant été sauvée que par la prestation d'un autre, qui nous avait vraiment volé la vedette. Lorsque la Fondation contre le sida organisait un dîner hyper glamour de collecte de fonds avec tout plein de stars, c'était la démonstration que seules m'intéressaient la gloire et les occasions de lécher les bottes du grand monde.

Histoire de varier les plaisirs, elle se lançait parfois dans de vraies crises de colère. Je ne les voyais jamais venir, impossible de savoir ce qui les déclenchait, mais la côtoyer, que ce soit à déjeuner ou pour des vacances, consistait à vivre à côté d'une grenade dégoupillée : j'étais tout le temps à cran, à me demander ce qui la ferait exploser. Le fait que j'achète une niche pour les chiens que nous avions à Nice, par exemple. Ou bien ça pouvait être *Billy Elliot*, apparemment la seule chose que j'aie faite en dix ans dont elle ait pensé un peu de bien. La comédie musicale avait décollé d'une façon inattendue, pas seulement au Royaume-Uni, mais dans des pays où l'on n'avait jamais entendu parler de la grève des mineurs ni des répercussions du thatchérisme sur l'industrie manufacturière britannique : le récit, en fin de compte, était universel. Maman est allée voir le spectacle des dizaines de fois à Londres, mais un jour les gens à l'accueil ont mis cinq minutes à trouver ses billets, et elle a tenu à y voir une machination minutieusement ourdie par mes soins pour l'humilier. Par bonheur, après *Billy Elliot*, j'ai enchaîné sur *The Vampire Lestat*, une comédie musicale coécrite avec Bernie et qui s'est ramassée dans les grandes largeurs – tout était foireux, du timing à la mise en scène en passant par les dialogues –, et les choses sont revenues à la normale : maman a trouvé l'immanquable occasion de me faire remarquer qu'elle savait depuis le début que ce serait un bide.

Je m'efforçais encore d'en rire, ou de l'ignorer, mais ce n'était pas si simple. Quand maman cherchait la bagarre, elle savait précisément sur quelles touches appuyer pour me faire réagir, c'est elle qui avait fabriqué le dispositif. Elle avait encore le pouvoir de me renvoyer dans la peau du garçon de dix ans terrifié que j'étais à Pinner, persuadé que tout était sa faute : j'avais la trouille permanente de recevoir, au sens figuré, une torgnole. Conséquence prévisible : je me suis mis à tout faire pour l'éviter. Pour mes soixante ans, j'ai donné une grande fête à la cathédrale St John the Divine de New York, où je verrais bientôt Aretha Franklin chanter pour la dernière fois. Maman avait été parmi les invités d'honneur à la fête de mes cinquante ans, le fameux bal costumé où elle s'était présentée avec Derf, tous deux déguisés en reine d'Angleterre et duc d'Édimbourg, alors que j'étais pour ma part en Louis XVI, avec une traîne interminable tenue par deux hommes déguisés en cupidons, et une perruque si grande que j'avais dû m'y rendre à bord d'une camionnette de déménageur – j'avais amplement eu l'occasion de reconsidérer la pertinence de ce déguisement quand ladite camionnette s'était retrouvée coincée pendant une heure et demie dans les embouteillages. Toujours est-il que cette fois, je ne l'inviterais pas du tout. Je savais qu'elle jouerait les pisse-vinaigre du début à la fin et que ça ne serait drôle ni pour elle ni pour moi, alors à quoi bon ? J'ai prétexté que le voyage était trop long pour elle – elle avait été souffrante –, je ne voulais tout simplement pas d'elle à ma fête.

À l'époque où Zachary est né, on ne se parlait plus du tout. Elle ne se contentait plus de critiquer, elle cherchait sans arrêt à blesser. Elle avait pris un malin plaisir à me dire qu'elle s'entendait encore très bien avec John Reid alors qu'on avait cessé de travailler ensemble : « Je ne sais pas de quoi tu te plains », m'a-t-elle lancé comme je lui faisais remarquer qu'elle n'avait pas fait à cette occasion preuve de la plus grande loyauté envers moi. « Ce n'est qu'une affaire de sous. » On pouvait voir la chose comme ça. Le coup de grâce, c'est quand mon assistant personnel, Bob Halley, est parti. Il était à mes côtés depuis les années soixante-dix, mais nos rapports s'étaient tendus. Après avoir profité d'une vie de grand luxe pendant des années, Bob n'avait pas apprécié que la direction cherche à réduire les dépenses pour mieux rentabiliser mes tournées : la notoriété fait parfois plus d'effet à ceux qui t'entourent qu'à toi-même. La goutte d'eau a été un désaccord au sujet de la société d'entretien des voitures qu'on utilisait. L'administration avait fait appel à une nouvelle entreprise, moins chère. Bob avait aussitôt renvoyé celle-ci pour en reprendre une plus coûteuse. La direction l'avait alors désavoué en imposant à nouveau son choix. Bob était hors de lui. On s'est disputés très fort à ce sujet à l'hôtel St Regis de New York. Il disait qu'on avait agi dans son dos, bafoué son autorité. J'ai répondu qu'on ne cherchait qu'à faire des économies. Quand il m'a menacé de s'en aller, ça m'a énervé et je lui ai dit que je m'en fichais pas mal. Un peu plus tard, une fois calmé, je suis retourné lui parler. Là, il m'a dit qu'il haïssait tout le monde chez Rocket : personne dans l'équipe n'échappait manifestement à son mépris. Que répondre à cela ? Entre toute mon équipe et mon assistant personnel, mon choix était vite fait. Il m'a signifié sa démission et a claqué la porte, prenant soin de préciser que sans lui ma carrière ne durerait pas six mois. Quels qu'aient été les talents de Bob, la clairvoyance n'était pas du nombre. Le seul changement survenu dans ma carrière après son départ, c'est que les frais de tournée ont considérablement baissé.

En apprenant le départ de Bob, ma mère est devenue livide – ils s'entendaient très bien depuis toujours. Refusant d'écouter ma version des faits, elle m'a dit que Bob avait été pour elle un meilleur fils que je ne le serais jamais.

Puis elle a craché : « Tu t'intéresses plus à cette maudite *chose* que tu as épousée qu'à ta propre mère ! »

Après ce coup de fil, on ne s'est plus parlé pendant sept ans. À un moment, tu te rends compte que tu te tapes le crâne contre un mur : tu auras beau cogner, tu ne l'abattras pas et tu n'y gagneras qu'un gros mal de crâne. J'ai continué à veiller à ce qu'elle ne manque de rien sur le plan financier. Quand elle a émis le souhait de s'installer à Worthing, je lui ai acheté une maison. Quand il a fallu l'opérer de la hanche, j'ai tout pris en charge et me suis assuré qu'elle reçoive le meilleur traitement possible. Elle a vendu aux enchères tous les cadeaux que je lui ai faits – absolument tout, des bijoux aux disques de platine où j'avais fait graver son nom – mais ce n'est pas qu'elle manquait d'argent. Elle a dit aux journaux qu'elle se débarrassait juste de quelques vieilleries, alors que c'était encore une manière de m'envoyer me faire voir, comme quand elle avait loué les services d'un sosie d'Elton John pour ses quatre-vingt-dix ans. J'ai fini par racheter certains bijoux qui avaient pour moi une valeur sentimentale, même s'ils avaient cessé d'en avoir pour maman.

C'était triste, mais je ne voulais plus d'elle dans ma vie. Je ne l'ai pas invitée à notre mariage quand la loi sur l'union entre personnes de même sexe a de nouveau changé, en décembre 2014. L'événement a été beaucoup plus modeste, plus intime que celui de notre union civile. On s'est rendus seuls au bureau d'état civil de Maidenhead, puis le fonctionnaire est venu à Woodside où il a tenu la cérémonie. Ce sont nos garçons qui ont porté les alliances, celles en or qui avaient servi le jour de l'union civile – celles qu'on avait achetées à Paris des années auparavant –, on les a nouées avec du ruban à deux petits lapins en peluche que portaient Zachary et Elijah.

Je pourrais dire que maman a loupé l'occasion de voir grandir ses petits-enfants – ma tatie Win et mes cousins ont toujours été dans les parages, comme le font les familles normales dès qu'il y a des bébés ou de jeunes enfants à câliner ou à gâter – mais en fait, ça lui était bien égal. À la naissance de Zachary, un journaliste est venu à sa porte demander ce que ça lui faisait de ne pas voir son premier petit-enfant, il cherchait un scoop sur le thème de la grand-mère honteusement délaissée. Mais il est reparti bredouille. Elle lui a dit que ça ne lui faisait ni chaud ni froid, qu'elle n'aimait pas les enfants et ne les avait jamais aimés. Quand j'ai lu ça, j'ai bien ri : zéro en capital sympathie, maman, mais vingt sur vingt pour la sincérité.

J'ai repris contact avec elle quand j'ai su qu'elle était très malade. Je lui ai envoyé un e-mail avec en pièce jointe des photos des enfants. C'est à peine si elle les a mentionnés : « Te voilà bien occupé à présent », aura été dans sa réponse la seule allusion à leur existence. Je l'ai invitée à déjeuner. Rien n'avait vraiment changé. Elle a débarqué à Woodside et le premier truc qu'elle a dit, c'est : « J'avais oublié à quel point c'est petit ici. » Mais j'étais bien décidé à ne pas répondre, à ne pas mordre à l'hameçon. Les enfants étaient là, ils jouaient dans leur chambre à l'étage, et quand j'ai demandé si elle voulait les voir, elle a répondu non. Je lui ai dit que je n'avais pas l'intention de parler de John Reid ou de Bob Halley, que je voulais juste lui dire, après tous les hauts et les bas, que je l'aimais.

« Moi aussi, je t'aime, a-t-elle répondu. Mais je ne t'apprécie pas du tout. »

Eh bien voilà – au moins c'était resté cordial. Après cela, on s'est parlé de temps en temps au téléphone. Je ne lui demandais jamais ce qu'elle pensait de quoi que ce soit que j'avais fait, et quand d'aventure j'évoquais les enfants, elle changeait immédiatement de sujet. Je suis parvenu à la rabibocher un peu avec Tatie Win – elles s'étaient brouillées à la mort de Derf, en 2010 : maman avait refusé que Paul, le fils de Win, vienne aux obsèques parce que « Fred ne l'a jamais aimé » –, c'était mieux que rien. Par contre, j'ai échoué avec Oncle Reg. Je ne sais plus pourquoi ils étaient fâchés, mais ils ne s'adressaient toujours pas la parole quand elle est morte, en décembre 2017.

La mort de maman m'a chamboulé comme je ne m'y

attendais pas. J'étais allé à Worthing la semaine précédente pour la voir – je la savais en phase terminale, mais elle ne m'avait pas donné l'impression cet après-midi-là de se trouver à l'article de la mort. La visite avait été bizarre : quand j'avais frappé à la porte de sa maison, c'est Bob Halley qui avait ouvert. On s'était dit bonjour et serré la main, et je pense que pour maman, ç'avait été le clou de sa journée.

Maman n'a jamais été de ces mères tactiles, maternantes, viens-là-me-faire-un-câlin, et il y avait en elle une propension à la méchanceté qui dépassait les sautes d'humeur ou le Fichu Caractère des Dwight, c'était quelque chose d'autre, et je n'aimais pas trop y penser parce que ça m'effrayait. Elle semblait prendre un réel plaisir à provoquer la bagarre, et pas seulement avec moi : il n'est pas au fil des ans un membre de la famille qui ne se soit gravement brouillé avec elle. Il était pourtant arrivé qu'elle se montre encourageante et même, au début de ma carrière, franchement amusante. C'est ainsi que me l'ont décrite à sa mort ceux qui l'avaient connue au début des années soixante-dix : qu'est-ce qu'on rigolait avec elle !

On a tenu une petite cérémonie intime dans la chapelle de Woodside : j'ai voulu ne me souvenir que du meilleur, seulement entouré de la famille. Alors que je prononçais quelques mots à son sujet, je me suis mis à pleurer. La personne que je décrivais me manquait terriblement, mais elle avait commencé à me manquer plusieurs décennies avant la mort de maman : elle s'était évanouie de ma vie aussi vite qu'elle était apparue. Le corbillard a emporté son cercueil. Nous étions là, ultimes représentants des familles Dwight et Harris, à le regarder s'éloigner en silence dans la longue allée. C'est mon oncle Reg qui l'a rompu, il avait une dernière chose à dire à sa sœur :

« Là tu ne réponds plus, hein, Sheila ? »

Dix-sept

Je suis musicien professionnel depuis le début de ma vie d'adulte et je ne me suis jamais lassé de jouer en public. Il m'est arrivé de croire que c'était le cas – quand je faisais le circuit des petites boîtes avec Long John Baldry ou, dans les années soixante-dix, alors que j'étais juste épuisé –, mais je me trompais. Je faisais des adieux grandiloquents au public avant de remonter sur scène quelques semaines plus tard. De toute ma vie, je n'ai jamais cessé d'éprouver chaque soir cette sensation avant d'y aller, ce mélange d'angoisse et d'adrénaline, et c'est tant mieux parce que putain ce que j'aime ça ! C'est addictif. On se fatigue jusqu'à la nausée des voyages, de la promo, de tout ce qui entoure le fait de jouer devant du monde, mais cette sensation-là fait que tu en redemandes à chaque fois. Ça et la certitude que même le soir du plus mauvais spectacle – avec un son pourri, un public amorphe, dans une salle miteuse –, il se passera forcément quelque chose d'étonnant sur scène : une étincelle, un éclair d'inspiration, une chanson que tu as jouée mille fois mais qui fait soudain ressurgir un vieux souvenir enfoui.

La musique aura donc toujours de quoi te surprendre, mais au bout d'une cinquantaine d'années, tu commences quand même à sentir que c'est la dernière chose qui en soit capable lors d'un concert. On en vient facilement à se dire qu'on a fait à peu près le tour de tout ce qu'il est possible de faire sur une scène, sauf peut-être s'étaler, raide mort. J'ai joué sobre, j'ai joué ivre, j'ai – à ma grande honte – joué stone au dernier degré. J'ai donné des concerts qui m'ont mis dans un état d'exaltation absolue, et d'autres dont je ne voyais pas le bout tellement j'étais au fond du trou. J'ai joué du piano, j'ai sauté sur des pianos, je suis tombé du haut de pianos et j'ai poussé un piano jusque dans le public, heurtant au passage un spectateur auprès duquel j'ai passé toute la nuit à me confondre en excuses. J'ai joué avec mes idoles d'enfance et certains des plus grands artistes de l'histoire de la musique. J'ai joué avec des gens si désespérants qu'ils n'avaient rien à faire sur une scène, ainsi qu'avec un groupe de strip-teaseurs déguisés en scouts. J'ai donné des concerts travesti en femme, en chat, en Minnie Mouse, en Donald Duck, en général de l'armée de Pétaouchnok, en mousquetaire, en dame de pantomime, il m'est même arrivé, très exceptionnellement, de jouer vêtu en être humain normal. J'ai vu certains de mes concerts interrompus par une alerte à la bombe, ou par des manifestations étudiantes contre la guerre du Vietnam, ou encore par ma sortie intempestive sur un coup de tête avant de revenir aussi sec, regrettant mon emportement. On m'a jeté des hot-dogs à Paris, j'ai été mis K-O par une pipe à eau en Caroline du Nord alors que j'étais déguisé en poulet géant – le groupe a cru qu'on m'avait tiré dessus –, et j'ai bondi sur scène déguisé en gorille pour faire une surprise à Iggy Pop. Pas vraiment la meilleure idée que j'aie eue. On était en 1973 et j'étais allé voir les Stooges la nuit d'avant. C'était le meilleur concert auquel j'avais jamais assisté – aux antipodes de ma propre musique, mais absolument incroyable, l'énergie, le bruit pur qu'ils produisaient, Iggy qui grimpait partout en mode Spiderman. J'y suis donc retourné le lendemain soir – ils donnaient une semaine de concerts au Richards, une boîte d'Atlanta. J'ai pensé qu'il serait amusant de louer un costume de gorille et de me précipiter sur scène pendant le spectacle, vous voyez, histoire d'ajouter un peu au bazar ambiant. Au lieu de ça, j'ai reçu une importante leçon de vie : si jamais tu as l'intention de débouler sur une scène déguisé en gorille pour surprendre quelqu'un, vérifie toujours auparavant que la personne concernée n'est pas tellement imbibée d'acide qu'elle sera incapable de faire la différence entre un type déguisé et un vrai gorille. Je l'ai compris dès l'instant où mon apparition a été accueillie non par des barres de rire mais par un Iggy Pop paniqué, prenant ses jambes à son cou en poussant de grands hurlements. Cette vision a vite été remplacée par la conscience que je ne me trouvais plus sur la scène, mais dans les airs, que je traversais maintenant à grande vitesse. Percevant toute la nécessité d'une intervention rapide, un membre des Stooges avait cessé de jouer pour me choper et me jeter dans le public.

Vous comprendrez donc qu'il m'arrive de songer que j'ai fait le tour des incidents possibles, qu'il ne peut plus m'arriver grand-chose en concert que je n'aie déjà connu. Bien entendu, il suffit de commencer à penser ça pour que la vie s'empresse de vous démentir. Ce qui nous amène à ce soir de 2017, à Las Vegas, où je me suis levé du piano alors que mourait doucement le dernier accord de « Rocket Man ». J'ai traversé la scène du Colosseum en savourant les applaudissements de la foule, donnant des petits coups de poing dans l'air et pointant du doigt les plus enthousiastes des fans. Rien d'inhabituel à tout ça, sauf que là, sans que le public ne s'en doute, j'étais aussi en train d'uriner à grand jet dans une couche dissimulée sous mon costume. Me pisser dessus en public muni d'une couche géante : on entrait incontestablement dans des eaux inconnues. Le cancer de la prostate n'offre pas une foule d'avantages, mais il m'aura au moins valu une expérience inédite sur scène.

Ma vie n'est jamais de tout repos, mais les dernières années avaient été plus mouvementées qu'à l'accoutumée. Il y avait eu des côtés très positifs. Je m'étais fait à mon rôle de père beaucoup mieux que prévu. J'adorais les petites activités quotidiennes avec les enfants – le cinéma le samedi, Legoland et le père Noël au Windsor Great Park. Et aussi les emmener voir jouer Watford. Ils sont dingues de foot, je peux passer des heures à en parler avec eux, à répondre à leurs questions : « C'était qui George Best, papa ? » « Pourquoi Pelé était un si grand joueur ? » Ils sont venus au stade de Vicarage Road assister à l'inauguration d'une tribune portant mon nom, un truc dont je ne suis pas peu fier : une autre porte le nom de Graham Taylor. Depuis, ils font la mascotte lors des matchs et ne loupent presque aucune rencontre.

J'aime aussi la façon dont les enfants m'ont amené à me lier d'amitié avec des gens du village voisin de Woodside. J'y habitais depuis le milieu des années soixante-dix sans connaître personne du coin. Mais dès que les enfants sont allés à la crèche puis à l'école, ils se sont fait des amis, dont les parents sont devenus les nôtres. Ils se fichaient pas mal de savoir qui j'étais. Une maman excédée à la grille de l'école sera moins encline à te demander ce qui t'a inspiré « Benny And The Jets » ou comment était vraiment Lady Di, qu'à parler uniforme, cantine ou costume à créer sous quarante-huit heures pour le spectacle de Noël – et ça me convient très bien. On s'est retrouvés avec un tout nouveau cercle social, comme on n'en aurait jamais eu David et moi si on était restés un couple gay de célébrités de la jet-set.

J'avais inauguré un nouveau spectacle à Las Vegas en 2011, *The Million Dollar Piano*. Moins provocant que son prédécesseur, il était aussi spectaculaire et a très bien marché. J'avais mis Tony King à la direction artistique – il travaillait depuis des années pour les Rolling Stones, qu'il suivait en tournée dans le monde entier – et il a fait un boulot exceptionnel. Il n'a plus quitté mon équipe depuis, il y exerce la fonction officielle d'*éminence grise*[1], qui lui va comme un gant. L'année suivante, j'ai mitonné *Good Morning To The Night*, un album qui ne ressemble à aucun des précédents, et qui est devenu numéro un. Pour être précis, je n'ai pas « mitonné » *Good Morning To The Night* : j'ai remis les bandes mères de mes albums des années soixante-dix à Pnau, un duo électro australien que j'adore, avec pour instruction d'en faire ce qu'ils voulaient. Ils ont remixé différents éléments d'anciennes chansons pour en créer de nouvelles qui me donnaient des airs de Pink Floyd ou de Daft Punk. Le rendu était fantastique, mais j'ignorais comment ils s'y étaient pris : un album portant mon nom occupait la première place des charts et je n'avais pas la moindre idée de la façon dont il avait été réalisé. On a joué ensemble lors d'un festival à Ibiza, un moment formidable. Je suis toujours un peu tendu avant un concert – je crois que le jour où on cesse de l'être, c'est qu'on n'est plus aussi impliqué qu'avant –, mais là j'étais complètement terrifié. La foule était si jeune, j'aurais pu être leur grand-père à tous, et le concert s'ouvrait par une séquence où j'étais seul au piano. Les gens ont adoré. Il y a quelque chose de profondément réjouissant à constater qu'un public très différent de ton public habituel apprécie ce que tu fais.

---

1. En français dans le texte.

Je ne m'en suis pas tenu à Pnau, j'ai collaboré avec plein d'artistes très différents : les Queens of the Stone Age, A Tribe Called Quest, Jack White, les Red Hot Chili Peppers. J'aime entrer en studio avec des artistes qu'on n'associerait pas forcément à moi. Ça me rappelle la fin des années soixante, quand j'étais musicien de studio : tout le défi réside dans la capacité d'adaptation et la réactivité, et je trouve ça toujours très excitant.

J'étais en studio avec Clean Bandit quand j'ai reçu un coup de téléphone : Vladimir Poutine voulait me parler. Il y avait eu pas mal de remous après deux concerts que j'avais donnés en Russie, où j'avais parlé sur scène des droits LGBT. J'avais dédié l'une des soirées à Moscou à la mémoire de Vladislav Tornovoï, un jeune homme torturé puis assassiné à Volgograd parce qu'il était gay, et j'avais déclaré à Saint-Pétersbourg que je trouvais ridicule d'avoir supprimé un monument dédié à Steve Jobs après que son successeur à la présidence d'Apple, Tim Cook, avait fait son coming out. L'appel téléphonique était en réalité une farce, dont les deux auteurs avaient déjà piégé une foule de personnages publics, notamment Mikhaïl Gorbatchev. Ils l'ont enregistré et passé à la télévision russe, mais je m'en tamponnais parce que je n'avais à rougir de rien, je n'avais pas dit d'ânerie, juste que je le remerciais de son appel et que je serais ravi de le rencontrer pour parler droits civiques et accès au traitement contre le sida. Sans compter que le vrai Vladimir Poutine m'a appelé chez moi quelques semaines plus tard pour présenter ses excuses et me proposer une rencontre, laquelle n'a jamais eu lieu – je suis retourné en Russie depuis, mais mon invitation au Kremlin a dû être égarée par la poste. Cela dit, je ne perds pas espoir.

On n'obtient jamais rien en coupant tous les ponts. Quand j'ai joué au mariage de Rush Limbaugh, l'animateur d'extrême droite d'un talk-show radiophonique, en 2010, j'étais étonné qu'on me l'ait proposé. La première chose que j'ai dite sur scène, c'est : «Je me doute bien que vous vous demandez ce que je fous là.» Et on ne m'a pas épargné dans les médias : avec toutes les horreurs qu'il a dites sur le sida, comment peut-on aller jouer pour lui ? Mais je m'efforce de tendre des passerelles plutôt que d'élever des murs. Et puis j'ai reversé mon cachet à la Fondation Elton John contre le sida – et je vous prie de croire que comme chanteur de mariage, je ne suis pas donné. J'ai donc transformé les noces d'un animateur de talk-show d'extrême droite en collecte de fonds au profit de la lutte contre le sida.

Mais il s'est aussi passé pas mal de trucs moches ces années-là. Bob Birch, qui jouait de la basse avec nous depuis plus de vingt ans, s'est suicidé. Il n'allait pas bien depuis un accident survenu au milieu des années quatre-vingt-dix – percuté par un camion en marchant dans la rue avant un concert à Montréal, il ne s'en était jamais totalement remis – mais je n'avais pas bien mesuré ce qu'il endurait sur le plan physique et psychologique. Il paraissait tellement résilient – on lui avait d'abord dit qu'il ne marcherait plus jamais, mais il était revenu avec nous en tournée moins de six mois après. Son jeu ne s'en est jamais ressenti et il ne s'est jamais plaint, même quand la douleur le contraignait à jouer assis. Mais là, pendant l'interruption estivale de notre plan de tournée 2012, son état s'est aggravé au point sans doute de devenir insoutenable. Davey m'a appelé à 6 heures du matin à Nice pour m'annoncer que Bob s'était donné la mort devant sa maison de Los Angeles. J'aurais voulu qu'il vienne me voir, qu'il dise quelque chose. Je ne sais pas ce que j'aurais pu faire, mais la pensée qu'il a souffert à ce point en silence me hante depuis sa mort.

Ensuite, c'est Ingrid Sischy qui est morte. Elle avait déjà eu un cancer du sein, à la fin des années quatre-vingt-dix : elle m'avait alors appelé à Nice, en larmes, pour me demander de l'aider à obtenir un rendez-vous avec le cancérologue Larry Norton, qui avait traité Linda McCartney. La maladie était entrée en rémission, mais Ingrid avait ensuite vécu dans la terreur d'une rechute. Elle en devenait parano, toujours à guetter le signe d'un retour aux endroits les plus bizarres, au point que c'était devenu une plaisanterie récurrente entre nous.

« Regarde Elton, j'ai les mains qui tremblent, tu crois que c'est le cancer de la main ?

– Ben voyons, c'est le cancer de la main, vraiment ? Pourquoi pas celui des dents et des cheveux, tant que tu y es ? »

Ça me paraissait drôle sur le moment parce que j'étais à des lieues de penser qu'elle en mourrait. Je n'avais jamais vu tant de vitalité chez qui que ce soit, toujours occupée ici ou là, toujours mille projets sur le feu. Et nous étions très proches : je l'appelais chaque jour, du lundi au vendredi, pour papoter, échanger des ragots et solliciter ses bons conseils, dont elle n'était manifestement jamais à court. Quand une personne montre une telle force, quand elle occupe tant d'espace, il paraît impossible que sa vie soit ainsi balayée comme un fétu de paille.

Jusqu'à ce que ça arrive malgré tout. Le cancer est revenu en 2015 et l'a emportée très vite – si vite que j'ai dû partir en urgence pour les États-Unis. Mais j'ai pu lui faire mes adieux – je ne peux malheureusement pas en dire autant pour beaucoup d'autres de mes amis. En un sens, j'étais soulagé que ç'ait été si rapide : Ingrid avait tellement peur du cancer, tellement peur de mourir, au moins elle n'avait pas eu à affronter la mort pendant des semaines, voire des mois. Mais c'était une bien maigre consolation. J'avais perdu Gianni, je perdais à présent une autre amie, une autre sœur de cœur. Je pense à elle sans cesse : j'ai sa photo partout dans toutes mes maisons, alors elle est toujours près de moi. Ses conseils, son intelligence, sa passion, nos crises de rire… tout cela me manque. Elle me manque.

Ensuite, je me suis inquiété pour David. J'avais remarqué qu'il buvait plus qu'avant, sans doute trop. Il s'est mis à venir au lit le soir avec à la main un verre de vin qu'il sirotait en lisant ou en bavardant. Ou bien il se couchait longtemps après moi, et je trouvais une bouteille vide le lendemain près de l'évier de la cuisine. Parfois deux. Il est même arrivé pendant nos vacances à Nice qu'il ne vienne pas se coucher du tout. Je l'ai retrouvé le matin ronflant comme une masse devant son ordi ou sur le canapé du salon. Mais je ne pensais pas que la situation était problématique. Quoi qu'il se soit produit dans la soirée, il était invariablement debout le lendemain à 7 heures et prêt à partir au boulot. Il arrivait aussi qu'il se mette dans un état avancé quand on sortait – après mon anniversaire fêté avec celui de Sam Taylor-Wood, il a fallu que je lui empoigne fermement le bras en le ramenant à la voiture pour ne pas que les paparazzis le chopent en train de tituber – mais il ne s'est jamais donné en spectacle. Cela dit, considérant ma propension, après quelques vodka-martinis, à l'outrance verbale, à la violence physique et à l'exhibition publique, on admettra que la gravité du problème de David ait pu m'échapper.

Je n'avais pas compris que l'alcool était pour lui une béquille. J'avais toujours trouvé que David s'était adapté au monde d'Elton John avec une aisance et une confiance extraordinaires, mais beaucoup de choses qui m'étaient habituelles, que je considérais comme des faits de la vie ordinaire, suscitaient en lui de l'angoisse. Il n'aimait pas être constamment pris en photo, ni que la presse

le surveille, pas plus que s'exprimer en public lors des
événements organisés par la Fondation contre le sida. Il
a toujours eu un peu peur en avion, mais dans ma
vie, pas une semaine ne se passe sans prendre un vol.
Autant de choses que l'alcool lui rendait plus faciles.
Et puis nous étions souvent séparés – j'étais toujours
par monts et par vaux, lui restait à la maison. Je ne
voudrais pas le dépeindre en épouse éplorée de rocker
en tournée – il avait sa vie bien à lui, très remplie –,
mais il a fini par s'ennuyer et se sentir seul ; rien ne
vaut alors une bouteille de bon vin ou quelques vodkas
bien tassées. Et avec cela, il y avait les enfants. Tous
les jeunes parents vous le diront, on a beau les aimer
de toutes les fibres de son corps, les responsabilités
sont parfois écrasantes. David n'aura pas été le premier
ni le dernier à se ruer sur le frigo aussitôt les enfants
couchés, en quête urgente de quelque chose de frais,
d'alcoolisé et de relaxant. Nous ne manquions évidemment
pas de bras pour nous aider, mais toutes les nounous
de la planète n'empêchent pas, à un moment ou un
autre, de se sentir submergé par le fait d'avoir mis au
monde de nouveaux êtres humains et de devoir leur
assurer la meilleure existence possible.

En général, traiter l'angoisse par l'alcool, ça fonctionne,
au moins pendant qu'on est en train de boire : c'est
le lendemain matin que ça revient, plus fort que jamais.
C'est ce qu'a vécu David. On a atteint le sommet à
Los Angeles, en 2014, deux jours avant le début de
ma tournée US. Je partais le soir même pour Atlanta :
Tony King arrivait et j'étais impatient de le voir et de
bavarder un peu avant le grand départ. Le moral plutôt
bas, David voulait que je passe la dernière nuit avec
lui. J'ai refusé. On s'est disputés très fort. Je suis parti
quand même. Le lendemain matin, David m'a appelé et
on a eu une engueulade à côté de laquelle celle de

la veille ressemblait à un léger désaccord : une dont on ressort en larmes et avec le tournis, où on se dit des choses qui laissent penser que le prochain échange se fera par avocats interposés. En fait, la fois suivante, lorsque David me redonnerait des nouvelles, il se serait fait admettre dans une clinique de désintoxication à Malibu. Il m'a raconté qu'après avoir raccroché, il était resté un bon moment allongé sur le lit. Il entendait Elijah et Zachary qui jouaient au bout du couloir, mais se sentait trop déprimé et trop angoissé pour se lever et aller les retrouver. C'était assez : il a appelé le médecin pour lui dire qu'il n'en pouvait plus et qu'il avait besoin d'aide.

J'ai trouvé très bien qu'il se fasse soigner. Je m'en voulais de ne pas avoir remarqué qu'il en était arrivé à ce point. Dès que je l'ai su, je n'ai plus souhaité que son rétablissement. Bizarrement, j'éprouvais aussi de l'appréhension. Il n'y a pas dans le monde plus fervent partisan de la conversion à la sobriété, mais je sais aussi que l'entreprise est colossale et peut totalement vous changer. Et si l'homme que j'aimais me revenait transformé ? Et si c'était notre relation qui changeait – comme ça m'était arrivé avec Hugh dans les mêmes circonstances – et qu'elle ne fonctionnait plus ? J'en ai perdu le sommeil. Pourtant, à son retour, David n'a pas paru trop différent, juste un peu plus énergique et plus centré, et la grande application qu'il a mise à guérir m'a influencé. Je suis retourné chez les AA. J'avais cessé de me rendre aux réunions au début des années quatre-vingt-dix, et je n'y suis d'abord retourné que pour l'accompagner, mais ça m'a fait beaucoup de bien dès que j'y ai mis les pieds. On y entend toujours des choses stimulantes, on se sent revivifié. On a commencé à tenir une réunion chez nous chaque dimanche, avec des amis en voie de guérison eux aussi, comme Tony King. C'est un peu comme aller à l'église – une façon de rendre grâce d'être sobre. J'en ressors toujours sur un petit nuage.

David avait apparemment retrouvé son élan. Peu après sa cure, je me suis séparé de Frank Presland, qui était devenu mon agent après avoir été mon avocat. Plusieurs agents s'étaient occupés de moi depuis John Reid, mais aucun n'avait vraiment fait l'affaire. Après plusieurs options, le nom de David s'est présenté naturellement. Avant notre rencontre, ç'avait été un cador de la publicité, il avait dirigé des campagnes géantes, géré des budgets importants – autant de compétences apparemment pas trop éloignées de celles que réclame le management d'un groupe de rock. Il y avait sans doute la question de la viabilité d'une collaboration professionnelle avec son conjoint, mais l'idée de travailler ensemble me plaisait bien : on avait des enfants, ça aurait un petit côté entreprise familiale. David n'était pas tout à fait certain d'être taillé pour le rôle, mais il a fini par accepter.

Il y est allé avec ardeur – ne jamais sous-estimer la conviction d'un type qui sort de cure. Il a simplifié l'organisation de l'entreprise et permis de réaliser des économies. Il a modifié certaines choses pour s'adapter à l'évolution du milieu en prenant en compte le streaming et les réseaux sociaux. Je n'ai jamais rien compris à tout ça. Je n'ai jamais eu de portable. Et on se doute bien qu'avec ma mentalité de collectionneur, la musique en streaming n'est pas trop mon truc. J'aime posséder des albums, plein, et de préférence en vinyle. Et puis, compte tenu à la fois de mon caractère impétueux et de mon impressionnant palmarès de gaffes cataclysmiques, je me suis dit que si je venais à m'approcher ne serait-ce qu'un instant d'un truc comme Twitter, ça risquait de très mal se passer.

David s'en est sorti comme un chef. Il a bâti une super équipe et s'est clairement pris d'intérêt pour certains aspects du business qui m'ennuient à mourir. Il s'est mis à insister pour qu'on réalise un biopic sur moi. L'idée était née quelques années auparavant, avec les petits clips qu'avait réalisés David LaChapelle pour le spectacle *The Red Piano* à Las Vegas : si on tournait un film sur moi, il faudrait que ce soit dans cet esprit. Ces clips avaient un côté cru qui ne gâchait strictement rien : ils étaient fantastiques, surréalistes, excessifs à souhait, précisément à l'image de ma carrière fantastique, surréaliste et excessive à souhait. Ça collait à merveille. On a fait écrire le scénario par Lee Hall, l'auteur de *Billy Elliot*, ce qui m'a paru génial, mais le projet a eu beaucoup de mal à démarrer. Les metteurs en scène et les premiers rôles se sont succédé. Au départ, le réalisateur devait être David LaChapelle, mais il voulait se concentrer sur sa carrière dans les arts plastiques. Tom Hardy devait interpréter mon rôle, mais il ne chantait pas et je tenais absolument à ce qu'on choisisse quelqu'un qui chante pour de vrai, pas en play-back. Il y a eu beaucoup de chicaneries avec les studios sur des questions de budget et de contenu. On nous demandait constamment d'y aller mollo avec les scènes de sexe gay et de drogue pour que le film ne soit déconseillé qu'aux moins de treize ans, mais bon, il se trouve que je suis un mec gay et ancien addict : je ne vois pas trop l'intérêt de faire un film aseptisé, en cachant le cul et la coke. J'ai vraiment cru à un moment donné que ça tomberait à l'eau, mais David n'a pas lâché et le film s'est fait.

Il a aussi eu de nouvelles idées, plutôt radicales. J'en ai pris toute la mesure quand il s'est présenté devant moi un matin avec à la main une feuille de papier. Il y avait noté tout un tas de dates relatives à la scolarité de Zachary et d'Elijah – les rentrées, les vacances, le passage de maternelle en primaire, puis en secondaire, ainsi que les dates des examens.

« À combien de choses as-tu l'intention d'assister ? a-t-il demandé. Tu pourrais planifier tes tournées autour de ça. »

J'ai parcouru le document. Leur vie y était effectivement tracée. Au moment des dernières échéances qui y figuraient, ce ne seraient plus des enfants, mais des ados, de jeunes hommes. Et moi je serais octogénaire.

« À tout, ai-je répondu. Je ne veux pas en manquer une miette. »

David a haussé les sourcils. « Alors il va falloir que tu changes de vie. Il va falloir que tu songes à mettre un terme aux tournées. »

Ce n'était pas une mince décision. Je me suis toujours considéré comme un soutier de la musique, pareil à celui que j'étais dans Bluesology quand on sillonnait le pays dans la camionnette acquise avec les sous avancés par Arnold Tendler. Ce n'est pas de la fausse modestie. Je sais pertinemment que je ne suis plus tout à fait le même que dans les années soixante – ça fait un bail que je ne me suis pas pointé à un concert à l'arrière d'une camionnette de déménageur – mais la philosophie générale n'a pas changé. À l'époque, tu décrochais une date, tu allais jouer : c'est comme ça que tu gagnais ta vie, ça faisait de toi un musicien. Là, j'étais encore assez fier que mon emploi du temps actuel ne soit pas très différent de celui du début des années soixante-dix. Les salles étaient évidemment plus grandes, le logement et les moyens de transport plus luxueux, et j'avais moins souvent à m'enfermer dans les toilettes des loges pour échapper aux groupies féminines : même les plus acharnées avaient fini par imprimer que leurs chances étaient minces de voir Elton John succomber à leurs charmes. Mais je donnais à peu près autant de concerts : cent vingt à cent trente par an. Quel qu'en soit le nombre, je voulais invariablement continuer l'année suivante. J'avais fait la liste des pays où je n'avais encore jamais joué

– où je n'avais même pas mis les pieds, comme l'Égypte, où, en qualité de gay, je n'avais pas le droit de me produire. Et je me plaisais à dire que je rendrais l'âme sur scène.

Mais la liste des dates scolaires que me montrait David m'a secoué. Mes enfants ne grandiraient qu'une fois. Je ne voulais pas me trouver au Madison Square Garden, au Los Angeles Staples Center ou à la Taco Bell Arena de Boise pendant que ça se passerait, malgré tout l'amour que j'éprouvais pour les fans qui venaient m'y voir. Je voulais n'être nulle part ailleurs qu'auprès de Zachary et d'Elijah. J'avais enfin trouvé un univers aussi attirant que la scène. On a entrepris d'organiser une tournée d'adieu. Il fallait naturellement que ce soit plus grand et plus spectaculaire que tout ce que j'avais pu faire jusqu'alors, une immense fête, un grand remerciement à tous ces gens qui pendant tant d'années avaient acheté des disques et des places de concert.

Le calendrier de la tournée d'adieu était déjà bien avancé quand j'ai appris que j'avais un cancer. On l'a découvert lors d'un examen de routine. Mon médecin a constaté une légère hausse de mon taux d'antigènes prostatiques spécifiques, alors il m'a envoyé faire une biopsie auprès d'un oncologue. Elle s'est avérée positive. C'était curieux : le mot « cancer » ne m'a pas autant ébranlé que dans les années quatre-vingt, quand j'avais cru l'avoir à la gorge. C'est sans doute parce qu'il s'agissait de la prostate. Je ne plaisante pas, c'est un cancer extrêmement courant, ils l'ont dépisté très tôt, et j'ai la chance d'avoir un organisme qui se remet très bien de la maladie. J'avais déjà connu deux ou trois grosses frayeurs de santé dans le passé et ça ne m'avait pas du tout ralenti. Dans les années quatre-vingt-dix, il avait fallu m'emmener à l'hôpital alors que je me rendais au mariage de David et Victoria Beckham. Je m'étais senti mal en jouant au tennis et j'avais perdu connaissance sur le chemin de l'aéroport. J'ai donc loupé la cérémonie, et les médecins ont surveillé mon activité cardiaque, pour diagnostiquer une infection de l'oreille interne. Le lendemain, j'étais de nouveau sur le court de tennis quand David est descendu en furie me dire d'arrêter immédiatement. La nature de ce que j'éprouve quand on m'interrompt en plein tennis n'est un secret pour personne – certains n'auront pas oublié la scène de *Tantrums And Tiaras* où j'annonce mon intention immédiate de quitter la France et de ne plus jamais y revenir parce qu'un fan m'a fait coucou de la main au moment où j'allais servir. Je m'apprêtais à l'envoyer très crûment se faire foutre, lorsqu'il m'a crié que l'hôpital venait d'appeler, qu'il y avait eu une erreur : il y avait un truc qui clochait avec mon cœur et il fallait tout de suite filer à Londres me faire poser un stimulateur. Après ma première nuit à l'hôpital, j'avais beau me sentir encore faible, je trouvais le stimulateur formidable. J'avais plus de tonus qu'avant.

Plus récemment, je me suis débrouillé pour donner neuf concerts, prendre vingt-quatre avions et jouer avec Coldplay lors d'un gala de bienfaisance pour la Fondation contre le sida, avec l'appendice explosé : les médecins m'avaient dit que c'était une inflammation du côlon et j'étais épuisé, mais j'ai continué. J'aurais pu y rester – l'éclatement de l'appendice provoque généralement une péritonite qui vous emporte en quelques jours. On m'a retiré l'appendice, j'ai passé deux jours à l'hôpital à faire des hallucinations sous morphine – ce qui, ne nous mentons pas, ne m'a pas totalement déplu – puis quelques semaines de convalescence à Nice, et j'étais de nouveau sur la route. Je suis comme ça : si j'avais eu une autre constitution, les drogues m'auraient tué depuis des décennies.

L'oncologue m'a donné deux options. On pouvait opérer

pour me retirer la prostate. Ou alors j'entrais dans une série de séances de radiothérapie et de chimiothérapie qui allait m'obliger à revenir des dizaines de fois à l'hôpital. J'ai choisi la chirurgie, sans hésiter. Beaucoup d'hommes la refusent parce que c'est une intervention majeure, qu'on n'a plus aucune activité sexuelle pendant au moins un an et qu'on ne contrôle plus très bien sa vessie quelque temps, mais ce sont les enfants qui ont pris la décision à ma place. Je n'aimais pas l'idée d'un cancer suspendu au-dessus de ma tête – de notre tête – pendant des années, autant s'en débarrasser d'un coup.

Je me suis fait opérer à Los Angeles, ce fut rapide et discret. On a veillé à ce que la presse n'en sache rien : pas question que les journaux se répandent en histoires hystériques et que les photographes campent à ma porte. L'intervention s'est parfaitement déroulée. On a découvert que le cancer s'était étendu à deux lobes de ma prostate : la radiothérapie ciblée n'y aurait rien pu. J'avais fait le bon choix. Dix jours n'étaient pas passés que je remontais sur la scène du Caesars Palace.

Ce n'est qu'une fois à Las Vegas que je me suis aperçu que quelque chose ne tournait pas rond. En me levant le matin, je ne m'étais pas senti très bien. Au fil de la journée la douleur s'était précisée, puis inten-sifiée. Au moment où j'arrivais dans les coulisses, elle était intenable. J'en pleurais. Le groupe a voulu annuler le concert, mais j'ai refusé. Avant de vous pâmer devant tant de bravoure et de professionnalisme, permettez-moi de souligner que, si j'ai tenu à jouer, ce n'est pas par stoïcisme ni par quelque devoir de maintenir le spectacle à tout prix. Curieusement, quitte à souffrir, il m'est apparu préférable que ce soit sur scène plutôt qu'en me tournant les pouces à la maison. Alors on l'a fait. Et ça a plus ou moins fonctionné. Au moins le concert m'a-t-il permis de penser à autre chose, notamment lors de l'épisode que je vous narrais plus haut, où j'ai pris conscience que les effets de la prostatectomie sur ma vessie se manifestaient.

Ça ne manquait pas de piquant – ah ! si le public avait su – mais bon, si te pisser dessus devant quatre mille spectateurs constitue le grand moment de ta journée, tu es quand même mal barré. Il se trouve que je souffrais d'une complication rare et inattendue : mes ganglions lymphatiques avaient des fuites. Je me suis fait drainer à l'hôpital et la douleur a disparu. Le liquide s'est de nouveau accumulé et la douleur est revenue. Fabuleux : encore une soirée palpitante de souffrance et d'incontinence sur scène au Caesars Palace. Ça a duré comme ça pendant deux mois et demi, puis ils m'ont guéri par hasard : une coloscopie de routine a définitivement déplacé le liquide, quelques jours avant mes soixante-dix ans.

Ma fête d'anniversaire a eu lieu aux Red Studios d'Hollywood. David était venu par surprise de Londres avec Zachary et Elijah. Ryan Adams, Rosanne Cash et Lady Gaga ont joué. Le prince Harry a envoyé un message vidéo dans lequel, chaussé de lunettes Elton John, il m'adressait ses félicitations. Stevie Wonder m'a chanté « Happy Birthday », apparemment sans se souvenir – ou me l'ayant pardonné – que la dernière fois qu'il avait essayé de me le chanter, à bord du *Starship*, quarante-quatre ans auparavant, j'avais refusé de sortir de ma chambre. Bernie était là aussi, avec sa femme et ses deux jeunes filles – c'était un double anniversaire, car on s'était rencontrés cinquante ans plus tôt, en 1967. On a posé pour les photographes – moi en costume bordeaux aux revers satinés, chemise à collerette et pantoufles de velours, Bernie en jeans, crâne tondu et bras couverts de tatouages. Comme au temps où il avait débarqué de son Owmby-by-Spital natal, on continuait de composer à nous deux une belle étude de contrastes. Bernie était retourné vivre à la campagne, dans un ranch à Santa Barbara : il était à la fois revenu à ses racines et devenu l'un de ces personnages de l'Ouest ancien tout droit sortis de *Tumbleweed Connection* au sujet desquels il aimait tant écrire. Il a carrément gagné des concours de capture de bétail au lasso. Moi je collectionnais de la porcelaine, et la galerie Tate Modern avait monté une exposition à partir de la vaste collection de photographies du xxe siècle que je m'étais constituée : l'un des clous de l'événement était l'original de la photo de Man Ray dont Bernie et moi avions acheté l'affiche pour décorer la chambre que nous partagions à Frome Court. Nous étions dans deux univers séparés. Je ne comprends pas pourquoi ça fonctionnait encore entre nous, mais à vrai dire je ne l'ai jamais compris. Ça fonctionnait alors, ça fonctionne toujours, point final.

La soirée a été magique. Je suis en général assez allergique aux réceptions où tout le monde vient me dire à quel point je suis merveilleux – je n'ai jamais été très doué pour recevoir un compliment – mais j'étais d'une humeur de rêve. J'étais débarrassé du cancer et débarrassé des douleurs. L'opération avait réussi. Les complications étaient vaincues. Je m'apprêtais à repartir en tournée, en Amérique du Sud, pour quelques dates avec James Taylor.

Et puis j'ai frôlé la mort.

C'est dans l'avion qui me ramenait de Santiago que j'ai commencé à me sentir mal. Il y avait une correspondance à Lisbonne et au moment d'embarquer j'ai été pris de fièvre. Puis j'ai eu très froid. Je grelottais de tout mon corps. Je me suis emmitouflé dans des couvertures, ça m'a un peu réchauffé, mais de toute évidence quelque chose n'allait pas. Rentré à Woodside, j'ai appelé le médecin. La fièvre était un peu retombée,

il m'a recommandé de prendre du repos. Le lendemain
matin, je me suis senti mal comme jamais dans ma
vie. On m'a amené à l'hôpital King Edward VII de
Londres, où un scanner a révélé un truc terrible. On
m'a expliqué que c'était tellement grave que l'hôpital
n'était pas équipé pour le traiter. Il fallait me transférer
à la London Clinic.

J'y suis arrivé à midi. Mon dernier souvenir est que
j'étais en hyperventilation pendant qu'ils cherchaient une
veine pour me faire une piqûre. Avec mes bras très
musclés, ça n'a jamais été simple, sans compter que
j'ai horreur des aiguilles. Ils ont fini par faire venir
une infirmière russe qui semblait tout droit sortie de
son entraînement matinal avec l'équipe olympique d'in-
jections, et à 14 h 30 j'étais sur le billard : il y avait
à nouveau une fuite de liquide lymphatique, dans le
diaphragme cette fois, et il fallait le drainer. J'ai passé
deux jours aux soins intensifs. Quand je suis revenu
à moi, on m'a expliqué que j'avais attrapé une vilaine
infection en Amérique du Sud et qu'on la traitait avec
des doses massives d'antibiotique en intraveineuse. Je me
croyais sorti d'affaire quand la fièvre est remontée. Ils
ont prélevé un échantillon de tissu infectieux et ont
observé son évolution dans une boîte de Petri. C'était
beaucoup plus grave qu'ils ne l'avaient pensé : il fallait
changer d'antibiotique et augmenter les doses. On m'a
fait passer une IRM et un million d'autres examens.
Je ne pouvais que rester allongé, souffrant le martyre,
pendant qu'on me trimballait ici et là, qu'on me posait
puis qu'on me retirait tout un tas de tuyaux, sans que
je comprenne bien ce qui m'arrivait. Les médecins ont
dit à David que j'étais passé à vingt-quatre heures de
la mort. Si la tournée sud-américaine s'était prolongée
d'une journée, j'y restais.

J'ai eu une chance de dingue – une équipe formidable autour de moi et les meilleurs soins médicaux possibles – mais ce n'est pas tout à fait comme ça que je l'ai vécu sur le moment. Je ne dormais plus. Le seul souvenir qui me reste, c'est d'avoir passé mes nuits les yeux grands ouverts à me demander si j'allais mourir. J'ignorais les détails, si j'étais si proche que ça de la fin – David avait très sagement gardé cette information pour lui – mais ce que j'éprouvais avait en soi de quoi agiter le spectre de la mort. Ce n'était ni le moment ni la façon dont je souhaitais tirer ma révérence. Je voulais mourir chez moi, entouré de ma famille et de préférence à un âge canonique. Je voulais revoir les garçons. Je voulais du rab.

Après onze jours, j'ai quitté l'hôpital. Je ne pouvais pas marcher – à cause de douleurs lancinantes aux jambes – et j'ingurgitais une telle quantité d'antibiotiques puissants que ça me lessivait, mais au moins je rentrais à la maison. J'ai mis sept semaines à me rétablir, à réapprendre à marcher. Je ne sortais que pour voir le médecin. Ce type d'immobilisation forcée m'aurait normalement fait hurler – à quand remontait mon dernier séjour aussi long chez moi ? – mais, tout souffrant que j'étais, j'y ai pris beaucoup de plaisir. On était au printemps, les jardins de Woodside étaient magnifiques. Comme lieu de réclusion, il y a pire. Je me suis installé dans une sorte de routine domestique, bricolant ici et là, profitant du jardin, attendant que les enfants rentrent de l'école et me racontent leur journée.

À l'hôpital, seul dans la nuit, j'avais prié : je vous en supplie, ne me laissez pas mourir, faites que je revoie mes enfants, accordez-moi un tout petit peu de temps. Bizarrement, j'ai eu le sentiment que la période de cette convalescence était en soi la réponse à mes prières : si tu veux du temps, apprends à vivre comme ça, lève le pied. Une autre vie m'était montrée, une vie dont je m'apercevais que je la préférais aux tournées. S'il me restait le moindre doute concernant mes adieux à la scène, il s'était à présent évaporé. Je savais que c'était la bonne décision. La musique est la plus merveilleuse des choses, mais elle ne vaut pas Zachary qui me raconte son après-midi chez les louveteaux ou au foot. Je ne pouvais plus continuer comme si j'avais vingt-deux ans, car ça allait me faire ce que les drogues, l'alcool et le cancer n'avaient pas réussi à me faire : me tuer. Et je n'étais pas encore prêt.

Épilogue

La tournée d'adieu a démarré le 8 septembre 2018 à Allentown, en Pennsylvanie. David avait organisé exactement le type de célébration fastueuse que je souhaitais. Le décor était incroyable, et il avait commandé une série de films étonnants pour accompagner les chansons : des animations qui donnaient vie à la pochette de *Captain Fantastic*, des extraits de film me montrant à chaque étape de ma carrière, et des clips avant-gardistes d'artistes contemporains. Tony King était là pour superviser l'ensemble et veiller à ce que tout soit parfait : un demi-siècle après son entrée dans ma vie avec sa dégaine impayable, je continuais à me fier à son goût les yeux fermés. Les critiques ont été dithyrambiques – la dernière fois qu'elles avaient été si bonnes, j'avais encore plein de tifs sur la tête et le journaliste avait dû consacrer la moitié de son papier à expliquer qui j'étais. Le plus émouvant, c'est l'affection qui s'en dégageait, la tristesse de savoir que je ne ferais plus de tournées, qu'une époque touchait à sa fin.

Lors des premières dates, j'ai vu une version provisoire du biopic *Rocketman*. David était manifestement très impatient de ma réaction. J'avais su que Taron Egerton était l'interprète idéal dès que je l'avais entendu chanter « Don't

Let The Sun Go Down On Me » – il avait été capable
d'aller jusqu'au bout sans avoir menacé d'étrangler qui
que ce soit ni hurler à propos d'Engelbert Humperdinck,
ce qui était clairement un progrès depuis la première
fois que je l'avais chantée moi-même. Taron était venu
à Woodside et on avait papoté autour d'un curry livré
à domicile, puis je lui avais fait lire des extraits du
journal que je tenais au début des années soixante-dix
pour qu'il se fasse une idée de ce qu'était ma vie à
l'époque. Ce journal est drôle sans même le vouloir. J'y
notais absolument tout avec le plus grand naturel, ce
qui le rend plus absurde encore. « Lever. Fait un brin
de ménage. Regardé du foot à la télé. Écrit "Candle
In The Wind". Allé à Londres. Acheté une Rolls-Royce.
Reçu Ringo Starr à dîner. » Sans doute était-ce une façon
de rendre les choses un peu plus normales, alors que
ce qui m'arrivait était tout sauf normal.

Je m'étais tenu à distance du tournage et efforcé de
ne pas regarder les rushes : quand un acteur interprète
un personnage, la dernière chose dont il a envie, c'est
que l'original vienne froncer les sourcils devant lui. Mais
quand j'ai vu le film terminé, j'ai eu la même réaction
que devant *Billy Elliot* : je me suis mis à pleurer comme
une Madeleine pendant la scène chez ma grand-mère, à
Pinner Hill Road, quand elle chante avec mon père et
ma mère « I Want Love ». C'est une chanson que Bernie
avait écrite à propos de lui-même, déjà quadragénaire,
plusieurs mariages ratés dans le rétroviseur, se demandant
s'il retomberait amoureux un jour. Mais elle aurait tout
aussi bien pu parler des habitants de cette maison. Ça
sonnait juste, et c'était vraiment le plus important à mes
yeux. C'est pareil pour ce livre : je veux quelque chose
que mes enfants puissent regarder ou lire dans quarante
ans pour découvrir ce qu'a été ma vie, ou comment
je l'ai ressentie.

À l'annonce de la tournée d'adieu, plusieurs journalistes avaient manifesté dans leurs articles le plus grand scepticisme envers mon éventuelle retraite. Ils fondaient leur propos sur leur profonde connaissance de mon parcours et l'étayaient d'impressionnantes analyses psychologiques : il a déjà tenté sans succès de prendre sa retraite, c'est une personnalité addictive, un amuseur-né, un obsédé de musique. Ils auraient été plus convaincants encore s'ils avaient simplement répété ce que j'avais dit à la conférence de presse : je n'avais aucune intention de cesser de faire de la musique, ni même de jouer en public. J'avais simplement décidé de ne plus me traîner aux quatre coins du globe : une dernière grande tournée – trois cents dates sur trois ans, en Amérique du Nord et du Sud, en Europe, au Moyen-Orient, en Asie, en Australie, les enfants nous accompagnant avec un tuteur – et ce serait tout.

Ce n'est donc pas la fin. Je me réjouis de pouvoir consacrer du temps à autre chose qu'à courir le monde. Je veux écrire de nouvelles comédies musicales, de nouvelles musiques de film. Je veux travailler davantage à la Fondation contre le sida, notamment en Afrique, où je veux aussi défendre la communauté LGBT, essayer de parler aux dirigeants ougandais, kényans ou nigérians et faire changer la façon dont cette population est traitée. Je veux travailler en collaboration avec d'autres artistes. Je voudrais organiser une immense exposition sur ma carrière, peut-être même créer un musée permanent, pour que les gens puissent profiter de mes collections d'art et de photographies. Je veux passer encore du temps à faire des disques, comme on les faisait à mes débuts : demander à Bernie de préparer un tas de textes, de quoi constituer un bon stock de matériau. Je ne suis plus entré en studio avec une pile de chansons à ma disposition depuis *Madman Across The Water*, il y a quarante-huit ans – je me pointais et me mettais aussitôt à composer, comme une version musicale du peintre devant sa toile vierge. Je voulais me remettre à composer sans m'enregistrer, comme je l'avais fait pour *Captain Fantastic*, en mémorisant ce qui me vient au fur et à mesure. Je veux me produire en public, mais dans des salles beaucoup plus petites, où je pourrai jouer des choses très différentes. Le problème quand on écrit des chansons comme « I'm Still Standing », « Rocket Man » ou « Your Song », si on peut parler de problème, c'est qu'elles prennent une telle dimension qu'elles nous échappent et éclipsent tout le reste. J'aime énormément ces chansons, mais j'en ai écrit d'autres, aussi bonnes à mes yeux, qui vivent dans leur ombre ; j'aimerais les mettre un instant sous les projecteurs.

Mais plus que tout, je veux passer du temps à être… normal, du moins autant que je puisse espérer le devenir un jour. Moins de temps sur la route, ça fait plus de temps pour accompagner les enfants à l'école, pour les emmener les samedis après-midi à Pizza Express ou chez Daniel's, le grand magasin de Windsor – des activités qui leur plaisent et que je n'aurais jamais pensé faire un jour. J'ai passé ma vie à fuir Reg Dwight parce que Reg Dwight était tout sauf un gai luron. Pourtant, j'en ai tiré une leçon, car chaque fois que je me suis un peu trop éloigné de lui, du type normal que j'ai été un jour, les choses ont pris une très vilaine tournure, j'ai été malheureux comme jamais. J'ai besoin – comme tout le monde – d'un certain contact avec la réalité.

J'ai et j'ai eu une vie extraordinaire, et je n'y changerais rien, pas même les épisodes que je regrette, parce que je suis profondément heureux de la situation à laquelle elle m'a mené. Je préférerais évidemment avoir passé mon chemin le jour où j'ai vu John Reid préparer des lignes de cocaïne au studio, au lieu d'y mettre le nez – dans tous les sens du terme – mais peut-être fallait-il en passer par là pour arriver où j'en suis aujourd'hui. Ce n'est pas du tout ce que j'imaginais – marié à un homme, père de deux enfants, autant de choses qui, il n'y a pas si longtemps, me paraissaient exclues. Mais c'est bien là la deuxième leçon que m'aura apprise ma vie de dingue. Depuis l'instant où, à l'issue d'une audition ratée, on m'a tendu une enveloppe contenant des textes de Bernie alors que je franchissais déjà la porte de sortie, rien ne s'est jamais vraiment passé comme je l'attendais. Mon histoire est émaillée de moments comme ça, de petits riens qui ont tout changé. Et si, irrité d'avoir loupé mon audition, j'avais jeté l'enveloppe de Bernie à la corbeille en allant prendre le train ? Et si j'avais campé sur mes positions et refusé d'aller jouer aux États-Unis quand Dick James me disait qu'il le fallait ? Et si Watford avait battu West Bromwich Albion ce samedi après-midi des années quatre-vingt-dix et que, un peu moins déprimé, je n'avais pas éprouvé le besoin d'appeler un ami pour le supplier de ramener quelques hommes gays à dîner ? Et si je n'avais pas rencontré Lev à l'orphelinat en Ukraine ? Où serais-je aujourd'hui ? *Qui* serais-je aujourd'hui ?

On aura beau se triturer les méninges, tout cela est bel et bien arrivé et c'est là que j'en suis. La question «Et si ?» ne rime à rien. La seule qui vaille, c'est : «Et maintenant ?»

Remerciements

Merci à tous ceux qui m'ont rafraîchi la mémoire et qui ont contribué à mon incroyable vie.

Crédits photographiques

Toutes les photographies appartiennent à la famille de l'auteur ou viennent de sa collection personnelle, à l'exception des suivantes :

Page 3 (en haut, à gauche) © Edna Dwight

Page 3 (en bas) © Mercury Records Ltd

Page 5 (en haut) © Mike Ross / Lickerish Syndication

Page 5 (en bas) © Barrie Wentzell

Page 6 (en haut), page 10 (au centre, à gauche et à droite), photographie avec l'aimable autorisation de Rocket Entertainment

Page 6 (au centre), photographie de David Larkham

Page 6 (en bas), photographie de Don Nix © OKPOP Collection / Steve Todoroff Archive

Page 7 (en haut) © Bob Gruen / www.bobgruen.com

Page 7 (en bas) © Anonyme / AP / Shutterstock

Page 8 (en haut) © Michael Putland / Getty Images

Page 8 (en bas) © Bryan Forbes

Page 9 (en haut) © MARKA / Alamy Stock Photo

Page 9 (en bas à droite), page 11 (en haut et en bas), page 12 (en haut et en bas) © Sam Emerson (avec l'aimable autorisation de Rocket Entertainment)

Page 10 (en haut) © May Pang

Page 10 (en bas) © Mike Hewitson

Page 13 (en haut) © Terry O'Neill / Iconic Images

Page 14 (en haut) © Ron Galella / WireImage

Index